新时代新理念职业教育教材·道路交通运输类
职业教育校企合作双元教材
天津市课程思政优秀教材

新编道路交通运输法规
（第3版）

主　编　聂红梅　朱清珍
副主编　解　静　赵　霞

北京交通大学出版社
·北京·

内 容 简 介

党的二十大报告指出："全面依法治国是国家治理的一场深刻革命，关系党执政兴国，关系人民幸福安康，关系党和国家长治久安。必须更好发挥法治固根本、稳预期、利长远的保障作用，在法治轨道上全面建设社会主义现代化国家。"交通运输业作为国民经济的重要产业，唯有在法治轨道上推进，才能实现可持续、高质量发展。深刻领悟"两个确立"的决定性意义，紧紧围绕服务"国之大计、党之大计"，服务广大师生，本书始终坚持把社会效益放在首位，强化责任意识、阵地意识、风险意识，弘扬优良传统，推进改革创新，切实把"培根铸魂、启智增慧"的课程思政建设理念落实好。

本书以交通运输法律法规为核心，系统构建了交通运输相关法律体系，并详细进行了阐述。全书共13章，主要涉及公路管理法规、道路运输管理法规、道路交通安全管理法规、道路交通行政处罚管理法规，并在此基础上增加了法学基础理论、公司法、合同法等内容。

本书立足于交通运输法律制度，内容系统、完整，突出实用性，以学生的视角审视内容，深入浅出，并用生活中的案例加以说明，紧密联系学生的生活及今后工作的实际。书中习题题型多样，内容新颖、重点突出，起到提高学生应用理念知识水平的作用。

本书既适合作为高职高专院校交通运输类专业的教材，也可作为各类交通行政机关、交通运输企业管理人员及交通执法人员的学习和参考用书。

图书在版编目（CIP）数据

新编道路交通运输法规／聂红梅，朱清珍主编. —3 版. —北京：北京交通大学出版社，2024. 1

ISBN 978-7-5121-5106-2

Ⅰ.① 新… Ⅱ.① 聂… ② 朱… Ⅲ.① 公路运输－交通运输管理－法规－中国 Ⅳ.① D922. 14

中国国家版本馆 CIP 数据核字（2023）第 217602 号

新编道路交通运输法规
XINBIAN DAOLU JIAOTONG YUNSHU FAGUI

责任编辑：赵彩云
出版发行：北京交通大学出版社　　　　电话：010-51686414　　http：//www. bjtup. com. cn
地　　址：北京市海淀区高梁桥斜街 44 号　　邮编：100044
印　刷　者：北京时代华都印刷有限公司
经　　销：全国新华书店
开　　本：185 mm×260 mm　　印张：19　　字数：486 千字
版 印 次：2016 年 9 月第 1 版　　2024 年 1 月第 3 版　　2024 年 1 月第 1 次印刷
定　　价：49. 00 元

前　言

本书自 2016 年 9 月第 1 版以来，因其体系完整，贴近生活工作实际，实用性强，被众多院校认可选用。2019 年 8 月第 2 版旋即出版。2023 年 12 月第 3 版面世，本书不断更迭，多次印刷，经受住了市场的考验。

教材是落实立德树人根本任务的重要载体，是育人育才的重要依托。党的二十大报告指出："我们要坚持马克思主义在意识形态领域指导地位的根本制度，坚持为人民服务、为社会主义服务，坚持百花齐放、百家争鸣，坚持创造性转化、创新性发展，以社会主义核心价值观为引领，发展社会主义先进文化，弘扬革命文化，传承中华优秀传统文化，满足人民日益增长的精神文化需求，巩固全党全国各族人民团结奋斗的共同思想基础，不断提升国家文化软实力和中华文化影响力。"坚持马克思主义指导地位，紧紧围绕立德树人根本任务，在教材中充分反映马克思主义中国化和时代化的最新成果，充分反映中华民族五千多年的灿烂文化，充分反映伟大的民族精神和时代精神，充分反映党的百年奋斗重大成就和历史经验，旗帜鲜明地擦亮教材建设的中国特色社会主义底色，弘扬社会主义核心价值观，坚定文化自信。教材建设的关键，就是要以坚定学生的理想信念为中心，以爱党、爱国、爱社会主义、爱人民、爱集体为主线，将政治认同、家国情怀、文化素养、宪法法治意识、道德修养等内容融入教材，对学生系统地进行中国特色社会主义和中国梦教育、社会主义核心价值观教育、法治教育、劳动教育、心理健康教育、中华优秀传统文化教育等。

随着我国交通运输业的发展和居民家庭汽车保有量的提升，交通运输法律法规的地位日益凸显。但是，目前系统的、实用性强的交通运输法律类书籍寥寥无几，尤其是适合高职高专院校交通运输类专业教学的教材更是屈指可数。为满足高职高专院校学生学习的需要，编者精心编写了本书。本书具有以下特点。

首先，将二十大精神融入本书，贯穿始终。党的二十大报告指出："马克思主义是我们立党立国、兴党兴国的根本指导思想。"习近平新时代中国特色社会主义思想是当代中国马克思主义、二十一世纪马克思主义，是中华文化和中国精神的时代精华，实现了马克思主义中国化新的飞跃。我们要系统推进习近平新时代中国特色社会主义思想和党的二十大精神进教材，引导广大青少年自觉树立马克思主义信仰，坚定"四个自信"，立志听党话、跟党走，形成正确的世界观、人生观、价值观。

其次，在教材内容和体系设计上，本书充分考虑了高职高专学生的认知规律和职业岗位要求，以目前最新的法律规范为依据，对编著体例进行了创新。结合非法律专业学生法学基础知识薄弱的特点，打破了传统的道路交通法规体系学习架构，增加了法律基础、公司法、合同法的一些章节，使知识结构更加完整。本书突出实用性，以学生的视角审视内容，深入浅出，并用生活中的案例加以说明，紧密联系学生的生活及今后工作的需要。

再次，本书以"保证基础、加强应用、体现先进、突出能力"为指导思想，遵循"宽、新、浅、用"的原则，以简明的语言、清晰的思路介绍道路交通法规课程的专业知识。本书选取了典型的实例，突出富有专业特色的实例解析，满足高职高专学生提高实践能力的需要。本书设置职业能力目标与学习要求，以示引导。表格式的本章小结既起到总结作用，又便于学生思索比较。习题题型多样，提高了学生应用理论知识的水平。案例均经过精心的选取，能够做到内容新颖、重点突出、注重实践。

最后，本书的体系架构系统、开放、完整，除可供道路运输与路政管理专业、港口作业专业等交通运输类专业的学生作为教材使用之外，也可作为各类交通行政机关、交通运输企业管理人员及交通执法人员的学习和参考用书。

聂红梅（天津交通职业学院副教授、兼职律师）、朱清珍（天津交通职业学院讲师）担任本书的主编，负责大纲的确定及全书的统稿、定稿工作；解静（天津交通职业学院讲师、兼职律师）、赵霞（天津交通职业学院讲师）担任本书的副主编，负责本书部分章节的统稿工作。本书的编写分工如下：聂红梅负责第 2 章、第 7 章、第 8 章、第 10 章、第 12 章、第 13 章的编写；解静负责第 9 章、第 11 章的编写；朱清珍负责第 1 章、第 3 章、第 4 章、第 5 章的编写；赵霞负责第 6 章的编写。

参加本书编写的人员都是长期从事交通运输专业法学教学与研究的教师，其中两名教师是执业律师，具有丰富的法务实践经验，本书凝结了他们多年的研究成果和实务经验。本书在编写过程中参考了大量的文献、书籍和网络资料等，编者尽可能在参考文献部分一一列明，在此，向这些文献资料的作者致敬并表示感谢。编者竭尽心力撰写本书，希望本书能够成为交通运输类专业的优秀教材，并能在图书市场占有一席之地，由于交通运输法律法规的更新速度比较快，加之编者水平有限，书中难免有不足之处，敬请广大读者批评指正！

编　者

2023 年 9 月

目　　录

第1章 法学基本理论

【职业能力目标与学习要求】
通过学习本章内容，学生要明确法的概念，理解法的渊源，了解法的分类和两大法系的区别与联系，掌握法的效力、法律关系的构成要素与法律事实，以及法律责任，能够对法学理论有基本认识，增强法律意识。

思政目标

通过学习本章内容，学生要理解中国特色社会主义法治体系下法的各种表现形式及其法律效力和法律地位，了解法律责任，在今后的工作和生活中，自觉提升知法、尊法、守法意识，做社会主义法治的忠实崇尚者、自觉遵守者、坚定捍卫者。

思政小课堂

党的二十大报告指出，我们要"完善以宪法为核心的中国特色社会主义法律体系"，"加强宪法实施和监督"，"加强重点领域、新兴领域、涉外领域立法"，"推进科学立法、民主立法、依法立法"。坚持宪法确定的人民民主专政的国体和人民代表大会制度的政体不动摇。加强宪法实施和监督，健全保证宪法全面实施的制度体系，更好地发挥宪法在治国理政中的重要作用，维护宪法权威。

导入案例

蒋某因公出差到某市一家旅馆住宿，夜晚在房间休息时，天花板上的吊灯突然脱落，正好砸到蒋某身上，致使蒋某身上多处受伤，为此，蒋某花去医疗费 2 093 元。蒋某要求旅馆赔偿损失，但旅馆老板不同意，理由是吊灯为某装修队安装的，旅馆本身没有过错。蒋某只得又去找某装修队，但该装修队认为，吊灯脱落是由于吊灯经多年使用螺丝磨损严重造成的，装修队不承担责任。两家相互推诿，蒋某于是诉至法院。

请问：

(1) 本案的归责原则是什么？有何法律依据？

(2) 本案中旅馆、装修队的责任如何认定？

案例解析：

（1）本案是一起特殊的民事侵权案件。《中华人民共和国民法典》第 1253 条规定："建筑物、构筑物或者其他设施及其搁置物、悬挂物发生脱落、坠落造成他人损害，所有人、管理人或者使用人不能证明自己没有过错的，应当承担侵权责任。"本案中的归责原则应是过错推定责任原则。

（2）本案中，旅馆作为吊灯的所有人和管理人，对于吊灯脱落致人损害应当依法承担民事赔偿责任。如果能够证明这一损害结果是由装修队造成的，举证责任在于旅馆方。即使在这种情况下，也应由旅馆首先负责赔偿，然后再向真正过错方——装修队追偿。如果旅馆不能证明自己无过错，则推定其有过错，并承担蒋某的损失赔偿责任。

1.1　法学基本知识

1.1.1　法的起源和发展

1. 法的起源

法不是从来就有的，也不是永恒存在的，而是人类社会发展到一定历史阶段才出现的社会现象。

原始社会生产力水平十分低下，仅能维持最低生活水平，几乎没有剩余，且个人的力量非常渺小，为了生存和发展，人们必须集体劳动，实行生产资料公有，劳动产品实行平均分配，人与人之间的关系是平等的，所以没有私有制，没有剥削和阶级的划分。因此，也就不存在作为阶级专政工具的法，但却存在与之相适应的社会组织和社会规范，即氏族组织和习惯。原始氏族组织是以血缘关系为基础自然形成的联盟，也是全体氏族成员进行民主管理的自治组织。氏族议事会是由氏族全体成员组成的，是最高的议事机关，一切重大的事情都由全体氏族成员平等地讨论决定。因此，在原始社会，习惯成为调整人与人之间社会关系的主要规范，氏族习惯是人们在长期的共同生产和生活中逐渐形成和演化来的，是氏族成员内在需要和外在自觉的行为模式或行为惯性。原始社会以习惯为主的社会规范体现了全体氏族成员的共同利益和意志，依靠氏族部落领袖的威信、社会舆论和人们的自觉遵守来保证其实施。因此，马克思主义认为原始社会的社会规范与阶级社会的法是根本不同的。

随着生产力的发展和生产关系的变化，原始社会的社会规范也发生了变化，其必然被另一种社会规范所代替。

原始社会后期，由于生产力的发展，经历了几次社会分工，即畜牧业和农业的分离、手工业和农业的分离、商人的出现。这几次分工导致了阶级、私有制的出现，同时，促使氏族内部逐渐分裂，形成了奴隶主和奴隶。而这两个阶级之间的利益是根本对立的，它们之间的矛盾也是不可调和的，这就使原来调整氏族制度内部关系的习惯不再适应新的社会关系。在这种情况下，不仅需要新的制度代替氏族制度，而且需要新的社会习惯调整人与人之间的关系。于是，国家便产生了，这是新兴的奴隶主阶级为了维护本阶级的统治，镇压奴隶阶级的反抗而建立的暴力机关，并凭借它取得政治上的统治权力，实现对整个社会的领导。与此同时，法也产生了，这时奴隶主阶级为了实现其统治，不仅要借助国家这个暴力机器，还需要有一种反映奴隶主阶级意志和利益的行为规则，并以国家作为后盾迫使社会成员共同遵守，用以调整社会分裂为阶级之后的社会关系，确立有利于奴隶主阶级的社会秩序。法由此而产生，它是奴隶主阶级意志的体现，代表奴隶主阶级的利益，它通过国家规定人们的行为规范，如若违反，就要受到制裁。因此，法是经过国家制定或认可并依靠国家强制力保证实施的行为规范的总和。

由此可见，法的产生同国家一样，也是阶级矛盾不可调和的产物和表现，是适应阶级斗争的需要而产生的，也是适应经济发展的需要而产生的。

2. 法的发展

随着社会政治、经济和法学理论的发展及完善，在法学理论上逐渐形成了各种法系。一般认为法系是根据法的历史传统对法所做的分类，凡属于同一历史传统的就构成同一个法系，因此，法系是某些国家和地区的法的总称。通常认为，当代世界主要的法系有 3 个：大陆法系、英美法系、社会主义法系。其中影响较大的法系是大陆法系和英美法系。此外，还有其他的法系，如伊斯兰法系、印度法系、中华法系、犹太法系、非洲法系等。

1）大陆法系

大陆法系，又称民法法系、罗马法系、罗马-日耳曼法系，是以罗马法为基础而发展起来的法律的总称。大陆法系最先产生于欧洲大陆，以民法为典型，以法典化的成文法为主要形式。

大陆法系包括两个支系，即法国法系和德国法系。以 1804 年《法国民法典》为代表的法国法系，强调个人权利为主导思想，反映了自由资本主义时期社会经济的特点；以 1896 年《德国民法典》为代表的德国法系，强调社会利益，是垄断资本主义时期法的典型。属于大陆法系的国家和地区除法国、德国外，还包括意大利、西班牙、荷兰、日本、埃及、阿尔及利亚、埃塞俄比亚等，中美洲的一些国家也属于这一法系。

2）英美法系

英美法系，又称普通法法系、英国法系，是以英国的普通法为基础而发展起来的法律的总称。英美法系源于 11 世纪诺曼底人入侵英国后逐步形成的以判例形式出现的普通法。

英美法系包括英国法系和美国法系。英国法系采取不成文宪法制和单一制，法院没有"司法审查权"；美国法系采用成文宪法制和联邦制，法院有通过具体案件确定是否符合宪法的"司法审查权"，公民权利主要通过宪法规定。

英美法系的范围：除英国（不包括苏格兰）、美国（不包括路易斯安那州）外，主要是原英国殖民地、附属国的国家和地区，如加拿大（不包括魁北克省）、印度、巴基斯坦、新加坡、缅甸、加拿大、澳大利亚、新西兰、马来西亚等。

3. 大陆法系与英美法系的区别

由于形成的历史渊源不同，大陆法系和英美法系存在很大差别。

1）法律渊源不同

大陆法系是成文法系，其法律以成文法，即制定法的方式存在，它的法律渊源包括宪法、法律、行政法规等，以及本国参加的国际条约，但不包括司法判例；英美法系的法律渊源既包括各种制定法，也包括判例，而且判例所构成的判例法是其主要的法律渊源。

2）法的分类不同

大陆法系国家法的基本分类是公法和私法，私法主要指民法和商法，公法主要指宪法、行政法、刑法、诉讼程序法，进入 20 世纪后，又出现了社会法、经济法、劳动法等有公私法两种成分的法。英美法系国家无公法和私法之分，法的基本分类是普通法和衡平法。普通法是在普通法院判决基础上形成的全国适用的法律，衡平法是由大法官、法院的申诉案件的判例形成的。

3）法典不同

大陆法系国家一般采用法典形式，而英美法系国家通常不倾向法典形式，制定法往往是单行法律、法规。即使后来英美法系国家逐步采用法典形式，也主要是判例法的规范化。

4）法官的权限不同

大陆法系强调法官只能援用成文法中的规定来审判案件，法官对成文法的解释也需受成文法本身的严格限制，故法官只能适用法律而不能创造法律。英美法系的法官既可以援用成文法，也可以援用已有的判例来审判案件，而且可以在一定的条件下运用法律解释和法律推理的技术创造新的判例，从而法官不仅适用法律，也在一定的范围内创造法律。

5）诉讼程序不同

大陆法系的诉讼程序以法官为重心，突出法官职能，具有纠问程序的特点；英美法系的诉讼程序以原告、被告及其辩护人和代理人为重心，法官只是双方争论的"仲裁人"而不能参与争论，与这种对抗式（也称抗辩式）程序同时存在的是陪审团制度，陪审团主要负责作出事实上的结论和法律上的基本结论（如有罪或无罪），法官负责作出法律上的具体结论，即判决。

此外，两大法系在法律术语、法学教育、司法人员录用和司法体制等方面，也有许多不同之处。需要指出的是，两大法系之间的差别是相对的。进入 20 世纪后，这两种法系已相互靠拢，它们之间的差别已逐渐缩小，但某些历史上形成的不同传统还将长期存在。

1.1.2　法的渊源

法的渊源指法的各种表现形式，即由不同国家机关制定或认可的，具有不同法律效力和法律地位的各种类别的规范性法律文件的总称。我国的法律按照其不同的表现形式和效力，可以分为以下几类。

1. 宪法

宪法是一个国家的根本大法，它规定了国家的基本制度，确立了公民的基本权利和义务，在一个国家法律体系中具有最高的法律效力，是制定其他法律的依据。宪法的制定和修改具有严格的程序。我国宪法由全国人大制定，其修改必须由全国人大常委会或 1/5 以上的全国人大代表提议，并由全国人大全体代表的 2/3 以上多数通过。

2. 法律

法律是由全国人大及其常委会制定的规范性法律文件。它在地位和效力上仅次于宪法。法律又可分为基本法律和基本法律以外的法律。基本法律由全国人大制定和修改，全国人大闭会期间，全国人大常委会对这些基本法律进行修改和补充，但不得与该法律的基本精神、基本原则相抵触。基本法律调整国家和社会生活中具有普遍性的社会关系。基本法律以外的法律由全国人大常委会制定和修改，调整国家和社会生活中某些具体的社会关系。

3. 行政法规和行政规章

行政法规是由最高国家行政机关——国务院制定的规范性法律文件。行政法规应以宪法和法律作为依据，并不得与宪法和法律相抵触，其效力低于宪法和法律。行政规章是由国务院各部委发布的规范性文件，它只有在与宪法、法律、行政法规不相抵触的情况下才具有法律效力。

4. 地方性法规和地方规章

省、自治区、直辖市的人民代表大会及其常务委员会根据本行政区域的具体情况和实际需要，在不与宪法、法律、行政法规相抵触的前提下，可以制定地方性法规。

设区的市的人民代表大会及其常务委员会根据本市的具体情况和实际需要，在不与宪法、法律、行政法规和本省、自治区的地方性法规相抵触的前提下，可以对城乡建设与管理、环境保护、历史文化保护等方面的事项制定地方性法规，法律对设区的市制定地方性法规的事项另有规定的，从其规定。设区的市的地方性法规须报省、自治区的人民代表大会常务委员会批准后施行。

省、自治区、直辖市和设区的市、自治州的人民政府，可以根据法律、行政法规和本省、自治区、直辖市的地方性法规，制定规章。

5. 民族自治地方的自治条例和单行条例

民族自治地方的人民代表大会有权依照当地民族的政治、经济和文化的特点，制定自治条例和单行条例。自治区的自治条例和单行条例，报全国人民代表大会常务委员会批准后生效。自治州、自治县的自治条例和单行条例，报省、自治区、直辖市的人民代表大会常务委员会批准后生效。

自治条例和单行条例可以依照当地民族的特点，对法律和行政法规的规定作出变通规定，但不得违背法律或者行政法规的基本原则，不得对宪法和民族区域自治法的规定，以及其他有关法律、行政法规专门就民族自治地方所做的规定作出变通规定。

6. 特别行政区法律

特别行政区法律是在中国香港和中国澳门施行的，由全国人大制定或特别行政区依法制定并报全国人大常委会备案的规范性法律文件。

7. 国际条约

对于有我国缔结或加入的国际条约，我国法律赋予其优先于国内法的地位。例如，《中华人民共和国海洋环境保护法》规定："中华人民共和国缔结或者参加的与海洋环境保护有关的国际条约与本法有不同规定的，适用国际条约的规定；但是，中华人民共和国声明保留的条款除外。"

1.1.3　法的概念及特征

1. 法的概念

古代汉语中的法为"灋"。据《说文解字》解释："灋，刑也。平之如水，从水；廌，所以触而不直者，去之，从去。"水，表示公平；廌，是一种独角神兽，能分辨是非；去，是离开，表示无理者被驱逐，正义得到了伸张。

法是随着阶级和私有制的出现而出现的。随着人类物质财富的增加，统治阶级利用国家这部机器来管理被统治阶级，而其赖以使用的工具就是法。因此，法是由一定社会物质生活条件决定的掌握国家政权的阶级共同利益和意志的体现，它是由国家制定或认可并由国家强制力保证实施的行为规范体系及其实施所形成的法律关系和法律秩序的总和，其目的在于维护和发展有利于统治阶级的社会关系和社会秩序。法的这个概念揭示了法的目的、作用，以及与统治阶级的关系，揭示了法与国家之间的必然联系，表明了法的利益出发点和归属点，也阐明了法的本质及统一性、权威性和普遍适用性等特征。

2. 法的特征

法的特征是法区别于其他事物的标志。

1）法的国家意志性

国家以政权的形式行使权力。法所体现的国家意志，即法是由国家制定或认可的，由国家强制力保证实施的行为规范。

2）法的普遍约束力

在国家权力管辖和法所规范的界限内，法具有使一切国家机关、社会组织和公民普遍遵行的法律效力。这体现出法律面前人人平等的精神。

3）法的国家强制性

法是由国家强制力保证实施的，不管社会主体是否愿意都要依法行事，否则就要接受否定性制裁。

4）法的明确公开性

法律是由专门的国家机关制定出来的，也必须由专门的国家机关按照一定的程序予以公布。

5）法的权利义务性

法律权利是指法律赋予人们的某种权能。法律义务是指法律规定人们必须履行的某种责任。法通过人们在一定社会关系中的权利和义务来确认、保护和发展有利于统治阶级的社会关系和社会秩序。

1.1.4　法的作用及效力

1. 法的作用

法的作用是指法对社会生活的影响，包括法律调整的影响和法的思想影响。法的作用可以分为法的规范作用和法的社会作用。

1）法的规范作用

法的规范作用是指法对主体的意志行为发生影响，从而对主体的行为具有指引、评价、预测、强制和教育的作用。

（1）法的指引作用

法的指引作用是指法律通过规定主体在法律上的权利和义务及违反这些规定的制裁，指引人们的行为。一般有 3 种指引方式：第一，规定积极行为的义务；第二，授予主体权利；第三，禁止主体为一定的行为。

（2）法的评价作用

法的评价作用是指衡量人们的行为是否合法的标准。这种评价是一种国家的价值判断，是客观的、普遍存在的价值判断。

（3）法的预测作用

法的预测作用是指根据法律规范可以预测主体即将作出的行为的后果，也可以预知国家对某种行为的态度。

（4）法的强制作用

法的强制作用是指法对各种违法行为可以实施制裁，以达到预防违法犯罪的目的。

（5）法的教育作用

法的教育作用是指通过法的颁布和实施产生的思想影响作用。

法的规范作用的发挥，有赖于法律知识的普及和人们法律意识的增强。所以，宣传、普及法律知识，不断提高人们的法律意识，是充分发挥法的规范作用的必要前提和条件。

2）法的社会作用

法的社会作用是指法具有维护一定阶级统治和执行一定社会公共事务的作用，主要表现在以下几个方面。

（1）法在政治方面的作用

法的目的是维护对统治阶级有利的社会关系和社会秩序，维护统治阶级的阶级统治是法的社会作用的核心。

（2）法在经济方面的作用

法是维护秩序，促进经济建设和改革开放，实现富强、民主与文明的保障。法能够根据一定的价值准则分配利益，确认和维护社会成员的权利、义务。法是国家机关和国家公职人员执行公务（行使权力）的行为依据，并对他们滥用权力或不尽职责的行为实行制约。法能够预防和解决社会成员之间，以及他们与国家机关之间或国家机关之间的争端。

（3）法在执行社会公共事务方面的作用

法是维护人类基本生活条件的保障，如有关自然资源、医疗卫生、环境保护、交通通信及基本社会秩序的法律保护。法能促进生产力和科学技术的发展。法是使用设备工序、执行工艺过程和对产品、劳动、服务质量提出要求的规范。

2. 法的效力

法的效力，即法律的约束力，指人们应当按照法律的规定行事，必须遵从。通常，法的效力分为规范性法律文件的效力和非规范性法律文件的效力。规范性法律文件的效力，也叫狭义的法的效力，是指法律的生效范围或适用范围，即法律对什么人、什么事、在什么地方和什么时间有约束力。非规范性法律文件的效力，指判决书、裁定书、逮捕证、许可证、合同等的法律效力。这里指的是狭义的法的效力。

1）法的效力层次

法的效力层次是指规范性法律文件之间的效力等级关系。根据《中华人民共和国立法法》的有关规定，我国法的效力层次可以概括为以下几个方面。

（1）上位法的效力高于下位法

规范性法律文件的效力层次取决于其制定主体的法律地位，行政法规的效力高于地方性法规。

（2）特别法优于一般法

同一事项，两种法律都有规定的，特别法比一般法优先，优先适用特别法。

（3）新法优于旧法

2）法律效力的种类

法律效力可以分为 4 种，即对人的效力、对事的效力、空间效力、时间效力。

（1）对人的效力

对中国公民的效力：中国公民在中国领域内一律适用中国法律；在中国境外的中国公民，也应遵守中国法律并受中国法律保护。

对外国人和无国籍人的适用问题，包括两种情况：一种是对在中国领域内的外国人和无国籍人的法律适用问题；另一种是对其在中国领域外的法律适用问题。外国人和无国籍人在中国领域内，除法律另有规定者外，适用中国法律。外国人在中国领域外对中国国家或者公民犯罪，而按照《中华人民共和国刑法》规定的最低刑为 3 年以上有期徒刑的，可以适用中国刑法，但是按照犯罪地法律不受处罚的除外。

（2）对事的效力

法律对事的效力，指法律对什么样的行为有效力，适用于哪些事项。这种效力范围的意义在于：第一，告诉人们什么行为应当做、什么行为不应当做、什么行为可以做；第二，指明法律对什么事项有效，确定不同法律之间调整范围的界限。

（3）空间效力

法律的空间效力，指法律在哪些地域有效力，适用于哪些地区。一般来说，一国法律适用于该国主权范围所及的全部领域，包括领土、领水及其底土和领空，以及作为领土延伸的在外船舶及飞机。

（4）时间效力

法律的时间效力，指法律何时生效、何时终止效力，以及法律对其生效以前的事件和行为有无溯及力。

法律的生效时间主要有自法律公布之日起生效；由该法律规定具体生效时间；规定法律公布后符合一定条件时生效。法律终止生效的时间即法律被废止，指法律效力的消灭。它一般分为明示的废止和默示的废止两类。

法的溯及力也称法律溯及既往的效力，是指法律对其生效以前的事件和行为是否适用。如果适用，就具有溯及力；如果不适用，就没有溯及力。法律是否具有溯及力，不同法律规范之间的情况是不同的。关于法律的溯及力问题，一般有两个原则：第一，"法律不溯及既往"原则，即国家不能用现在制定的法律指导人们过去的行为，更不能由于人们过去从事某种当时是合法而现在看来是违法的行为，而依照现在的法律处罚他们；第二，作为法律不溯及既往原则的补充，法律规范的效力可以有条件地适用于既往的行为。从我国目前有关法律溯及既往的原则的规定来看，一般采用"不溯及既往"的原则。

1.1.5　法的适用

1. 法的适用的概念

法的适用，通常是指国家司法机关根据法定职权和法定程序，具体应用法律处理案件的专门活动。由于这种活动是以国家名义行使司法权，也称"司法"。

2. 法的适用的特点

1）国家权威性和专业性

法的适用是由特定的国家机关及其公职人员，按照法定职权实施法律的专门活动，具有国家权威性和很强的专业性。在我国，人民法院和人民检察院是代表国家行使司法权的专门机关，其他任何国家机关、社会组织和个人都不得从事这项工作。在中国，司法权包括审判权和检察权。审判权即适用法律处理案件，代表国家作出裁决；检察权包括批准逮捕、提起公诉、不起诉、抗诉等。司法机关代表国家行使权力，不受被涉及的个人、社会团体和其他国家机关的干涉。

2）国家强制性

法的适用是司法机关以国家强制力为后盾实施法律的活动，具有国家强制性。司法机关依法所做的决定，所有当事者都必须执行，不得违抗。

3）程序性

法的适用是司法机关依照法定程序所进行的活动，具有严格的程序性。司法机关处理案件必须依据相应的程序法规定。法定程序是保证司法机关正确、合法、及时地适用法律的前提，是实现司法公正的重要保证。

4）合法性

法的适用是司法机关运用法律处理案件的活动，具有合法性。司法机关对案件的处理，应当有相应的法律依据，否则无效。枉法裁判，还须承担相应的法律责任。

5）须有法律文书

法的适用必须有表明法的适用结果的法律文书，如判决书、裁定书和决定书等。这些法律文书具有法律约束力。如果对它们的内容不服，可以依据法定程序上诉或申诉，但是任何人都不得抗拒执行已经发生法律效力的判决、裁定或决定。它们也可以作为一种法律事实，引起具体法律关系的产生、变更和消灭。

3. 当代中国法的适用的原则

1）公民在法律面前一律平等

公民在法律面前一律平等，既是我国公民的一项基本权利，也是我国法的适用的一条基本原则。在我国，法律对于全体公民，不分民族、种族、性别、职业、家庭出身、宗教信仰、教育程度、财产状况等，都是统一适用的，所有公民依法享有同等的权利并承担同等的义务。任何权利受到侵犯的公民一律平等地受到法律保护，不能歧视任何公民。在民事诉讼和行政诉讼中，要保证诉讼当事人享有平等的诉讼权利，不能偏袒任何一方当事人；在刑事诉讼中，要切实保障诉讼参与人依法享有的诉讼权利。对任何公民的违法犯罪行为，都必须同样地追究法律责任，依法给予相应的法律制裁，不允许有不受法律约束或凌驾于法律之上的特殊公民，任何超出法律之外的特殊待遇都是违法的。

2）以事实为根据，以法律为准绳

以事实为根据，就是指司法机关审理一切案件，都只能以与案件有关的客观事实作为唯一根据，而不能以主观臆想作为依据。适用法律，就是运用法律对已发生的事情作出判断、处理。司法机关在适用法律时，应当认真查清事实真相，使法律适用能够做到"有的放矢"。

以法律为准绳，要严格依照法律规定办事，切实做到有法必依、执法必严、违法必究。司法机关在工作中，要符合法律所规定的规格或要件，遵照法律所规定的权限划分并严格按照司法程序办理案件；同时，在法律适用中坚持法制统一性的要求，根据我国的法律渊源体系适用法律。

3）司法机关依法独立行使职权

我国宪法、人民法院组织法、人民检察院组织法、刑事诉讼法、民事诉讼法、行政诉讼法都对司法机关依法独立行使职权作出了明确的规定。根据我国宪法和有关法律的规定，国家的审判权和检察权只能分别由人民法院和人民检察院依法统一行使，其他机关、团体或个人无权行使这项权力；司法机关依法独立行使职权，不受行政机关、社会团体和个人的干涉；司法机关在司法中必须正确地适用法律，不得滥用职权，枉法裁判。

1.2 基本法律制度

1.2.1 债权制度

1. 债的概念

债是按照合同约定或法律规定，在特定的权利主体之间请求为特定行为的民事法律关系。享有请求对方为特定行为的人是债权人，应当履行特定行为的人是债务人。这里的"债"，不仅指金钱关系，而且包括给付财产、提供劳务或服务等行为，包括合同之债、无因管理之债、不当得利之债、侵权之债、单方允诺之债等。

2. 债权的特征

1）债权是一种请求权

债权的实现依赖于债务人按照债权人的请求完成特定的行为。因此，如果债务人拒不履行义务，则债权无法实现。例如，在商品买卖关系中，如果卖方已经交付商品，但买方拒不支付货款，则卖方的债权（期待利益）就无法实现，除非事先有买方提供的担保或卖方向法院提起诉讼，请求法院强制买方履行义务。

2）债权只能针对债务人行使

债权总是在特定的当事人之间发生，请求权也必然具有针对性。因此，债权人只能根据债的内容对特定的债务人行使请求权，而无权对债务人以外的第三人行使权利。例如，甲企业欠银行贷款，乙企业正准备向甲企业支付货款，则银行无权要求乙企业将货款偿还给银行。因为银行只是甲企业的债权人，并非乙企业的债权人，故不得向乙企业行使偿还贷款请求权。

3）债权具有兼容性和平等性

债权没有排他性，数个债权人可以针对同一债务人享有相同内容的债权。债权的兼容性会导致债权重叠，也会使债务人的财产不足以清偿全部债权成为可能。数个债权人对同一债务人享有不同的债权时，无论债权成立的时间前后和数额大小，债权效力一律平等。例如，当债务人被宣告破产时，必须对所有的破产债权按比例清偿。

3. 债的种类

1）单一之债与多数之债

这是以债的主体人数多少分类。单一之债的债权人与债务人均为一人，债权债务关系简单明确。多数之债的债权人或债务人单方或双方为两人以上，债权债务关系比较复杂，如既有债权人与债务人的关系，又有债权人之间及债务人之间的关系。

2）按份之债与连带之债

这是在多数之债情况下，以债权人之间或债务人之间的相互关系分类。

按份之债，指债权人或债务人为两人以上，各债权人按照确定的份额享受债权，或者说各债务人按照确定的份额承担债务的债。按份之债虽然是一种债权债务关系，但各债权人或债务人之间独立享有债权、承担债务，彼此并无牵连。

连带之债，指多数债权人中的任何一人有权要求多数债务人中的任何一人履行全部债务，且全部债权债务因一次全部清偿而消灭的债。连带之债有两种基本关系：一是连带债权人与连带债务人之间的关系，任一债权人均有权请求债务人全部清偿债权，任一债务人均有义务清偿全部债务，债务人的清偿行为导致债的关系消灭；二是连带债权人或连带债务人之间的内部关系，任一债权人接受债务人的全部清偿，或任一债务人清偿了全部债务，则连带债权转变为债权人内部的按份债权，连带债务转变为债务人内部的按份债务，各自按照确定的比例受偿与清偿。

3）特定物之债与种类物之债

这是以债的标的物是特定物还是种类物进行的分类。

特定物是根据当事人的意思具体指定的物。特定物之债的标的物在债权发生时已经确定。因此，债务人履行债务时必须交付特定物，只有在履行前标的物灭失时，才能免除交付特定物的义务。

种类物是具有某种共同属性，可以抽象概括其特征的物。种类物之债的标的物在债权发生时尚未确定，或未存在，只有在交付时才特定化。所以，债的标的物在交付前灭失的，不免除债务人交付实物的义务（给付同等的种类物替代）。

1.2.2　代理制度

1. 代理的概念和特征

1）概念

代理是指代理人在代理权限内，以被代理人名义实施的民事法律行为，对被代理人发生效力。

2）特征

（1）代理人是以被代理人的名义在代理权限范围内进行民事活动

代理人是以被代理人的名义活动，可以是有偿的，也可以是无偿的。代理人进行代理活动不得超出被代理人授予的或者法律规定的代理权范围，但代理权范围只是确定了代理人活动的基本界限，在这一界限范围之内，代理人必须根据维护被代理人利益的需要，根据实际情况，向第三人作出意思表示或接受第三人的意思表示。

（2）代理实施的行为必须是有法律效果的行为

代理人所进行的代理活动，能够在被代理人和第三人之间设立、变更或终止某种民事法律关系，如代订合同而建立了买卖关系、代为履行债务而消灭了债权债务关系。

（3）代理人进行代理活动时独立地进行意思表示

代理人在授权范围内行使代理权时，是以自己的意思独立实施的，被代理人及其他任何人或组织都无权干涉。

（4）代理行为所产生的法律效果直接由被代理人承担

代理是被代理人经由代理人进行的民事法律行为，是为了设定本人的民事权利并负担民事义务，所以，代理人与第三人进行的一切民事法律行为所产生的民事权利义务直接归属于被代理人，即由被代理人与第三人发生法律关系。即使是由于代理人的过失而造成的不利后果，被代理人也必须承受下来，这是稳定代理关系所必需的。如果代理人所进行的民事行为是无效的，被代理人可以请求人民法院撤销。

2. 代理的分类

1）委托代理

委托代理，又称为意定代理，是指基于被代理人的委托授权而产生的代理。根据《中华人民共和国民法典》有关委托代理的规定，委托授权行为可以采用"授权委托书""委托书授权"等形式。如甲公民委托律师代理民事诉讼，不仅要与律师事务所订立委托合同，还必须向律师交付授权委托书，该委托代理才得以成立。

2）法定代理

法定代理，是依照法律的规定而产生的代理。法定代理通常适用于被代理人是无民事行为能力人、限制民事行为能力人的情况。《中华人民共和国民法典》规定，限制民事行为能力人，实施民事法律行为由其法定代理人代理或者经其法定代理人同意、追认，但是可以独立实施纯获利益的民事法律行为或者与其年龄、智力相适应的民事法律行为；无民事行为能力人由他的法定代理人代理民事活动。《中华人民共和国民法典》同时规定，无民事行为能力人、限制民事行为能力人的监护人是他的法定代理人。监护人作为法定代理人实施代理行为时，应本着有利于被监护人利益的宗旨而为之。

3）指定代理

指定代理，是依据人民法院或者有关单位的指定行为而发生的代理。这里所谓的"有关单位"，是指依法对被代理人的合法权益负有保护义务的组织，如居民委员会、村民委员会、民政部门。人民法院可以依法为那些因特殊原因不能亲自处理自己事务，又不能通过法定代理人或委托代理人处理其事务的公民指定代理人。如为失踪人指定财产代管人，为没有法定代理人或者其法定代理人互相推诿代理责任的无诉讼行为能力人指定诉讼代理人。在不能由法院指定代理人的情况下，应由依法对他的合法权益负有保护义务的单位为其指定代理人。

4）无权代理

（1）概念和种类

无权代理是指在没有代理权的情况下，以他人名义实施的民事行为。根据《中华人民共和国民法典》规定，无权代理有 3 种类型：第一种是根本没有代理权的代理，即当事人实施代理行为，根本未获得被代理人的授权。第二种是超越代理权的代理，即代理人虽然获得了被代理人的授权，但他实施的代理行为不在被代理人授权的范围之内，就其超越代理权限所实施的代理行为，应成立无权代理。例如，甲厂委托乙某代理其向丙厂购买电视，并签订了授权委托书，乙某在完成代理事项后，见空调市场前景不错，遂擅做主张以甲厂名义与丙厂订立了空调买卖合同，此时，乙某擅做主张与丙厂订立合同的行为就属于超越代理权的代理。第三种就是代理权终止以后所进行的代理，即代理人获得了被代理人的授权，但在代理期限届满后，代理人继续实施代理的行为，就其超过代理权存续期限所实施的代理行为成立无权代理。

（2）效力

① 本人的追认权和拒绝权。

追认权是指本人对于他人没有代理权、超越代理权或者代理权终止后擅自以本人名义实施的无权代理行为承认其效力，同意承受其法律后果的权利。根据《中华人民共和国民法典》规定，没有代理权、超越代理权或者代理权终止后的行为，只有经过被代理人的追认，被代理人才承担民事责任。可见，无权代理一经本人行使追认权予以追认即转变为有权代理，该行为自始产生的法律后果皆由本人承受。

拒绝权是指本人对于他人没有代理权、超越代理权或者代理权终止后擅自以本人名义实施的无权代理行为不予以追认的权利。本人拒绝追认，意味着本人不同意承受无权代理的法律后果。无权代理行为自始发生的法律后果均对本人不产生法律效力。此外，根据《中华人民共和国民法典》规定，在第三人发出催告后的 1 个月内，本人未作表示的，视为拒绝追认。

② 第三人的催告权和撤销权。

催告权是指第三人告知被代理人在一定期限内就是否行使追认权予以明确答复的权利。根据《中华人民共和国民法典》规定，第三人可以催告被代理人在 1 个月内予以追认，被代理人未作表示的，视为拒绝追认。

撤销权则是指善意第三人在被代理人行使追认权之前，解除与无权代理人所为民事行为的权利。按照《中华人民共和国民法典》规定，在无权代理被追认之前，善意第三人有撤销其与代理人所为民事行为的权利，而且第三人行使撤销权时，应当以通知的方式作出。

对于确定无效的无权代理所产生的后果，由无权代理人自负责任。若因无权代理人的行为使被代理人和第三人遭受损失，无权代理人要承担民事赔偿责任。但是，如果第三人知道对方无权代理还与其实施民事行为给他人造成损失的，由无权代理人与第三人负连带责任。

5）表见代理

表见代理是指行为人虽然没有代理权，但善意第三人客观上有充分理由相信行为人具有代理权，而与其进行民事法律行为，该行为的后果由被代理人承担。

判断是否构成表见代理必须满足以下条件：一是行为人的行为是无权代理行为；二是第三人在客观上有理由相信无权代理人有代理权。如持有被代理人的介绍信或者盖有合同专用章（或盖有公章）的空白合同书，或者有被代理人向相对人所做的授予其代理权的通知或公告；三是第三人主观上是善意的且无过错，即相对人不知行为人所为的行为是无权代理行为。

1.2.3　法人制度

1. 法人的概念

法人是具有民事权利能力和民事行为能力，依法独立享有民事权利和承担民事义务的组织。相对于自然人而言，法人是一个团体或者组织，它拥有自己独立的财产，能以自己的名义参加民事法律关系。

2. 法人的构成要件

1）依法成立

法人的成立必须依据法律规定的条件和程序。如成立公司必须依据《中华人民共和国公司法》和其他相关法律规定。

2）有必要的财产或者经费

拥有独立财产，是法人参加民事活动、承担民事责任的物质基础。独立的财产，是指法人对特定范围内的财产享有所有权或经营管理权，能够按照自己的意志独立支配。

3）有自己的名称、组织机构和住所

法人有自己的名称、组织机构和住所，是法人对外开展各种活动的基本物质条件。

4）能够独立承担民事责任

所谓独立承担民事责任，就是法人要以自己的财产清偿所负债务，而不是以设立人或其成员的财产去承担这份责任。

3. 法人的分类

1）营利法人

营利法人是指以取得利润并分配给股东等出资人为目的成立的法人。营利法人包括有限责任公司、股份有限公司和其他企业法人等。

2）非营利法人

非营利法人是指为公益目的或者其他非营利目的成立，不向出资人、设立人或者会员分配所取得利润的法人。非营利法人包括事业单位、社会团体、基金会、社会服务机构等。

3）特别法人

特别法人包括机关法人、农村集体经济组织法人、城镇农村的合作经济组织法人、基层群众性自治组织法人。

有独立经费的机关和承担行政职能的法定机构从成立之日起，具有机关法人资格，可以从事为履行职能所需要的民事活动。

农村集体经济组织依法取得法人资格。法律、行政法规对农村集体经济组织有规定的，依照其规定。

城镇农村的合作经济组织依法取得法人资格。法律、行政法规对城镇农村的合作经济组织有规定的，依照其规定。

居民委员会、村民委员会具有基层群众性自治组织法人资格，可以从事为履行职能所需要的民事活动。未设立村集体经济组织的，村民委员会可以依法代行村集体经济组织的职能。

1.2.4 诉讼时效

1. 概念

诉讼时效是指民事权利受到侵害的权利人在法定的时效期间内不行使权利，当时效期间届满时，即丧失了请求人民法院依诉讼程序强制义务人履行义务权利的制度。可见，诉讼时效是权利人行使请求权，获取人民法院保护其民事权利的法定时间界限。它包含两层意思：一是权利人在此时间内享有依诉讼程序请求人民法院予以保护的权利；二是这一权利在此时间内连续不行使即归于消灭。

2. 种类

1）普通诉讼时效

普通诉讼时效，又称一般诉讼时效，是指在一般情况下普遍适用的诉讼时效。根据《中华人民共和国民法典》的规定，普通诉讼时效期间为三年。

2）最长诉讼时效

最长诉讼时效是指对于各类民事权利予以保护的最长时效期间。根据《中华人民共和国民法典》规定，从权利被侵害之日起超过 20 年，人民法院不予保护，即在权利人不知道权利被侵害的情况下，自权利被侵害之日起超过 20 年的，不再保护。在 20 年内，权利人知道权利被侵害，可以随时向法院起诉，请求保护。

3. 诉讼时效的中止与中断

1）中止

诉讼时效中止是指在诉讼时效期间的最后 6 个月内，因发生法定事由阻碍了权利人行使请求权，诉讼因此依法暂停，并在法定事由消失之日起继续进行的情况。诉讼时效的中止必须是因法定事由而发生。这些法定事由包括：① 不可抗力。② 无民事行为能力人或者限制民事行为能力人没有法定代理人，或者法定代理人死亡、丧失民事行为能力、丧失代理权。③ 继承开始后未确定继承人或者遗产管理人。④ 权利人被义务人或者其他人控制。⑤ 其他导致权利人不能行使请求权的障碍。

2）中断

诉讼时效中断是指已开始的诉讼时效因发生法定事由不再进行，并使已经经过的时效期间丧失效力。《中华人民共和国民法典》规定，有下列情形之一的，诉讼时效中断，从中断、有关程序终结时起，诉讼时效期间重新计算：

① 权利人向义务人提出履行请求。

② 义务人同意履行义务。

③ 权利人提起诉讼或者申请仲裁。

④ 与提起诉讼或者申请仲裁具有同等效力的其他情形。

1.3　法　律　关　系

法律关系是在法律规范调整社会关系的过程中所形成的人与人之间的权利和义务关系。法律关系由法律关系的主体、法律关系的内容（权利义务）和法律关系的客体三要素构成。

1.3.1　法律关系的主体

法律关系的主体是指法律关系的参加者，即在法律关系中一定权利的享有者和一定义务的承担者。

1. 种类

1）公民

这里的公民（自然人）既指本国公民，也指居住在一国境内或在境内活动的外国公民和无国籍人。在中国，还有一类由公民集合的特定主体，如个体户、农户、个人合伙等，可以参与一定范围的法律关系。

2）法人

法人（各种机构和组织）包括 3 类：一是营利法人；二是非营利法人；三是特别法人。

3）国家

在特殊情况下，国家可以作为一个整体成为法律关系主体。例如，国家可以直接以自己的名义参与国内的法律关系（如发行国债），但在多数情况下，由国家机关或授权的组织作为代表参加法律关系。

2. 法律关系主体构成的资格

公民和法人要能够成为法律关系的主体，享有权利和承担义务，就必须具有权利能力和行为能力，即具有法律关系主体构成的资格。

1）权利能力

权利能力指能够参与一定的法律关系，依法享有一定权利和承担一定义务的法律资格。它是法律关系主体实际取得权利、承担义务的前提条件。公民的权利能力始于出生，终于死亡，而法人的权利能力始于依法成立，终于法人消灭。

2）行为能力

行为能力指法律关系主体能够通过自己的行为实际取得权利和履行义务的能力。公民的行为能力是公民的意识能力在法律上的反映。公民是否达到一定年龄、神智是否正常，是公民享有行为能力的标志。如婴幼儿、精神病患者，因为他们不可能预见自己行为的后果，所以在法律上不能赋予其行为能力。世界各国的法律，一般都把本国公民划分为：① 完全行为能力人。这是指达到一定法定年龄、智力健全，能够对自己的行为负完全责任的自然人（公民）。② 限制行为能力人。这是指行为能力受到一定限制，只具有部分行为能力的公民，如我国规定 8 周岁以上的未成年人、不能完全辨认自己行为的精神病人，是限制行为能力人。③ 无行为能力人。这是指完全不能以自己的行为行使权利、履行义务的公民，如我国规定的不满 8 周岁的未成年人、完全的精神病人。

1.3.2　法律关系的内容

法律关系的内容是指法律关系主体所享有的权利和承担的义务，即法律权利和法律义务。

1. 法律权利

法律权利是国家通过法律规定，对法律关系主体可以自主决定作出某种行为的许可和保障手段，其结构和内容包括：① 权利人可以自主决定作出一定行为的权利；② 权利人要求他人履行一定法定义务的权利；③ 权利人在自己的权利受到侵犯时，请求国家机关予以保护的权利。这三个要素是紧密联系、不可分割的。

2. 法律义务

法律义务是国家通过法律规定，对法律主体的行为的一种约束手段。它要求人们必须根据权利的内容作出一定的行为，或者要求人们不得作出一定的行为。

1.3.3　法律关系的客体

法律关系的客体是指法律关系主体的权利和义务所指向的一定的对象，包括物、人身、行为结果、智力成果。

1. 物

法律意义上的物是指法律关系主体支配的、在生产上和生活上所需要的客观实体。这里的物须具备以下条件：第一，应得到法律认可；第二，应为人类所认识和控制；第三，能够给人们带来某种物质利益，具有经济价值；第四，须具有独立性。

2. 人身

人身是指由各个生理器官组成的生理整体（有机体）。它是人的物质形态，也是人的精神利益的体现。人身不仅是人作为法律关系主体的承载者，而且在一定范围内成为法律关系的客体。但须注意的是：第一，活人的（整个）身体，不得视为法律上之"物"，不能作为物权、债权和继承权的客体，禁止任何人（包括本人）将整个身体作为"物"参与有偿的经济法律活动，不得转让或买卖。贩卖或拐卖人口、买卖婚姻，是法律所禁止的违法或犯罪行为，应受法律的制裁。第二，权利人对自己的人身不得进行违法或有伤风化的活动，不得滥用人身，或自践人身和人格。例如，卖淫、自杀、自残行为属违法行为或至少是法律所不提倡的行为。第三，对人身行使权利时必须依法进行，不得超出法律授权的界限，严禁对他人人身非法强行行使权利。

3. 行为结果

在很多法律关系中，其主体的权利和义务所指向的对象既不是物、人身，也不是精神产品，而是行为结果。这种结果一般分为两种：一种是物化的行为结果，即义务人的行为（劳动）凝结于一定的物体，产生一定的物化产品或营建物（房屋、道路、桥梁等）；另一种是非物化的行为结果，即义务人的行为没有转化为物化实体，而仅表现为一定的行为过程，直至终了，最后产生权利人所期望的结果（或效果）。

4. 智力成果

智力成果是人类及其个体通过某种物体（如书本、砖石、纸张、胶片、磁盘）或人脑记载下来并加以流传的思维成果。它不同于有形物，其价值和利益在于物中所承载的信息、知识、技术、标识（符号）和其他精神文化。同时，它又不同于人的主观精神活动本身，是精神活动的物化、固定化。智力成果属于非物质财富，又称无形财产。

1.4　法律责任

法律责任是指由于违法行为、违约行为或者由于法律规定而应承受的某种不利的法律后果。产生法律责任的原因大体上可分为：① 违法行为，也就是侵权行为。任何人不得侵犯他人的财产权利、人身权利、知识产权、政治权利或精神权利。② 违约行为，即违反合同约定，没有履行一定法律关系中的作为的义务或不作为的义务。③ 法律规定，即无过错责任（严格责任）。从表面上看，责任人并没有侵犯任何人的权利，也没有违反任何合同义务，仅仅由于出现了法律所规定的法律事实，就要承担某种赔偿责任，如产品致人损害。

1.4.1　法律责任的特征

第一，法律责任是与违法行为相联系的。没有违法行为，就谈不上法律责任。由于违法行为的性质和危害程度不同，违法行为所应承担的法律责任也不相同。

第二，法律责任的内容是法律明确而又具体规定的。法律责任是一种强制性的法律措施，必须由有立法权的国家机关根据立法权限依照法定程序制定的有关法律、行政法规、地方性法规或者规章来加以明文规定，否则就不能构成法律责任。

第三，法律责任具有国家强制性。法律责任是以国家强制力为后盾的。所谓国家强制力是指国家司法机关或者行政机关有权采取的、能够迫使违法行为人承担其效果的强制力。

第四，法律责任是由国家授权的机关依法实施的。对违法行为追究法律责任、实施法律制裁，是国家权力的重要组成部分，必须由国家授权的机关，主要是国家司法机关和有关国家行政机关依法进行，其他任何组织和个人均无权进行。

1.4.2　法律责任的分类

一般来说，法律责任按主体违反法律规范的不同，可以分为民事责任、刑事责任和行政责任三大类。

1. 民事责任

民事责任是指民事主体由于违反民事法律根据民法所应承担的一种法律责任。其特点是：民事责任主要是财产责任；民事责任主要是一方当事人对另一方的责任；民事责任主要是补偿当事人的损失。在法律允许的条件下，民事责任可以由当事人协商解决。

2. 刑事责任

刑事责任是指行为人因其犯罪行为所必须承受的，由司法机关代表国家所确定的否定性法律后果。与民事责任不同，刑事责任不存在无过错责任的问题；同时，行为人在主观上是故意还是过失，以及故意或过失的形式和程度，对刑事责任的有无、刑事责任的种类与大小的判定都有重要的意义，这一点也与民事责任明显不同。

3. 行政责任

行政责任是指因违反行政法或因行政法规定而应承担的法律责任。在我国，行政责任大体可以分为以下4类：① 一般公民、法人违反一般经济、行政管理法律、法规而应承担的法律责任。② 无过错行政责任。③ 行政机关工作人员因违法失职行为而应承担的法律责任，即行政处分。④ 行政机关及其工作人员在行政诉讼败诉后而承担的行政责任。

1.4.3　法律责任的归责原则

1. 过错责任原则

过错责任原则是我国法律确认的、在追究违法主体的经济法律责任方面普遍适用的一项原则，其适用应具备以下条件。

1）须有违法行为

违法行为是指行为主体拒不履行和不适当履行法定义务的行为。法定义务有两种形式，即作为的义务和不作为的义务。与之相适应，违法行为既可以表现为违法主体的作为，也可以表现为违法主体的不作为。违法主体的作为，是指行为人以积极的作为违反了法定的不作为义务，实施了法律禁止的行为。违法主体的不作为，是指行为人以消极的不作为违反了法定的作为义务，拒绝实施法律要求的某种行为。如纳税人违反税收法律拒不纳税的行为。

2）行为人须有过错

过错是指行为人在实施违法行为时，主观上所持的故意或过失的心理状态。故意是指行为人能够预见自己的行为会产生一定危害社会的后果，但仍实施该行为并希望或放任危害结果的发生；过失是指行为人的行为会产生一定危害社会的后果，但由于疏忽大意而没有预见或者虽然预见却轻信可以避免而致使危害结果发生。

3）须有损害或危害的事实

一般来说，行为人的行为只要违法，就应当予以追究，令其承担相应的法律责任。但是，在具体确定法律责任时，违法行为是否造成管理秩序混乱或损害他人利益的事实，也是一个不可忽视的要件。特别是在确定违法主体应负何种责任、对违法主体应予以何种制裁时，危害事实的有无及危害性质、危害程度等客观情况，就具有特别重要的意义。

4）违法行为与危害事实之间须存在因果关系

如果违法行为与危害事实之间没有因果联系，就不能让行为人对该损害承担责任。

2. 无过错责任原则

无过错责任原则是行为主体承担法律责任的特殊原则。所谓特殊，是指这种原则只有在特定情况下，即在法律有明确规定时才能适用。无过错责任原则是指在有法律直接规定的情况下，无论行为人有无过错都要对其行为导致的损害事实承担责任的原则。无过错责任原则是随着社会生产的发展、科学技术的进步和高度危险行业的不断增多，逐渐确立起来的一项归责原则。这一原则的确立可以使因实行过错责任原则而得不到应有补偿的受害人得到补偿，使法律责任的承担更加公平、合理。

3. 过错推定责任原则

过错推定责任原则指在法律有特别规定的场合，从损害事实的本身推定加害人有过错；并据此确定造成他人损害的行为人赔偿责任的归责原则。

所谓推定，是指法律或法官从已知的事实推论未知事实而得出的结果，实际上就是根据已知的事实对未知事实进行推断和认定。

过错推定，也称过失推定，在侵权诉讼中，受害人能够举证证明损害事实、违法行为和因果关系三个要件即可，不需要举证证明加害人有过错。如果加害人不能证明对于损害的发生自己没有过错，那么就从损害事实本身推定加害人在致人损害的行为中有过错。

4. 公平责任原则

所谓公平责任，是指当事人对造成的损害都无过错，而又不能适用无过错责任，则根据实际情况由当事人分担的责任。公平责任原则的适用应当具备 3 个条件：① 当事人双方都没有过错。这是适用公平责任原则的基本条件，"当事人对损害的发生都没有过错的，可以根据实际情况，由当事人分担民事责任"。对于"没有过错"，有学者指出应包括 3 层含义，首先，不能推定行为人有过错。换言之，不能通过过错推定的办法来确定行为人有过错；其次，不能找到有过错的当事人；最后，确定一方或双方的过错，显失公平，即损害的发生不能确定双方或一方的过错，而且认定或推定过错也显失公平。② 有较严重的损害发生。③ 不由双方当事人分担损失，有违公平的民法理念。

本章小结

表 1-1　法学基本理论小结

名称	主要内容	重点
法学基本知识	法的起源和发展、法的渊源、法的概念及特征、法的作用及效力、法的适用	法的作用及效力
基本法律制度	债权、代理、法人、诉讼时效	代理、诉讼时效
法律关系	法律关系的主体、法律关系的内容、法律关系的客体	法律关系的主体、法律关系的客体
法律责任	法律责任的特征、法律责任的分类、法律责任的归责原则	法律责任的分类、法律责任的归责原则

📖 **思考题**

1. 简述大陆法系与英美法系的区别与联系。
2. 简述法的渊源。
3. 简述法的特征。
4. 简述法的效力。

✒️ **课堂集训**

一、单项选择题

1. 以债的主体人数多少对债权进行分类，可以分为（   ）。
   A. 单一之债与多数之债　　　　　　B. 按份之债与连带之债
   C. 特定物之债与种类物之债　　　　D. 单一之债与特定之债

2. 代理人以被代理人的名义在代理权限范围内进行民事活动的行为后果，由（   ）承担。
   A. 代理人　　　　　　　　　　　　B. 被代理人
   C. 代理人和被代理人共同承担　　　D. 代理人或被代理人

3. 依据人民法院或者有关单位的指定行为而发生的代理，是（   ）。
   A. 委托代理　　　　　　　　　　　B. 法定代理
   C. 指定代理　　　　　　　　　　　D. 无权代理

4. 根据《中华人民共和国民法典》的规定，普通诉讼时效期间为（   ）年。
   A. 1　　　　　　B. 2　　　　　　C. 3　　　　　　D. 4

5. 依《中华人民共和国民法典》规定，未成年人遭受性侵害的损害赔偿请求权的诉讼时效期间，自受害人年满（   ）周岁之日起计算。
   A. 18　　　　　　B. 16　　　　　　C. 14　　　　　　D. 12

二、多项选择题

1. 大陆法系是以罗马法为基础而发展起来的，主要包括两个支系，即（   ）。
   A. 法国法系　　　B. 英国法系　　　C. 德国法系　　　D. 美国法系

2. 当代中国法的适用原则包括（   ）。
   A. 公民在法律面前一律平等　　　　B. 以事实为根据，以法律为准绳
   C. 司法机关依法独立行使职权　　　D. 政府领导可干涉法的适用

3. 法律关系主体是指法律关系的参加者，主要包括（   ）。
   A. 公民（自然人）　　　　　　　　B. 法人（各种机构和组织）
   C. 国家　　　　　　　　　　　　　D. 以上三项都有

4. 法律关系的客体是指法律关系主体的权利和义务所指向的一定的对象，包括(   )。
   A. 物　　　　B. 行为结果　　　　C. 智力成果　　　　D. 人身

5. 依据《中华人民共和国民法典》的规定，以下属于法人的是（   ）。
   A. 某公司　　　B. 某县人民法院　　C. 某高级中学　　D. 全国总工会

6. 在我国，法律的表现形式有（　　）。

　　A. 宪法和法律　　　　　　　　　　B. 行政法规和行政规章

　　C. 地方性法规和地方规章及民族自治地方的自治条例和单行条例

　　D. 国际条约和特别行政区法律

7. 法的规范作用是指法对主体的意志行为发生影响，主要包括（　　）。

　　A. 指引作用　　　　　　　　　　　B. 评价作用

　　C. 预测作用　　　　　　　　　　　D. 强制作用和教育作用

三、名词解释

1. 英美法系　2. 法律关系　3. 债权　4. 代理　5. 法人

四、案例分析

1. 2021 年 7 月，远达贸易公司将盖有本单位公章的空白合同书交给韩某，委托他购买建材。2021 年 8 月 10 日，韩某用该空白合同书与佳丽服装厂签订了购买 500 套运动服的购销（买卖）合同，货款总额为 26 500 元，合同规定货到后 15 天内付款。韩某将签好的合同带回交给远达贸易公司经理，经理对此合同未置可否。2021 年 8 月 25 日，佳丽服装厂将 500 套运动服如数运至远达贸易公司，远达贸易公司经验收后陆续出售。因付款期限已过，未见远达贸易公司付款，佳丽服装厂电话通知远达贸易公司支付货款，而该公司以韩某超越代理权限与佳丽服装厂签订合同为由拒付货款。佳丽服装厂遂诉至法院，要求远达贸易公司付款并承担违约责任。

请问：

（1）本案的责任方是谁？为什么？

（2）本案应如何处理？

2. 2021 年 6 月 10 日，张某向林某借款人民币 4 万元，定于 1 年内还款。还款期限届满后，林某未向张某要求还款。2024 年 5 月 22 日，林某向张某要求还款，张某认为已超过诉讼时效，故而拒绝还款。

请问：本案是否已超过诉讼时效？为什么？

课堂集训答案

一、单项选择题

1. A　　2. B　　3. C　　4. C　　5. A

二、多项选择题

1. AC　　2. ABC　　3. ABCD　　4. ABCD　　5. ABCD　　6. ABCD　　7. ABCD

三、名词解释（略）

四、案例分析

1. 答案要点：

（1）远达贸易公司应负违约责任。这是因为，韩某的代理行为属于表见代理。而且远达贸易公司在佳丽服装厂运到货物后，非但未予拒绝，反而验收后出售，实为履行合同的行为。

（2）远达贸易公司应付给佳丽服装厂货款 26 500 元及逾期付款利息。

2. 答案要点：未超过。因为本案的诉讼时效应从还款期限届满之日（2022 年 6 月 9 日）起至 2025 年 6 月 8 日。

第2章 公司法律制度

思政目标

通过学习本章内容，培养学生守正创新、遵纪守法、不屈不挠的精神。培养学生具备公平平等的观念，坚定正确的政治方向，培育公正法治、爱国主义的思想和信念。

思政小课堂

党的二十大报告指出："高质量发展是全面建设社会主义现代化国家的首要任务。发展是党执政兴国的第一要务。没有坚实的物质技术基础，就不可能全面建成社会主义现代化强国。必须完整、准确、全面贯彻新发展理念，坚持社会主义市场经济改革方向，坚持高水平对外开放，加快构建以国内大循环为主体、国内国际双循环相互促进的新发展格局。"把"改革开放迈出新步伐，国家治理体系和治理能力现代化深入推进"作为未来5年的主要目标任务之一，明确"任务书"和"路线图"。做好改革、发展、稳定各项工作离不开法治，改革开放越深入越要强调法治。制定外商投资法，全面确立外商投资准入前国民待遇加负面清单管理制度，为外商投资管理体制改革提供法律依据。一揽子修改建筑法、消防法、电子签名法等，完成相关法律的衔接。制定海南自由贸易港法，在法治轨道上打造开放层次更高、营商环境更优、辐射作用更强的开放新高地。制定期货和衍生品法，修改反垄断法，推进法治化营商环境建设。公司法、企业破产法、农村集体经济组织法、民事强制执行法、关税法等税收法律的制定修改工作正在进行中，持续激发市场活力。

导入案例

甲股份有限公司董事会由 11 名董事组成。2023 年 5 月 10 日，公司董事长张某召集并主持召开董事会会议，出席会议的共 8 名董事，另有 3 位董事因事请假；董事会会议讨论的下列事项，经表决有 6 名董事同意而获通过：第一，鉴于公司董事会成员工作任务加重，决定给每位董事会成员涨工资 30%；第二，鉴于监事会成员中的职工代表李某生病，决定由本公司职工王某参加监事会；第三，鉴于公司的财务会计工作任务日益繁重，拟将财务科升格为财务部，并面向社会公开招聘会计人员 3 名，招聘会计人员事宜及财务科升格为财务部的方案经股东大会通过后付诸实施。

请问：

（1）甲公司董事会会议的召开和表决程序是否符合法律规定？为什么？

（2）甲公司董事会通过的事项有无不符合法律规定之处？请分别说明理由。

案例解析：

（1）甲公司董事会会议的召开和表决程序符合法律规定。按照《中华人民共和国公司法》规定，股份有限公司董事会须由 1/2 以上的董事出席方可举行，董事会会议由董事长召集并主持；董事会决议必须经全体董事过半数通过。

（2）甲公司董事会通过的事项中有不符合法律规定之处。

第一，董事会决定给每位董事涨工资的决定违法。根据《中华人民共和国公司法》的规定，决定董事的报酬属于公司股东大会的职权。

第二，董事会决定由公司职工王某参加监事会的决定违法。根据《中华人民共和国公司法》的规定，选举和更换由职工代表出任的监事应由公司职工民主选举。

第三，董事会认为将公司财务科升格为财务部的方案须经公司股东大会通过的观点不符合法律规定。根据《中华人民共和国公司法》规定，公司董事会有权决定公司内部管理机构的设置。

2.1　公司法概述

2.1.1　公司的概念、特征和种类

1. 公司的概念、特征

公司是指依法设立，以营利为目的的企业法人。作为企业法人，公司具有以下 4 个基本特征。

1）依法设立

公司必须依法定条件、法定程序设立。这通常包括 3 层含义：第一，公司成立应依据专门的法律，即公司法和其他有关的特别法律、法规；第二，公司成立应符合公司法规定的实质要件；第三，公司成立必须遵循公司法规定的程序，履行规定的申请和审批登记手续。

2）以营利为目的

公司的营利性使其能够与其他市场主体区别开来。第一，公司只为营利而存在，不能承

载其他社会职能，否则会破坏市场主体之间的分工，也会造成不公平竞争，从而在经济微观领域破坏法治原则；第二，公司作为以营利为目的的经济组织，必须有确定的经营范围，并且连续进行经营。这是与民事合伙的根本区别。强调营利性特征就是为了突出公司的经济属性。

股东出资设立公司的目的是从公司经营中取得利润。因此，营利目的不仅要求公司本身为营利而活动，而且要求公司有盈利时应当分配给股东。

3）是股权制企业

公司由股东的投资行为设立。股东投资行为形成的权利是股权。股权是一种独立的特殊权利，不同于所有权，也不同于经营权等他物权，更不同于债权。依据公司法规定，公司股东依法享有资产受益、参与重大决策和选择管理者等权利，具体分为股息红利分配请求权、请求召集股东会议权、表决权、股份转让权、对公司事项查阅和质询权、诉讼权、剩余财产分配请求权等。

股权是与股东特定身份联系在一起的。谁投资，谁就是股东，谁就有股权。除非公司破产、解散或者股东转让股份而使股东身份丧失外，任何单位和个人不得侵害、剥夺股东的权利或妨碍股东权利的行使。

4）具有法人资格

公司的法人性是其区别于合伙企业、独资企业的主要特征。第一，公司必须有能够独立支配的财产，公司的财产来自股东的投资，股东在完成投资行为后，丧失对投资物的所有权或知识产权，并且在投资期间不能抽回这部分投资，而公司相应地取得对股东投入的资产享有财产所有权；第二，公司能够以其财产独立承担责任。公司法规定的有限责任公司和股份有限公司均具有法人资格，股东以其认缴的出资额或认购的股份为限对公司承担有限责任。

2. 公司的种类

1）以股东对公司所负责任为标准划分

以股东对公司所负责任为标准划分，公司可分为无限责任公司、有限责任公司、股份有限公司、两合公司、股份两合公司。

（1）无限责任公司

无限责任公司是指由两个以上股东组成，全体股东对公司债务承担连带无限责任的公司。所谓连带无限责任，是指公司财产不足以清偿其债务时，股东应以其个人财产清偿公司债务，此时，公司的债权人有权请求公司股东中的一人或数人承担全部清偿责任。我国公司法不承认无限责任公司形式。

（2）有限责任公司

有限责任公司简称为有限公司，是指股东以其认缴的出资额为限对公司承担责任，公司以其全部财产对公司的债务承担责任的公司。

（3）股份有限公司

股份有限公司是将其全部资本分为等额股份，股东以其认购的股份为限对公司承担责任，公司以其全部财产对公司的债务承担责任的公司。

（4）两合公司

两合公司是指公司由1人以上无限责任股东与1人以上有限责任股东所组成，其中前者对公司负连带无限责任，后者对公司负有限责任。一般而言，无限责任股东是公司的经营管理者，有限责任股东则不参与经营管理。我国公司法也没有规定两合公司。

（5）股份两合公司

无限公司加股份有限公司即为股份两合公司。公司由负无限责任的股东和负有限责任的股东组成，资本分为等额股份。其股东所承担的法律责任与两合公司相同，区别则在于公司的资本分为等额股份。我国公司法也没有规定股份两合公司。

2）以公司的信用基础为标准划分

以公司的信用基础为标准划分，公司可分为人合公司、资合公司与人合兼资合公司。

（1）人合公司

人合公司是指以股东个人的信用作为公司信用基础的公司，股东对公司债务承担无限连带责任，其典型形式是无限公司。

（2）资合公司

资合公司是指以公司的资本和资产条件为公司的信用基础，股东仅以其出资额为限对公司的债务承担责任。资合公司以股份有限公司为典型。

（3）人合兼资合公司

人合兼资合公司是指同时以公司资产和股东个人信用作为公司信用基础的公司，该类公司的股东由有限责任股东和无限责任股东组成，其典型形式为股份两合公司。

3）以公司组织关系为标准划分

（1）母公司与子公司

母公司与子公司是按公司外部组织关系所作的分类，或者以一个公司对另一个公司的控制和依附关系所进行的划分。当不同公司之间存在控制与依附关系时，处于控制地位的是母公司，处于依附地位的是子公司。虽然它们存在控制与被控制的组织关系，但它们都具有法人资格，在法律上是彼此独立的企业。换句话说，母公司是拥有另一个公司一定比例以上的股份，或通过协议方式对另一个公司的经营实行实际控制的公司。与此相应的另一被控制的公司就是子公司。

（2）总公司与分公司

总公司与分公司是从公司内部组织关系上进行的分类，分公司其实只是总公司的分支机构，并非真正意义上的公司，分公司没有独立的公司名称、章程，没有独立的财产，不具有法人资格，但可以领取营业执照，进行经营活动，而其民事责任由总公司承担。

4）以公司股东的股份构成和转让方式为标准划分

以公司股东的股份构成和转让方式为标准划分，公司可分为封闭式公司和开放式公司。

（1）封闭式公司

封闭式公司，又称不公开公司，法律对股东人数有最高限制，公司的股份全部由公司设立时的股东所有，股东不能自由转让股份。同时，禁止公司吸引公众购买公司股票或者债券。其典型形式为有限责任公司。

（2）开放式公司

开放式公司，又称公开公司，法律对股东人数没有最高限制，公司可以向社会公开发行股票或者债券，股东可以自由转让股份。其典型形式为股份有限责任公司。

5）以国籍为标准划分

以公司国籍为标准划分，公司可分为本国公司、外国公司和跨国公司。这种分类很简单，即具有哪国国籍的公司就是哪国公司，具有本国国籍的公司就是本国公司，具有外国国籍的公司就是外国公司。但各国确定公司国籍的标准不尽相同，有的国家是以公司主要的股东所具有的国籍为公司的国籍，有的是以公司的主要营业场所所在地确定公司的国籍，还有以公司设立所依据的法律确定公司的国籍。我国采用以公司注册登记地和设立依据法律地相结合的标准确定公司的国籍。跨国公司是以本国公司为中心，在世界各国投资、建立子公司和分公司。因此，跨国公司并不是一个单独的公司，而是由控制公司与设在各国的众多附属公司组成的国际公司集团。

2.1.2 公司法的概念和性质

1. 公司法概述

公司法是规定各种公司的设立、组织、行为和解散及其他与公司组织有关的对内对外关系的法律规范的总称。公司法的概念有广义与狭义之分。广义的公司法，是指调整公司设立、组织机构及其对内对外活动中发生的社会关系的法律规范的总称，即除专门的公司法外，还包括其他有关公司的法律、法规、行政规章、司法解释及其他各法之中的调整公司组织关系、规范公司组织行为的法律规范，如《中华人民共和国市场主体登记管理条例》《中华人民共和国中外合资经营企业法》等。狭义的公司法，仅指专门调整公司问题的法典，如《中华人民共和国公司法》。

我国公司法所称公司有其特定适用范围：其一，依据属地主义原则，为依照《中华人民共和国公司法》在中国境内设立的公司；其二，组织形式仅限于有限责任公司和股份有限责任公司。

我国公司法由第八届全国人大常委会第五次会议于 1993 年 12 月 29 日通过。2005 年 10 月 27 日第十届全国人大常委会第十八次会议进行了修订，这一次对原来的公司法进行了大规模的修订，成为公司运行的新准则，于 2006 年 1 月 1 日起正式实施。新修订的公司法的立法理念更为适应市场经济之需要，体现了鼓励投资、简化程序、提高效率的精神，取消了诸多不必要的国家干预条款，废除了股份公司设立的审批制，减少了强制性规范，强化当事人意思自治，突出了公司章程的制度构建作用，为进一步完善公司治理结构，加强对股东权益的保护提供了制度保障。2013 年 12 月 28 日，第十二届全国人大常委会第六次会议对公司法进行修正。目前使用的是 2018 年 10 月 26 日第十三届全国人大常委会第六次会议修正的版本。

2. 公司法的性质

1）从公司法的内容上看，公司法是组织法与行为法相结合的法律

公司法是组织法与行为法的结合。作为组织法，公司法规定了公司的法律地位，规范了公司股东之间、股东与公司之间的关系，对公司的设立、变更与终止，公司内部组织机构的设置与运作等作出了规定；作为行为法，公司法对公司的财务、会计管理，股票的发行、交易，公司债券等作出了规定。公司法的立法宗旨就是为规范公司的组织和行为，保护公司、股东和债权人的合法权益，维护社会经济秩序，促进社会主义市场经济的发展。

2）从公司法的体例上看，公司法是一种实体法与程序法相结合的法律

公司法侧重对股东权利义务的规定，体现了公司法是实体法；同时，公司法还对取得实体权利所必需的程序作出规定，这又体现了其具有程序法的特征。

3）公司法是公法化了的私法

公司法主要规定的是平等主体之间的行为准则，应属于私法。但是，国家对公司这种经济组织及其活动的干预越来越多，已经逐渐公法化。

4）公司法是一种强制性规范与任意性规范相结合的法律

公司法作为组织法，具有国家干预性，属于强制性规范。但与此同时，公司法中也规定了一定具有意思自治原则的规范，如股东权利的行使、公司章程的规定等，则属任意性规范。

3. 公司法的基本原则

公司法的基本原则是贯穿现行公司法律规范中的最一般准则，主要有以下几项。

1）责任有限原则

我国公司法确认了公司的两种形式：股份有限公司和有限责任公司。在这两种形式的公司中，股东均是以自己的出资或持有股份为限对公司承担责任，公司以其全部资产对外承担责任。

2）股权保护原则

公司股东作为出资者按投入公司的资本额享有权利，如投票权、分红权、转让股权、优先认购权、知情权、诉讼权等。

3）科学管理原则

公司中分别属于权力机关、执行机关、监督机关的股东会、董事会和监事会，分别承担公司的重大决策的作出、业务的执行和公司的监督职能。这三个机构明确分工，职责分明，互相制约。这种"三权分立"的领导体制可以保障公司决策的准确性、执行的统一性和监督的有效性。

4）交易安全原则

公司的营业活动必须对他人、对社会负责。我国公司法对资本金的规定、对公司上市和发行债券的条件限制等都体现了保障交易安全的原则。另外，公司法还规定了公开、公平、公正及信息披露原则。这些都是为保障交易方在信息安全的前提下进行交易。

5）利益分享原则

公司是利益的共同体，公司的利益是投资者、经营者、劳动者三方的共同利益，有时也会涉及其他主体（如债权人）的利益。

2.1.3 公司登记

公司登记是公司设立的一项重要法律制度。公司登记是国家赋予公司法人资格与企业经营资格，并对公司的设立、变更、注销加以规范、公示的行政行为。《中华人民共和国公司法》规定，设立公司，应当依法向公司登记机关申请设立登记。符合本法规定的设立条件的，由公司登记机关分别登记为有限责任公司或者股份有限公司；不符合本法规定的设立条件的，不得登记为有限责任公司或者股份有限公司。法律、行政法规规定设立公司必须报经批准的应当在公司登记前依法办理批准手续。未经公司登记机关登记的，不得以公司名义从

事经营活动。

登记管辖是指登记机关之间受理公司登记的范围和分工。国务院市场监督管理部门主管全国市场主体登记管理工作。县级以上地方人民政府市场监督管理部门主管本辖区市场主体登记管理工作，加强统筹指导和监督管理。国务院市场监督管理部门应当加强信息化建设，制定统一的市场主体登记数据和系统建设规范。县级以上地方人民政府承担市场主体登记工作的部门应当优化市场主体登记办理流程，提高市场主体登记效率，推行当场办结、一次办结、限时办结等制度，实现集中办理、就近办理、网上办理、异地可办，提升市场主体登记便利化程度。国务院市场监督管理部门和国务院有关部门应当推动市场主体登记信息与其他政府信息的共享和运用，提升政府服务效能。

《中华人民共和国市场主体登记管理条例》对公司应当登记的事项作出列举规定，公司的登记事项包括：名称；主体类型；经营范围；住所或者主要经营场所；注册资本或者出资额；法定代表人、执行事务合伙人或者负责人姓名；有限责任公司股东、股份有限公司发起人、非公司企业法人出资人的姓名或者名称；个人独资企业的投资人姓名及居所；合伙企业的合伙人名称或者姓名、住所、承担责任方式；个体工商户的经营者姓名、住所、经营场所；法律、行政法规规定的其他事项。公司申请登记的事项应当符合法律、行政法规的规定，否则公司登记机关不予登记。

公司登记一般分为设立登记、变更登记、注销登记。公司设立分公司也应进行必要的登记。

1. 设立登记

公司设立登记，是指公司的设立人依照《中华人民共和国公司法》规定的设立条件与程序向公司登记机关提出设立申请，并提交法定登记事项文件，经公司登记机关审核后准予登记，并领取《企业法人营业执照》的活动。申请人申请市场主体设立登记，登记机关依法予以登记的，签发营业执照。营业执照签发日期为市场主体的成立日期。法律、行政法规或者国务院决定规定设立市场主体须经批准的，应当在批准文件有效期内向登记机关申请登记。

公司设立登记的意义主要体现在3个方面：第一，公司设立登记具有创设公司的功能；第二，公司设立登记具有规范公司行为的功能；第三，公司设立登记是国家进行市场监督的手段。

2. 变更登记

公司变更登记，是指公司在合并、分立及有关登记事项发生变更时，向登记机关呈报，并进行重新登记的活动。市场主体设立分支机构，应当向分支机构所在地的登记机关申请登记。市场主体变更登记事项，应当自作出变更决议、决定或者法定变更事项发生之日起30日内向登记机关申请变更登记。市场主体变更登记事项属于依法须经批准的，申请人应当在批准文件有效期内向登记机关申请变更登记。市场主体变更住所或者主要经营场所跨登记机关辖区的，应当在迁入新的住所或者主要经营场所前，向迁入地登记机关申请变更登记。迁出地登记机关无正当理由不得拒绝移交市场主体档案等相关材料。

3. 注销登记

公司注销登记，是指公司在破产和解散、终止法人资格时，向公司登记机关申请，注销公司的活动。市场主体因解散、被宣告破产或者其他法定事由需要终止的，应当依法向登记机关申请注销登记。经登记机关注销登记，市场主体终止。市场主体注销依法须经批准的，应当经批准后向登记机关申请注销登记。市场主体注销登记前依法应当清算的，清算组应当自成立之日起 10 日内将清算组成员、清算组负责人名单通过国家企业信用信息公示系统公告。清算组可以通过国家企业信用信息公示系统发布债权人公告。清算组应当自清算结束之日起 30 日内向登记机关申请注销登记。市场主体申请注销登记前，应当依法办理分支机构注销登记。

2.2　有限责任公司

2.2.1　有限责任公司的设立

有限责任公司又称有限公司，是指依照公司法的有关规定设立的，股东以其出资额为限对公司承担责任，公司以其全部财产为限对公司的债务承担责任的企业法人。

1. 设立条件

1）股东符合法定人数

有限责任公司由 50 名以下股东出资设立。根据我国法律的规定，我国的公民和法人均可成为公司的股东。此外，不具有法人资格的合伙企业、集体企业及外国的公民和法人也可以成为公司的股东。

2）有符合公司章程规定的全体股东认缴的出资额

公司法规定，有限责任公司的注册资本为在公司登记机关登记的全体股东认缴的出资额。法律、行政法规以及国务院决定对有限责任公司注册资本实缴、注册资本最低限额另有规定的，从其规定。

3）股东共同制定公司章程

公司章程，是指公司依法制定的，规定公司名称、住所、经营范围、经营管理制度等重大事项的基本文件。公司章程是记载公司组织和活动的基本准则的公开性法律文件。公司章程是公司的自治规范，是公司的宪章。设立有限责任公司必须由股东共同依法制定公司章程。股东应当在公司章程上签名、盖章。公司章程对公司、股东、董事、监事、高级管理人员均具有约束力。

根据公司法规定，有限责任公司章程应当载明下列事项：① 公司名称和住所。② 公司经营范围。③ 公司注册资本。④ 股东的姓名或者名称。⑤ 股东的出资方式、出资额和出资时间。⑥ 公司的机构及其产生办法、职权、议事规则。⑦ 公司法定代表人。⑧ 股东会会议认为需要规定的其他事项。股东应当在公司章程上签名、盖章。

4）有公司名称，建立符合有限责任公司要求的组织机构

公司名称是公司营业中所使用的独特称号，是公司具有法律主体资格的必要条件，因此，公司名称必须符合一定法律要求，并依法进行登记。公司的名称应当符合企业法人名称登记管理法规的规定，并标明"有限责任"字样。在我国，有关公司名称的法律规定主要有《中华人民共和国公司法》《中华人民共和国市场主体登记管理条例》《企业名称登记管理规定实施办法》三个法律文件。同时，公司还必须设立相应的组织管理机构对公司进行经营管理和监督，即按照公司法的要求，应当设立股东会、董事会（或执行董事）、监事会（或监事）三个机构。

5）有公司住所

公司以其主要办事机构为住所，公司住所只能有一个。公司住所，从法律意义上说，具有以下意义：① 法律文书的送达处所。② 诉讼管辖的依据。③ 公司享有权利和履行义务的法定处所。

2. 设立程序

1）订立章程

设立有限公司，必须按照公司法的规定制定公司章程。订立章程，既是有限责任公司的设立条件，又是其设立程序的首要环节。

2）股东缴纳出资

有限责任公司不得向社会公众公开招股，因此，公司资本必须在设立过程中由全体股东予以认缴，并足额缴纳出资。

3）申请审批

法律、行政法规规定设立有限责任公司，属于特殊行业和经营项目，需要在登记之前报经审批的，必须依法经有关行政管理机关批准。而不属于必须经审批的特殊行业和经营项目的有限责任公司，其设立不需要经过这一程序，可以直接提出申请登记。

4）申请设立登记

股东认足公司章程规定的出资后，由全体股东指定的代表或者共同委托的代理人向公司登记机关报送公司登记申请书、公司章程等文件，申请设立登记。公司登记机关对符合规定条件的予以登记，发给公司营业执照；对不符合规定条件的，不予登记。公司营业执照签发日期为有限责任公司成立日期。

3. 股东的权利和义务

1）股东的权利

股东的权利，即股东权，亦称股权，是指股东基于股东资格享有的各项权利的总称。

有限责任公司成立后，应当向股东出具出资证明书。出资证明书是确认股东出资的凭证，应当载明下列事项：① 公司名称；② 公司成立日期；③ 公司注册资本；④ 股东的姓名或者名称、缴纳的出资额和出资日期；⑤ 出资证明书的编号和核发日期。出资证明书由公司盖章。公司应当将股东的姓名或者名称向公司登记机关登记；登记事项发生变更的，应当办理变更登记。股东未经登记或者变更登记的，不得对抗第三人。

股权主要包括以下几个方面的内容：① 出席股东会和表决权；② 分取红利权；③ 出资或股份的转让权；④ 知情权；⑤ 优先购买权；⑥ 剩余财产分配权；⑦ 查阅、复制公司章程、股东会会议记录、董事会会议决议、监事会会议决议和财务会计报告的权利；⑧ 诉权；⑨ 质询权；⑩ 公司解散请求权等。

2）股东的义务

股东在享受权利的同时，必须承担相应的义务。股东应当按期足额缴纳公司章程中规定的各自所认缴的出资额。股东出资缴纳方式随出资形式而定，以货币出资的，应当将货币出资足额存入有限责任公司在银行开设的账户；以非货币财产出资的，应当依法办理其财产权的转移手续。公司成立后，股东不得抽逃出资。

股东不按照前款缴纳出资的，除应当向公司足额缴纳外，还应当向已按期足额缴纳出资的股东承担违约责任。有限公司成立后，发现作为设立公司出资的非货币财产的实际价额明显低于所定价额的，应当由缴付该出资的股东补足其差额，公司设立时的其他股东承担连带责任。发起人股东的这一资本充实责任是法定责任，不得以发起人协议的约定、公司章程规定或股东会决议免除。

股东还要履行的其他义务包括诚信义务、遵守公司章程、不得侵占公司财产等。

2.2.2　有限责任公司的组织机构

公司组织机构又称公司机关，是代表公司活动、行使相应职权的自然人或自然人组成的集合体。有限责任公司的组织机构包括股东会、董事会、监事会。

1. 股东会

1）股东会的组成

有限责任公司股东会由全体股东组成。其要点有 4 个：① 由股东自然组成，凡公司股东即为股东会成员，参加股东会并行使表决权；② 股东会是公司最高权力机构，公司的所有重大事项必须由股东会决定；③ 除一人有限责任公司、国有独资公司、中外合资经营企业等公司不设股东会外，其他公司必设股东会；④ 每年召开一次定期会议，不设常设机构。

2）股东会的职权

股东会是公司的权力机构，其职权限于法律和公司章程规定的对内对外关系公司生死存亡与发展的某些重大事项作出决议。公司法规定股东会的职权是：① 决定公司的经营方针和投资计划；② 选举和更换由非职工代表担任的董事、监事，决定有关董事、监事的报酬事项；③ 审议批准董事会或者执行董事的报告；④ 审议批准监事会或者监事的报告；⑤ 审议批准公司的年度财务预算方案、决算方案；⑥ 审议批准公司的利润分配方案和弥补亏损方案；⑦ 对公司增加或者减少注册资本作出决议；⑧ 对发行公司债券作出决议；⑨ 对公司合并、分立、变更公司形式、解散和清算等事项作出决议；⑩ 修改公司章程；⑪公司章程规定的其他职权。对上述事项股东以书面形式一致表示同意的，可以不召开股东会会议，直接作出决定，并由全体股东在决定文件上签名、盖章。

3）股东会会议

股东会会议分为定期会议和临时会议。定期会议应当按照公司章程的规定按时召开。代表 1/10 以上表决权的股东，1/3 以上的董事，监事会或者不设监事会的公司的监事提议召开临时会议的，应该召开临时会议。

首次股东会会议由出资最多的股东召集和主持，依照有关法律行使职权。以后的股东会会议，公司设立董事会的，由董事会召集，董事长主持；董事长不能或者不履行职务的，由副董事长主持；副董事长不能或者不履行职务的，由半数以上董事共同推举一名董事主持。公司不设董事会的，股东会会议由执行董事召集和主持。董事会或者执行董事不能或者不履行召集董事会职责的，由监事会或者不设监事会的公司的监事召集和主持；监事会或者监事不召集和主持的，代表 1/10 以上有表决权的股东可以自行召集和主持。

召开股东会会议，应当于会议召开 15 日以前通知全体股东，但公司章程另有规定或者全体股东另有约定的除外。股东会应当对所议事项的决定作成会议记录，出席会议的股东应当在会议记录上签名。

4）股东的表决权

公司的每个股东，无论出资多少，均有权出席股东会。股东可以亲自出席股东会会议，也可以委托他人出席，但委托他人时需有授权委托书。股东行使表决权的基本原则是表决权平等原则。股东会会议由股东按照出资比例行使表决权，但公司章程另有规定的除外。股东会的议事方式和表决程序，除公司法有规定的外，由公司章程规定。

股东会会议作出修改公司章程、增加或者减少注册资本的决议，以及公司合并、分立、解散或者变更公司形式的决议，必须经代表 2/3 以上表决权的股东通过。

2. 董事会

1）董事会的地位及组成

有限责任公司一般应当设立董事会（依法不设董事会者除外），董事会是公司的执行机构，对股东会负责，也是公司的意思表示机构，对外代表公司。同时，董事会可以在法定由股东会行使的职权外，决议公司的有关事项。

有限责任公司设董事会的，其成员为 3～13 人。两个以上的国有企业或者其他两个以上的国有投资主体投资设立的有限责任公司，其董事会成员中应当有公司职工代表；其他有限责任公司董事会成员中也可以有公司职工代表。董事会中的职工代表由公司职工通过职工代表大会、职工大会或者其他形式民主选举产生。董事会设董事长 1 人，可以设副董事长 1～2 人。董事长、副董事长的产生办法由公司章程规定。

股东人数较少或者规模较小的有限责任公司，可以设 1 名执行董事，不设立董事会。执行董事可以兼任公司经理。执行董事的职权由公司章程规定。

董事任期由公司章程规定，但董事每届任期不得超过 3 年。董事任期届满，连选可以连任。董事在任期届满前，不得无故解除其职务。董事任期届满未及时改选，或者董事在任期内辞职导致董事会成员低于法定人数的，在改选出的董事就任前，原董事仍应当依照法律、行政法规和公司章程的规定，履行董事职务。

2）董事会的职权

董事会对股东会负责，行使下列职权：① 召集股东会议，并向股东会报告工作；② 执行股东会的决议；③ 决定公司的经营计划和投资方案；④ 制定公司的年度财务预算方案、决算方案；⑤ 制定公司的利润分配方案和弥补亏损方案；⑥ 制定公司增加或者减少注册资本及发行公司债券的方案；⑦ 制定公司合并、分立、解散或者变更公司形式的方案；⑧ 决定公司内部管理机构的设置；⑨ 决定聘任或者解聘公司经理及其报酬事项，并根据经理的提名决定聘任或者解聘公司的副经理、财务负责人及其报酬事项；⑩ 制定公司的基本管理制度；⑪ 公司章程规定的其他职权。

3）董事会会议

董事会会议由董事长召集和主持；董事长不能或者不履行职务的，由副董事长召集和主持；副董事长不能或者不履行职务的，由半数以上的董事共同推举一名董事召集和主持。

董事会的议事方式和表决程序，除公司法有规定的外，由公司章程规定。董事会决议的表决，实行一人一票。董事会应当对所议事项的决定作成会议记录，出席会议的董事应当在会议记录上签名。

3. 监事会

1）监事会的组成

监事会是公司内部的监督机关，根据公司法的规定，经营规模较大的有限责任公司设立监事会，监事会的成员不得少于 3 人；股东人数较少或者规模较小的，可以只设 1～2 名监事，不设立监事会。监事会成员应当包括股东代表和适当比例的公司职工代表，其中职工代表的比例不得低于 1/3，具体比例由公司章程规定。监事会中的职工代表由公司通过职工代表大会、职工大会或者其他形式民主选举产生。监事会设主席 1 人，由全体监事过半数选举产生。监事会主席召集和主持监事会会议；监事会主席不能或者不履行职务的，由半数以上监事共同推举一名监事召集和主持监事会会议。董事、高级管理人员不得兼任监事。

监事的任期每届为 3 年。监事任期届满，连选可以连任。监事任期届满未及时改选，或者监事在任期内辞职导致监事会成员低于法定人数的，在改选出的监事就任前，原监事仍应当依照法律、行政法规和公司章程的规定，履行监事职务。

2）监事会的职权

监事会、不设监事会的公司的监事行使下列职权：① 检查公司财务；② 对董事、高级管理人员执行公司职务的行为进行监督，对违反法律、行政法规、公司章程或者股东会决议的董事、高级管理人员提出罢免的建议；③ 当董事、高级管理人员的行为损害公司的利益时，要求董事、高级管理人员予以纠正；④ 提议召开临时股东会会议，在董事会不履行本法规定的召集和主持股东会会议职责时召集和主持股东会会议；⑤ 向股东会会议提出提案；⑥ 依照公司法的规定，对董事、高级管理人员提起诉讼；⑦ 公司章程规定的其他职权。

监事可以列席董事会会议，并对董事会决议事项提出质询或者建议。监事会、不设监事会的公司的监事发现公司经营情况异常，可以进行调查；必要时，可以聘请会计师事务所等协助其工作，费用由公司承担。

3）监事会会议

监事会每年度至少召开一次会议，监事可以提议召开临时监事会会议。监事会的议事方式和表决程序，除公司法有规定的外，由公司章程规定。监事会决议应当经半数以上监事通过。监事会应当对所议事项作成会议记录，出席会议的监事应当在会议记录上签名。监事会、不设监事会的公司的监事行使职权所必需的费用，由公司承担。

2.2.3 一人有限责任公司的特别规定

一人有限责任公司，是指只有一个自然人股东或者一个法人股东的有限责任公司。它是有限责任公司的一种特殊表现形式。为维护债权人等利害关系人的权益，保障社会经济秩序，公司法对一人有限责任公司的设立和组织机构作出了特殊规定，以加强对其的监管，特殊规定以外的问题，则适用有限责任公司的一般规定。

1. 一人有限责任公司的股东可以是自然人，也可以是法人

自然人股东只能投资设立一个一人有限责任公司，且该一人有限责任公司不能投资设立新的一人有限责任公司。一人有限责任公司的章程由股东制定。

2. 一人有限责任公司不设股东会

法律规定的股东会职权由股东行使，当股东行使相应职权作出决定时，应当采用书面形式，并由股东签字后置备于公司。一人有限责任公司应当在每一会计年度终了时编制财务会计报告，并经会计师事务所审计。

3. 禁止公司股东滥用公司法人人格

为防止一人有限责任公司的股东滥用公司法人人格与有限责任制度，将公司财产混同于个人财产，抽逃资产，损害债权人的利益，公司法规定，一人有限责任公司的股东不能证明

公司财产独立于股东自己财产的，应当对公司债务承担连带责任。

2.2.4 国有独资公司的特别规定

国有独资公司，是指国家单独出资、由国务院或地方人民政府委托本级人民政府国有资产监督管理机构履行出资人职责的有限责任公司。公司法对国有独资公司的设立和组织机构也作出了特殊规定，特殊规定以外的问题，则适用对有限责任公司的一般规定。

1. 国有独资公司的章程

国有独资公司的章程由国有资产监督管理机构制定，或者由董事会制订报国有资产监督管理机构批准。

2. 国有独资公司不设股东会，由国有资产监督管理机构行使股东会职权

国有资产监督管理机构可以授权公司董事会行使股东会的部分职权，决定公司的重大事项，但公司的合并、分立、解散、增减注册资本和发行公司债券，必须由国有资产监督管理机构决定；其中，国务院有关规定确定的重要国有独资公司的合并、分立、解散、申请破产，应当由国有资产监督管理机构审核后，报本级人民政府批准。

3. 国有独资公司的董事会

国有独资公司设立董事会，依照公司法规定的有限责任公司董事会的职权和国有资产监督管理机构的授权行使职权。董事每届任期不得超过 3 年。董事会成员中应当有公司职工代表。董事会成员由国有资产监督管理机构委派；但是，董事会成员中的职工代表由公司职工代表大会选举产生。董事会设董事长 1 人，可以设副董事长。董事长、副董事长由国有资产监督管理机构从董事会成员中指定。

4. 国有独资公司设经理，由董事会聘任或者解聘

经理依照公司法规定行使职权。国有独资公司经理的职权与普通有限责任公司相同。经国有资产监督管理机构同意，董事会成员可以兼任经理。

5. 国有独资公司的董事长、副董事长、董事、高级管理人员的竞业禁止义务

国有独资公司的董事长、副董事长、董事、高级管理人员未经国有资产监督管理机构同意，不得在其他有限责任公司、股份有限公司或者其他经济组织兼职。

6. 国有独资公司的监事会

国有独资公司监事会的成员不得少于 5 人，其中职工代表的比例不得低于 1/3，具体比例由公司章程规定。监事会成员由国有资产监督管理机构委派；但是，监事会成员中的职工代表由公司职工代表大会选举产生。监事会主席由国有资产监督管理机构从监事会成员中指定。国有独资公司监事会的职权范围小于普通有限责任公司的监事会，包括：① 检查公司财务；② 对董事、高级管理人员执行公司职务的行为进行监督；③ 对违反法律、行政法规、公司章程或者股东会决议的董事、高级管理人员提出罢免的建议；④ 当董事、高级管理人员的行为损害公司的利益时，要求董事、高级管理人员予以纠正；⑤ 国务院规定的其他职权。

2.2.5 有限责任公司的股权转让

股权转让，即股东将其出资全部或部分转移给他人。在部分转让的情况下，转让人仅仅降低其在公司资本中的比例，但其股东身份并不发生变化。在全部转让的情况下，转让人丧

失股东资格，受让人承受股东资格，享受股东权利。

1. 股权的一般转让

股东之间可以自由转让其出资，但股东向股东以外的人转让出资时，因有限责任公司作为资合兼人合的公司，其股东转让股权则受到一定法律限制。公司法规定，有限责任公司的股东之间可以相互转让其全部或者部分股权。股东向股东以外的人转让股权，应当经其他股东过半数同意。股东应就其股权转让事项书面通知其他股东征求同意，其他股东自接到书面通知之日起满 30 日未答复的，视为同意转让。其他股东半数以上不同意转让的，不能转让，不同意的股东应当购买该转让的股权；不购买的，视为同意转让。经股东同意转让的股权，在同等条件下，其他股东有优先购买权。两个以上股东主张行使优先购买权的，协商确定各自的购买比例；协商不成的，按照转让时各自的出资比例行使优先购买权。公司章程对股权转让另有规定的，从其规定。

2. 股权的强制转让

公司法还规定了特殊情况下股权的转让问题。股权的强制转让，是指人民法院依照民事诉讼法等法律规定的执行程序，强制执行生效的法律文书时，以拍卖、变卖或者其他方式转让有限责任公司股东的股权。人民法院依照法律规定的强制执行程序转让股东的股权时，应当通知公司及全体股东，其他股东在同等条件下有优先购买权。其他股东自人民法院通知之日起满 20 日不行使优先购买权的，视为放弃优先购买权。

3. 出资证明书的变更

股东转让股权后，公司应当注销原股东的出资证明书，向新股东签发出资证明书，并相应修改公司章程和股东名册中有关股东及其出资额的记载。对公司章程的该项修改不需再由股东会表决。

4. 公司回购请求权

有下列情形之一的，对股东会该项决议投反对票的股东可以请求公司按照合理的价格收购其股权：① 公司连续 5 年不向股东分配利润，而公司该 5 年连续盈利，并且符合本法规定的分配利润条件的；② 公司合并、分立、转让主要财产的；③ 公司章程规定的营业期限届满或者章程规定的其他解散事由出现，股东会会议通过决议修改章程使公司存续的。

自股东会会议决议通过之日起 60 日内，股东与公司不能达成股权收购协议的，股东可以自股东会会议决议通过之日起 90 日内向人民法院提起诉讼。

另外，自然人股东死亡后，其合法继承人可以继承股东资格，但公司章程另有规定的除外。

2.3　股份有限公司

2.3.1　股份有限公司的设立

股份有限公司，又称股份公司，是指将其全部资本分为等额股份，股东以其认购的股份为限对公司承担责任，公司以其全部财产对公司的债务承担责任的企业法人。

1. 设立方式

股份有限公司的设立方式有两种，既可以采取发起设立的方式，也可以采取募集设立的方式。发起设立，是指由发起人认购公司应发行的全部股份而设立股份公司。募集设立，是指由发起人认购公司应发行股份的一部分，其余股份向社会公开募集或者向特定对象募集而设立股份公司。以募集方式设立股份公司的发起人认购的股份不得少于公司股份总数的35%，其余部分向社会公开募集。

2. 设立条件

1）发起人符合法定人数

股份有限公司的设立应当有 2 人以上 200 人以下的发起人，其中须有半数以上的发起人在中国境内有住所。发起人承担公司筹办事务。发起人应当签订发起人协议，明确各自在公司设立过程中的权利和义务。

2）有符合公司章程规定的全体发起人认购的股本总额或者募集的实收股本总额

公司法规定，股份有限公司采取发起设立方式设立的，注册资本为在公司登记机关登记的全体发起人认购的股本总额。在发起人认购的股份缴足前，不得向他人募集股份。法律、行政法规及国务院决定对股份有限公司注册资本实缴、注册资本最低限额另有规定的，从其规定。

3）股份发行、筹办事项符合法律规定

发起人为了设立股份有限公司而发行股份及筹办其他事项时，必须符合法律规定的条件和程序。

4）发起人制订公司章程，采用募集方式设立的须经创立大会通过

股份有限公司章程应当载明下列事项：① 公司名称和住所；② 公司经营范围；③ 公司设立方式；④ 公司股份总数、每股金额和注册资本；⑤ 发起人的姓名或者名称、认购的股份数、出资方式和出资时间；⑥ 董事会的组成、职权、任期和议事规则；⑦ 公司法定代表人；⑧ 监事会的组成、职权、任期和议事规则；⑨ 公司利润分配方法；⑩ 公司的解散事由与清算办法；⑪ 公司的通知和公告办法；⑫ 股东大会会议认为需要规定的其他事项。

5）有公司名称，建立符合股份有限公司要求的组织机构

依法设立的股份有限公司必须在名称中标明"股份有限公司"字样，并符合有关企业法人名称登记管理法规的规定。同样，股份公司中也要有相应的组织机构，如股东大会、董事会、监事会及经理，共同承担公司的权力机关、执行机关、监督机关的相应职责。

此外，设立股份有限公司还要有明确的公司住所。

3. 设立程序

1）发起设立的程序

根据公司法的规定，股份有限公司发起设立程序如下：① 发起人订立公司章程；② 以发起设立方式设立股份有限公司的，发起人应当书面认足公司章程规定其认购的股份；③ 按照公司章程规定缴纳出资，以非货币财产出资的，应当依法办理其财产权的转移手续；④ 发起人认足公司章程规定的出资后，应当选举董事会和监事会，由董事会向公司登记机关报送公司章程及法律、行政法规规定的其他文件；⑤ 申请设立登记；⑥ 公告。

2）募集设立程序

除了发起设立的程序之外，募集设立的主要程序还包括：① 制作招股说明书；② 签订股票承销协议和代收股款协议；③ 呈报国务院证券管理部门审批；④ 公告招股说明书、制作认股书、招募股份；⑤ 召开创立大会；⑥ 公司设立登记；⑦ 公告。

发起人应当自股款缴足之日起 30 日内主持召开公司创立大会。创立大会由发起人、认股人组成。发起人应当在创立大会召开前 15 日将会议日期通知各认股人或者予以公告。创立大会应有代表股份总数过半数的发起人、认股人出席，方可举行。

创立大会行使下列职权：① 审议发起人关于公司筹办情况的报告；② 通过公司章程；③ 选举董事会成员；④ 选举监事会成员；⑤ 对公司的设立费用进行审核；⑥ 对发起人用于抵作股款的财产的作价进行审核；⑦ 发生不可抗力或者经营条件发生重大变化直接影响公司成立的，可以作出不设立公司的决议。创立大会对上述事项作出决议，必须经出席会议的认股人所持表决权过半数通过。

4. 发起人的义务

股份有限公司的发起人应当承担下列责任。① 公司不能成立时，对设立行为所产生的债务和费用负连带责任。② 发行的股份超过招股说明书规定的截止期限尚未募足的，或者发行股份的股款缴足后，发起人在 30 日内未召开创立大会的，认股人可以按照所缴纳股款并加算银行同期利息，要求发起人返还。③ 在公司设立过程中，由于发起人的过失致使公司利益受到损害的，应当对公司承担赔偿责任。④ 股份公司成立后发起人未按照公司章程的规定缴足出资的，应当补缴；其他发起人承担连带责任。股份公司成立后，发现作为设立公司的非货币财产的实际价额显著低于公司章程所定价额的，应当由交付该出资的发起人补足其差额；其他发起人承担连带责任。⑤ 发起人、认股人缴纳股款或者交付抵作股款的出资后，除未按期募足、未按期召开创立大会或者创立大会决议不设立公司的情形外，不得抽回股本。

2.3.2　股份有限公司的组织机构

1. 股东大会

1）股东大会的组成及职权

股份有限公司股东大会由全体股东组成。股东大会是公司的权力机构，是公司最高的决策机关。它有权对公司的重大事项作出决议。股份有限公司股东大会的职权与有限责任公司股东会的职权基本相同。

2）股东大会的决议

股东出席股东大会会议，所持每一股份有一表决权。股东可以委托代理人出席股东大会，代理人应当向公司提交股东的授权委托书，并在授权范围内行使表决权。公司持有的本公司股份没有表决权。股东大会应当对所议事项的决定作成会议记录，主持人、出席会议的董事应当在会议记录上签名。会议记录应当与出席股东的签名册及代理出席的委托书一并保存。

股东大会对普通事项作出决议，必须经出席会议的股东所持表决权过半数通过。但对下列事项作出决议必须经出席股东大会的股东所持表决权的 2/3 以上通过：① 修改公司章程；② 增加或者减少注册资本；③ 公司合并、分立、解散或者变更公司组织形式。

股东大会选举董事、监事，可以依照公司章程的规定或者股东大会的决议，实行累积投票制。累积投票制，是指股东大会选举董事或者监事时，每一股份拥有与所选董事或者监事人数相同的表决权，股东拥有的表决权可以集中使用。

3）股东大会的召开

股东大会分为年会与临时股东大会。股东大会年会应当每年召开一次。有下列情形之一的，应当在两个月内召开临时股东大会：① 董事人数不足公司法规定人数或者公司章程所定人数的 2/3 时；② 公司未弥补的亏损达实收股本总额 1/3 时；③ 单独或者合计持有公司 10%以上股份的股东请求时；④ 董事会认为必要时；⑤ 监事会提议召开时；⑥ 公司章程规定的其他情形。

股东大会会议由董事会召集，董事长主持；董事长不能或者不履行职务的，由副董事长主持；副董事长不能或者不履行职务的，由半数以上董事共同推举一名董事主持。

召开股东大会会议，应当将会议召开的时间、地点和审议的事项于会议召开 20 日前通知各股东。临时股东大会应当于会议召开 15 日前通知各股东；发行无记名股票的，应当于会议召开 30 日前公告会议召开的时间、地点和审议事项。单独或者合计持有公司 3%以上股份的股东，可以在股东大会召开 10 日前提出临时提案并书面提交董事会；董事会应当在收到提案后两日内通知其他股东，并将该临时提案提交股东大会审议。临时提案的内容应当属于股东大会的职权范围，并有明确议题和具体决议事项。股东大会不得对上述通知中未列明的事项作出决议。

无记名股票持有人出席股东大会会议的，应当于会议召开 5 日前至股东大会闭会时将股票交存于公司。

2. 董事会

1）董事会的组成

股份有限公司设董事会，其成员为 5~19 人。董事会成员中可以有公司职工代表，董事会中的职工代表由公司职工通过职工代表大会、职工大会或者其他形式民主选举产生。

董事会设董事长 1 人，可以设副董事长。董事长和副董事长由董事会以全体董事过半数选举产生。董事长召集和主持董事会会议，检查董事会决议的实施情况，副董事长协助董事长工作，董事长不能或不履行职务的，由半数以上董事共同推举一名董事履行职务。

2）董事会的职权

股份有限公司董事会的职权与有限责任公司董事会的职权相同。

3）董事会会议

董事会每年度至少召开两次会议，每次会议应当于会议召开 10 日前通知全体董事和监事。代表 1/10 以上表决权的股东、1/3 以上董事或者监事，可以提议召开董事会临时会议。董事长应当自接到提议后 10 日内，召集和主持董事会会议。

董事会会议应当有过半数的董事出席方可举行。董事会作出决议必须经全体董事的过半数通过。董事会决议的表决实行一人一票。董事会会议应当由董事本人出席，董事因故不能出席，可以书面委托其他董事代为出席，委托书中应当载明授权范围。

董事会应当对会议所议事项的决定作成会议记录，出席会议的董事应当在会议记录上签名。董事应当对董事会的决议承担责任。董事会的决议违反法律、行政法规或者公司章程、股东大会决议，致使公司遭受严重损失的，参与决议的董事对公司负赔偿责任。但经证明在表决时曾表明异议并记载于会议记录的，该董事可以免责。

3. 经理

股份有限公司设经理。经理可以作为公司的法定代表人。经理由董事会聘任或者解聘，负责公司日常经营管理的活动。公司董事会可以决定由董事会成员兼任经理。经理列席董事会会议，对董事会负责。其职权与有限责任公司经理相同。

4. 监事会

股份有限公司设立监事会，其成员不得少于 3 人，其中应当包括股东代表和适当比例的公司职工代表，其中职工代表的比例不得低于 1/3，具体比例由公司章程规定。监事会设主席 1 人，可以设副主席。监事会主席和副主席由全体监事过半数选举产生。监事会主席召集和主持监事会会议；监事会主席不能履行职务或者不履行职务的，由监事会副主席召集和主持监事会会议；监事会副主席不能履行职务或者不履行职务的，由半数以上监事共同推举一名监事召集和主持监事会会议。董事、高级管理人员不得兼任监事。

股份有限公司监事的任期、监事会的职权与有限责任公司相同。

2.3.3　上市公司组织机构的特别规定

上市公司，是指其股票在证券交易所上市交易的股份有限公司。公司法对上市公司组织机构与活动原则的特别规定主要有以下几项。

1. 增加股东大会特别决议事项

上市公司在一年内购买、出售重大资产或者担保金额超过公司资产总额 30% 的，应当由股东大会作出决议，并经出席会议的股东所持表决权的 2/3 以上通过。

2. 上市公司设立独立董事，具体办法由国务院规定

独立董事，是指不在公司担任除董事外的其他职务，并与其所受聘的上市公司及其主要股东不存在可能妨碍其进行独立客观判断的关系的董事。独立董事除了应履行董事的一般职责外，还对控股股东及其选任的上市公司的董事、高级管理人员，以及其与公司进行关联交易等进行监督。

3. 上市公司设立董事会秘书

董事会秘书主要负责公司股东大会和董事会会议的筹备、文件保管及公司股东资料的管理，办理信息披露事务等事宜。

4. 增设关联关系董事的表决权排除制度

上市公司董事与董事会会议决议事项所涉及的企业有关联关系的，不得对该项决议行使表决权，也不得代理其他董事行使表决权。该董事会会议由过半数的无关联关系董事出席方可举行，董事会会议所作决议须经无关联关系董事过半数通过。出席董事会的无关联关系董事人数不足 3 人的，应将该事项提交上市公司股东大会审议。

2.3.4　股份发行与转让

1. 股份发行

股份有限公司的基本特征之一，便是注册资本被划分为等额股份。股份是划分公司资本的最小的计价单位。公司的股份采取股票的表现形式。股票是公司签发的证明股东所持股份的凭证。股票的发行可以分为两种情况：一是设立发行；二是新股发行。

1）股份有限公司的股票

股票采用纸面形式或者国务院证券监督管理机构规定的其他形式。目前，我国上市公司股票的发行、交易均已通过计算机，采用存储信息等无纸化方式进行。股票应当载明下列主

要事项：① 公司名称；② 公司成立日期；③ 股票种类、票面金额及代表的股份数；④ 股票的编号。股票由法定代表人签名，公司盖章。股份有限公司成立后，即向股东正式交付股票。公司成立前不得向股东交付股票。

公司发行的股票，可以为记名股票，也可以为无记名股票。发起人的股票，应当标明发起人股票字样。公司向发起人、法人发行的股票为记名股票，应当记载该发起人、法人的名称或者姓名，不得另立户名或者以代表人姓名记名。

公司发行记名股票的应当置备股东名册，记载下列事项：① 股东的姓名或者名称及住所；② 各股东所持股份数；③ 各股东所持股票的编号；④ 各股东取得股份的日期。公司发行记名股票的，应当记载其股票数量、编号及发行日期。

2）设立发行

设立发行是经批准拟成立的股份有限公司为了筹集资本而初次发行股票，是股份有限公司成立的必要条件和必经程序。公司设立阶段分为发起设立发行和募集设立发行。其发行需要具备以下条件：① 生产经营符合国家产业政策；② 发行的普通股限于一种，同股同权；③ 发起人认购的股本总额不少于公司拟发行股本的35%；④ 发起人在近 3 年内没有重大违法行为。

3）新股发行

新股发行又称增资发行，即公司成立以后在公司注册资本的基础上再发行股份的行为。公司发行新股，应依照公司章程的规定由股东大会或者董事会作出决议。公司发行新股，股东大会应当对下列事项作出决议：① 新股种类及数额；② 新股发行价格；③ 新股发行的起止日期；④ 向原有股东发行新股的种类及数额。新股的发行主要有两种方式：一是向社会投资者公开发行股票；二是向公司股东以配售股份的形式公开发行股票。

4）股份发行的原则

我国股份的发行，实行公开、公平、公正的原则，同股同权、同股同利。即同种类的每一股份应当具有同等权利。同次发行的同种类股票，每股的发行条件和价格应当相同；任何单位或者个人所认购的股份，每股应当支付相同价款。

股票发行价格可以按票面金额，也可以超过票面金额，但不得低于票面金额。因为低于票面金额发行，违背资本充实原则，使股票发行募集的资金低于公司相应的注册资本数额，出现资本虚增，会影响交易安全，危及债权人的利益，即股票只能平价或者溢价发行，但不能折价发行。

2. 股份转让

股份转让是指股份有限公司的股份持有人依法自愿将自己的股份转让给他人，使他人取得股份成为股东的法律行为。

股份有限公司的股份以自由转让为原则，以法律限制为例外。股份转让是股份公司的一般原则，但并不是说股份的转让是一种绝对自由的转让。根据公司法的规定，股东持有的股份可以依法转让。股东转让其股份，应当在依法设立的证券交易所进行或者按照国务院规定的其他方式进行。上市公司的股票，依照有关法律、行政法规及证券交易所交易规则上市交易。公司法对股份的转让有以下限制。

1）发起人的股份转让

发起人持有的本公司股份，自公司成立之日起 1 年内不得转让，公司公开发行股份前已发行的股份，自公司股票在证券交易所上市交易之日起 1 年内不得转让。

2）记名股票的转让

记名股票，由股东以背书方式或者法律、行政法规规定的其他方式转让；转让后由公司将受让人的姓名或者名称及住所记载于股东名册。股东大会召开前 20 日内或者公司决定分配股利的基准日前 5 日内，不得进行股东名册的变更登记，但法律对上市公司股东名册变更登记另有规定的，从其规定。

3）无记名股票的转让

无记名股票的转让实行交付生效的方式，由股东将该股票交付给受让人后即发生转让的效力。

4）公司董事、监事、高级管理人员的股份转让

公司董事、监事、高级管理人员应当向公司申报所持有的本公司的股份及其变动情况，在任职期间每年转让的股份不得超过其所持有本公司股份总数的 25%；所持本公司股份自公司股票上市交易之日起 1 年内不得转让。上述人员离职后半年内，不得转让其所持有的本公司股份。公司章程可以对公司董事、监事、高级管理人员转让其所持有的本公司股份作出其他限制性规定。

5）公司不得收购本公司股份

为防止公司法定资本的减少，以及公司操纵证券交易、引起市场的波动，公司不得收购本公司股份。但有下列情形之一的除外：① 减少公司注册资本；② 与持有本公司股份的其他公司合并；③ 将股份奖励给本公司职工；④ 股东因对股东大会作出的公司合并、分立决议持异议，要求公司收购其股份的。公司因第① 项至第③ 项的原因收购本公司股份的，应当经股东大会决议。公司依照规定收购本公司股份后，属于第① 项情形的，应当自收购之日起 10 日内注销；属于第② 项、第④ 项情形的，应当在 6 个月内转让或者注销。公司依照第③ 项规定收购的本公司股份，不得超过本公司已发行股份总额的 5%；用于收购的资金应当从公司的税后利润中支出；所收购的股份应当在 1 年内转让给职工。公司不得接受本公司的股票作为质押权的标的。

2.3.5　公司董事、监事、高级管理人员的资格与义务

1. 公司董事、监事、高级管理人员的资格

公司董事、监事、高级管理人员处于公司的重要地位并且具有法定职权，为保障其正确履行职责，公司法对其任职资格作出限制性规定。有下列情形之一的，不得担任公司的董事、监事、高级管理人员。

① 无民事行为能力或者限制民事行为能力人。

② 因贪污、贿赂、侵占财产、挪用财产或者破坏社会主义市场经济秩序，被判处刑罚，执行期满未逾 5 年，或者因犯罪被剥夺政治权利，执行期满未逾 5 年。

③ 担任破产清算的公司、企业的董事或者厂长、经理，对该公司、企业的破产负有个人责任的，自该公司、企业破产清算完结之日起未逾 3 年。

④ 担任因违法被吊销营业执照、责令关闭的公司、企业的法定代表人，并负有个人责任的，自该公司、企业被吊销营业执照之日起未逾 3 年。

⑤ 个人所负数额较大的债务到期未清偿。

公司违反规定选举、委派董事、监事或者聘任高级管理人员的，该选举、委派或者聘任无效。董事、监事、高级管理人员在任职期间出现上述所列情形的，公司应当解除其职务。

2. 公司董事、监事、高级管理人员的义务

公司董事、监事、高级管理人员应当遵守法律、行政法规和公司章程，对公司负有忠实义务和勤勉义务。董事、监事、高级管理人员不得利用职权收受贿赂或者其他非法收入，不得侵占公司的财产。公司法规定，公司董事、高级管理人员不得有下列行为。

① 挪用公司资金。

② 将公司资金以其个人名义或者以其他个人名义开立账户存储。

③ 违反公司章程的规定，未经股东会、股东大会或者董事会同意，将公司资金借贷给他人或者以公司财产为他人提供担保。

④ 违反公司章程的规定或者未经股东会、股东大会同意，与本公司订立合同或者进行交易。

⑤ 未经股东会或者股东大会同意，利用职务便利为自己或者他人谋取属于公司的商业机会，自营或者为他人经营与所任职公司同类的业务。

⑥ 接受他人与公司交易的佣金归为己有。

⑦ 擅自披露公司秘密。

⑧ 违反对公司忠实义务的其他行为。

2.4 公司债券与公司财务、会计

2.4.1 公司债券

1. 公司债券的概念和种类

1）公司债券的概念

公司债券是公司为了筹集生产经营资金，依照法定程序发行并约定在一定期限内还本付息的有价证券。发行公司债券的申请经国务院授权的部门核准后，应当公告公司债券募集办法。公司债券募集办法中应当载明下列主要事项：① 公司名称；② 债券募集资金的用途；③ 债券总额和债券的票面金额；④ 债券利率的确定方式；⑤ 还本付息的期限和方式；⑥ 债券担保情况；⑦ 债券的发行价格、发行的起止日期；⑧ 公司净资产额；⑨ 已发行的尚未到期的公司债券总额；⑩ 公司债券的承销机构。公司以实物券方式发行公司债券的，必须在债券上载明公司名称、债券票面金额、利率、偿还期限等事项，并由法定代表人签名，公司盖章。

公司债券与公司股票有不同的法律特征。

（1）性质不同

股票表示的是股东权，是股权凭证；债券表示的是债权，是债权凭证。

（2）收益不同

股票持有人是从公司利润中分取股息、红利；债券持有人则不论公司是否盈利，都有权依事先约定的利率计取利息。

（3）承担风险不同

股利分配与公司经营好坏密切相关，风险较大；公司债券的利率一般是固定的，债券持

有人承担的风险相对于股票持有人要小。

（4）对公司经营管理享有的权利不同

股票持有人可通过在股东大会上行使表决权参与公司的经营管理，而债券持有人则无权参与公司的经营管理。

（5）偿还期限不同

公司债券到期，公司必须偿还债券本金，而股票持有人一般只有在公司清算时才可以请求分配剩余财产。

2）公司债券的种类

（1）记名公司债券和不记名公司债券

记名公司债券是指在公司债券上记载债券人姓名或者名称的债券；无记名公司债券是指在公司债券上不记载债券人姓名或者名称的债券。公司发行公司债券应当置备公司债券存根簿。发行记名公司债券的，应当在公司债券存根簿上载明下列事项：债券持有人的姓名或者名称及住所；债券持有人取得债券的日期及债券的编号；债券总额，债券的票面金额、利率、还本付息的期限和方式；债券的发行日期。发行无记名公司债券的，应当在公司债券存根簿上载明债券总额、利率、偿还期限和方式、发行日期及债券的编号。

（2）可转换公司债券和不可转换公司债券

上市公司经股东大会决议可以发行可转换为股票的公司债券，并在公司债券募集办法中规定具体的转换办法。上市公司发行可转换为股票的公司债券，应当报国务院证券监督管理机构核准。发行可转换为股票的公司债券，应当在债券上标明可转换公司债券字样，并在公司债券存根簿上载明可转换公司债券的数额。这种公司债券在发行时规定了转换为公司股票的条件与办法，当条件具备时，债券持有人拥有将公司债券转换为公司股票的选择权。不可转换公司债券是指不能转换为公司股票的公司债券。凡在发行债券时未作出转换约定的，均为不可转换公司债券。

2. 公司债券的发行和转让

公司发行公司债券应当符合《中华人民共和国证券法》规定的发行条件与程序。

公司债券可以转让，转让价格由转让人与受让人约定。公司债券在证券交易所上市交易的，按照证券交易所的交易规则转让。记名公司债券，由债券持有人以背书方式或者法律、行政法规规定的其他方式转让；转让后由公司将受让人的姓名或者名称及住所记载于公司债券存根簿，以备公司存查。无记名公司债券的转让，由债券持有人将该债券交付给受让人后即发生转让的效力。

2.4.2 公司财务会计

1. 公司财务会计制度的基本要求

1）公司的财务会计制度

公司应当依照法律、行政法规和国务院财政部门的规定建立本公司的财务会计制度。

2）公司的财务会计报告

公司应当在每一会计年度终了时制作财务会计报告，并依法经会计师事务所审计。财务会计报告应当依照法律、行政法规和国务院财政部门的规定制作。有限责任公司应当依照公司章程规定的期限将财务会计报告送交各股东。股份有限公司的财务会计报告应当在召开股东大会年会的 20 日前置备于本公司，供股东查阅；公开发行股票的股份有限公司必须公告其财务会计报告。公司财务会计报告主要包括资产负债表、损益表、财务状况变动表、财务情况说明书、利润分配表等。

3）会计师事务所

公司聘用、解聘承办公司审计业务的会计师事务所，依照公司章程的规定，由股东会、股东大会或者董事会决定。公司股东会、股东大会或者董事会就解聘会计师事务所进行表决时，应当允许会计师事务所陈述意见。

4）会计账簿

公司除法定的会计账簿外，不得另立会计账簿。对公司资产不得以任何个人名义开立账户存储。

2. 利润分配

1）利润分配的顺序

利润是公司在一定会计期间内从事生产经营的财务成果。公司应当按照以下顺序进行利润分配。

① 弥补以前年度的亏损，但不得超过税法规定的弥补年限。

② 交纳所得税。

③ 弥补在税前利润弥补亏损后仍存在的亏损。

④ 提取法定公积金，公司应提取税后利润的 10% 列入公司的法定公积金。

⑤ 提取任意公积金，按照股东会或者股东大会决议提取。

⑥ 向股东分配利润。

2）公积金

公司分配当年税后利润时，应当提取利润的 10% 列入公司法定公积金。公司法定公积金累计额为公司注册资本的 50% 以上的，可以不再提取。任意公积金是根据公司章程规定或者股东会的决议提取。资本公积金是直接由资本原因形成的公积金，股份有限公司以超过股票票面金额的发行价格发行股份所得溢价款及国务院财政部门规定列入资本公积金的其他收入（如法定财产重估增值、接受捐赠资产价值等），应当列为公司资本公积金。

公司公积金主要用于弥补公司的亏损、扩大公司生产经营或者转增公司资本。资本公积金不得用于弥补公司的亏损。对用任意公积金转增资本的，法律没有限制。但用法定公积金转增资本时，公司法规定，转增后所留存的该项公积金不得少于转增前公司注册资本的 25%。

2.5 公司的合并、分立、解散与清算

2.5.1 公司合并

1. 公司合并的形式

公司合并是指两个或者两个以上的公司达成合意，依照法定程序归并为一个公司或创设一个新公司的行为。其形式有两种，即吸收合并和新设合并。吸收合并是指一个公司吸收其他公司加入本公司，被吸收的公司解散。新设合并是指两个或两个以上公司合并后，设立一个新的公司，原合并各方均归于消灭。

2. 公司合并的程序

1) 签订合并协议

公司合并，应当由合并各方签订合并协议，按照公司法的规定该职权由董事会享有。

2) 编制财产负债表及财产清单

公司合并不进行解散，因合并其现有资产、债权债务必须由合并后的公司承担。而编制财产负债表及财产清单的目的在于明确权利义务关系。

3) 作出合并决议

在双方公司的董事会签订合并协议并编制资产负债表及财产清单后，应当就公司合并的有关事项在股东会上通过最终合并决议，而且应当按照 2/3 多数决议的形式进行。

4) 通知债权人

公司应当自作出合并决议之日起 10 日内通知债权人，并于 30 日内在报纸上公告。债权人自接到通知书之日起 30 日内，未接到通知书的自公告之日起 45 日内，可以要求公司清偿债务或者提供相应的担保。

5) 依法进行登记

公司合并后，登记事项发生变更的，应当依法向公司登记机关办理变更登记手续。其中，公司解散的，应当依法办理公司注销登记；设立新公司的，应当依法办理公司设立登记。吸收合并中存留下来的公司应履行变更登记义务。

3. 公司合并各方的债权、债务

公司合并时，合并各方的债权、债务，应当由合并后存续的公司或者新设的公司承继。

2.5.2 公司分立

1. 公司分立的形式

公司分立是指一个公司又重新设立另一个公司或者一个公司分解为两个以上公司的法律行为。公司分立的形式有两种：新设分立和派生分立。新设分立是公司以其全部财产分别归入两个以上的新设公司，原公司解散。派生分立是公司以其部分财产另设一个或数个新的公司，原公司存续。

2. 公司分立的程序

公司分立的程序与公司合并的程序基本一样，需要签订分立协议，编制资产负债表及财产清单，作出分立决议，通知债权人，办理工商变更登记等。

3. 公司分立前的债务承担

公司分立前的债务由分立后的公司承担连带责任。但是，公司在分立前与债权人就债务清偿达成的书面协议另有约定的除外。

2.5.3 公司解散的原因

1. 任意解散

公司法规定，公司有以下情形之一的，可以解散：公司章程规定的营业期限届满或者公司章程规定的其他解散事由出现；股东会或者股东大会决议解散；因公司合并或者分立需要解散；依法被吊销营业执照、责令关闭或者被撤销；人民法院依法予以解散。

公司出现营业期限届满或其他解散事由时，可以通过修改公司章程而存续。公司依照规定修改公司章程的，有限责任公司须经持有 2/3 以上表决权的股东通过，股份有限公司须经出席股东大会会议的股东所持表决权的 2/3 以上通过。

公司经营管理发生严重困难，继续存续会使股东利益受到重大损失，通过其他途径不能解决的，持有公司全部股东表决权 10% 以上的股东，可以请求人民法院解散公司。

公司被依法宣告破产的，依照有关企业破产的法律实施破产清算。

2. 强制解散

公司违反法律、行政法规被依法责令关闭的，应当解散。

2.5.4 公司解散时的清算

1. 成立清算组

公司解散时，除因合并或者分立外，应当依法进行清算。任意解散的，根据公司法的规定，公司应当在解散事由出现之日起 15 日内成立清算组，开始清算。有限责任公司的清算组由股东组成，股份有限责任公司的清算组由董事或者股东大会确定的人员组成。逾期不成立清算组进行清算的，债权人可以申请人民法院指定有关人员组成清算组进行清算。人民法院应当受理该申请，并及时组织清算组进行清算。

2. 清算组的职责

清算组在清算期间行使下列职权：① 清算公司财产，分别编制资产负债表和财产清单；② 通知、公告债权人；③ 处理与清算有关的公司未了结的业务；④ 清缴所欠税款及清算过程中产生的税款；⑤ 清理债权、债务；⑥ 处理公司清偿债务后的剩余财产；⑦ 代表公司参与民事诉讼活动。

清算组在公司清算期间代表公司进行对内对外事务的处理，全权代表公司处理经济事务和诉讼活动。清算组成员应当忠于职守，依法履行清算义务。清算组成员不得利用职务收受贿赂或者其他非法收入，不得侵占公司财产。清算组成员因故意或者重大过失给公司或者债权人造成损失的，应当承担赔偿责任。

3. 清算工作程序

1）组成清算组

公司解散时按照清算的原因不同组成清算组。

2）公告债权人并登记债权

清算组应当自成立之日起 10 日内通知债权人，并于 60 日内在报纸上公告。债权人应当自接到通知书之日起 30 日内，未接到通知书的自公告之日起 45 日内，向清算组申报其债权。债权人应当在上述期限内申报债权，并说明债权的有关事项，提供证明材料。清算组应当对债权进行登记。在申报债权期间，清算组不得对债权人进行清偿。

3）清理公司财产，制定清算方案并进行清算分配

清算组应当对公司财产进行清理，编制资产负债表和财产清单，制定清算方案。清算方案应当报股东会、股东大会或者人民法院确认。清算组在清理公司财产、编制资产负债表和财产清单后，发现公司财产不足清偿债务的，应当依法向人民法院申请宣告破产。公司经人民法院裁定宣告破产后，清算组应当将清算事务移交给人民法院。

4）清偿债务

公司在分别支付清算费用、职工的工资、社会保险费用和法定补偿金，交纳所欠税款，

清偿公司债务后的剩余财产，有限责任公司按照股东的出资比例分配，股份有限公司按照股东持有的股份比例分配。清算期间，公司存续，但不得开展与清算无关的经营活动。公司财产在未按上述规定清偿前，不得分配给股东。

5) 公司终止

公司清算结束后，清算组应当制作清算报告，报股东会、股东大会或者人民法院确认，并报送公司登记机关，申请注销公司登记，公告公司终止。

本章小结

表 2-1　公司法律制度小结

区　别	有限责任公司	股份有限公司
设立方式不同	只能发起设立	既可发起设立，又能募集设立
股东人数上下限规定不同	50 人以下	发起人为 2～200 人，并且半数以上在中国境内有住所
出资证明形式不同	记名的出资证明书	股票
股权转让方式不同	股权转让受到一定法律限制	以自由转让为原则，以法律限制为例外
组织机构不同	组织机构设置较灵活，如股东人数较少或规模较小的，可以不设董事会，只设一名执行董事，可以不设监事会，只设 1～2 名监事，在股东会的召集方式、通知时间等方面也较为灵活	必须设置股东大会、董事会、监事会，依法规范运作
企业所有权与经营权分离程度不同	更强调当事人的意思自治	所有权与经营权分离程度较高，所以必须强调组织机构与法人治理机制的完善，法律对其规定较多的强制性义务
信息披露义务不同	是非开放性公司，无披露义务	具备开放性，尤其是向社会募集股份的公司，负有法律规定的信息披露义务，其财务状况和经营情况等要依法进行公开披露

思考题

1. 简述有限责任公司的设立条件。
2. 有限责任公司股东出资转让有何规定？
3. 简述股份有限公司的设立条件。
4. 股份的发行和转让有何规定？
5. 简述一人公司的特殊规定。
6. 简述上市公司的特殊规定。

课堂集训

一、单项选择题

1. 有限责任公司股东会首次会议由（　　　）主持。

A. 董事长   B. 监事会召集人

C. 股东会选举的股东   D. 出资最多的股东

2. 依照《中华人民共和国公司法》，有限责任公司的股东人数（   ）。

A. 为 2 人以上 200 人以下，而且须有半数以上的发起人在中国境内有住所

B. 为 2 人以上 50 人以下

C. 为 50 人以下

D. 没有任何限制

3. 有限责任公司规模较小，不设董事会的，由（   ）作为公司的法定代表人。

A. 执行董事   B. 董事长

C. 总经理   D. 股东会指定的负责人

4. 股份有限公司可以发行无记名股票，其发行对象是（   ）。

A. 社会公众   B. 法人

C. 国家授权的投资机构   D. 发起人

5. 以募集方式设立股份有限公司的，认股人从（   ）起不能抽逃其出资。

A. 缴付出资之后

B. 法定验资机构对出资进行验资并出具验资报告之后

C. 公司创立大会召开之后

D. 公司登记主管机关登记之后

二、多项选择题

1. （   ）应当自变更决议或者决定作出之日起 30 日内申请变更登记。

A. 公司名称变更   B. 法定代表人变更

C. 经营范围变更   D. 涉及分公司登记事项变更

2. 下列事项中，必须经有限责任公司股东会决议并经代表 2/3 以上表决权的股东通过的有（   ）。

A. 修改公司章程   B. 向股东以外的人转让出资

C. 增加公司注册资本   D. 公司利润分配方案

3. 股份发行价格符合法律规定的是（   ）。

A. 面价发行   B. 溢价发行   C. 折价发行   D. 议价发行

4. 高级管理人员，是指公司的（   ）。

A. 经理

B. 法定代表人

C. 财务负责人

D. 上市公司董事会秘书和公司章程规定的其他人员

5. 根据《中华人民共和国公司法》的规定，股份有限公司（   ），应当召开临时股东大会。

A. 董事人数不足公司章程所定人数的 2/3 时

B. 公司未弥补的亏损达到股本总额的 1/3 时

C. 单独或者合计持有公司股份 10% 的股东请求时

D. 监事会提议召开时

6. 根据《中华人民共和国公司法》的规定，下列人员中，可以担任公司董事的有(　　)。
   A. 国家公务员
   B. 本公司监事
   C. 本公司财务负责人
   D. 本公司经理

7. 根据《中华人民共和国公司法》的规定，下列选项中，属于有限责任公司监事会职权的有(　　)。
   A. 提议召开临时股东会
   B. 检查公司财务
   C. 要求董事和经理纠正损害公司利益的行为
   D. 监督董事、经理在执行职务时违反法律、法规或者公司章程的行为

8. 我国公司法规定，不得担任有限责任公司的董事、监事、经理的情形包括(　　)。
   A. 无民事行为能力或限制行为能力人
   B. 因犯罪被剥夺政治权利，执行期满未逾 8 年
   C. 因犯有挪用财产罪被判处刑罚，执行期满未逾 5 年
   D. 个人所负数额较大的债务到期未清偿

9. 根据《中华人民共和国公司法》的规定，有限责任公司中有权提议召开临时股东会的是(　　)。
   A. 代表 1/4 以上表决权的股东
   B. 1/3 以上的董事
   C. 董事长
   D. 监事会或不设监事会公司的监事

10. 根据我国公司法的规定，下列各项中，属于有限责任公司董事会行使的职权是(　　)。
   A. 决定公司内部管理机构的设置
   B. 聘任或解聘公司经理
   C. 制定公司的基本管理制度
   D. 制定公司的具体规章

三、名词解释

1. 有限责任公司　2. 股份有限公司　3. 公司法　4. 公司债券　5. 公司章程

四、案例分析

1. 某有限责任公司董事长李某认为该公司的章程已经不符合公司发展的需要，因此决定召开临时股东会议，修改公司章程。2022 年 12 月 5 日，股东张某等 9 人收到了仅由李某署名、没有董事会署名的会议通知，并于 12 月 7 日参加了股东会。在 12 月 7 日的股东会上，李某宣读了公司章程修改草案，该草案引起了激烈的争论，李某等代表 3/5 股权的 5 名股东投票同意，张某等代表 2/5 股权的 4 名股东则投了反对票。最后，会议主持人李某宣布，按照少数服从多数的原则，公司章程修改案通过。

请问：此案中哪些做法违反现行法律规定？为什么？

2. 甲、乙、丙、丁均为非国有企业。2020 年 2 月，甲、乙、丙、丁共同出资依法设立华昌有限责任公司（以下简称"华昌公司"），注册资本为 6 000 万元。2023 年 2 月 6 日，华昌公司召开股东会会议，作出以下 3 项决议：第一，更换公司两名监事。一是由乙企业代表陈某代替丁企业代表王某；二是由公司职工代表李某代替公司职工代表徐某。第二，决定于 2023 年 4 月发行公司债券 800 万元，用于扩大公司的生产经营。第三，经代表 2/3 以上表决权的股东通过，批准了公司董事会提出的从公司 2 100 万元公积金中提取 500 万元转为公司资本的方案。2023 年 3 月 15 日，华昌公司总经理用公司资产为其亲属提供债务担保。

请问：

（1）股东会会议作出更换两名监事的决议是否符合我国公司法的规定？为什么？

（2）股东会会议批准公司公积金转为资本方案的决议是否符合公司法的规定？为什么？

（3）华昌公司总经理用公司资产为其亲属提供债务担保的行为是否符合公司法的规定？为什么？

课堂集训答案

一、单项选择题

1. D　2. C　3. A　4. A　5. C

二、多项选择题

1. ABCD　2. AC　3. AB　4. ABCD　5. ABCD　6. CD

7. ABCD　8. ACD　9. ABD　10. ABC

三、名词解释（略）

四、案例分析

1. 答案要点：

（1）股东会临时会议根据代表 1/10 以上表决权的股东，1/3 以上的董事或者监事的提议召开，由董事会召集。董事长有主持会议的权力，但无权独立决定并召集股东会。本案例中董事长李某决定并召集股东会是违法的。

（2）召开股东会议，应于会议召开 15 日以前通知全体股东，本案例中股东 12 月 5 日接到通知，12 月 7 日就召开股东会，这也是违法的。

（3）修改公司章程的决议，必须经过代表 2/3 以上表决权的股东通过，本案例中仅代表 3/5 表决权的股东同意，董事长就宣布章程修改案通过，这也是违法的。

2. 答案要点：

（1）股东会会议作出由乙企业代表陈某代替丁企业代表王某出任公司监事的决议符合我国公司法规定，而作出由公司职工代表李某代替公司职工代表徐某出任公司监事的决议不符合我国公司法规定。根据我国公司法的规定，有限责任公司监事会中股东代表出任的监事由股东会选举和更换，公司职工代表出任的监事由公司职工民主选举产生。

（2）符合我国公司法的规定。根据我国公司法的规定，经代表 2/3 以上表决权的股东表决通过，公司可将公积金的一部分转为公司资本，但法定公积金转为资本时，所留存的该项公积金不得少于注册资本的 25%。

（3）不符合我国公司法的规定。根据我国公司法的规定，董事、经理不得以公司资产为本公司股东或者其他个人（亲属）债务提供担保。

第3章 公路法律制度

【职业能力目标与学习要求】

通过学习本章内容，学生要充分理解我国公路发展的基本原则，理解公路规划及公路建设法律制度，掌握路政管理法律制度，熟悉公路养护和收费公路的法律制度，能根据相关法律制度解决相应案例。

思政目标

通过学习本章内容，学生要充分理解公路发展的基本原则，公路建设过程中要珍惜土地、节约资源，像保护眼睛一样保护自然和生态环境，实现中华民族永续发展。

思政小课堂

党的二十大报告提出，"必须牢固树立和践行绿水青山就是金山银山的理念，站在人与自然和谐共生的高度谋划发展。我们要推进美丽中国建设，坚持山水林田湖草沙一体化保护和系统治理，统筹产业结构调整、污染治理、生态保护、应对气候变化，协同推进降碳、减污、扩绿、增长，推进生态优先、节约集约、绿色低碳发展"。

建设生态文明是中华民族永续发展的千年大计，是指引建设美丽中国的理论明灯。公路建设在一些地方存在资源浪费、环境保护意识不强等问题，我们应积极审视整改，增强环保意识，承担起环境保护重任，科学组织施工，提高环境管理水平，极力避免污染，从根本上控制和防止施工污染。

导入案例

驾驶集装箱卡车的驾驶员张某某驾车经过收费公路时，因收费标准与收费员发生纠纷。张某某一气之下驾车冲卡，将收费站匝道口的栏杆撞断。张某某被路政人员截住，在如何处理张某某的行为问题上发生很大的争议。

第一种意见，认为驾驶员张某某的行为是违反《中华人民共和国道路交通安全法》的行为，扰乱了公路管理秩序，应当交公安机关行政拘留；第二种意见，认为驾驶员张某某的行为是违反《中华人民共和国公路法》第52条的行为，构成损坏公路附属设施的违法行为，应当根据《中华人民共和国公路法》第76条第6项的规定予以罚款处罚；第三种意见，认为驾驶员张某某的行为不违反《中华人民共和国公路法》路政管理的规定，因为该路系经营性收费公路，张某某的行为仅仅是损坏了经营企业的财产，而一根栏杆不值几个钱。因此对张某某的行为应当根据《中华人民共和国公路法》第85条规定，要求其承担民事责任即可。

驾驶员张某某本人在申辩和陈述中称路政人员乱收费，上次收费50元，这次收费60元。我的行为是合法的，是抵制公路"三乱"。如果将栏杆撞断不妥，我愿赔偿。但不能说我是违法，路政人员没有权力拦截我。拦截我也是公路"三乱"。

此外，驾驶员张某某还要求向他说明路政和经营公司的关系。

案例解析：

本案是我国公路管理体制改革后遇到的一起较为复杂的案件。

(1) 驾驶员张某某因收费标准与收费员发生纠纷，其性质是民事纠纷。收费员的行为是否为乱收费，尚待调查。但这一纠纷不能成为张某某将栏杆撞断的理由。

(2) 根据《中华人民共和国公路法》第70条，交通主管部门、公路管理机构负有管理和保护公路的责任，有权检查、制止各种侵占、损坏公路、公路用地、公路附属设施及其他违反本法规定的行为。路政人员拦截驾驶员张某某属于制止措施，是合法的，不是公路"三乱"。

(3) 本案涉及行政违法和民事违法的竞合问题处理，应遵照法律关系的竞合规则。① 根据《中华人民共和国公路法》第52条规定，收费站的栏杆是公路附属设施，任何单位和个人不得损坏。驾驶员张某某将栏杆撞断，显然违反了这一规定。根据《中华人民共和国公路法》第85条，违反本法有关规定对公路造成损害的，应当依法承担民事责任。驾驶员张某某应当赔偿公路经营企业的损失。② 根据《中华人民共和国公路法》第76条第6项的规定，违反本法第52条、第56条规定，损坏、移动、涂改公路附属设施或者损坏、挪动建筑控制区的标桩、界桩，可能危及公路安全的，应当给予行政处罚。构成该违法行为的条件之一为可能危及公路安全，驾驶员张某某将栏杆撞断，虽然违反《中华人民共和国公路法》第52条规定，但仅此行为不能危及公路安全，故不构成该违法行为，不能给予行政处罚。

3.1 概　　述

3.1.1 公路的含义

公路的字面含义即公用之路、公众交通之路，供汽车、自行车等众多交通工具及行人行走，民间也称作马路。公路是连接城市之间、乡村之间、工矿基地之间的，按照国家技术标准修建的，由公路主管部门验收认可的道路，但不含田间或农村自然形成的小道。

根据《中华人民共和国公路法》第2条的规定，本法所称公路，包括公路桥梁、公路隧道和公路渡口。

3.1.2　公路的分类

1. 按功能和适应的交通量划分

一般按照公路所适应的年平均日设计交通量，将公路分为若干技术等级。《公路工程技术标准》将公路分为 5 个技术等级。

1）高速公路

高速公路是专供汽车分方向、分车道行驶，连续行驶，全部控制出入的多车道公路。年平均日设计交通量为 25 000 辆小客车以上。

2）一级公路

一级公路是供汽车分方向、分车道行驶，可根据需要控制出入的多车道公路。年平均日设计交通量为 15 000 辆小客车以上。

3）二级公路

二级公路是供汽车行驶的双车道公路。年平均日设计交通量为 5 000～15 000 辆小客车。

4）三级公路

三级公路是供汽车、非汽车交通混合行驶的双车道公路。年平均日设计交通量为 2 000～6 000 辆小客车。

5）四级公路

四级公路是供汽车、非汽车交通混合行驶的双车道或单车道公路。双车道四级公路年平均日设计交通量为 2 000 辆小客车以下；单车道四级公路年平均日设计交通量为 400 辆小客车以下。

2. 按行政等级划分

公路按行政等级可分为国道、省道、县道、乡道和专用公路。一般把国道和省道称为干线，县道和乡道称为支线。

1）国道

国道即国家干线公路，是指公路网中具有全国经济、政治意义的干线公路，包括重要的国际公路，国防公路，连接首都与各省、自治区首府和直辖市的公路，连接各大经济中心、港站枢纽和战略要地的公路。

2）省道

省道是指具有全省（自治区、直辖市）经济、政治意义，连接省内中心城市和主要经济区的公路，以及不属于国道的省际的重要公路。省道由省（自治区、直辖市）公路主管部门负责修建、养护和管理。

3）县道

县道是指具有全县（旗、县级市）经济、政治意义，连接县城和县内主要乡（镇）、主要商品生产和集散地的公路，以及不属于国道、省道的县际公路。县道由县、市公路主管部门负责修建、养护和管理。

4）乡道

乡道是指主要为乡（镇）村经济、文化、行政服务的公路，以及不属于县道以上公路的乡与乡之间及乡与外部联络的公路。乡道由乡人民政府负责修建、养护和管理。

5）专用公路

专用公路是指专供或主要供厂矿、林区、农场、油田、旅游区、军事要地等与外部联系的公路。专用公路由专用单位负责修建、养护和管理，也可委托当地公路部门修建、养护和管理。

3.1.3 公路发展的基本原则

1. 全面规划

全面规划，是指对公路路网建设的整体、系统的规划。它包括公路的近期建设和远期发展的规划、各地区公路布局的规划、现有公路的改建规划等。为贯彻路网发展全面规划的原则，将全国各级公路的建设，包括国道、省道、县道、乡道的建设，都纳入全国路网建设的统一规划之中，统筹安排，相互衔接。公路路网建设的全面规划，应当处理好公路建设和整个国民经济与社会发展的关系，努力使公路的发展与国民经济其他部门、国防建设、社会发展和人民群众出行对公路运输的需求相适应。

2. 合理布局

公路布局，是指公路在各个地区的分布。公路在各地区的分布，既要与该地区经济和社会的发展对公路运输量的需求相适应，又要有利于在全国范围内形成合理的公路网络，与国家整个国民经济与社会发展对公路运输的需求相适应，使有限的公路建设资金得到合理的使用，不同技术等级的公路在全国范围内四通八达。同时，公路建设的布局还应考虑加强国防、边防建设，加强民族团结，有利于缩小东西部的差距。

3. 确保质量

为贯彻确保质量的方针，不同技术等级的公路都应当严格按照国家规定的技术规范和操作规程进行建设、养护，保证新建公路达到公路工程技术标准对相应技术等级公路的要求，保证已建成的公路经常处于良好的技术状态，不允许偷工减料、降低标准。

4. 保障畅通

保证公路的畅通，才能发挥公路应有的效能，为国民经济和人民生活服务。公路的建设、养护和管理都应当围绕保障公路畅通这个目标展开。公路的建设和养护，必须确保质量；在公路的管理中，必须依法制止各种破坏、损坏公路及公路附属设施等影响公路安全和畅通的行为；除了法律明文规定可以收取车辆通行费的收费公路按法定程序经批准可以向过往车辆收取通行费外，其他任何公路不得向过往车辆收费；坚决禁止各种在公路上乱设卡、乱收费、乱罚款的"三乱"行为。

5. 保护环境

保护环境是我国的基本国策，也应当成为公路事业发展中必须认真贯彻的一项基本原则。结合公路的特点做好保护环境工作，特别注意在公路建设中尽量珍惜土地等自然资源，尽可能节约用地，特别是尽可能少占耕地。在公路建设和养护中，要保护好生态环境，依照法律和国家有关规定做好公路用地范围内的水土保持和公路两侧的绿化工作。

6. 建设改造与养护并重

按照这一原则的要求，在公路发展中，一是要处理好公路建设与改造的关系；二是要处理好建设改造与搞好现有公路养护工作的关系。

3.1.4　公路法律法规

我国现行相关的公路法律有《中华人民共和国公路法》《中华人民共和国公路管理条例》《公路安全保护条例》《中华人民共和国道路运输条例》《收费公路管理条例》等相关规定。

3.2　公路规划的法律制度

3.2.1　公路规划的含义

公路规划是一个国家或地区对于公路建设发展作出的全面的、长远的安排，即比较全面的、长远的公路发展计划。

国道规划由国务院交通主管部门会同国务院有关部门并商，国道沿线省、自治区、直辖市人民政府编制，报国务院批准。

省道规划由省、自治区、直辖市人民政府交通主管部门会同同级有关部门并商，省道沿线下一级人民政府编制，报省、自治区、直辖市人民政府批准，并报国务院交通主管部门备案。

县道规划由县级人民政府交通主管部门会同同级有关部门编制，经本级人民政府审定后，报上一级人民政府批准。

乡道规划由县级人民政府交通主管部门协助乡、民族乡、镇人民政府编制，报县级人民政府批准。

3.2.2　公路规划的基本原则

1. 基础支撑，先行引领

立足服务全面建设社会主义现代化国家需要，坚持扩大内需战略基点，兼顾效率与公平，适度超前发展，充分发挥国家公路基础性、先导性作用，有力支撑国家重大战略实施和国土空间开发与保护，更好保障经济社会发展，建设人民满意交通。

2. 统筹规划，有序推进

根据经济社会发展和国家重大战略实施需要，加强与相关规划衔接，适应城镇化空间格局和区域经济布局，强化对流通体系的支撑，服务促进国家高水平对外开放。合理把握建设时序，科学论证、量力而行，因地制宜确定建设标准，积极稳妥推进项目建设。

3. 强化衔接，一体融合

加强公路与其他运输方式规划协调，强化设施衔接纽带功能，注重与城市交通有效衔接，提高资源集约整合利用水平，推动运输结构优化，提升综合交通运输整体效率。推进公路基础设施共建共享，促进与沿线旅游、制造、物流、电子商务等关联产业融合发展，实现综合效益最大化。

4. 创新驱动，提质增效

注重科技创新赋能，促进前沿科技应用，不断提高国家公路数字化、网联化水平，持续增强"建管养运"统筹和全寿命周期管理能力。充分挖掘存量资源潜力，聚焦短板弱项扩大优质增量供给，提升服务质量效益，实现供给和需求更高水平的动态平衡。

5. 绿色低碳，安全可靠

坚持生态优先，节约集约利用资源，减少对生态环境的破坏和影响，降低能源消耗及碳排放，促进公路与自然和谐发展。坚持生命至上、安全第一、质量优先理念，提高路网系统韧性和功能可靠性，增强安全与应急保障能力，满足人民安全出行需要。

3.2.3 公路规划的目标

根据《国家公路网规划（2013 年—2030 年）》的要求，到 2035 年，基本建成覆盖广泛、功能完备、集约高效、绿色智能、安全可靠的现代化高质量国家公路网，形成多中心网络化路网格局，实现国际省际互联互通、城市群间多路连通、城市群城际便捷畅通、地级城市高速畅达、县级节点全面覆盖、沿边沿海公路连续贯通。

到 21 世纪中叶，高水平建成与现代化高质量国家综合立体交通网相匹配、与先进信息网络相融合、与生态文明相协调、与总体国家安全观相统一、与人民美好生活需要相适应的国家公路网，有力支撑全面建成现代化经济体系和社会主义现代化强国。

3.2.4 公路规划的方案

国家公路网规划总规模约 46.1 万千米，由国家高速公路网和普通国道网组成，其中国家高速公路约 16.2 万千米（含远景展望线约 0.8 万千米），普通国道约 29.9 万千米。

1. 国家高速公路网

按照"保持总体稳定、实现有效连接、强化通道能力、提升路网效率"的思路，补充完善国家高速公路网。保持国家高速公路网络布局和框架总体稳定，优化部分路线走向，避让生态保护区域和环境敏感区域；补充连接城区人口 10 万以上市县、重要陆路边境口岸；以国家综合立体交通网"6 轴 7 廊 8 通道"主骨架为重点，强化城市群及重点城市间的通道能力；补强城市群内部城际通道、临边快速通道，增设都市圈环线，增加提高路网效率和韧性的部分路线。国家高速公路网由 7 条首都放射线、11 条北南纵线、18 条东西横线，以及 6 条地区环线、12 条都市圈环线、30 条城市绕城环线、31 条并行线、163 条联络线组成。

1）首都放射线

北京—哈尔滨、北京—上海、北京—台北、北京—港澳、北京—昆明、北京—拉萨、北京—乌鲁木齐。

2）北南纵线

鹤岗—大连、沈阳—海口、长春—深圳、济南—广州、大庆—广州、二连浩特—广州、呼和浩特—北海、包头—茂名、银川—百色、兰州—海口、银川—昆明。

3）东西横线

绥芬河—满洲里、珲春—乌兰浩特、丹东—锡林浩特、荣成—乌海、青岛—银川、青岛—兰州、连云港—霍尔果斯、南京—洛阳、上海—西安、上海—成都、上海—重庆、杭州—瑞丽、上海—昆明、福州—银川、泉州—南宁、厦门—成都、汕头—昆明、广州—昆明。

4）地区环线

辽中地区环线、杭州湾地区环线、成渝地区环线、珠江三角洲地区环线、首都地区环线、海南地区环线。

5）都市圈环线

哈尔滨、长春、杭州、南京、郑州、武汉、长株潭、西安、重庆、成都、济南、合肥。

2. 普通国道网

按照"主体稳定、局部优化，补充完善、增强韧性"的思路，优化完善普通国道网。以既有普通国道网为主体，优化路线走向，强化顺直连接、改善城市过境线路、避让生态保护区域和环境敏感区域；补充连接县级节点、陆路边境口岸、重要景区和交通枢纽等，补强地市间通道、沿边沿海公路及并行线；增加提高路网效率和韧性的部分路线。普通国道网由 12 条首都放射线、47 条北南纵线、60 条东西横线，以及 182 条联络线组成。

1）首都放射线

北京—沈阳、北京—抚远、北京—滨海新区、北京—平潭、北京—澳门、北京—广州、北京—香港、北京—昆明、北京—拉萨、北京—青铜峡、北京—漠河、北京环线。

2）北南纵线

鹤岗—大连、黑河—大连、绥化—沈阳、烟台—上海、山海关—深圳、威海—汕头、乌兰浩特—海安、二连浩特—淅川、苏尼特左旗—北海、满都拉—防城港、银川—榕江、兰州—龙邦、策克—磨憨、西宁—澜沧、马鬃山—宁洱、红山嘴—吉隆、阿勒泰—塔什库尔干、霍尔果斯—若羌、喀纳斯—东兴、东营—深圳、同江—哈尔滨、嘉荫—临江、海口—三亚（东）、海口—三亚（中）、海口—三亚（西）、张掖—孟连、丹东—东兴、饶河—盖州、通化—武汉、嫩江—双辽、牙克石—四平、克什克腾—黄山、兴隆—阳江、新沂—海丰、芜湖—汕尾、济宁—宁德、南昌—惠来、正蓝旗—阳泉、保定—台山、呼和浩特—北海、甘其毛都—钦州、开县—凭祥、乌海—江津、巴中—绿春、遂宁—麻栗坡、景泰—昭通、兰州—马关。

3）东西横线

绥芬河—满洲里、珲春—阿尔山、集安—阿巴嘎旗、丹东—霍林郭勒、庄河—西乌珠穆沁旗、绥中—珠恩嘎达布其、黄骅—山丹、文登—石家庄、青岛—兰州、连云港—共和、连云港—栾川、上海—霍尔果斯、乌鲁木齐—红其拉甫、西宁—吐尔尕特、长乐—同仁、成都—噶尔、上海—聂拉木、高雄—成都、上海—瑞丽、广州—成都、瑞安—友谊关、瑞金—清水河、福州—昆明、广州—南宁、秀山—河口、连云港—固原、启东—老河口、舟山—鲁山、洞头—合肥、丹东—阿勒泰、萝北—额布都格、三合—莫力达瓦旗、龙井—东乌珠穆沁旗、承德—塔城、天津—神木、黄骅—榆林、海兴—天峻、滨州港—榆林、东营港—子长、黄岛—海晏、日照—凤县、大丰—卢氏、东台—灵武、启东—那曲、上海—安康、南京—德令哈、武汉—大理、芒康—萨嘎、利川—炉霍、台州—小金、张家界—巧家、宁德—贡山、南昌—兴义、福州—巴马、湄洲—西昌、东山—泸水、石狮—水口、佛山—富宁、文昌—临高、陵水—昌江。

《天津市公路"十四五"发展规划》政策解读

一、出台《天津市公路"十四五"发展规划》（以下简称《规划》）的背景和依据是什么？

答： 公路作为综合立体交通体系中最基础、最广泛的运输方式，是服务经济、社会和公众的重要载体，是衔接其他各种运输方式和发挥综合交通网络整体效率的主要支撑。

按照天津市综合交通运输"十四五"规划编制工作方案部署要求，对标对表交通强国天津方案、国家综合立体交通网规划纲要天津方案、天津市综合交通运输"十四五"规划、交通运输部公路"十四五"发展规划等上位文件，统筹考虑京津冀协同发展等重大国家战略、支撑"一基地三区"功能定位和"津城""滨城"双城格局等形势和要求，为此天津市交通运输委组织公路事业发展服务中心编制了《规划》。

二、《规划》的主要内容是什么？

答： 《规划》包括四部分内容，内容涵盖公路建设、养护、管理、运营等领域，是指导天津市公路高质量发展的重要依据。第一部分总结了"十三五"时期天津市公路发展的主要成效、主要问题和新形势新要求。第二部分提出了"十四五"期间天津市公路行业的发展目标和具体指标。第三部分提出了打造便捷化路网、专业化养护、优质化服务、数字低碳化设施、高效化治理5方面重点任务。第四部分为保障措施。

三、未来5年天津公路的发展总目标是什么？

答： 天津公路将以建设现代化公路体系为统领，坚持强路网之基、提养护之质、固服务之本、创智慧之新、增治理之效。到2025年，基本实现路网便捷化、养护专业化、服务优质化、设施数字低碳化、治理高效化的五大发展目标，公路行业现代化高质量发展取得明显成效，有力支撑交通强市建设。

四、天津将如何实现公路路网便捷化？

答： 天津将着力打造便捷化路网。建成津石高速天津东段、塘承高速滨海新区段，建成津歧、津港、九园、海清等一批普通国省道，推进规划高速公路建设和繁忙路段扩容改造，推进建制村通双车道公路和资源路、旅游路、产业路建设，开展美丽乡村示范路创建活动。到2025年，将建成以高速公路为快速网、普通国省道为干线网、农村公路为基础网的"三级网"，基本形成市域城镇0.5至1小时通勤、1至1.5小时通达京津雄核心城市、3小时通达京津冀主要城市的"三个圈"，基本实现乡镇15分钟上高速。公路总里程达到1.5万千米，其中：高速公路1360千米，普通国省道2800千米，农村公路1.1万千米。

五、天津将如何实现公路养护专业化？

答： 天津将着力打造专业化养护。推进全寿命周期养护新模式，加大公路养护巡查管理力度，科学安排预防养护工程，提升修复养护工程实施效益，推进养护决策规范化和养护工程市场化；提升基础设施本质安全水平，集中开展公路危旧桥梁改造专项行动，开展标志标线优化提升、交通安全设施优化提升，大力推进村道安全生命防护工程、灾害防治工程、重要生命线桥梁抗震加固工程。到2025年，将建成可靠耐久的设施供给体系和科学规范的决策管理体系，养护效能全面提升，技术状况显著改善，高速公路优等路率达到90%，普通国省道优等路率达到80%，农村公路优良中等路率达到85%。

六、天津将如何实现公路服务优质化？

答：天津将着力打造优质化服务。推进高速公路服务区品质提升工程，建设"司机之家"、特色服务区、交旅融合服务区，完善旅游景区通达路线网络，完善公路交通旅游标识体系，推进普通公路服务区地图导航全覆盖、农村公路精准导航到村庄。到2025年，公路服务设施将更加完善，出行信息将更加精准，发布方式将更加丰富，实现高速公路服务区人性化和无障碍卫生设施100%覆盖，普通公路服务区（停车区）地图导航100%覆盖，会展中心、机场、高铁站等重点场景ETC应用100%覆盖。

七、天津将如何实现公路设施数字低碳化？

答：天津将着力打造数字低碳化设施。优化形成公路数字化"一张图""一个库"，推进公路建管养运全链条业务数字化建设，完善路网视频监测设施，开展长大桥梁结构健康监测系统试点和智慧公路试点建设；大力推进绿色出行"续航工程"，推广光伏能源应用，打造近零碳服务区、近零碳收费站，新改建高速公路全部按照绿色公路要求建设，推动普通国省道绿色公路示范工程建设；加强智慧、绿色等方面的"四新"技术研发应用。到2025年，智慧公路建设将取得突破，绿色公路发展将取得成效，实现公路基础设施数字化率达到100%，高速公路所有路段、普通公路重要节点及高速公路服务区视频监测100%覆盖，新改建高速公路100%按照绿色公路要求建设，高速公路、普通国省道沥青旧路面材料循环利用率均达到100%。

八、天津将如何实现公路治理高效化？

答：天津将着力打造高效化治理。开展省级公路网线位控制性规划研究，推进规章和标准制订工作，加强对高速公路养护管理工作的监督考核，全面建立和实行农村公路"路长制"，推进公路领域信用体系建设、"放管服"改革和养护市场化改革，深入推进治超联合执法常态化制度化，持续优化大件运输许可服务。到2025年，天津公路行业管理体制机制将进一步完善，综合行政执法能力进一步强化，农村公路区、乡镇、村三级"路长制"100%覆盖，高速公路入口"货车必检、超限禁入"100%完成，普通国省道违法超限率控制在2%以下。

九、为保障《规划》顺利实施，落地实施，将采取哪些措施？

答：一是加强党的领导，把基层党组织建设成为推进新时代公路高质量发展的坚强战斗堡垒，为实现本《规划》目标任务提供根本保证。二是加强协调协同，强化部门协同、上下联动、统筹推进，确保项目建设用地的储备和预留，稳妥有序推进重大工程项目建设。三是加强资金保障，多渠道筹措公路发展资金，强化养护资金保障。四是加强跟踪评估，抓好项目落地实施，做好规划跟踪督导，适时调整规划任务和相关政策，增强规划可操作性。

资源来源：天津市交通运输委员会综合规划处、公路事业发展服务中心，2022-03-30.

3.2.5 公路规划的实施要求

1. 节约集约利用资源

协同推进综合运输通道的一体化建设，推动铁路、公路等基础设施的线位统筹，促进通道线位资源共用共享。挖掘存量资源潜力，充分利用既有设施进行改扩建和升级改造，加强对另辟新线扩容的规划管理。科学确定设施技术标准，采用多种技术手段提高设施利用效率，严格执行建设用地标准，节约土地资源，严格保护耕地和永久基本农田。

2. 推进绿色低碳发展

将生态保护、绿色低碳理念贯穿公路规划、设计、建设、运营、管理、养护等全过程、各环节，降低全寿命周期资源能源消耗和碳排放。依法依规避让各类生态保护区域、环境敏感区域、城乡历史文化资源富集区域，注重生态保护修复、资源循环利用、碳减排，加强大气、水及噪声污染防治，因地制宜建设绿色公路。

3. 注重创新赋能发展

统筹国家公路与新型基础设施建设。推动国家公路全要素全周期数字化转型，实现数据资源一体化管理，强化数据动态采集、更新、共享，推动与建筑信息模型、路网感知网络同步规划建设，将采集信息基础设施纳入公路工程统一规划建设。推动制修订公路相关标准规范，注重与新型运载工具、信息通信、智能交通等设施、装备的标准协同。

4. 注重与产业融合发展

依托国家公路网发展通道经济，注重与沿线旅游、制造、物流、电子商务等关联产业深度融合发展，引导优化区域产业布局，促进产业链供应链安全稳定。提升公路服务区服务品质，设置人性化服务设施和充换电、加氢等设施，因地制宜丰富文化、旅游、休闲等服务功能。按需实施服务区扩容改造，增设大型货车或危化品车辆专用停车区。

5. 严控地方政府债务风险

坚持尽力而为、量力而行，合理确定建设规模和建设节奏，科学论证项目建设时机及建设标准，强化技术方案比选，合理控制工程造价，稳步有序推进项目建设。建立健全高速公路债务风险监测机制，督促指导债务负担较重地区严格控制新开工项目规模。

3.2.6　公路规划的保障措施

1. 加强规划衔接协调

强化跨部门、跨区域、跨行业一体衔接协调，按照"统筹规划、分级负责"原则，加强央地联动和政策协同，协力推进规划实施。各省（自治区、直辖市）在规划建设省道网时，要强化与本规划衔接，统筹各层次路网协调发展，合理确定规划目标、建设规模和建设时机。

2. 强化规划实施保障

加强与国土空间等相关规划衔接，按照节约集约高效的要求，合理保障国家公路建设土地资源供给，依法加快国家公路用地用海用林用草、环境影响评价、水土保持等报建手续办理，为规划项目实施提供政策和要素支持。交通运输部要根据本规划，商国家发展改革委等有关部门，编制实施公路五年发展规划，优化国家公路项目建设方案，落实规划目标任务。

3. 完善资金保障机制

改革创新投融资政策，进一步完善多渠道、多层次、多元化投融资模式。强化资金保障能力，落实事权支出责任，鼓励吸引社会资本参与国家公路建设。积极盘活存量资产，鼓励在高速公路领域稳妥开展基础设施领域不动产投资信托基金（REITs）试点，形成存量资产与新增投资的良性循环。调整收费公路政策，适时修订公路法、收费公路管理条例等法律法规，促进公路可持续健康发展。

4. 优化规划实施管理

落实各级政府在公路建设、运营、养护、管理中的事权和职责，提高公路养护质量和运营管理水平。扎实开展国家公路网线位规划、项目前期工作和重大工程论证，做好国家公路命名编号调整工作，稳妥有序推进规划实施。稳慎决策国家高速公路远景展望线，视区域经济社会和交通发展需求适时开展建设，灵活掌握技术标准。加强规划实施进展和成效监测分析，适时开展规划评估，规范做好规划动态调整或修订工作。

3.3　公路建设的法律制度

3.3.1　公路建设管理机构

交通运输部对全国公路建设项目进行监督管理，依据职责负责国家高速公路网建设项目和交通运输部确定的其他重点公路建设项目前期工作、施工许可、招标投标、工程质量、工程进度、资金、安全管理的监督和竣工验收工作。

除应当由交通运输部实施的监督管理职责外，省级人民政府交通运输主管部门依据职责负责本行政区域内公路建设项目的监督管理，具体负责本行政区域内的国家高速公路网建设项目、交通运输部和省级人民政府确定的其他重点公路建设项目的监督管理。

设区的市和县级人民政府交通运输主管部门按照有关规定负责本行政区域内公路建设项目的监督管理。

3.3.2　公路建设监督管理部门的职责

① 监督国家有关公路建设工作方针、政策和法律、法规、规章、强制性技术标准的执行；

② 监督公路建设项目建设程序的履行；

③ 监督公路建设市场秩序；

④ 监督公路工程质量和工程安全；

⑤ 监督公路建设资金的使用；

⑥ 指导、检查下级人民政府交通运输主管部门的监督管理工作；

⑦ 依法查处公路建设违法行为。

县级以上人民政府交通运输主管部门在履行公路建设监督管理职责时，有权要求被检查单位提供有关公路建设的文件和资料；进入被检查单位的工作现场进行检查；对发现的工程质量和安全问题以及其他违法行为依法处理。

3.3.3　公路建设资金来源

筹集公路建设资金，除各级人民政府的财政拨款，包括依法征税筹集的公路建设专项资金转为的财政拨款外，可以依法向国内外金融机构或者外国政府贷款。

国家鼓励国内外经济组织对公路建设进行投资。开发、经营公路的公司可以依照法律、行政法规的规定发行股票、公司债券筹集资金。

依照本法规定出让公路收费权的收入必须用于公路建设。

向企业和个人集资建设公路，必须根据需要与可能，坚持自愿原则，不得强行摊派，并符合国务院的有关规定。

公路建设资金还可以采取符合法律或者国务院规定的其他方式筹集。

3.3.4　公路建设程序

公路建设应当按照国家规定的建设程序和有关规定进行。

政府投资公路建设项目实行审批制，企业投资公路建设项目实行核准制。县级以上人民政府交通运输主管部门应当按职责权限审批或核准公路建设项目，不得越权审批、核准项目或擅自简化建设程序。

1. 政府投资公路建设项目的实施程序

① 根据规划，编制项目建议书；

② 根据批准的项目建议书，进行工程可行性研究，编制可行性研究报告；

③ 根据批准的可行性研究报告，编制初步设计文件；

④ 根据批准的初步设计文件，编制施工图设计文件；

⑤ 根据批准的施工图设计文件，组织项目招标；

⑥ 根据国家有关规定，进行征地拆迁等施工前准备工作，并向交通运输主管部门申报施工许可；

⑦ 根据批准的项目施工许可，组织项目实施；

⑧ 项目完工后，编制竣工图表、工程决算和竣工财务决算，办理项目交、竣工验收和财产移交手续；

⑨ 竣工验收合格后，组织项目后评价。

国务院对政府投资公路建设项目建设程序另有简化规定的，依照其规定执行。

2. 企业投资公路建设项目的实施程序

① 根据规划，编制工程可行性研究报告；

② 组织投资人招标工作，依法确定投资人；

③ 投资人编制项目申请报告，按规定报项目审批部门核准；

④ 根据核准的项目申请报告，编制初步设计文件，其中涉及公共利益、公众安全、工程建设强制性标准的内容应当按项目隶属关系报交通运输主管部门审查；

⑤ 根据初步设计文件编制施工图设计文件；

⑥ 根据批准的施工图设计文件组织项目招标；

⑦ 根据国家有关规定，进行征地拆迁等施工前准备工作，并向交通运输主管部门申报施工许可；

⑧ 根据批准的项目施工许可，组织项目实施；

⑨ 项目完工后，编制竣工图表、工程决算和竣工财务决算，办理项目交、竣工验收；

⑩ 竣工验收合格后，组织项目后评价。

3.3.5　公路建设制度

公路建设项目应当实行法人负责制度、招标投标制度、工程监理制度和合同管理制度。

① 法人负责制度是指由负责公路建设项目的法人对项目的策划、资金筹措、建设实施等全过程负责。

② 招标投标制度是指建设单位对拟建工程项目通过法定程序和方法吸引承包单位公平竞争，并从中选择条件优越者完成工程建设任务。

③ 工程监理制度是指为保证建设工期和工程质量，提高投资效益，委托具有监理资质的单位对工程建设质量、投资、工期等进行全面监督与管理。

④ 合同管理制度是指建设项目勘察、设计、施工、设备和材料的采购在招投标后，中标单位与项目法人签订合同，明确工作范围、职责权限、质量和进度等，作为合同双方共同遵守的文件，具备法律效力。

3.3.6　公路建设用地

公路建设应当贯彻切实保护耕地、节约用地的原则。根据现行的法律法规，公路建设使用土地应按照下列规定办理。

1. 依法征用土地

依法征用土地，是取得公路建设用地使用权的重要途径。其含义是建设单位持国务院有关主管部门或者县级以上地方人民政府按照国家基本建设程序批准的设计任务书或者其他批准文件，向县级以上地方人民政府土地管理部门提出申请，要求使用集体所有的土地，经县级以上人民政府批准，并依法对被征用土地的单位给以经济补偿。

2. 依法划拨

依法划拨是指公路建设单位需要使用国家所有的荒山、荒地、滩涂，以及其他单位使用的国有土地，按照国家建设征用土地的程序和批准权限，经批准后取得国有土地的使用权。使用国有荒山、荒地的，无偿划拨。使用其他单位使用的国有土地，原使用单位受到损失的，建设单位应当给予适当补偿；原使用单位需要搬迁的，建设单位应负责搬迁。

公路建设需要使用国有荒山、荒地或者需要在国有荒山、荒地、河滩、滩涂上挖砂、采石、取土的，依照有关法律、行政法规的规定办理后，任何单位和个人不得阻挠或者非法收取费用。

地方各级人民政府对公路建设依法使用土地和搬迁居民，应当给予支持和协助。

公路建设项目的设计和施工，应当符合依法保护环境、保护文物古迹和防止水土流失的要求。

3.3.7 公路标志标线的设置

1. 交通安全设施

为保证行车与行人的安全和充分发挥公路的作用，各级公路应按规定设置必要的交通安全设施。

① 一级公路在未设置行人及自行车跨线桥或地下通道地点，应设置行人安全管理设施；其他各级公路可根据实际情况设置必要的设施。

② 高速公路应在中央分隔带设置防止车辆闯入对向行车道的护栏并在公路用地外缘设置防止行人等横穿公路的防护网（一级公路有条件时亦宜设置）。高速公路及一级公路的桥梁，以及各级公路的高路堤、桥头引道、极限最小半径、陡坡等地段均应设置护栏。

③ 为使夜间交通畅通和保证行车安全，在夜间交通量较大的公路上，应尽量采用反光标志及防眩设施；在运输特别繁忙和重要的路段内，可配置路灯，在有条件的交叉道口、人行横道等处可采用局部照明。

④ 为诱导驾驶人员的视线，保证行车安全，在需要的路段上，可设置路边线轮廓标；在积雪严重的地段和漫水桥、过水路面上，应设置标杆。

⑤ 在视距不良的急弯和交叉处，可配合其他保证行车安全的措施，设置警告标志、反光镜或设分道行驶的行车道中心线。

2. 交通管理设施

不同等级的公路应按相应规定设置必要的公路交通标志、路面标线、立面标记、紧急电话、公路情报板、公路通信和监视设施等交通管理监控设施。

① 公路上应设置必要的警告标志、禁令标志、指示标志及指路标志等交通标志。标志的名称、设置位置、形状、尺寸和颜色等应按现行有关规定执行。

② 凡能标线的路面均应设置必要的交通标线。汽车专用公路和一般二级公路应设置较齐全的交通标线；运输繁忙的三级公路及视距不符合要求的路段，应设分道行驶的行车道中

心线。

③应尽量利用跨线桥的墩、台、上部构造及交通岛、安全岛等设施设置立面标记。

3. 防护设施

在各级公路上，由于积雪、积沙、波浪、坠石、弃物等而妨碍交通安全的地点，均应根据实际情况设置适当的防护设施。

4. 停车设施

为了方便旅客和保障行车安全，应于适当地点设置停车场、公共汽车站等设施。

高速公路及一级公路，应设公共汽车停车站。公共汽车停车站内除设有停车车道外，应设变速车道、外侧分隔带、上下站台等设施。汽车专用二级公路和一般公路根据需要可设公共汽车停车站。

在车站、渡口、食宿站、服务区、游览区、城镇附近等处，应自行设置停车站。各级公路严禁将行车道用作停车场。

一般公路应结合公路沿线有利地点，设置必要的回车道。

案例资料

建设工程施工合同纠纷

案号　（2023）最高法民辖 71 号

原告：东营××吊装有限责任公司，住所地山东省××××××。

法定代表人：聂××，该公司执行董事兼总经理。

被告：××电力工程有限公司，住所地上海市××××××。

法定代表人：武××，该公司董事兼总经理。

被告：山东××建设集团有限公司，住所地山东省××××××。

法定代表人：李××，该公司执行董事兼经理。

第三人：朱××，男，××××年××月××日出生，汉族，住山东省×××。

原告东营××吊装有限责任公司与被告××电力工程有限公司、山东××建设集团有限公司、第三人朱××债权人代位权纠纷一案，安徽省亳州市谯城区人民法院于 2022 年 7 月 19 日立案。东营××吊装有限责任公司诉称，2021 年 2 月，山东××建设集团有限公司与××电力工程有限公司签订施工合同，该项目实际施工人是朱××，该项目工期早已届至，现场已经停止施工，山东××建设集团有限公司与××电力工程有限公司未与朱××结算。由于朱××一直忙于行使向山东××建设集团有限公司、××电力工程有限公司索要工程款的权利，导致其无法履行对东营××吊装有限责任公司的债务及违约金。故诉至法院，请求判令山东××建设集团有限公司、××电力工程有限公司向东营××吊装有限责任公司履行代位清偿义务并支付相应的债务及违约金。安徽省亳州市谯城区人民法院认为，本案系因债权人代位权纠纷提起的诉讼，无证据证明双方对管辖进行了约定，应当适用法定管辖。《中华人民共和国民事诉讼法》第二十二条规定，对法人或者其他组织提起的民事诉讼，由被告住所地人民法院管辖。同一诉讼的几个被告住所地、经常居住地在两个以上人民法院辖区的，各该人民法院都有管辖权。本案中，山东××建设集团有限公司作为案涉工程的承包人，对项目实际施工情况更为了解，由其住所地法院管辖更为适宜，故应当以山东省肥城市为本案的管辖地。2022 年 8 月 4 日，安徽省亳州市谯城区人民法院作出（2022）皖 1602 民初 8553 号民事裁定，将本案移送山东省肥城市人民法院处理。山东省肥城市人民法院认为移送不当，遂层报山东省高级人民法院。山东省高级人民法院认为，本案系债权人代位权纠纷。债权人代位权涉及两个法律关系，一是债权人东营××吊装有限责任公司与债务人朱××之间的债权债务关系；二是债务人朱××和次债务人××电力工程有限公司、山东××建设集团有限公司之间的债权债务关系。由于东营××吊装有限责任公司与朱××之间的债权债务关系已经由生效的民事调解书所确认，故本案代位权是否成立关键在于审查朱××对××电力工程有限公司、山东××建设集团有限公司是否享有到期债权，需要审理包括案涉施工协议书和施工合同的实际履行情况等，本质上是审理次债务人和主债务人之间的建设工程施工合同纠纷。从便于查明案件事实的角度考虑，本案由工程所在地即安徽省亳州市谯城区人民法院审理更为适宜。经与安徽省高级人民法院协商未果，依照《中华人民共和国民事诉讼法》第三十八条第二款规定，报请本院指定管辖。本院认为，本案系债权人代位权纠纷。为贯彻实施《中华人民共和国民法典》，最高人民法院废止了《关于贯彻执行〈中华人民共和国民法通则〉若干问题的意见（试行）》《关于适用〈中华人民共和国合同法〉若干问题的解释（一）》《关于适用〈中华人民共和国合同法〉若干问题的解释（二）》等司法解释，出台了《关于适用〈中华人民共和国民法典〉物权编的解释（一）》等司法解释。但是，对于上述已经废止的司法解释中的程序性规定的精神，与《中华人民共和国民事诉讼法》及相关法律不冲突的，如《最高人民法院关于适用〈中华人民共和国合同法〉若干问题的解释（一）》第十四条、第二十三条等，人民法院可以在办理程序性事项时作为参考。本案中，东营××吊装有限责任公司作为债权人提起代位权诉讼，主张债务人朱××作为实际施工人，怠于行使对工程承包人山东××建设集团有限公司和工程发包人××电力工程有限公司的到期债权，请求法院判令山东××建设集团有限公司、××电力工程有限公司清偿债务。在建设工程施工法律关系中，山东××建设集团有限公司与朱××是债权债务的相对方。参考《最高人民法院关于适用〈中华人民共和国合同法〉若干问题的解释（一）》第十四条关于债权人代位权诉讼由被告住所地人民法院管辖的规定，本案被告山东××建设集团有限公司住所地在山东省肥城市，山东省肥城市人民法院可以管辖本案。综上，本院依照《中华人民共和国民事诉讼法》第三十八条第二款、《最高人民法院关于适用〈中华人民共和国民事诉讼法〉的解释》第四十条、第四十一条的规定，裁定如下：本案由山东省肥城市人民法院审理。本裁定一经作出即发生法律效力。

审判长　李××
审判员　贾××
审判员　张××
二〇二三年六月六日
书记员　邢××

3.4　公路养护的法律制度

3.4.1　公路养护的概念

公路养护，就是为保证公路正常使用而进行的经常性保养、维修，预防和修复灾害性破坏，以及为提高公路使用质量和服务水平而进行的小修保养、中修、大修、改善或改建工作。

3.4.2　公路养护的目的及基本任务

各级公路管理机构应当对公路路基、路面、桥涵等构造物、排水设施、防护设施、绿化带，以及有关交通工程及沿线设施进行日常巡查和检查，并实施全面养护和综合治理，防止公路环境污染。同时，各级公路管理机构应及时修复损坏部分，周期性地进行大修和中修，改善技术状况，使公路保持路面整洁、横坡适度、行车舒适、路肩整洁、边坡稳定、排水通畅、构造物完好、沿线设施完善、绿化协调美观，逐步实施 GBM 工程，力争构成畅、洁、绿、美的公路交通环境。

公路管理机构应保持公路及其设施处于完好状态，及时修复损坏部分，保障行车安全、舒适、畅通；采取正确的技术措施，提高养护质量，以延长公路的使用年限；防治结合，整治公路存在的病害和隐患，逐步提高公路的抗灾能力；对原技术标准过低的路段、构造物及沿线设施进行分期改善和改、增建，逐步提高公路的使用质量和服务水平。

根据交通部《关于全面加强公路养护管理工作的若干意见》的规定，各级公路管理机构对公路的养护应当侧重于：提高国、省干线好路率；强化公路标准化、美化和管理规范化建设；强化预防性和周期性养护；加强桥梁养护；大力推广和发展公路养护机械化；贯彻"预防为主、防治结合"的方针，积极开展公路减灾活动，提高公路的抗灾能力。

3.4.3　公路养路费用的征收

公路养路费是国家按照"以路养路，专款专用"的原则，从 20 世纪 50 年代就开始向有车单位和个人征收的用于公路养护和改建的专项费用，是公路养护的唯一资金来源。实践证明，征收公路养路费，对公路的养护和改建起到了重要作用。

随着我国社会主义市场经济体制的建立，本着"公平、公正"的原则，我国充分体现"多用路者多交费"的原则。因此，在借鉴国外公路养护费用征收经验和办法的基础上，我国明确规定了征收燃油附加费作为公路养护费用。征收燃油附加费的目的：一是保证公路改建和养护管理有稳定、可靠的资金来源；二是体现用路者交费、多用路者多付费的收费原则，使养路费的征收趋于合理、公平和规范；三是鼓励汽车用户降低能耗、节约燃油，促进汽车工业的技术进步及汽车的合理更新、报废。

公路交通主管部门、财政主管部门应当加强对公路养路费征收和使用管理工作的监督。任何单位和个人不得以任何名义平调、挪用、滥用、截留、挤占公路养路费。

3.4.4 公路养护的要求

1. 公路路基养护要求

① 通过日常巡查，发现病害及时处治，保持良好稳定的技术状况。

② 路肩无病害，边坡稳定。

③ 排水设施无淤塞、无损坏，排水畅通。

④ 挡土墙等附属设施良好。

⑤ 加强不良地质中期边坡崩塌、滑坡、泥石流等灾（病）害的巡查、防治、抢修工作。

2. 路肩与边坡养护要求

① 公路路肩应保持平整、坚实，横坡适顺，排水顺畅。土路肩或草皮路肩的横坡应略大于路面横坡，硬路肩与路面同坡。硬路肩产生病害应参照同类型路面病害处治。

② 路基边坡应保持平顺、坚实，遇有缺口、坍塌、高边坡碎落、侧滑等病害，应分别针对具体情况采取各种相应的加固整修措施。

3. 路基排水设施养护要求

① 路基排水设施应保持排水畅通。如有冲刷、堵塞和损坏，应及时疏通、修复或加固。

② 路基排水设施断面尺寸和纵坡应符合原设计标准规定。

③ 对暗沟、渗沟等隐蔽性排水设施，应加强检查，防止淤塞，如有淤塞，应及时修理、疏通。

④ 原有排水设施不能满足使用要求时，应适时增设和完善。

⑤ 新增排水设施时，其设计、施工应符合现行《公路路基设计规范》（JTG D30）和《公路路基施工技术规范》（JTG/T 3610）的有关规定。

4. 挡土墙养护要求

① 对挡土墙应加强检查，发现病害应查明原因，并观察其发展趋势，采取相应的修复、加固等措施，损坏严重时，可考虑全部或部分拆除重建。

② 应保持挡土墙的泄水孔畅通，定期检查和维修，清理伸缩缝、沉降缝，使其正常发挥作用。

③ 重建或增建挡土墙，应根据公路所在地区地形及水文地质等条件合理选择挡土墙类型，并应符合现行《公路路基设计规范》（JTG D30）和《公路路基施工技术规范》（JTG/T 3610）有关规定。

5. 透水路堤养护要求

① 透水路堤透水层及设置于其内的泄水管应保持稳定和良好的透水（泄水）性能，若有损坏应及时修复。

② 透水路堤的上下游底铺砌应保持平整密实，若有损坏应及时修复。

③ 透水路堤的透水层，若失去透水性能影响路堤稳定且无法修复时应考虑改建为桥涵。

6. 特殊地区路基养护要求

① 特殊地区主要指盐渍土地区、黄土地区、沙漠地区、多年冻土地区、泥沼和软土地区等。

② 盐渍土地区公路受水流侵袭后，路基出现坍塌或溶陷，应加强排水并采取相应的加固措施。

③ 黄土地区路基遇水容易发生沉陷、坍塌、边沟冲深和蚀宽、边坡松散等病害，应根据各种病害特征采取相应的处治措施。

④ 沙漠地区路基养护应采取"固、阻、输、导"等措施进行综合治理。公路两侧的固沙植物应加强管护。

⑤ 多年冻土地区的路基养护，应遵循"保护冻土"的原则，填土路基坡脚 20 m 范围内不得破坏原地貌，取土坑应设在坡脚 20 m 以外。

⑥ 多年冻土地区路基应注意加强排水，填土路基上方 20 m 以外、路堑坡顶 5 m 以外应设置截水沟，将雨雪水引到路基以外。

⑦ 对有涎流冰产生的路段，应适当提高路基高度，保持路基高于涎流冰最大壅冰高度加 0.5 m。

⑧ 泥沼和软土地区路基应加强排水，改善排水条件，采取适当的技术措施稳固路基。

7. 路面养护要求

① 经常清扫路面，及时清除杂物、清理积雪积冰，保持路面整洁，做好路面排水。

② 加强路况巡查，发现病害，及时进行维修、处治。

③ 定期对路面的技术状况进行调查和评定。应以路面管理系统分析结果为依据，科学制订公路养护维修计划。

④ 路面技术状况各分项指标低于规定值时，应采取相应措施恢复或提高。

⑤ 路面损坏分类、技术状况抽查方法和频率，应按现行《公路技术状况评定标准》（JTG 5210）执行。

⑥ 改建工程、大中修工程的路面结构、施工工艺、材料、质量指标应符合现行有关设计、施工技术规范的规定。大交通量路段应制订科学合理的交通组织方案，减少对通行车辆的影响。

3.4.5 桥梁和涵洞的养护

1. 概述

为保证公路畅通无阻，必须加强现有桥涵构造物的检查和保养、维修与加固工作，使其处于完好的技术状态，延长其使用年限。

桥涵养护和修理工作的范围：① 技术状况检查；② 建立和健全完整的桥涵技术档案；③ 桥涵构造物的安全防护；④ 桥涵构造物的经常保养、维修与加固。

2. 桥梁养护要求

① 桥梁外观整洁。

② 结构无损坏，无异常变形，稳定性良好。

③ 桥面铺装坚实平整，纵、横坡适度，桥头平顺。

④ 桥面系各构件、支座及附属设施等状态完好、功能正常、布置合理。

⑤ 基础无冲蚀。

3. 涵洞养护要求

① 功能正常、排水顺畅、排放适当。

② 各构件及附属结构完好。

③ 涵洞表面清洁、不漏水。

3.4.6　公路养护作业

为了保障公路养护人员和作业车辆的安全，避免事故发生。公路养护人员在进行公路养护作业时，应当穿着统一的安全标志服；利用车辆进行养护作业时，应当在公路作业车辆上设置明显的作业标志。

公路养护车辆在不影响过往车辆通行的前提下，其行驶路线和方向不受公路标志、标线限制。

进行公路养护作业时，施工单位应当采取措施维持交通。当影响车辆正常通行时，应在作业处或施工路段两端设置明显的施工标志；影响行车安全的，夜间还需设置警视信号。在交通流量大的公路上进行大中型修养护或改建施工可能造成交通堵塞时，公路管理机构应函告当地公安交通管理部门，共同采取措施疏导交通；需中断交通的，应与当地公安交通管理机关事先共同发布通告。

资料阅读

高手在民间：公路养护工人"千手观音"扫公路

贵州省余庆县为了养好公路，在经费有限、人员有限、时间有限的情况下，该县公路管理所与松烟镇养护工人一起开动脑筋，将三轮车进行改装，在车上装上了可以升降自如、装卸方便的竹扫帚，整个车辆成本仅为几千元，非常适合农村公路的养护。车子外形如"千手观音"一般，所到之处，公路被清扫得干干净净，既提高了工作效率，又节省了时间、人力和物力。

3.5　路政管理的法律制度

3.5.1　路政管理的概念

路政管理，是指县级以上人民政府交通运输主管部门或者其设置的公路管理机构，为维护公路管理者、经营者、使用者的合法权益，根据《公路法》及其他有关法律、法规和规章的规定，实施保护公路、公路用地及公路附属设施（以下统称"路产"）的行政管理。

路政管理工作应当遵循"统一管理、分级负责、依法行政"的原则。

交通运输部根据《公路法》及其他有关法律、行政法规的规定主管全国路政管理工作。

县级以上地方人民政府交通运输主管部门根据《公路法》及其他有关法律、法规、规章的规定主管本行政区域内路政管理工作。

县级以上地方人民政府交通运输主管部门设置的公路管理机构根据《公路法》的规定或者根据县级以上地方人民政府交通运输主管部门的委托负责路政管理的具体工作。

3.5.2　路政管理的职责

县级以上地方人民政府交通运输主管部门或者其设置的公路管理机构的路政管理职责如下。

① 宣传、贯彻执行公路管理的法律、法规和规章；

② 保护路产；

③ 实施路政巡查；

④ 管理公路两侧建筑控制区；

⑤ 维持公路养护作业现场秩序；

⑥ 参与公路工程交工、竣工验收；

⑦ 依法查处各种违反路政管理法律、法规、规章的案件；

⑧ 法律、法规规定的其他职责。

3.5.3　路政管理中的禁止性行为

① 任何单位和个人擅自占用、挖掘公路的。

② 未经同意或者未按照公路工程技术标准的要求修建跨越、穿越公路的桥梁、渡槽或者架设、埋设管线、电缆等设施的。

③ 未经批准从事危及公路安全作业的。

④ 铁轮车、履带车和其他可能损害路面的机具擅自在公路上超限行驶的。

⑤ 车辆超限使用汽车渡船或者在公路上擅自超限行驶的。

⑥ 损坏、移动、涂改公路附属设施或者损坏、挪动建筑控制区的标桩、界桩，可能危及公路安全的。

⑦ 任何单位和个人不得在公路上及公路用地范围内摆摊设点、堆放物品、倾倒垃圾、设置障碍、挖沟引水、利用公路边沟排放污物或者进行其他损坏、污染公路和影响公路畅通的活动。

⑧ 在大中型公路桥梁和渡口周围二百米、公路隧道上方和洞口外一百米范围内，以及在公路两侧一定距离内，不得挖砂、采石、取土、倾倒废弃物，不得进行爆破作业及其他危及公路、公路桥梁、公路隧道、公路渡口安全的活动。

⑨ 机动车制造厂和其他单位不得将公路作为检验机动车制动性能的试车场地。

3.5.4　路政管理许可事项

① 除公路防护、养护外，占用、利用或者挖掘公路、公路用地、公路两侧建筑控制区，以及更新、砍伐公路用地上的树木。

② 因修建铁路、机场、电站、通信设施、水利工程和进行其他建设工程需要占用、挖掘公路或者使公路改线的。

③ 跨越、穿越公路，修建桥梁、渡槽或者架设、埋设管线等设施，以及在公路用地范围内架设、埋设管（杆）线、电缆等设施。

④ 因抢险、防汛需要在大中型公路桥梁和渡口周围二百米范围内修筑堤坝、压缩或者拓宽河床。

⑤ 在公路用地范围内设置公路标志以外的其他标志。

⑥ 在公路上增设平面交叉道口。

⑦ 在公路两侧的建筑控制区内埋设管（杆）线、电缆等设施。

⑧ 更新砍伐公路用地上的树木。

3.6 收费公路及其法律规定

3.6.1 收费公路的概念

收费公路指符合《中华人民共和国公路法》和《收费公路管理条例》的规定，经批准依法收取车辆通行费的公路（含桥梁和隧道）。

3.6.2 收费公路的类型

按我国公路法的规定，符合国务院交通主管部门规定的技术等级和规模的下列公路，可以依法收取车辆通行费：① 由县级以上地方人民政府交通主管部门利用贷款或者向企业、个人集资建成的公路。② 由国内外经济组织依法受让前项收费公路收费权的公路。③ 由国内外经济组织依法投资建成的公路。

1994 年 7 月 18 日发布的《关于在公路上设置通行费收费站（点）的规定》，明确规定了可以收取车辆通行费的公路必须具备以下几个具体条件：第一，从技术等级上看，必须是高等级公路即二级以上的公路，包括高速公路、一级公路和二级公路；第二，从规模上看，公路桥梁（300 m 以上，改渡为桥的可以放宽到桥长 200 m 以上）、隧道（500 m 以上）、高速公路、里程在 10 km 以上的一级公路、里程在 20 km 以上的二级公路（平原微丘区超过40 km 和山岭重丘区超过 20 km）及封闭（包括部分封闭）型的汽车专用公路。

3.6.3 收费公路的收费原则

1. 公益性原则

在社会公众心目中，公路属于"应当全部由政府无偿提供的公益性设施"。虽然收费公路成为解决当前乃至以后公路建设与养护资金的权宜之计，但不能就此推卸政府作为公共部门有义务帮助社会免费提供公共产品的责任。收费公路最终还是要回到公共产品的属性上来，收费公路只是公共产品发展的特殊阶段或者有益补充。

2. 金融属性原则

收费公路是一种较为特殊的商品，理所当然具有金融属性，也应当按照商品价值规律运作，接受市场的调节。收费公路从大的方面来讲，是政府的购买行为，只不过购买商品（收费公路）的人是收费公路使用者。正因为收费公路具有金融属性，收费公路可以质押贷款，打包上市融资。

3. 公平公正原则

公共财政的本质是社会全体成员的共同财富，应用于建设养护公路时必须兼顾公平、效益和效率。如不分特殊需求和一般要求，用大量政府财力建设公路，可能出现有车人无偿使用无车人的财富的现象。收费公路政策、法律将公路分成免费的普通公路和收费的高等级公路，由政府财力和社会成员分别负担，从这个意义上讲，"用者付费"体现了最大程度的公平。

3.6.4 收费站的设置

根据我国《收费公路管理条例》的规定，县级以上地方人民政府交通主管部门利用贷款或者向企业、个人有偿集资建设的公路（以下简称"政府还贷公路"）、国内外经济组织投资建设或者依照公路法的规定受让政府还贷公路收费权的公路（以下简称"经营性公路"），经依法批准后，方可收取车辆通行费。

收费公路收费站的设置，由省、自治区、直辖市人民政府按照下列规定审查批准。

① 高速公路及其他封闭式的收费公路，除两端出入口外，不得在主线上设置收费站。但是，省、自治区、直辖市之间确需设置收费站的除外。

② 非封闭式的收费公路的同一主线上，相邻收费站的间距不得少于 50 km。

高速公路及其他封闭式的收费公路，应当实行计算机联网收费，减少收费站点，提高通行效率。联网收费的具体办法由国务院交通主管部门会同国务院有关部门制定。

3.6.5　收费期限及标准

1. 收费期限

根据我国《收费公路管理条例》的规定，收费公路的收费期限，由省、自治区、直辖市人民政府按照下列标准审查批准。

① 政府还贷公路的收费期限，按照用收费偿还贷款、偿还有偿集资款的原则确定，最长不得超过 15 年。国家确定的中西部省、自治区、直辖市的政府还贷公路收费期限，最长不得超过 20 年。

② 经营性公路的收费期限，按照收回投资并有合理回报的原则确定，最长不得超过 25 年。国家确定的中西部省、自治区、直辖市的经营性公路收费期限，最长不得超过 30 年。

2. 收费标准

根据我国《收费公路管理条例》的规定，车辆通行费的收费标准，应当依照价格法律、行政法规的规定进行听证，并按照下列程序审查批准。

① 政府还贷公路的收费标准，由省、自治区、直辖市人民政府交通主管部门会同同级价格主管部门、财政部门审核后，报本级人民政府审查批准。

② 经营性公路的收费标准，由省、自治区、直辖市人民政府交通主管部门会同同级价格主管部门审核后，报本级人民政府审查批准。

车辆通行费的收费标准，应当根据公路的技术等级、投资总额、当地物价指数、偿还贷款或者有偿集资款的期限和收回投资的期限，以及交通量等因素确定。对在国家规定的绿色通道上运输鲜活农产品的车辆，可以适当降低车辆通行费的收费标准或者免交车辆通行费。

修建与收费公路经营管理无关的设施、超标准修建的收费公路经营管理设施和服务设施，其费用不得作为确定收费标准的因素。

车辆通行费的收费标准需要调整的，应当依照《收费公路管理条例》规定的程序办理。

3.6.6　收费公路的经营管理

1. 收费公路的经营管理责任

① 收费公路经营管理者应当按照国家规定的标准和规范，对收费公路及沿线设施进行日常检查、维护，保证收费公路处于良好的技术状态，为通行车辆及人员提供优质服务。

② 收费公路的养护应当严格按照工期施工、竣工，不得拖延工期，不得影响车辆安全

通行。

③ 收费公路经营管理者应当在收费站的显著位置，设置载有收费站名称、审批机关、收费单位、收费标准、收费起止年限和监督电话等内容的公告牌，接受社会监督。

④ 收费公路经营管理者应当按照国家规定的标准，结合公路交通状况、沿线设施等情况，设置交通标志、标线。交通标志、标线必须清晰、准确、易于识别。重要的通行信息应当重复提示。

⑤ 收费道口的设置应当符合车辆行驶安全的要求；收费道口的数量应当符合车辆快速通过的需要，不得造成车辆堵塞。

⑥ 收费站工作人员的配备应当与收费道口的数量、车流量相适应，不得随意增加人员。收费公路经营管理者应当加强对收费站工作人员的业务培训和职业道德教育，收费人员应当做到文明礼貌，规范服务。

⑦ 遇有公路损坏、施工或者发生交通事故等影响车辆正常安全行驶的情形时，收费公路经营管理者应当在现场设置安全防护设施，并在收费公路出入口进行限速、警示提示，或者利用收费公路沿线可变信息板等设施予以公告；造成交通堵塞时，应当及时报告有关部门并协助疏导交通。

遇有公路严重损毁、恶劣气象条件或者重大交通事故等严重影响车辆安全通行的情形时，公安机关应当根据情况，依法采取限速通行、关闭公路等交通管制措施。收费公路经营管理者应当积极配合公安机关，及时将有关交通管制的信息向通行车辆进行提示。

⑧ 收费公路经营管理者收取车辆通行费，必须向收费公路使用者开具收费票据。政府还贷公路的收费票据，由省、自治区、直辖市人民政府财政部门统一印（监）制。经营性公路的收费票据，由省、自治区、直辖市人民政府税务部门统一印（监）制。

2. 收费公路的经营管理义务

收费公路经营管理者不得有下列行为。

① 擅自提高车辆通行费收费标准。

② 在车辆通行费收费标准之外加收或者代收任何其他费用。

③ 强行收取或者以其他不正当手段按车辆收取某一期间的车辆通行费。

④ 不开具收费票据，开具未经省、自治区、直辖市人民政府财政、税务部门统一印（监）制的收费票据或者开具已经过期的收费票据。

有上述所列行为之一的，通行车辆有权拒绝交纳车辆通行费。

3.6.7 收费终止

收费公路的收费期限届满，必须终止收费。

政府还贷公路在批准的收费期限届满前已经还清贷款、还清有偿集资款的，必须终止收费。

收费公路终止收费后，收费公路经营管理者应当自终止收费之日起 15 日内拆除收费设施。

 资料阅读

2021 年北京市收费公路统计公报

发布日期：2022-11-10　10:50

根据《政府信息公开条例》的有关规定，现将 2021 年北京市收费公路统计汇总结果公报如下。

一、收费公路总体情况

（一）里程构成情况

2021 年末，北京市收费公路里程 995.7 千米，占北京市公路总里程 22 320 千米的 4.5%。

与上年末相比，北京市收费公路里程增加 3.2 千米。

（二）主线收费站分布

2021 年末，北京市收费公路共有主线收费站 19 个。

（三）建设投资情况

2021 年末，北京市收费公路累计建设投资总额 1 730.2 亿元，较上年末增加 19.3 亿元，增长 1.1%。其中，累计资本金投入 731.6 亿元，占比 42.3%；累计债务性资金投入 998.6 亿元，占比 57.7%。

（四）年末债务余额

2021 年末，北京市收费公路债务余额 862.1 亿元，比上年末净增加 13.4 亿元，增长 1.6%。其中，年末银行贷款余额 576.5 亿元，年末其他债务余额 285.6 亿元，占比分别为 66.9% 和 33.1%。

（五）收支情况

2021 年度，北京市收费公路通行费收入 84.6 亿元，比上年净增加 20.2 亿元（主要原因是 2020 年 2 月 17 日至 5 月 5 日，按照全国统一政策，疫情期间免收 79 天车辆通行费，造成 2020 年通行费收入较低）。

2021 年度，北京市收费公路支出总额 240.5 亿元，比上年净减少 10.2 亿元，下降 4.1%。2021 年度收费公路支出中，偿还债务本金支出 165.6 亿元，偿还债务利息支出 33.8 亿元，养护支出 11.4 亿元，公路及附属设施改扩建工程支出 2.2 亿元，运营管理支出 24.2 亿元和税费支出 3.3 亿元，占比分别为 68.9%、14.0%、4.8%、0.9%、10.0% 和 1.4%。

2021 年度，北京市收费公路通行费收支缺口 155.9 亿元，比上年净减少 30.4 亿元。

二、政府还贷公路情况

（一）里程构成情况

政府还贷公路 80.4 千米，占收费公路里程的 8.1%。

（二）建设投资情况

政府还贷公路累计建设投资总额 170.9 亿元。其中，累计资本金投入 87.7 亿元，资本

金比例51.3%；累计债务性资金投入83.2亿元，债务性资金比例48.7%。

（三）年末债务余额

政府还贷公路年末债务余额81.2亿元。

（四）收支情况

政府还贷公路通行费年收入4.8亿元。

政府还贷公路年支出总额14.3亿元。其中，偿还债务本金支出8.1亿元，偿还债务利息支出2.8亿元，养护支出1.1亿元，公路及附属设施改扩建工程支出0.1亿元，运营管理支出2.0亿元，税费支出0.2亿元，占比分别为56.9%、19.3%、7.5%、0.9%、14.3%和1.1%。

（五）收支平衡情况

2021年度，政府还贷公路通行费收支缺口9.4亿元。

三、经营性公路情况

（一）里程构成情况

经营性公路915.4千米，占收费公路里程的91.9%。

（二）建设投资情况

经营性公路累计建设投资总额1 559.3亿元。其中，累计资本金投入643.9亿元，资本金比例41.3%；累计债务性资金投入915.3亿元，债务性资金比例58.7%。

（三）年末债务余额

经营性公路年末债务余额781.0亿元。

（四）收支情况

经营性公路通行费年收入79.8亿元。

经营性公路年支出总额226.2亿元。其中，偿还债务本金支出157.5亿元，偿还债务利息支出31.0亿元，养护支出10.4亿元，公路及附属设施改扩建工程支出2.1亿元，运营管理支出22.2亿元，税费支出3.1亿元，占比分别为69.6%、13.7%、4.6%、0.9%、9.8%和1.4%。

（五）收支平衡情况

2021年度，经营性公路通行费收支缺口146.5亿元。

四、通行费减免情况

2021年度，北京市收费公路共减免车辆通行费7.6亿元，比上年减少16.8亿元（主要原因是2020年2月17日至5月5日，按照全国统一政策，疫情期间免收79天车辆通行费，造成2020年通行费免收金额较高）。其中，鲜活农产品运输"绿色通道"减免1.3亿元，重大节假日小型客车免费通行减免4.6亿元，其他政策性减免1.8亿元，占比分别为16.8%、60.0%和23.2%。

本章小结

表 3-1 公路法律制度小结

名 称	主要内容	重 点
概述	公路的含义、公路的分类、公路的发展原则	公路的分类
公路规划的法律制度	公路规划的含义、公路规划的基本原则、公路规划目标、公路规划的方案、公路规划的实施要求、公路规划的保障措施	公路规划的基本原则
公路建设的法律制度	公路建设管理机构、公路建设监督管理部门的职责、公路建设资金来源、公路建设程序、公路建设制度、公路建设用地、公路标志标线的设置	公路建设管理机构及其监督管理职责
公路养护的法律制度	公路养护的概念、公路养护的目的及基本任务、公路养路费用的征收、公路养护的要求、桥梁和涵洞的养护、公路养护作业	公路养护的目的及基本任务
路政管理的法律制度	路政管理的概念、路政管理的职责、路政管理中的禁止性行为、路政管理许可事项	路政管理的职责及禁止性行为
收费公路及其法律制度	收费公路的概念、收费公路的类型、收费公路的收费原则、收费公路的设置、收费期限及标准、收费公路的经营管理、收费终止	收费公路的收费原则及经营管理

思考题

在某公路上一货车超车时因处置不当，撞上中间隔离护栏，造成两块护栏和一根立柱损坏。该车驾驶员下车后发现并未影响其正常驾驶，便自行驶离。后经途经此处的驾驶人员举报，执法人员在前方截获该车。

请问：该车违反了什么规定？应如何处理？为什么？

课堂集训

一、单项选择题

1. 公路受国家保护，任何单位和个人不得破坏、损坏或者非法占用（   ）。
   A. 公路及公路边沟
   B. 公路、公路用地及公路附属设施
   C. 公路、公路用地
   D. 公路、公路用地及公路边沟

2. 设置车辆通行费的收费站，应当报经（   ）级人民政府审查批准。
   A. 县
   B. 市
   C. 省、自治区、直辖市
   D. 随意

3. 在公路建设中，应当按照项目管理隶属关系将施工图设计文件报交通主管部门审批的是（   ）。
   A. 公路施工单位
   B. 公路监理单位

C. 公路建设项目法人   D. 公路监督单位

4. 违法事实确凿并有法定依据，对公民处以 50 元以下，对法人或其他组织处以 1 000 元以下罚款或警告的行政处罚的适用行政处罚的（   ）。

    A. 简易程序   B. 普通程序   C. 一般程序   D. 以上均可

5. 行政许可不齐全或者不符合法定形式的，应当（   ）告知申请人需要补正的内容。

    A. 5 日内   B. 当场

    C. 当场或 5 日内一次性   D. 5 日内一次性

二、多项选择题

1. 公路按其行政等级可分为（   ）。

    A. 国道   B. 省道   C. 县道   D. 乡道

2. 按照国家有关规定，公路建设实行（   ）。

    A. 法人负责制度   B. 招投标制度   C. 工程监理制度   D. 合同管理制度

3. 因工程建设需要占用、挖掘公路或者使公路改线的，建设单位应做到（   ）。

    A. 事先征得有关交通主管部门同意

    B. 征得建设工程所在地乡镇政府同意

    C. 影响交通安全的，还须征得有关公安机关同意

    D. 按照不低于该段公路原有的技术标准予以修复、改建或者给予相应的经济补偿

4. 收费公路经营管理者的禁止性行为包括（   ）。

    A. 擅自提高车辆通行费收费标准

    B. 在车辆通行费收费标准之外加收或者代收任何其他费用

    C. 强行收取或者以其他不正当手段按车辆收取某一期间的车辆通行费

    D. 不开具收费票据，或者开具已经过期的收费票据

5. 公路规划的基本原则包括（   ）。

    A. 布局合理   B. 结构优化

    C. 衔接顺畅   D. 规模适当和绿色发展

三、名词解释

1. 公路   2. 公路规划   3. 公路养护   4. 路政管理

四、简答题

1. 简述公路发展的基本原则。

2. 简述县级以上地方人民政府交通主管部门的路政管理职责。

3. 简述公路建设资金的来源。

课堂集训答案

一、单项选择题

1. C   2. C   3. C   4. A   5. C

二、多项选择题

1. ABCD   2. ABCD   3. ACD   4. ABCD   5. ABCD

三、名词解释（略）

四、简答题（略）

第4章　道路运输条例

【职业能力目标与学习要求】

　　通过学习本章内容，学生了解道路运输法律制度，理解道路运输相关业务，掌握道路运输经营法律制度，熟悉道路运输法律责任，根据相关法律制度解决相应案例。

思政目标

　　通过学习本章内容，学生要理解道路运输的基本原则，明确在道路运输管理过程中要做到公平、公正、公开，充分践行社会主义核心价值观。

思政小课堂

　　"得黄金百斤，不如得季布一诺。"

——司马迁《史记·季布栾布列传》

　　党的二十大报告指出，我们要实施公民道德建设工程，弘扬中华传统美德，加强家庭家教家风建设……在全社会弘扬劳动精神、奋斗精神、奉献精神、创造精神、勤俭节约精神，培育时代新风新貌。弘扬诚信文化，健全诚信建设长效机制。发挥党和国家功勋荣誉表彰的精神引领、典型示范作用，推动全社会见贤思齐、崇尚英雄、争做先锋。所以我们在日常的学习和生活中，要讲诚信、讲信誉，树立良好的个人形象。

导入案例

张×、崔×运输合同纠纷一审民事判决书

（2023）浙 0114 民初 3975 号

　　原告：张×，男，1989 年 11 月 27 日出生，汉族，住安徽省蚌埠市怀远县。

　　委托诉讼代理人：徐×，上海××（杭州）律师事务所律师。

　　被告：崔×，男，1987 年 3 月 31 日出生，汉族，住江苏省邳州市。

　　原告张×与被告崔×运输合同纠纷一案，本院于 2023 年 7 月 24 日立案后，依法适用小额诉讼程序，公开开庭进行了审理。原告张×及其委托诉讼代理人徐×到庭参加诉讼，被告崔×

经传票传唤无正当理由拒不到庭参加诉讼。本案现已审理终结。

原告张×向本院提出诉讼请求（变更后）：1. 被告支付原告运输费用 21 160 元，并支付逾期利息（以 21 160 元为基数，自 2022 年 8 月 14 日起至款项付清之日止，按照同期一年期贷款市场报价利率计算）；2. 本案诉讼费用由被告负担。事实和理由：原、被告经协商，原告以自有的车辆为被告运输货物，从杭州和达物流园运输至嘉兴各门店，按照 5 元/千米和 40 元/门店计算运输费用。在 2022 年 7 月 6 日至 2022 年 8 月 13 日期间，原告为被告运输货物 20 趟，每趟运输费用为 1 300 元，合计 26 000 元。按约定，应由原告承担 9% 的税费，故被告应支付原告 23 660 元，扣除被告已支付原告的现金 500 元及油卡 2 000 元，被告还应支付原告 21 160 元。

被告崔×未作答辩。

本院认为，原、被告之间系运输合同关系。原告已完成被告指定的运输任务，被告应及时支付原告运输费用。被告逾期未支付，应承担违约责任。原告要求被告支付运输费用 21 160 元的请求，符合法律规定和双方约定，本院予以支持。关于原告主张的逾期付款损失，可自原告提交起诉材料之日即 2023 年 4 月 4 日起按照同期一年期贷款市场报价利率计算。被告经传票传唤，无正当理由拒不到庭，依法予以缺席判决。

依照《中华人民共和国民法典》第五百七十七条、第五百七十九条、第五百八十三条、第八百一十三条、《中华人民共和国民事诉讼法》第一百四十七条、第一百六十五条规定，判决如下：

一、被告崔×于本判决生效之日起五日内支付原告张×运输费用 21 160 元，并支付逾期付款损失（以 21 160 元为基数，自 2023 年 4 月 4 日起至款项付清之日止，按照同期一年期贷款市场报价利率计算）；

二、驳回原告张×的其他诉讼请求。

如果未按本判决指定的期间履行给付金钱义务，应当依照《中华人民共和国民事诉讼法》第二百六十条之规定，加倍支付迟延履行期间的债务利息。

案件受理费 82 元，由被告崔×负担。原告张×于本判决书生效之日起十五日内向本院申请退费。被告崔×于本判决书生效之日起七日内，向本院交纳应负担的诉讼费。

本判决为终审判决。

审判员　许××

二〇二三年九月二十日

书记员　柯××

4.1　概　　述

4.1.1　道路运输的概念

《中华人民共和国道路运输条例》是我国第一部规范道路运输经营和管理行为的行政法规。其中，道路运输是指在道路上通过交通运载工具运送旅客或者货物的活动。

4.1.2　道路运输的分类

1. 经营性道路运输和非经营性道路运输

道路运输活动根据是否以营利为目的可以分为经营性道路运输和非经营性道路运输。

经营性道路运输，也就是道路运输经营，主要指为社会提供服务、发生费用结算或者获取报酬的道路运输。经营性道路运输有各种结算方式，除运费单独结算这种方式外，还包括运费、装卸费与货价并计，运费、装卸费与工程造价并计，运费与劳务费、承包费并计等结算方式。

非经营性道路运输，是指为本人生产、生活服务，不发生费用结算或者不收取报酬的道路运输。

2. 道路旅客运输和道路货物运输

根据运送对象的不同，道路运输可以分为道路旅客运输和道路货物运输。道路旅客运输（又称道路客运经营），是指以旅客为运送对象的道路运输。道路客运经营，通常可以分为道路班车客运、旅游客运、包车客运和出租汽车客运四种类型。

道路货物运输（又称道路货运经营），是指以货物为运送对象的道路运输。道路货运的经营业务通常可以分为普通货物运输、零担货物运输、大件货物运输、集装箱运输、冷藏货物运输、危险货物运输和搬家运输 7 种类型。

4.1.3　道路运输相关业务

道路运输相关业务，是指与道路运输密切联系的有关业务，也就是通常所说的道路运输辅助性服务，以及机动车维修、机动车驾驶员培训等业务。其中，道路运输辅助性服务又包括道路运输站（场）经营、货物仓储、货物装卸、客货运代理、运输车辆租赁等。

4.2　道路运输经营

4.2.1　道路运输经营概述

道路运输经营包括道路旅客运输经营（以下简称"道路客运经营"）和道路货物运输经营（以下简称"道路货运经营"）；道路运输相关业务包括站（场）经营、机动车维修经营、机动车驾驶员培训。

1. 道路客运经营

道路客运经营，是指用客车运送旅客，为社会公众提供服务，具有商业性质的道路客运活动，包括班车（加班车）客运、包车客运、旅游客运。

1）班车客运

班车客运是指客车在城乡道路上按照固定的线路、时间、站点、班次运行的一种客运方式。加班车客运是班车客运的一种补充形式，是在客运班车不能满足需要或者无法正常运营时，临时增加或者调配客车按客运班车的线路、站点运行的方式。

2）包车客运

包车客运是指以运送团体旅客为目的，将客车包租给用户安排使用，提供驾驶劳务，按照约定的起始地、目的地和路线行驶，由包车用户统一支付费用的一种客运方式。

3）旅游客运

旅游客运是指以运送旅游观光的旅客为目的，在旅游景区内运营或者其线路至少有一端在旅游景区（点）的一种客运方式。

2. 道路货运经营

1）定义

道路货运经营是指为社会提供公共服务、具有商业性质的道路货物运输活动。

2）特点

（1）适应性强

货运汽车种类繁多，各自具有不同的性能和适用范围，不仅能够很好地承担其他各种运输方式所不能承担或不能很好承担的一些货运任务，还可实现"门到门"的运输。

（2）机动灵活

货运汽车单位载质量相对小，因而在货物运输中可以承担批量较小的货运任务，又能通过集结车辆承担批量较大的货运任务，并能实现较高的运输效率和经济效益。

（3）快速直达

道路运输比铁路、水路运输环节少，易于组织直达运输。近年来，随着我国高等级道路建设的迅猛发展，在一定运距范围内，道路货运快速送达的优点十分突出。

（4）方便

汽车运输具有适应性强、机动灵活、快速运达等特点，使得货物承运既可以在固定的站场、港口、码头装卸，又可以在街头巷尾、农贸市场、乡镇村庄等处就地装卸，实现"门到门"直达运输。因而汽车运输在很多情况下比其他运输方式更为方便，能更好地满足用户需要。

（5）经济

从各种运输方式的始建投资效果看，道路修建比铁路运输和航空运输投资少，周期较短；从各种运输方式的运送效果看，由于公路网密度大，加上道路运输适应性强，机动灵活，为汽车货运选择最佳线路提供了便利条件，因而可以在一定的经济区域内相应地缩短货物运输距离，降低商品周转费用，加速资金流动，增加货物流动的时间价值，并相应节约运力和能源，获得良好的社会效益和经济效益。

4.2.2　道路运输经营基本要求

1. 应当依法从事相关业务经营

经营者主体资格应当合法。从事道路旅客运输、道路货物运输的经营者要有符合国家规定条件的车辆和驾驶员，要有严格的安全管理制度。从事旅客班线经营的，还要有明确的线路和站点方案。符合上述条件，经过有关的道路运输管理机构审批后，经营者取得经营许可后方可开展经营活动。从事站（场）经营、机动车维修经营、机动车驾驶员培训等道路运输相关业务经营活动的，也要符合条件，经过审批，取得经营许可后，才能从事相关的经营活动。

道路运输经营及道路运输相关业务的经营者取得经营许可后，应当严格按照法定的条件和条例规定的经营行为规范开展经营活动。为旅客、货主提供安全、卫生的服务，不得强迫旅客乘车，不得甩客、欺诈旅客，不得擅自更换运输车辆，不得超载运输。道路运输站（场）经营者应当合理安排客运班次，为旅客和货主提供安全、便捷、优质的服务，要采取措施防止超过载运限额和未经安全检查的车辆出站，要按照车辆核定载客限额售票，防止携带危险品的人员进站乘车。机动车维修经营者应当公布机动车维修工时定额和收费标准，合理收取费用并实行质量保证期制度。驾驶员培训机构应当确保培训质量。

2. 应当遵守诚实信用原则

所谓诚实信用，是指道路运输经营及道路运输有关业务经营者从事道路运输经营及道路运输相关业务的，对待旅客、货主应保持善意、诚实，恪守信用。

3. 应当公平竞争

公平竞争主要是要求道路运输经营及道路运输相关业务的经营者应当依照同一规则行事，并通过提高服务水平和管理水平等正当手段进行竞争，不得通过暴力或者其他强制手段限制其他经营者经营，不得垄断客源、货源，不得采取诋毁或者低价倾销的方式进行竞争。

4.2.3　道路运输管理原则

1. 应当公平、公正

公平、公正原则要求行政机关在履行职责、行使权力时，不仅在实体和程序上都要合法，而且要合乎常理。实施行政许可，进行监督检查、行政处罚应遵循公平、公正原则，要求平等地对待所有个人和组织，禁止搞身份上的不平等。在设定行政许可时，不能对个人和组织因为地位（规模）、经济条件、地区不同而规定不同的条件；在实施行政许可时，不能对符合法定条件或者标准的个人和组织实行歧视待遇，尤其是根据招标投标、拍卖或者统一教育决定行政许可。在实施监督检查时，道路运输管理机构的工作人员应当严格按照职责权限和程序进行监督检查，不得乱设卡、乱收费、乱罚款。在实施处罚时，要严格按照法定的程序，根据当事人违法行为的性质、情节和造成的后果，给予适当的处罚，不得滥用职权或者徇私舞弊。

2. 应当公开

在道路运输管理过程中，凡是有关道路运输许可的规定都必须公布，未经公布的，不得作为实施行政许可的依据。实施道路运输行政许可和对道路运输违法活动实施处罚时，遵循公开原则的基本要求：一是实施的主体要公开，谁有权实施哪些行政许可和行政处罚，应当让公众周知；二是实施的条件应该是规范的、明确的、公开的，不允许在行政许可和行政处罚的实施条件上搞"模糊战术"；三是行政许可实施的程序，包括申请、受理、审查、听证、决定、检查等都应当是具体、明确和公开的；四是行政许可的实施期限是公开的；五是行政许可决定和行政处罚的结果，应当予以公开，公众有权查阅（涉及国家秘密、商业秘密和个人隐私的情况除外）。

3. 应当便民

所谓便民，就是在道路运输管理过程中管理机构应当采取措施为公民、法人和其他组织提供能够廉价、便捷、迅速地了解道路运输管理中的有关情况，为当事人申请并获得道路运输经营许可或者开展道路运输活动提供必要的方便条件。

4.2.4　道路旅客运输

1. 道路旅客运输的经营条件

申请从事客运经营应当具备的条件：① 有与其经营业务相适应并经检测合格的客车；② 有符合规定条件的驾驶员；③ 有健全的安全生产管理制度。

申请从事客运经营的，这 3 项条件必须同时具备，缺一不可。只有完全具备这些条件的，经道路运输管理机构批准后，方可从事客运经营。这样，才能保障道路旅客运输安全，促进道路客运的健康发展。

申请从事班线客运经营的，还应当有明确的线路和站点方案。

从事客运经营的驾驶员应当符合的条件：① 取得相应的机动车驾驶证 1 年以上；② 年龄不超过 60 周岁；③ 3 年内无重大以上交通责任事故；④ 掌握相关道路旅客运输法规、机动车维修和旅客急救基本知识；⑤ 经考试合格，取得相应的从业资格证件。

从事客运经营的驾驶员，这 5 项条件必须同时具备，缺一不可。只有从事客运经营的驾驶员完全具备这些条件的，才能成为驾驶客运经营车辆的驾驶员；也只有从事客运经营的驾驶员完全具备这些条件的，经道路运输管理机构批准后，方可从事客运经营。

2. 申请从事客运经营的程序

1）提出申请

申请从事客运经营的，应当依法向市场监督管理部门办理有关登记手续后，向下列机构提出申请并提交符合规定条件的相关材料。

① 从事县级行政区域内和毗邻县行政区域间客运经营的，向县级人民政府交通运输主管部门提出申请；

② 从事省际、市际、县际（除毗邻县行政区域间外）客运经营的，向所在地设区的市级人民政府交通运输主管部门提出申请；

③ 在直辖市申请从事客运经营的，向所在地直辖市人民政府确定的交通运输主管部门提出申请。

2）审查与决定

收到申请的交通运输主管部门，应当自受理申请之日起 20 日内审查完毕，作出许可或者不予许可的决定。予以许可的，向申请人颁发道路运输经营许可证，并向申请人投入运输的车辆配发车辆营运证；不予许可的，应当书面通知申请人并说明理由。

对从事省际和市际客运经营的申请，收到申请的交通运输主管部门依照规定颁发道路运输经营许可证前，应当与运输线路目的地的相应交通运输主管部门协商，协商不成的，应当按程序报省、自治区、直辖市人民政府交通运输主管部门协商决定。对从事设区的市内毗邻县客运经营的申请，有关交通运输主管部门应当进行协商，协商不成的，报所在地市级人民政府交通运输主管部门决定。

3）客运班线的经营期限

客运班线的经营期限为 4 年到 8 年。经营期限届满需要延续客运班线经营许可的，应当重新提出申请。

客运经营者需要终止客运经营的，应当在终止前 30 日内告知原许可机关。

3. 客运经营者的义务

① 客运经营者应当为旅客提供良好的乘车环境，保持车辆清洁、卫生，并采取必要的措施防止在运输过程中发生侵害旅客人身、财产安全的违法行为。

② 班线客运经营者取得道路运输经营许可证后，应当向公众连续提供运输服务，不得擅自暂停、终止或者转让班线运输。

③ 从事包车客运的，应当按照约定的起始地、目的地和线路运输。

④ 从事旅游客运的，应当在旅游区域按照旅游线路运输。

⑤ 客运经营者不得强迫旅客乘车，不得甩客、敲诈旅客；不得擅自更换运输车辆。

旅客应当持有效客票乘车，遵守乘车秩序，讲究文明卫生，不得携带国家规定的危险物品及其他禁止携带的物品乘车。

4.2.5　道路货物运输

1. 申请从事货运经营应当具备的条件

① 有与其经营业务相适应并经检测合格的运输车辆；

② 有符合规定条件的驾驶员；

③ 有健全的安全生产管理制度，包括安全生产责任制度、安全生产业务操作规程、安全生产监督检查制度、驾驶员和车辆安全生产管理制度等。

2. 申请从事货运经营的驾驶员应当符合的条件

① 取得与驾驶车辆相应的机动车驾驶证；

② 年龄不超过 60 周岁；

③ 经设区的市级交通运输主管部门对有关道路货物运输法规、机动车维修和货物及装载保管基本知识考试合格，并取得从业资格证（使用总质量 4 500 千克及以下普通货运车辆的驾驶员除外）。

3. 申请从事货运经营的程序

1）提出申请

申请从事道路货物运输经营的，应当依法向市场监督管理部门办理有关登记手续后，向县级交通运输主管部门提出申请，并提供以下材料。

①《道路货物运输经营申请表》；

② 负责人身份证明，经办人的身份证明和委托书；

③ 机动车辆行驶证、车辆技术等级评定结论复印件；拟投入运输车辆的承诺书，承诺书应当包括车辆数量、类型、技术性能、投入时间等内容；

④ 聘用或者拟聘用驾驶员的机动车驾驶证、从业资格证及其复印件；

⑤ 安全生产管理制度文本；

⑥ 法律、法规规定的其他材料。

2）受理与决定

交通运输主管部门对道路货运经营申请予以受理的，应当自受理之日起 20 日内作出许可或者不予许可的决定。

交通运输主管部门对符合法定条件的道路货物运输经营申请作出准予行政许可决定的，应当出具《道路货物运输经营行政许可决定书》，明确许可事项。在 10 日内向被许可人颁发《道路运输经营许可证》，在《道路运输经营许可证》上注明经营范围。

对道路货物运输经营不予许可的，应当向申请人出具《不予交通行政许可决定书》。

4. 终止经营

道路货物运输和货运站经营者需要终止经营的，应当在终止经营之日 30 日前告知原许可或者备案的交通运输主管部门，并按照规定办理有关注销手续。

5. 货运经营者的义务

① 货运经营者不得运输法律、行政法规禁止运输的货物。

② 法律、行政法规规定必须办理有关手续后方可运输的货物，货运经营者应当查验有关手续。

③ 货运经营者应当采取必要措施，防止货物脱落、扬撒等。

④ 运输危险货物应当采取必要措施，防止危险货物燃烧、爆炸、辐射、泄漏等。

⑤ 运输危险货物应当配备必要的押运人员，保证危险货物处于押运人员的监管之下，并悬挂明显的危险货物运输标志。

4.3　道路运输相关业务

4.3.1　道路运输相关业务的概念

道路运输相关业务是指与道路运输密切相关的业务，也就是通常所说的道路运输辅助性服务，以及机动车维修、机动车综合性能检测、机动车驾驶员培训等业务。其中，道路运输辅助性服务又包括道路运输站（场）经营、货物仓储、货物装卸、客货运代理、运输车辆租赁等。

道路运输站（场）经营是指为社会提供有偿的站（场）服务的活动。道路运输站（场）是指为车辆进出、停靠，旅客上下，货物装卸、储存、保管等提供服务的设施和场所。道路运输站（场）包括汽车客运站、汽车零担货运站、集装箱公路中转站。

机动车维修经营是指经营以维护和恢复机动车技术状况和正常功能、延长机动车使用寿命为作业任务所进行的维护和修理。机动车维修分为机动车维护、机动车修理。机动车修理又分为机动车总成修理、机动车整体修理、机动车零部件修理。

机动车驾驶员培训是指为使机动车驾驶员熟练掌握驾驶机动车所需要的有关知识和技能，按照国家有关规定进行的专门培训。机动车驾驶培训包括汽车、拖拉机及其他机动车的驾驶培训。

4.3.2　机动车维修经营

1. 机动车维修经营的概念

机动车维修经营，是指以维持或者恢复机动车技术状况和正常功能，延长机动车使用寿命为作业任务所进行的维护、修理以及维修救援等相关经营活动。

1）机动车维修经营业务分类

根据维修对象可以将机动车维修经营业务分为汽车维修经营业务、危险货物运输车辆维修经营业务、摩托车维修经营业务和其他机动车维修经营业务 4 类。

2）汽车维修经营业务、其他机动车维修经营业务分类

根据经营项目和服务能力可以将汽车维修经营业务、其他机动车维修经营业务分为一类维修经营业务、二类维修经营业务和三类维修经营业务。一类、二类汽车维修经营业务或者其他机动车维修经营业务，可以从事相应车型的整车修理、总成修理、整车维护、小修、维修救援、专项修理和维修竣工检验工作；三类汽车维修经营业务（含汽车综合小修）、三类其他机动车维修经营业务，可以分别从事汽车综合小修或者发动机维修、车身维修、电气系统维修、自动变速器维修、轮胎动平衡及修补、四轮定位检测调整、汽车润滑与养护、喷油泵和喷油器维修、曲轴修磨、气缸镗磨、散热器维修、空调维修、汽车美容装潢、汽车玻璃安装及修复等汽车专项维修工作。

危险货物运输车辆维修经营业务，除可以从事危险货物运输车辆维修经营业务外，还可以从事一类汽车维修经营业务。

3）摩托车维修经营业务分类

根据经营项目和服务能力可以将摩托车维修经营业务分为一类维修经营业务和二类维修经营业务。一类摩托车维修经营业务，可以从事摩托车整车修理、总成修理、整车维护、小修、专项修理和竣工检验工作；二类摩托车维修经营业务，可以从事摩托车维护、小修和专项修理工作。

2. 机动车维修经营的原则

1）依法经营

这里所说的"依法经营"，既要求经营者主体资格合法，取得相应的经营许可，还要求经营者取得经营许可证后，严格按照法定的市场规则，开展经营活动，即企业公布机动车维修工时定额和收费标准，合理收取费用；使用规定的结算票据，并向托修方交付维修结算清单；严格按照与机动车维修相关的国家、行业或者地方标准维修车辆；对机动车进行二级维护、总成修理、整车修理的，应当实施维修前诊断检验、维修过程检验和竣工质量检验制度；实行竣工出厂质量保证期制度。

2）诚实信用

诚实信用的基本要求是当事人在签订合同（协议）、约定民事权利义务时，意思表示真实，如实陈述情况，不能以坑害对方的方式谋取不正当利益；在履行合同时，应当严格按照合同约定的时间、地点、条件、数量、质量等事项，全面认真地履行义务。遇有特殊情况不能按期履行合同的，应当遵守法律规定，及时告知对方，签订补充合同，承担相应损失。机动车维修经营者明示企业标识，公布机动车维修工时定额和收费标准，正确使用结算票据和结算清单，按规定向道路运输管理机构报送统计资料，按照标准和规范维修车辆，建立采购配件登记制度，认真组织竣工质量检验，依法签发维修竣工出厂合格证，建立机动车维修档案，实施质量保证期制度；不擅自改装机动车，不承修报废机动车，不使用假冒伪劣配件维修机动车。

3）公平竞争

经营者应当公平竞争，通过自己的努力，提高服务水平和管理水平，取得市场优势，获得良好的经济效益。为此，任何单位和个人不得封锁或者垄断机动车维修市场，加速机动车服务网络建设。公平竞争的市场环境的形成，不仅要求经营者依法经营，还需要管理部门依法管理，不得滥用行政权力，限制其他经营者正当的经营活动，以维护市场

公平竞争。

3. 机动车维修经营管理机构

1）交通运输部主管全国机动车维修管理工作

交通运输部在机动车维修管理工作中担负着重要职责，负责起草制定全国的机动车维修方针政策、行政规章及其他规范性文件，规划机动车维修管理工作，协调机动车维修发展中的问题，领导落实国家关于机动车维修管理的各项规定。

2）县级以上地方人民政府交通运输主管部门负责组织领导本行政区域的机动车维修管理工作

地方人民政府交通运输主管部门在机动车维修管理工作中的职责，主要包括组织起草本地区的机动车维修方针政策，组织编制机动车维修发展规划，督促关于机动车维修的法律、法规、规章及有关方针政策的实施，综合协调机动车维修发展中的问题，指导、监督道路运输管理机构实施机动车维修管理，办理机动车维修复议案件等。

3）县级以上道路运输管理机构负责具体实施本行政区域内的机动车维修管理工作

县级以上道路运输管理机构在同级交通主管部门的组织领导下，具体实施机动车维修管理工作，这些具体管理工作包括实施行政许可、监督检查、行政处罚等。

4. 机动车维修经营许可

1）申请从事汽车维修经营业务或者从事其他机动车维修经营业务的条件

① 有与其经营业务相适应的维修车辆停车场和生产厂房。

② 有与其经营业务相适应的设备、设施。

③ 有必要的技术人员。

• 从事一类和二类维修业务的应当各配备至少1名技术负责人员、质量检验人员、业务接待人员以及从事机修、电器、钣金、涂漆的维修技术人员。

• 从事三类维修业务的，按照其经营项目分别配备相应的机修、电器、钣金、涂漆的维修技术人员；从事汽车综合小修、发动机维修、车身维修、电气系统维修、自动变速器维修的，还应当配备技术负责人员和质量检验人员。

④ 有健全的维修管理制度。包括质量管理制度、安全生产管理制度、车辆维修档案管理制度、人员培训制度、设备管理制度及配件管理制度。

2）申请从事危险货物运输车辆维修经营业务的条件

从事危险货物运输车辆维修的汽车维修经营者，除具备汽车维修经营一类维修经营业务的条件外，还应当具备下列条件。

① 有与其作业内容相适应的专用维修车间和设备、设施，并设置明显的指示性标志。

② 有完善的突发事件应急预案，应急预案包括报告程序、应急指挥，以及处置措施等内容。

③ 有相应的安全管理人员。

④ 有齐全的安全操作规程。

危险货物运输车辆维修是指对运输具有易燃、易爆、腐蚀性、放射性、剧毒性等性质货物的机动车的维修，不包含对危险货物运输车辆罐体的维修。

3）申请从事机动车维修经营应提交的材料

从事机动车维修经营的，应当向所在地的县级道路运输管理机构进行备案，提交《机动车维修经营备案表》，并附送符合规定条件的下列材料，保证材料真实完整。

① 维修经营者的营业执照复印件；

② 经营场地（含生产厂房和业务接待室）、停车场面积材料、土地使用权及产权证明等相关材料；

③ 技术人员汇总表，以及各相关人员的学历、技术职称或职业资格证明等相关材料；

④ 维修设备设施汇总表，维修检测设备及计量设备检定合格证明等相关材料；

⑤ 维修管理制度等相关材料；

⑥ 环境保护措施等相关材料。

5. 机动车维修经营者的义务

① 机动车维修经营者应当按照备案的经营范围开展维修服务。

② 机动车维修经营者应当将《机动车维修标志牌》悬挂在经营场所的醒目位置。

③ 机动车维修经营者不得擅自改装机动车，不得承修已报废的机动车，不得利用配件拼装机动车。

托修方要改变机动车车身颜色，更换发动机、车身和车架的，应当按照有关法律、法规的规定办理相关手续，机动车维修经营者在查看相关手续后方可承修。

④ 机动车维修经营者应当加强对从业人员的安全教育和职业道德教育，确保安全生产。机动车维修从业人员应当执行机动车维修安全生产操作规程，不得违章作业。

⑤ 机动车维修产生的废弃物，应当按照国家的有关规定进行处理。

⑥ 机动车维修经营者应当公布机动车维修工时定额和收费标准，合理收取费用。

⑦ 机动车维修经营者应当使用规定的结算票据，并向托修方交付维修结算清单，作为托修方追责依据。维修结算清单中，工时费与材料费应当分项计算。维修结算清单应当符合交通运输部有关标准要求，维修结算清单内容应包括托修方信息、承修方信息、维修费用明细单等。

机动车维修经营者不出具规定的结算票据和结算清单的，托修方有权拒绝支付费用。

⑧ 机动车维修经营者应当按照规定，向道路运输管理机构报送统计资料。

⑨ 机动车维修连锁经营企业总部应当按照统一采购、统一配送、统一标识、统一经营方针、统一服务规范和价格的要求，建立连锁经营的作业标准和管理手册，加强对连锁经营服务网点经营行为的监管和约束，杜绝不规范的商业行为。

4.3.3　机动车驾驶员培训

1. 机动车驾驶员培训的概念

机动车驾驶员培训业务是指以培训学员的机动车驾驶能力或者以培训道路运输驾驶员的从业能力为教学任务，为社会公众有偿提供驾驶培训服务的活动，包括对初学机动车驾驶员、增加准驾车型的驾驶员和道路运输驾驶员所进行的驾驶培训、继续教育，以及机动车驾驶员培训教练场经营等业务。

2. 机动车驾驶员培训管理机构

1）交通运输部主管全国机动车驾驶员培训管理工作

交通运输部在机动车驾驶员培训管理工作中担负着重要职责，负责起草制定全国机动车驾驶员培训方针政策、行政规章及其他规范性文件，规划机动车驾驶员培训管理工作，协调机动车驾驶员培训发展中的问题，领导落实国家关于机动车驾驶员培训管理的各项规定。

2）县级以上地方人民政府交通运输主管部门负责本行政区域的机动车驾驶员培训管理工作

地方人民政府交通主管部门在机动车驾驶员培训管理工作中的职责，主要包括组织起草本地区的机动车驾驶员培训方针政策，组织编制机动车驾驶员培训发展规划，督促关于机动车驾驶员培训的法律、法规、规章及有关方针政策的实施，综合协调机动车驾驶员培训发展中的问题，指导、监督道路运输管理机构实施机动车驾驶员培训管理，办理机动车驾驶员培训复议案件等。

3. 机动车驾驶员培训经营备案

1）机动车驾驶员培训业务分类

机动车驾驶员培训业务根据经营项目分为普通机动车驾驶员培训、道路运输驾驶员从业资格培训、机动车驾驶员培训教练场经营三类。

普通机动车驾驶员培训根据培训能力分为一级普通机动车驾驶员培训、二级普通机动车驾驶员培训和三级普通机动车驾驶员培训三类。从事三类（含三类）以上车型普通机动车驾驶员培训业务的，备案为一级普通机动车驾驶员培训；从事两类车型普通机动车驾驶员培训业务的，备案为二级普通机动车驾驶员培训；只从事一类车型普通机动车驾驶员培训业务的，备案为三级普通机动车驾驶员培训。

道路运输驾驶员从业资格培训根据培训内容分为道路客货运输驾驶员从业资格培训和危险货物运输驾驶员从业资格培训两类。从事经营性道路旅客运输驾驶员、经营性道路货物运输驾驶员从业资格培训业务的，备案为道路客货运输驾驶员从业资格培训；从事道路危险货物运输驾驶员从业资格培训业务的，备案为危险货物运输驾驶员从业资格培训。

从事机动车驾驶员培训教练场经营业务的，备案为机动车驾驶员培训教练场经营。

2）备案从事普通机动车驾驶员培训业务的条件

（1）取得企业法人资格

备案从事普通机动车驾驶员培训业务必须取得法人资格。

（2）有健全的组织机构

健全的组织机构包括教学、教练员、学员、质量、安全、结业考核和设施设备管理等组织机构，并明确负责人、管理人员、教练员和其他人员的岗位职责。

（3）有健全的管理制度

健全的管理制度包括安全管理制度、教练员管理制度、学员管理制度、培训质量管理制度、结业考核制度、教学车辆管理制度、教学设施设备管理制度、教练场地管理制度、档案管理制度等。

（4）有与培训业务相适应的教学人员

① 有与培训业务相适应的理论教练员。机动车驾驶员培训机构聘用的理论教练员应当具备以下条件：持有机动车驾驶证，具有汽车及相关专业中专以上学历或者汽车及相关专业中级以上技术职称，具有 2 年以上安全驾驶经历，掌握道路交通安全法规、驾驶理论、机动车构造、交通安全心理学、常用伤员急救等安全驾驶知识，了解车辆环保和节约能源的有关知识，了解教育学、教育心理学的基本教学知识，具备编写教案、规范讲解的授课能力。

② 有与培训业务相适应的驾驶操作教练员。机动车驾驶员培训机构聘用的驾驶操作教练员应当具备以下条件：持有相应的机动车驾驶证，年龄不超过 60 周岁，符合一定的安全驾驶经历和相应车型驾驶经历，熟悉道路交通安全法规、驾驶理论、机动车构造、交通安全心理学和应急驾驶的基本知识，了解车辆维护和常见故障诊断等有关知识，具备驾驶要领讲解、驾驶动作示范、指导驾驶的教学能力。

③ 所配备的理论教练员数量要求及每种车型所配备的驾驶操作教练员数量要求应当按照有关国家标准执行。

（5）有与培训业务相适应的管理人员

管理人员包括理论教学负责人、驾驶操作训练负责人、教学车辆管理人员、结业考核人员和计算机管理人员等。

（6）有必要的教学车辆

① 所配备的教学车辆应当符合国家有关技术标准要求，并装有副后视镜、副制动踏板、灭火器及其他安全防护装置。

② 从事一级普通机动车驾驶员培训的，所配备的教学车辆不少于 80 辆；从事二级普通机动车驾驶员培训的，所配备的教学车辆不少于 40 辆；从事三级普通机动车驾驶员培训的，所配备的教学车辆不少于 20 辆。

（7）有必要的教学设施、设备和场地

租用教练场地的，还应当持有书面租赁合同和出租方土地使用证明，租赁期限不得少于 3 年。

3）备案从事道路运输驾驶员从业资格培训业务的条件

（1）取得企业法人资格

备案从事道路运输驾驶员从业资格培训业务必须取得法人资格。

（2）有健全的组织机构

健全的组织机构包括教学、教练员、学员、质量、安全和设施设备管理等组织机构，并明确负责人、管理人员、教练员和其他人员的岗位职责。

（3）有健全的管理制度

健全的管理制度包括安全管理制度、教练员管理制度、学员管理制度、培训质量管理制度、教学车辆管理制度、教学设施设备管理制度、教练场地管理制度、档案管理制度等。

（4）有与培训业务相适应的教学车辆

① 从事道路客货运输驾驶员从业资格培训业务的，应当同时具备大型客车、城市公交车、中型客车、小型汽车、小型自动挡汽车等五种车型中至少一种车型的教学车辆和重型牵引挂车、大型货车等两种车型中至少一种车型的教学车辆。

② 从事危险货物运输驾驶员从业资格培训业务的，应当具备重型牵引挂车、大型货车等两种车型中至少一种车型的教学车辆。

③ 所配备的教学车辆不少于 5 辆，且每种车型教学车辆不少于 2 辆。

（5）有与培训业务相适应的教学人员

① 从事道路客货运输驾驶员从业资格理论知识培训的，教练员应当持有机动车驾驶证，具有汽车及相关专业大专以上学历或者汽车及相关专业高级以上技术职称，具有 2 年以上安全驾驶经历，熟悉道路交通安全法规、驾驶理论、旅客运输法规、货物运输法规以及机动车

维修、货物装卸保管和旅客急救等相关知识，了解教育学、教育心理学的基本教学知识，具备编写教案、规范讲解的授课能力，具有 2 年以上从事普通机动车驾驶员培训的教学经历，且近 2 年无不良的教学记录。从事应用能力教学的，还应当具有相应车型的驾驶经历，熟悉机动车安全检视、伤员急救、危险源辨识与防御性驾驶以及节能驾驶的相关知识，具备相应的教学能力。

② 从事危险货物运输驾驶员从业资格理论知识培训的，教练员应当持有机动车驾驶证，具有化工及相关专业大专以上学历或者化工及相关专业高级以上技术职称，具有 2 年以上安全驾驶经历，熟悉道路交通安全法规、驾驶理论、危险货物运输法规、危险化学品特性、包装容器使用方法、职业安全防护和应急救援等知识，具备相应的授课能力，具有 2 年以上化工及相关专业的教学经历，且近 2 年无不良的教学记录。从事应用能力教学的，还应当具有相应车型的驾驶经历，熟悉机动车安全检视、伤员急救、危险源辨识与防御性驾驶以及节能驾驶的相关知识，具备相应的教学能力。

③ 所配备教练员的数量应不低于教学车辆的数量。

（6）有必要的教学设施、设备和场地

① 配备相应车型的教练场地，机动车构造、机动车维护、常见故障诊断和排除、货物装卸保管、医学救护、消防器材等教学设施、设备和专用场地。

② 从事危险货物运输驾驶员从业资格培训业务的，还应当同时配备常见危险化学品样本、包装容器、教学挂图、危险化学品实验室等设施、设备和专用场地。

4）备案从事机动车驾驶员培训教练场经营业务的条件

① 取得企业法人资格。

② 有与经营业务相适应的教练场地。

③ 有与经营业务相适应的场地设施、设备，办公、教学、生活设施以及维护服务设施。

④ 具备相应的安全条件。包括场地封闭设施、训练区隔离设施、安全通道以及消防设施、设备等。

⑤ 有相应的管理人员。包括教练场安全负责人、档案管理人员以及场地设施、设备管理人员。

⑥ 有健全的安全管理制度。包括安全检查制度、安全责任制度、教学车辆安全管理制度以及突发事件应急预案等。

5）备案从事机动车驾驶员培训业务提交的材料

从事机动车驾驶员培训业务的，应当依法向市场监督管理部门办理有关登记手续后，最迟不晚于开始经营活动的 15 日内，向所在地县级交通运输主管部门办理备案，并提交以下材料，保证材料真实、完整、有效。

① 《机动车驾驶员培训备案表》；

② 企业法定代表人身份证明；

③ 经营场所使用权证明或者产权证明；

④ 教练场地使用权证明或者产权证明；

⑤ 教练场地技术条件说明；

⑥ 教学车辆技术条件、车型及数量证明（从事机动车驾驶员培训教练场经营的无须提交）；

⑦ 教学车辆购置证明（从事机动车驾驶员培训教练场经营的无须提交）；

⑧ 机构设置、岗位职责和管理制度材料；

⑨ 各类设施、设备清单；

⑩ 拟聘用人员名册、职称证明；

⑪ 营业执照；

⑫ 学时收费标准。

从事普通机动车驾驶员培训业务的，在提交备案材料时，应当同时提供由公安机关交通管理部门出具的相关人员安全驾驶经历证明，安全驾驶经历的起算时间自备案材料提交之日起倒计。

4.4　国际道路运输

4.4.1　国际道路运输概述

国际道路运输包括国际道路旅客运输和国际道路货物运输。国际道路运输应当坚持平等互利、公平竞争、共同发展的原则。国际道路运输管理应当公平、公正、公开和便民。

交通运输部主管全国国际道路运输工作。省级人民政府交通运输主管部门，按照有关规定，负责组织领导本行政区域内的国际道路运输管理工作。

4.4.2　国际道路运输经营许可

1. 国际道路运输经营许可条件

① 已经取得国内道路运输经营许可证的企业法人。

② 从事国内道路运输经营满 3 年，且近 3 年内未发生重大以上道路交通责任事故。道路交通责任事故是指驾驶人员负同等或者以上责任的交通事故。

③ 驾驶人员和从事危险货物运输的装卸管理人员、押运员，应当符合《道路运输从业人员管理规定》的有关规定。

④ 拟投入国际道路运输经营的运输车辆技术要求应当符合《道路运输车辆技术管理规定》有关规定。

⑤ 有健全的安全生产管理制度。

2. 国际道路旅客运输经营许可提交的材料

拟从事国际道路旅客运输经营的，应当向所在地省级人民政府交通运输主管部门提出申请，并提交以下材料。

① 国际道路旅客运输经营许可申请表。

② 企业近 3 年内无重大以上道路交通责任事故证明或者承诺书。

③ 拟投入国际道路旅客运输经营的车辆的道路运输证和拟购置车辆承诺书，承诺书包括车辆数量、类型、技术性能、购车时间等内容。

④ 拟聘用驾驶员的机动车驾驶证、从业资格证。

⑤ 国际道路运输的安全管理制度：安全生产责任制度、安全生产业务操作规程、安全

生产监督检查制度、驾驶员和车辆安全生产管理制度、道路运输应急预案等。

从事定期国际道路旅客运输的，还应当提交定期国际道路旅客班线运输的线路、站点、班次方案。

已取得国际道路旅客运输经营许可，申请新增定期国际旅客运输班线的，应当向所在地省级人民政府交通运输主管部门提出申请，提交下列材料。

① 拟新增定期国际道路旅客班线运输的线路、站点、班次方案。

② 拟投入国际道路旅客运输营运的车辆的道路运输证和拟购置车辆承诺书。

③ 拟聘用驾驶员的机动车驾驶证、从业资格证。

3. 国际道路运输经营许可程序

1）申请

申请人应当向省级人民政府交通运输主管部门提出申请，并按要求提交材料。

2）受理和审查

省级人民政府交通运输主管部门收到申请后，应当按照《交通行政许可实施程序规定》要求的程序、期限，对申请材料进行审查，并通过部门间信息共享、内部核查等方式获取申请人营业执照、已取得的道路客运经营许可、现有车辆等信息，作出许可或者不予许可的决定。

对国际道路旅客运输经营申请决定不予许可的，应当在受理之日起 20 日内向申请人送达《不予交通行政许可决定书》，并说明理由，告知申请人享有依法申请行政复议或者提起行政诉讼的权利。

3）出具证件

省级人民政府交通运输主管部门对符合法定条件的国际道路旅客运输经营申请作出准予行政许可决定的，应当出具《国际道路旅客运输经营行政许可决定书》，明确经营主体、经营范围、车辆数量及要求等许可事项，在作出准予行政许可决定之日起 10 日内向被许可人发放《道路运输经营许可证》。对符合法定条件的国际道路旅客运输班线经营申请作出准予行政许可决定的，还应当出具《国际道路旅客运输班线经营行政许可决定书》。

《道路运输经营许可证》应当注明经营范围；《国际道路旅客运输班线经营行政许可决定书》应当注明班线起讫地、线路、停靠站点、经营期限以及班次。

4）备案

省级人民政府交通运输主管部门予以许可的，应当向交通运输部备案。

4.5　法律责任

4.5.1　擅自从事道路运输经营的法律责任

未取得道路运输经营许可，擅自从事道路运输经营的，由县级以上地方人民政府交通运输主管部门责令停止经营；有违法所得的，没收违法所得，处违法所得 2 倍以上 10 倍以下的罚款；没有违法所得或者违法所得不足 2 万元的，处 3 万元以上 10 万元以下的罚款；构成犯罪的，依法追究刑事责任。

4.5.2　不符合法定条件的人员驾驶道路运输经营车辆的法律责任

不符合法定条件的人员驾驶道路运输经营车辆的，由县级以上地方人民政府交通运输主管部门责令改正，处 200 元以上 2 000 元以下的罚款；构成犯罪的，依法追究刑事责任。

4.5.3　道路运输站（场）经营的法律责任

① 未经许可擅自从事道路旅客运输站（场）经营的，由县级以上地方人民政府交通运输主管部门责令停止经营；有违法所得的，没收违法所得，处违法所得 2 倍以上 10 倍以下的罚款；没有违法所得或者违法所得不足 1 万元的，处 2 万元以上 5 万元以下的罚款；构成犯罪的，依法追究刑事责任。

② 从事道路货物运输站（场）经营、机动车维修经营和机动车驾驶员培训业务，未按规定进行备案的，由县级以上地方人民政府交通运输主管部门责令改正；拒不改正的，处 5 000 元以上 2 万元以下的罚款。备案时提供虚假材料情节严重的，其直接负责的主管人员和其他直接责任人员 5 年内不得从事原备案的业务。

③ 道路运输站（场）经营者允许无证经营的车辆进站从事经营活动以及超载车辆、未经安全检查的车辆出站或者无正当理由拒绝道路运输车辆进站从事经营活动的，由县级以上地方人民政府交通运输主管部门责令改正，处 1 万元以上 3 万元以下的罚款。

④ 道路运输站（场）经营者擅自改变道路运输站（场）的用途和服务功能，或者不公布运输线路、起止经停站点、运输班次、始发时间、票价的，由县级以上地方人民政府交通运输主管部门令改正；拒不改正的，处 3 000 元的罚款；有违法所得的，没收违法所得。

4.5.4　客运经营者、货运经营者的法律责任

客运经营者、货运经营者、道路运输相关业务经营者非法转让、出租道路运输许可证件的，由县级以上地方人民政府交通运输主管部门责令停止违法行为，收缴有关证件，处 2 000 元以上 1 万元以下的罚款；有违法所得的，没收违法所得。

客运经营者、危险货物运输经营者未按规定投保承运人责任险的，由县级以上地方人民政府交通运输主管部门责令限期投保；拒不投保的，由原许可机关吊销道路运输经营许可证。

客运经营者、货运经营者不按照规定携带车辆营运证的，由县级以上地方人民政府交通运输主管部门责令改正，处警告或者 20 元以上 200 元以下的罚款。

客运经营者、货运经营者有下列情形之一的，由县级以上地方人民政府交通运输主管部门责令改正，处 1 000 元以上 3 000 元以下的罚款；情节严重的，由原许可机关吊销道路运输经营许可证。

① 不按批准的客运站点停靠或者不按规定的线路、公布的班次行驶的。

② 强行招揽旅客、货物的。

③ 在旅客运输途中擅自变更运输车辆或者将旅客移交他人运输的。

④ 未报告原许可机关，擅自终止客运经营的。

⑤ 没有采取必要措施防止货物脱落、扬撒等的。

客运经营者、货运经营者不按规定维护和检测运输车辆的，由县级以上地方人民政府交

通运输主管部门责令改正，处 1 000 元以上 5 000 元以下的罚款。

客运经营者、货运经营者擅自改装已取得车辆营运证的车辆的，由县级以上地方人民政府交通运输主管部门责令改正，处 5 000 元以上 2 万元以下的罚款。

4.5.5　机动车维修经营者的法律责任

① 机动车维修经营者使用假冒伪劣配件维修机动车，承修已报废的机动车或者擅自改装机动车的，由县级以上地方人民政府交通运输主管部门责令改正；有违法所得的，没收违法所得，处违法所得 2 倍以上 10 倍以下的罚款；没有违法所得或者违法所得不足 1 万元的，处 2 万元以上 5 万元以下的罚款，没收假冒伪劣配件及报废车辆；情节严重的，由县级以上地方人民政府交通运输主管部门责令停业整顿；构成犯罪的，依法追究刑事责任。

② 机动车维修经营者签发虚假的机动车维修合格证，由县级以上地方人民政府交通运输主管部门责令改正；有违法所得的，没收违法所得，处违法所得 2 倍以上 10 倍以下的罚款；没有违法所得或者违法所得不足 3 000 元的，处 5 000 元以上 2 万元以下的罚款；情节严重的，由县级以上地方人民政府交通运输主管部门责令停业整顿；构成犯罪的，依法追究刑事责任。

4.5.6　机动车驾驶员培训机构的法律责任

机动车驾驶员培训机构不严格按照规定进行培训或者在培训结业证书发放时弄虚作假的，由县级以上地方人民政府交通运输主管部门责令改正；拒不改正的，责令停业整顿。

4.5.7　道路运输管理机构工作人员的法律责任

县级以上地方人民政府交通运输主管部门的工作人员有下列情形之一的，依法给予行政处分；构成犯罪的，依法追究刑事责任。

① 不依照规定的条件、程序和期限实施行政许可的。

② 参与或者变相参与道路运输经营，以及道路运输相关业务的。

③ 发现违法行为不及时查处的。

④ 违反规定拦截、检查正常行驶的道路运输车辆的。

⑤ 违法扣留运输车辆、车辆营运证的。

⑥ 索取、收受他人财物，或者谋取其他利益的。

⑦ 其他违法行为。

4.5.8　其他责任

外国国际道路运输经营者未按照规定的线路运输，擅自从事中国境内道路运输或者未标明国籍识别标志的，由省、自治区、直辖市人民政府交通运输主管部门责令停止运输；有违法所得的，没收违法所得，处违法所得 2 倍以上 10 倍以下的罚款；没有违法所得或者违法所得不足 1 万元的，处 3 万元以上 6 万元以下的罚款。

本章小结

表 4-1　道路运输条例小结

名称	主要内容	重　点
概述	道路运输的概念、道路运输的分类、道路运输相关业务	道路运输的分类
道路运输经营	道路运输经营概述、道路运输经营基本要求、道路运输管理原则、道路旅客运输、道路货物运输	道路运输经营基本要求
道路运输相关业务	道路运输相关业务的概念、机动车维修经营、机动车驾驶员培训	机动车维修经营
国际道路运输	国际道路运输概述、国际道路运输经营许可	国际道路运输经营许可
法律责任	擅自从事道路运输经营的法律责任、不符合法定条件的人员驾驶道路运输经营车辆的法律责任、道路运输站（场）经营的法律责任、客运经营者、货运经营者的法律责任、机动车维修经营者的法律责任、机动车驾驶员培训机构的法律责任、道路运输管理机构工作人员的法律责任、其他责任	客运经营者、货运经营者的法律责任、机动车维修经营者的法律责任

课堂集训

一、单项选择题

1. 客运班线的经营期限为（　　）。

　　A. 4～6 年　　　　B. 4～8 年　　　　C. 5～10 年　　　　D. 6～8 年

2. 交通运输主管部门应当自受理道路运输站（场）经营申请之日起（　　）日内审查完毕，作出许可或不予许可的决定。

　　A. 20　　　　　　B. 10　　　　　　C. 30　　　　　　D. 15

3. （　　）主管全国机动车维修管理工作。

　　A. 县级以上地方人民政府交通运输主管部门

　　B. 县级以上道路运输管理机构

　　C. 省级人民政府

　　D. 交通运输部

4. 客运班车驾驶人员连续驾驶时间不得超过（　　）个小时。

　　A. 4　　　　　　B. 6　　　　　　C. 7　　　　　　D. 8

5. 申请从事国际道路旅客运输经营的企业，应当向所在地省级人民政府交通运输主管部门提交近（　　）年内无重大以上道路交通责任事故证明或者承诺书。

　　A. 6 个月　　　　B. 1 年　　　　　C. 2 年　　　　　D. 3 年

二、多项选择题

1. 道路运输经营包括（　　）。

　　A. 道路旅客运输经营　　　　　　　　B. 道路货物运输经营

C. 道路运输相关业务 　　　　　　　　D. 所有与道路有关的业务

2. 道路运输相关业务包括（　　　）。

A. 站（场）经营 　　　　　　　　　B. 机动车维修经营

C. 机动车驾驶员培训 　　　　　　　D. 综合性能检测站

3. 道路运输经营者及道路运输相关业务经营者开展道路运输活动应当遵循的基本要求为（　　　）。

A. 依法经营 　　　B. 公开公正 　　　C. 诚实信用 　　　D. 公平竞争

4. 道路运输站（场）经营者应当为客运经营者合理安排班次，公布其（　　　）。

A. 运输线路 　　　B. 运输班次 　　　C. 驾乘人员姓名 　D. 票价

5. 道路运输站（场）经营者应当设置旅客（　　　）等服务设施。

A. 购票 　　　　　B. 行李托运 　　　C. 行李寄存 　　　D. 候车

三、名词解释

1. 机动车维修经营　　2. 机动车驾驶员培训　　3. 经营性道路运输　　4. 非经营性道路运输

四、简答题

1. 简述从事客运经营的驾驶人员应当符合的条件。

2. 简述道路旅客运输经营活动的种类。

3. 简述道路货物运输的特点。

课堂集训答案

一、单项选择题

1. B　　2. D　　3. D　　4. A　　5. D

二、多项选择题

1. AB　　2. ABC　　3. ACD　　4. ABCD　　5. ABCD

三、名词解释（略）

四、简答题（略）

第5章 道路旅客运输及客运站管理规定

【职业能力目标与学习要求】

通过学习本章内容，学生应理解我国道路旅客运输的法律制度，了解我国客运经营许可的法律制度，掌握道路客运经营及客运站经营的法律制度，根据相关法律制度分析相应案例。

思政目标

通过本章学习，学生要理解道路客运经营许可制度，为全面依法治国、推进法治中国建设贡献力量，养成依法依规的个人素养。

思政小课堂

党的二十大报告指出："坚持依法治国、依法执政、依法行政共同推进，坚持法治国家、法治政府、法治社会一体建设，全面推进科学立法、严格执法、公正司法、全民守法，全面推进国家各方面工作法治化。"坚持依法治国首先要坚持依宪治国，坚持依法执政首先要坚持依宪执政，坚持宪法确定的中国共产党领导地位不动摇，坚持宪法确定的人民民主专政的国体和人民代表大会制度的政体不动摇。

树立依法治国理念，必须坚持法律面前人人平等。首先，公民的法律地位一律平等。我国宪法第三十三条明确规定："中华人民共和国公民在法律面前一律平等。""任何公民享有宪法和法律规定的权利，同时必须履行宪法和法律规定的义务。"其次，任何组织和个人都没有超越宪法和法律的特权。最后，任何组织和个人的违法行为都必须依法受到追究。我国宪法第五条明确规定："一切国家机关和武装力量、各政党和各社会团体、各企业事业组织都必须遵守宪法和法律。一切违反宪法和法律的行为，必须予以追究。"

导入案例

胡××与兴国县××汽车运输有限公司公路旅客运输
合同纠纷一审民事判决书

（2023）赣 0732 民初 1996 号

原告：胡××，女，1955 年 10 月 4 日出生，汉族，住宁都县。

委托诉讼代理人：曾××，北京市××（南昌）律师事务所律师。

委托诉讼代理人：罗××，北京市××（南昌）律师事务所律师。

被告：兴国县××汽车运输有限公司，住所地兴国县汽车总站院内，统一社会信用代码913607327814××××。

法定代表人：曾××，董事长。

委托诉讼代理人：李×，江西××律师事务所律师。

原告胡××与被告兴国县××汽车运输有限公司（以下简称××公司）公路客运合同纠纷一案，本院于 2023 年 5 月 11 日立案后，依法适用于普通程序，公开开庭进行了审理。原告胡××的委托诉讼代理人曾××、罗××，被告××公司的委托诉讼代理人李冀到庭参加诉讼。本案现已审理终结。

胡××向本院提出诉讼请求：判令被告向原告赔偿 621 172 元（死亡赔偿金 524 364 元、精神损失抚慰金 50 000 元、丧葬费 43 058 元、处理丧事误工费及交通费 3 750 元）。

事实和理由：原告与刘某系夫妻关系。2023 年 4 月 26 日，原告与刘某支付票价购买了从宁都县到兴国县的汽车票，与被告形成了运输合同法律关系，被告应当依法履行承运人的法定义务。乘客刘某上车时身体状态良好，但在 2023 年 4 月 26 日汽车启动 5 分钟后身体稍感不适，在 9 时 42 分至 44 分期间，刘某身体明显不适并伴有呕吐情况，原告当时已经感觉到其爱人刘某身体快不行了并明确告知司机，司机仍未主动上前查看情况并送医救治，乘客刘某年事已高，身体明显不适，司机连哪里不舒服都没问，仅简单询问乘客是否下车后继续驾车前往目的地。9 时 42 分至 10 时 35 分期间，年迈的刘某一直身体不适、痛苦难忍，便于 10 时 35 分自行走到最后一排，希望通过躺卧的方式缓解身体痛苦，期间司机也一直未对乘客过问具体情况，只是一直强调不要吐在车上。10 时 40 分 08 秒时，原告见其爱人刘某突发疾病，在叫唤对方后未见回应，随即叫唤司机停车并告知情况，此时其他乘客都已经上前查看情况并多次建议拨打 120 急救电话，司机仍未上前查明情况，甚至在明知距离事发地点 3 分钟至 4 分钟路程左右有医院情况下，也未紧急变更路线尽力提供救助服务，在其他乘客多次提醒建议要打 120 电话后，也仍未致电 120 急救电话。最终，医院在 10 时 48 分才接到 110 民警电话紧急前往救治，等医生赶到现场（此时距离刘某突发疾病已 10 多分钟）后，发现乘客刘某已经死亡。综上，客车司机在履行职务的过程中有明显的过错，请法院判如所请。

兴国县××汽车运输有限公司辩称：2023 年 4 月 26 日上午原告及其丈夫刘某从宁都车站购买去兴国的车票去兴国看风湿病，9 时 30 分左右，搭乘被告公司当班客车赣 BQ××××，原告坐在刘某的前排。9 时 42 分左右，司机从后视镜发现原告传递纸张给刘某，即主动询问是否晕车、原告回应可能是，司机又告知车厢顶有塑料袋，并主动靠边停车，等原告收拾好再继续出发。9 时 44 分左右，原告又叫司机等一下，并表达要回去的意思，司机即提示可就近下车、到对面的公交站台搭车回宁都县医院。约一分钟原告又改口继续去兴国，但司机还是靠边停车，告诉原告夫妻可以下车去对面搭车，但刘某及原告先后明确表示不下车，司机还进一步明确"没问题吧"，原告表示可能是晕车。司机遂继续出发。此后司机还不时从后视镜观察原告夫妻，曾提示原告系好安全带。10 时 36 分司机发现原告二人起身往后排走，遂问询去干什么，二人及乘客说刘某想去后排躺着。司机即提示躺着就无法绑安全带了，并进一步提示带上垃圾篓防止呕吐。10:40 左右原告突然喊叫司机停一下，司机立即靠边停车，原告说其丈夫人都死掉了。因为临近古龙岗街上，司机赶紧提速到古龙岗站点停车，车一停下，司机立即在 10:42、10:44 打电话 120，120 告知就近找当地卫生院，司机遂通过本地人直接打电话给古龙岗卫生院司机江兴国电话（10:46），10:48 古龙岗卫生院医生赶到，确定刘某已经死亡。原告丈夫在乘车过程中虽表现出身体不适，但原告作为妻子全程随同，一直认为其丈夫是晕车所致，在场所有乘客及司机也都是认为晕车。原告虽在 9 时 44 分左右曾提议回宁都，但被告司机靠边停车后二人又一致明确确定继续去兴国、不下车。10 时 40 分左右原告发现其丈夫人都死掉了，告诉被告司机，因为已经临近古龙岗停车点，司机遂加速到停车点，并立即在 10 时 42 分左右拨打 120 等施救电话。故被告司机已经尽到了合理救助责任，无民事过错。原告在起诉状中所称被告司机未打 120 电话、是 110 干警打电话给卫生院医生，事实上是被告司机已经先打 120 电话，120 告知应当就近联系当地卫生院，被告司机通过本地人打电话给古龙岗卫生院司机江兴国，至于是否同时间干警也拨了医生电话，均不影响被告司机积极实施救助的事实认定。此外，起诉状中称被告司机在三四分钟距离有医院的情况下未紧急变更路线，也是一个误解。10 时 40 分客车所在地（古龙岗圩口三岔路）到××路线需要经过限高桥，客车根本无法经过，所以到停车站点、让卫生院救护车过桥是当时最佳方案。何况，原告自己在 10 时 40 分就已经判断其丈夫已经死亡，任何最佳抢救都已经是徒劳。综上理由，原告丈夫刘某的死亡根本系其自身疾病凶险所致，与原告本人护理不周亦有一定关系，被告已尽合理救助义务，不应当承担本案民事责任。

　　本院经审理认定事实如下：2023 年 4 月 26 日，原告胡×× 与其丈夫刘某（1955 年 3 月 6 日出生）在宁都县汽车站购买了当天从宁都开往兴国的客运车票，被告××公司系宁都至兴国客运班线的客运经营者。9 时 30 分，被告××公司的司机高志山驾驶赣 BQ××××客车准时从宁都车站出发，9 时 42 分，司机通过后视镜发现原告胡×× 向坐在后排的刘某递餐巾纸，提示他们车上有袋子和垃圾篓，同时停车，并提示呕吐后垃圾袋要扎紧。待原告把垃圾篓放到刘某座位边，坐下系好安全带后，司机继续开车行驶并称刘某"你很不会坐车，都没坐多远"。9 时 44 分，原告向司机提出要去宁都医院，司机告知到前面不远处下车就可坐上去宁都县人民医院的公交车。当司机准备停车时，原告又表示不下车，要继续乘车，并说刘某可能是晕车。客车先后途经青塘、梅窖等圩镇。10 时 35 分，刘某离开座位走到最后一排座位躺下，原告也随同坐在同排。10 时 40 分，原告起身查看刘某的状况后，喊司机停车，并称刘某死了。司机高志山将车开入古龙岗停靠点停车后，于 10 时 42 分拨打了 120 电话，10 时 45 分拨打了 110 电话求助。10 时 48 分，古龙岗卫生院医生接到古龙岗派出所民警的电话，随即前往客车停靠点，发现刘某无呼吸和心跳、瞳孔散大、已无生命体征。

　　本院认为，原告及其丈夫刘某在宁都县汽车站购买车票，乘坐被告××公司经营的宁都至兴国班线的客车，被告××公司是承运人，双方公路客运合同依法成立，合法有效。刘某死亡是其自身健康原因造成的，双方均无异议，本院予以确认。《中华人民共和国民法典法》第八百二十二条规定："承运人在运输过程中，应当尽力救助患有急病、分娩、遇险的旅客。"本案的争议焦点是：被告××公司在履行客运合同的过程中是否履行了尽力救助原告亲属的义务。对此，本院认为，客车驶出宁都汽车站12分钟时，司机已经觉察到刘某表现出不适且与一般人有异，在原告向司机提出要去医院就诊的要求时，司机积极提供了帮助，选择有去宁都县人民医院的公交车停靠点停车，告知原告如何转乘车去医院；当原告夫妇随后决定继续乘车前往兴国县后，司机虽然对刘某的身体表示关切，但在客车途经多个圩镇时没有告知原告，也没有积极向原告夫妇提出可就近去当地卫生院就诊的建议，未全面尽到"尽力救助"的义务；10时40分原告称刘某死亡，司机就近在古龙岗圩镇停靠点停车，并拨打120、110等电话求助并无不当。

综上所述，刘某自身健康原因是造成其在乘车过程中死亡的直接原因。原告夫妇对病情的不重视是导致刘某未得到及时救治的主要原因，应承担主要责任。对原告要求被告××公司承担精神损害赔偿的诉讼请求，本院不予支持。被告××公司未全面尽到"尽力救助"的义务，对刘某未得到及时救治应承担一定责任。依照《中华人民共和国民法典》第八百二十二条、第一千一百六十五条、第一千一百七十九条规定，判决如下：

一、原告胡××的损失573 312元（43 697元×12年+90 397元/2+150元×5日×5人），由被告兴国县××汽车运输有限公司赔偿10%计57 331元，限本判决生效后五日内付清；

二、驳回原告胡××的其他诉讼请求。

如果未按本判决指定的期间履行给付金钱义务，应当依照《中华人民共和国民事诉讼法》第二百六十条规定，加倍支付迟延履行期间的债务利息。

案件受理费10 012元，由兴国县××汽车运输有限公司负担1 500元，其余由原告胡××自负。

如不服本判决，可以在判决书送达之日起十五日内，向本院递交上诉状，并按对方当事人的人数提出副本，上诉于江西省赣州市中级人民法院。

审　判　长　钟××

人民陪审员　邹××

人民陪审员　钟×

二〇二三年七月二十七日

代理书记员　康××

5.1　概　　述

5.1.1　道路客运经营和客运站经营的概念

道路客运经营，是指用客车运送旅客、为社会公众提供服务、具有商业性质的道路客运活动，包括班车（加班车）客运、包车客运、旅游客运。

班车客运是指营运客车在城乡道路上按照固定的线路、时间、站点、班次运行的一种客运方式。加班车客运是班车客运的一种补充形式，在客运班车不能满足需要或者无法正常运营时，临时增加或者调配客车按客运班车的线路、站点运行的方式。

包车客运是指以运送团体旅客为目的，将客车包租给用户安排使用，提供驾驶劳务，按照约定的起始地、目的地和路线行驶，由包车用户统一支付费用的一种客运方式。

旅游客运是指以运送旅游观光的旅客为目的，在旅游景区内运营或者其线路至少有一端在旅游景区（点）的一种客运方式。

客运站经营，是指以站场设施为依托，为道路客运经营者和旅客提供有关运输服务的经营活动。

5.1.2　道路客运经营及客运站管理的基本要求

1. 依法经营

所谓依法经营，首先要求经营者主体应当取得合法许可，其次是按照法律、法规、规章和规范进行经营活动。

2. 诚实信用

所谓诚实信用，就是要求对旅客保持善意，诚实、恪守信用，反对任何欺诈行为。

3. 公平竞争

所谓公平竞争，就是要依照同一规则行事，通过提高自己的服务水平和管理水平等正当手段进行竞争，不使用暴力、强制和其他不符合法律、法规、规章的手段限制、干扰和影响其他经营者，不利用自己的优势和不正当手段排挤其他经营者。

4. 优质服务

所谓优质服务，就是为社会提供高质量的运输服务，满足广大旅客日益提高、不断变化的运输需求，促进社会进步。

5.1.3　道路客运经营及客运站管理主管部门和具体管理机构

交通部主管全国道路客运及客运站管理工作。

县级以上地方人民政府交通主管部门负责本行政区域的道路客运及客运站管理工作。

5.2　经营许可

5.2.1　班车客运线路的划分

班车客运的线路按照经营区域分为以下四种类型。

一类客运班线：跨省级行政区域（毗邻县之间除外）的客运班线。

二类客运班线：在省级行政区域内，跨设区的市级行政区域（毗邻县之间除外）的客运班线。

三类客运班线：在设区的市级行政区域内，跨县级行政区域（毗邻县之间除外）的客运班线。

四类客运班线：县级行政区域内的客运班线或者毗邻县之间的客运班线。

本规定所称毗邻县，包括相互毗邻的县、旗、县级市、下辖乡镇的区。

5.2.2 包车客运和旅游客运的划分

1. 包车客运

按照其经营区域，包车客运分为省际包车客运和省内包车客运。省级人民政府交通运输主管部门可以根据实际需要，将省内包车客运分为市际包车客运、县际包车客运和县内包车客运。

2. 旅游客运

按照营运方式，旅游客运分为定线旅游客运和非定线旅游客运。定线旅游客运按照班车客运管理，非定线旅游客运按照包车客运管理。

5.2.3 道路旅客运输及客运站管理经营许可的条件

1. 从事道路客运经营应当具备的条件

① 有与其经营业务相适应并经检测合格的客车。

② 从事客运经营的驾驶员，应当符合《道路运输从业人员管理规定》有关规定。

③ 有健全的安全生产管理制度，包括安全生产操作规程、安全生产责任制、安全生产监督检查、驾驶员和车辆安全生产管理的制度。

④ 申请从事道路客运班线经营，还应当有明确的线路和站点方案。

2. 从事客运站经营应当具备的条件

① 客运站经验收合格。

② 有与业务量相适应的专业人员和管理人员。专业人员主要指站务员、售票员、检票员、装卸人员等；管理人员主要指从事客运站管理方面的人员。

③ 有相应的设备、设施，主要按照客运站行业标准规定执行。不同站级，设备、设施有所不同。

④ 有健全的业务操作规程和安全管理制度，包括服务规范、安全生产操作规程、车辆发车前例检、安全生产责任制，以及国家规定的危险物品及其他禁止携带的物品（统称违禁品）查堵、人员和车辆进出站安全管理等安全生产监督检查的制度。

3. 道路客运经营许可机关

申请从事道路客运经营的，应当依法向市场监督管理部门办理有关登记手续后，按照下列规定提出申请：

① 从事一类、二类、三类客运班线经营或者包车客运经营的，向所在地设区的市级交通运输主管部门提出申请；

② 从事四类客运班线经营的，向所在地县级交通运输主管部门提出申请。

在直辖市申请从事道路客运经营的，应当向直辖市人民政府确定的交通运输主管部门提出申请。

省级人民政府交通运输主管部门对省内包车客运实行分类管理的，对从事市际包车客运、县际包车客运经营的，向所在地设区的市级交通运输主管部门提出申请；对从事县内包车客运经营的，向所在地县级交通运输主管部门提出申请。

4. 申请从事道路客运经营所需提供的材料

1）申请从事道路客运经营的，应当提供下列材料

①《道路旅客运输经营申请表》；

② 企业法定代表人或者个体经营者身份证件，经办人的身份证件和委托书；

③ 安全生产管理制度文本；

④ 拟投入车辆和聘用驾驶员承诺，包括客车数量、类型等级、技术等级，聘用的驾驶员具备从业资格。

2）申请道路客运班线经营的，应当提供下列材料

①《道路旅客运输班线经营申请表》；

② 承诺在投入运营前，与起讫地客运站和中途停靠地客运站签订进站协议（农村道路客运班线在乡村一端无客运站的，不作此端的进站承诺）；

③ 运输服务质量承诺书。

5.2.4 道路客运经营许可程序

1. 申请

申请单位携带申报材料办理。若申报材料齐全、符合法定形式，向申请单位出具受理通知书和材料接受凭证单；申报材料不齐全或不符合法定形式，一次性告知，并出具补齐补正通知单。

2. 受理

交通运输主管部门对道路客运经营申请、道路客运班线经营申请予以受理的，应当通过部门间信息共享、内部核查等方式获取营业执照、申请人已取得的其他道路客运经营许可、现有车辆等信息，并自受理之日起 20 日内作出许可或者不予许可的决定。

3. 许可

交通运输主管部门对符合法定条件的道路客运经营申请作出准予行政许可决定的，应当出具《道路客运经营行政许可决定书》，明确经营主体、经营范围、车辆数量及要求等许可事项，在作出准予行政许可决定之日起 10 日内向被许可人发放《道路运输经营许可证》，并告知被许可人所在地交通运输主管部门。

交通运输主管部门对符合法定条件的道路客运班线经营申请作出准予行政许可决定的，还应当出具《道路客运班线经营行政许可决定书》，明确起讫地、中途停靠地客运站点、日发班次下限、车辆数量及要求、经营期限等许可事项，并告知班线起讫地同级交通运输主管部门；对成立线路公司的道路客运班线或者农村道路客运班线，中途停靠地客运站点可以由其经营者自行决定，并告知原许可机关。

属于一类、二类客运班线的，许可机关应当将《道路客运班线经营行政许可决定书》抄告中途停靠地同级交通运输主管部门。

交通运输主管部门对不符合法定条件的申请作出不予行政许可决定的，应当向申请人出具《不予交通行政许可决定书》，并说明理由。

4. 登记

被许可人应当持《道路客运经营行政许可决定书》依法向市场监督管理机关办理登记手续。

5. 终止经营

客运经营者和客运站经营者在取得全部经营许可证件后无正当理由超过 180 日不投入运营，或者运营后连续 180 日以上停运的，视为自动终止经营。

客运班线经营者在经营期限内暂停、终止班线经营的，应当提前 30 日告知原许可机关。

客运经营者终止经营，应当在终止经营后 10 日内，将相关的《道路运输经营许可证》和《道路运输证》、客运标志牌交回原发放机关。

客运站经营者终止经营的，应当提前 30 日告知原许可机关和进站经营者。原许可机关发现关闭客运站可能对社会公众利益造成重大影响的，应当采取措施对进站车辆进行分流，并在终止经营前 15 日向社会公告。客运站经营者应当在终止经营后 10 日内将《道路运输经营许可证》交回原发放机关。

5.3 客运车辆管理

5.3.1 客运车辆的定期维护和检测

客运经营者应当依据国家有关技术规范对客运车辆进行定期维护，确保客运车辆技术状况良好。严禁任何单位和个人为客运经营者指定车辆维护企业；车辆二级维护执行情况不得作为道路运输管理机构的路检路查项目。

客运经营者在规定时间内，到符合国家相关标准的机动车综合性能检测机构进行检测。客运经营者应当定期进行客运车辆检测，车辆检测结合车辆定期审验的频率一并进行。

机动车综合性能检测机构应当使用符合国家和行业标准的设施、设备，严格按照国家和行业有关营运车辆技术检测标准对客运车辆进行检测，如实出具车辆检测报告，并建立车辆检测档案。

5.3.2 客运车辆的定期审验

交通运输主管部门应当每年对客运车辆进行一次审验。审验内容包括：车辆违法违章记录；车辆技术等级评定情况；车辆类型等级评定情况；按照规定安装、使用符合标准的具有行驶记录功能的卫星定位装置情况；客运经营者为客运车辆投保承运人责任险情况。

审验符合要求的，交通运输主管部门在《道路运输证》中注明；不符合要求的，应当责令限期改正或者办理变更手续。

5.4 客运经营管理

5.4.1 客运经营者的经营权

客运经营者应当按照道路运输管理机构决定的许可事项从事客运经营活动，不得转让、出租道路运输经营许可证件。

5.4.2 客运班车的运行

客运班车应当按照许可的起讫地、日发班次下限和备案的途经路线运行，在起讫地客运站点和中途停靠地客运站点（以下统称配客站点）上下旅客。

客运班车不得在规定的配客站点外上客或者沿途揽客，无正当理由不得改变途经路线。客运班车在遵守道路交通安全、城市管理相关法规的前提下，可以在起讫地、中途停靠地所在的城市市区、县城城区沿途下客。

重大活动期间，客运班车应当按照相关交通运输主管部门指定的配客站点上下旅客。

5.4.3　客运经营者的经营行为规定

① 客运经营者不得强迫旅客乘车，不得将旅客交给他人运输，不得甩客，不得敲诈旅客，不得使用低于规定的类型等级营运客车承运，不得阻碍其他经营者的正常经营活动。

② 严禁营运客车超载运行，在载客人数已满的情况下，允许再搭乘不超过核定载客人数 10% 的免票儿童。

③ 客车不得违反规定载货。客运站经营者受理客运班车行李舱载货运输业务的，应当对托运人有效身份信息进行登记，并对托运物品进行安全检查或者开封验视，不得受理有关法律法规禁止运送、可能危及运输安全和托运人拒绝安全检查的托运物品。

④ 客运班车行李舱装载托运物品时，应当不超过行李舱内径尺寸、不大于客车允许最大总质量与整备质量和核定载客质量之差，并合理均衡配重；对于容易在舱内滚动、滑动的物品应当采取有效的固定措施。

⑤ 客运经营者应当遵守有关运价规定，使用规定的票证，不得乱涨价、恶意压价、乱收费。

⑥ 客运经营者应当在客运车辆外部的适当位置喷印企业名称或者标识，在车厢内醒目位置公示驾驶员姓名和从业资格证号、交通运输服务监督电话、票价和里程表。

⑦ 客运经营者应当为旅客提供良好的乘车环境，确保车辆设备、设施齐全有效，保持车辆清洁、卫生，并采取必要的措施防止在运输过程中发生侵害旅客人身、财产安全的违法行为。

⑧ 客运经营者应当按照有关规定在发车前进行旅客系固安全带等安全事项告知，运输过程中发生侵害旅客人身、财产安全的治安违法行为时，应当及时向公安机关报告并配合公安机关处理治安违法行为。

⑨ 客运经营者不得在客运车辆上从事播放淫秽录像等不健康的活动，不得传播、使用破坏社会安定、危害国家安全、煽动民族分裂等非法出版物。

⑩ 鼓励客运经营者使用配置下置行李舱的客车从事道路客运。没有下置行李舱或者行李舱容积不能满足需要的客车，可以在车厢内设立专门的行李堆放区，但行李堆放区和座位区必须隔离，并采取相应的安全措施。严禁行李堆放区载客。

⑪ 客运经营者应当为旅客投保承运人责任险。

⑫ 客运经营者应当加强车辆技术管理，建立客运车辆技术状况检查制度，加强对从业人员的安全、职业道德教育和业务知识、操作规程培训，并采取有效措施，防止驾驶员连续驾驶时间超过 4 个小时。

⑬ 客运车辆驾驶员应当遵守道路运输法规和道路运输驾驶员操作规程，安全驾驶，文明服务。

⑭ 客运经营者应当制定突发事件应急预案。应急预案应当包括报告程序、应急指挥、应急车辆和设备的储备以及处置措施等内容。

发生突发事件时，客运经营者应当服从县级以上人民政府或者有关部门的统一调度、指挥。

⑮ 客运经营者应当建立和完善各类台账和档案，并按照要求及时报送有关资料和信息。

⑯ 班车客运经营者及客运站经营者对实行实名制管理所登记采集的旅客身份信息及乘车信息，除应当依公安机关的要求向其如实提供外，应当予以保密。对旅客身份信息及乘车信息自采集之日起保存期限不得少于1年，涉及视频图像信息的，自采集之日起保存期限不得少于90日。

⑰ 班车客运经营者或者其委托的售票单位、配客站点应当针对客流高峰、恶劣天气及设备系统故障、重大活动等特殊情况下实名制管理的特点，制定有效的应急预案。

⑱ 客运车辆驾驶员应当随车携带《道路运输证》、从业资格证等有关证件，在规定位置放置客运标志牌。

5.5 客运站经营

5.5.1 客运站的概念

汽车客运站是指具有集散换乘、运输组织、信息服务、辅助服务等功能，为公众出行和运输经营者提供站务服务的场所。汽车客运站是道路旅客运输网络的节点，是公益性交通运输基础设施。汽车客运站是一种公益性交通基础设施，是道路旅客运输网络的节点。客运站的形式多样，其规模视当地的客运量而定，小的客运站可以是路边的牌子，大的客运站一般是在城市内的某地点有组织地把周边的运输干线集中起来的场地。

5.5.2 客运站的分类

根据中华人民共和国交通运输行业标准《汽车客运站级别划分和建设要求》（JT/T 200—2020），以设施与设备配置、日发量为依据，将等级车站从高到低依次分为一级车站、二级车站、三级车站。

1. 一级车站

设施与设备符合表5-1和表5-2中一级车站配置要求，且具备下列条件之一。

① 日发量在5 000人次及以上的车站；

② 日发量在2 000人次及以上的旅游车站、国际车站、综合客运枢纽内的车站。

2. 二级车站

设施与设备符合表5-1和表5-2中二级车站配置要求，且具备下列条件之一。

① 日发量在2 000人次及以上、不足5 000人次的车站；

② 日发量在1 000人次及以上、不足2 000人次的旅游车站、国际车站、综合客运枢纽内的车站。

3. 三级车站

设施与设备符合表5-1和表5-2中三级车站配置要求，且日发量在300人次及以上、不足2 000人次的车站。

4. 便捷车站

设施与设备符合表5-1和表5-2中便捷车站配置要求的车站。

5. 招呼站

设施与设备不符合表5-1和表5-2中便捷车站配置要求，具有等候标志和候车设施的车站。

表 5-1　汽车客运站设施配置表

设施类别与名称			一级车站	二级车站	三级车站	便捷车站
场地设施	换乘设施	公交停靠站	●	●	●	◎
		出租汽车停靠点	●	●	●	—
		社会车辆停靠点	●	◎	◎	—
		非机动车停车场	●	◎	◎	—
	站前广场		●	◎	◎	—
	停车场（库）		●	●	●	●
	发车位		●	●	●	◎
建筑设施	站房	站务用房 候车厅（室）	●	●	●	●
		母婴候车室（区）	●	●	◎	—
		售票处（厅）	●	●	●	◎
		综合服务处	●	●	◎	—
		小件（行包）服务处	●	●	◎	◎
		治安室	●	●	◎	◎
		医疗救护室	◎	◎	◎	—
		饮水处	●	●	◎	◎
		盥洗室与旅客厕所	●	●	●	●
		无障碍设施	●	●	●	●
		旅游服务处	◎	◎	◎	—
		站务员室	●	●	●	●
		调度室	●	●	◎	—
		智能化系统用房	●	●	◎	—
		驾乘休息室	●	●	●	◎
		进、出站检查室	●	●	●	●
		办公用房	●	●	◎	◎
	辅助用房	生产辅助用房 车辆安全例检台	●	●	◎	◎
		车辆清洁、清洗处	●	◎	◎	—
		车辆维修处	◎	◎	◎	—
		生活辅助用房 驾乘公寓	◎	◎	—	—
		商业服务设施	●	●	◎	—

注："●"表示应配置；"◎"表示视情配置；"—"表示不作要求。

表 5-2 汽车客运站设施配置表

	设备名称	一级车站	二级车站	三级车站	便捷车站
服务设备	售票检票设备	●	●	●	◎
	候车服务设备	●	●	●	●
	车辆清洁清洗设备	●	◎	—	—
	小件（行包）搬运与便民设备	●	●	◎	◎
	广播通信设备	●	●	◎	◎
	宣传告示设备	●	●	●	●
	采暖/制冷设备	●	●	◎	—
安全设备	安全检查设备	●	●	●	●
	安全监控设备	●	●	◎	◎
	安全应急设备	●	●	●	●
信息网络设备	网络售、取票设备	●	●	●	—
	验票检票信息设备	●	◎	◎	—
	车辆调度与管理设备	●	◎	—	—

注："●"表示应配置；"◎"表示视情配置；"—"表示不作要求。

5.5.3 客运站的经营

客运站的经营应当符合《中华人民共和国道路运输条例》《道路旅客运输及客运站管理规定》《交通行政许可实施程序规定》的相关规定。

1. 申请从事客运站经营的，应当提供下列材料

① 道路旅客运输站经营申请表；

② 企业法定代表人或者个体经营者身份证件，经办人的身份证件和委托书；

③ 承诺已具备以下条件。

● 客运站经验收合格；

● 有与业务量相适应的专业人员和管理人员；

● 有相应的设备、设施；

● 有健全的业务操作规程和安全管理制度，包括服务规范、安全生产操作规程、车辆发车前例检、安全生产责任制，以及国家规定的危险物品及其他禁止携带的物品（又称违禁物品）查堵、人员和车辆进出站安全管理等安全生产监督检查的制度。

2. 客运站经营许可实行告知承诺制

申请人承诺具备经营许可条件并提交相关材料的，道路运输管理机构应当经形式审查后当场作出许可或者不予许可的决定。作出准予行政许可决定的，应当出具《道路旅客运输站经营行政许可决定书》，明确经营主体、客运站名称、站场地址、站场级别和经营范围等许可事项，并在 10 日内向被许可人发放《道路运输经营许可证》。

道路运输管理机构对不符合法定条件的申请作出不予行政许可决定的，应当向申请人出具《不予交通行政许可决定书》，并说明理由。

客运站经营者终止经营的，应当提前 30 日告知原许可机关和进站经营者。原许可机关

发现关闭客运站可能对社会公众利益造成重大影响的，应当采取措施对进站车辆进行分流，并在终止经营前 15 日向社会公告。客运站经营者应当在终止经营后 10 日内将《道路运输经营许可证》交回原发放机关。

5.5.4　客运站经营者的责任和义务

① 客运站经营者应当按照道路运输管理机构决定的许可事项从事客运站经营活动，不得转让、出租客运站经营许可证件，不得改变客运站基本用途和服务功能。

② 客运站经营者应当维护好各种设施、设备，保持其正常使用。

③ 客运站经营者和进站发车的客运经营者应当依法自愿签订服务合同，双方按照合同的规定履行各自的权利和义务。

④ 客运站经营者应当依法加强安全管理，完善安全生产条件，健全和落实安全生产责任制。

⑤ 客运站经营者应当对出站客车进行安全检查，采取措施防止违禁物品进站上车，按照车辆核定载客限额售票，严禁超载车辆或者未经安全检查的车辆出站，保证安全生产。

⑥ 客运站经营者应当将客运线路、班次等基础信息接入省域道路客运联网售票系统。

⑦ 鼓励客运站经营者为旅客提供网络售票、自助终端售票等多元化售票服务。鼓励电子客票在道路客运行业的推广应用。

⑧ 鼓励客运站经营者在客运站所在城市市区、县城城区的客运班线主要途经地点设立停靠点，提供售检票、行李物品安全检查和营运客车停靠服务。

⑨ 客运站经营者设立停靠点的，应当向原许可机关备案，并在停靠点显著位置公示客运站《道路运输经营许可证》等信息。

⑩ 客运站经营者应当禁止无证经营的车辆进站从事经营活动，无正当理由不得拒绝合法客运车辆进站经营。

⑪ 客运站经营者应当坚持公平、公正原则，合理安排发车时间，公平售票。

⑫ 客运经营者在发车时间安排上发生纠纷，客运站经营者协调无效时，由当地县级以上道路运输管理机构裁定。

⑬ 客运站经营者应当公布进站客车的类型等级、运输线路、配客站点、班次、发车时间、票价等信息，调度车辆进站发车，疏导旅客，维持秩序。

⑭ 进站客运经营者应当在发车 30 分钟前备齐相关证件进站并按时发车；进站客运经营者因故不能发班的，应当提前 1 日告知客运站经营者，双方要协商调度车辆顶班。

⑮ 对无故停班达 7 日以上的进站班车，客运站经营者应当报告当地道路运输管理机构。

⑯ 客运站经营者应当设置旅客购票、候车、乘车指示、行李寄存和托运、公共卫生等服务设施，按照有关规定为军人、消防救援人员等提供优先购票乘车服务，并建立老幼病残孕等特殊旅客服务保障制度，向旅客提供安全、便捷、优质的服务，加强宣传，保持站场卫生、清洁。

⑰ 客运站经营者在不改变客运站基本服务功能的前提下，可以根据客流变化和市场需要，拓展旅游集散、邮政、物流等服务功能。

⑱ 客运站经营者从事前款经营活动的，应当遵守相应的法律、行政法规的规定。

⑲ 客运站经营者应当严格执行价格管理规定，在经营场所公示收费项目和标准，严禁

乱收费。

⑳ 客运站经营者应当按照规定的业务操作规程装卸、储存、保管行包。

㉑ 客运站经营者应当制定突发事件应急预案。应急预案应当包括报告程序、应急指挥、应急设备的储备以及处置措施等内容。

㉒ 客运站经营者应当建立和完善各类台账和档案，并按照要求报送有关信息。

本章小结

表5-3 道路旅客运输及客运站管理规定小结

名称	主要内容	重点
概述	道路客运经营和客运站经营的概念、道路客运经营及客运站管理的基本要求、道路客运经营及客运站管理主管部门和具体管理机构	道路客运经营及客运站管理的基本要求
经营许可	班车客运线路的划分、包车客运和旅游客运的划分、道路旅客运输及客运站管理经营许可的条件、道路客运经营许可程序	道路旅客运输及客运站管理经营许可的条件
客运车辆管理	客运车辆的定期维护和检测、客运车辆的定期审验	客运车辆的定期维护和检测
客运经营管理	客运经营者的经营权、客运班车的运行、客运经营者的经营行为规定	客运经营者的经营行为规定
客运站经营	客运站的概念、客运站的分类、客运站的经营、客运站经营者的责任和义务	客运站经营者的责任和义务

思考题

2022年10月14日，吴江一家出租车公司的"的哥"李达（化名）驾驶公司车辆沿长板路由西向东行驶至227省道、长板路路口进行左转弯时，与由北向南行驶的一辆轿车发生碰撞，造成李达所驾车辆受损、李达受伤的交通事故。事发后，对方肇事车辆当场逃逸。经交警认定，李达无责任。该事故造成李达车辆停运16天，产生车辆修理费11 300元。李达所在的出租车公司起诉至吴江法院，要求保险公司赔偿车辆修理费11 300元、停运损失费5 576.79元。

被告保险公司认为其只需根据保险合同的约定赔偿原告车辆修理费的损失，而无须赔偿停运损失。因为停运损失属于间接损失，保险合同中对间接损失没有约定需要赔偿。

问题：保险公司应如何赔偿？为什么？

课堂集训

一、单项选择题

1. 申请道路旅客运输经营的，应向具有审批权的（　　　）进行申请并提交规定的材料。

    A. 安全监督管理部门   B. 交通运输主管部门

    C. 公安交通管理部门   D. 公路局

2. 交通运输主管部门对道路旅客运输经营申请予以许可的，向申请人颁发（　　），并向申请人投入运输的车辆配发"道路运输证"。

    A. "道路运输从业人员从业资格证"   B. "道路客运经营行政许可决定书"

    C. "道路运输上岗证"   D. 以上都要

3. 道路旅客运输经营者需要终止客运经营的，应当在终止前（　　）内告知原许可机关。

    A. 30 日   B. 40 日   C. 60 日   D. 90 日

4. 严禁营运客车超载运行，在载客人数已满的情况下，允许再搭乘不超过核定载客人数（　　）的免票儿童。

    A. 20%   B. 30%   C. 10%   D. 50%

5. 客运站经营者应当（　　）无证经营的车辆进站从事经营活动，无正当理由不得拒绝合法客运车辆进站经营。

    A. 经申请允许   B. 允许   C. 禁止   D. 根据需求允许

二、多项选择题

1. 道路旅客运输经营的许可程序是（　　）。

    A. 申请   B. 受理   C. 许可或不许可   D. 登记

2. 道路旅客运输班线经营者取得经营许可后，应当向公众连续提供运输服务，不得（　　）。

    A. 擅自暂停班线运输   B. 终止班线运输

    C. 转让班线运输   D. 变换运输车辆

3. 客运经营者应当（　　），并采取必要的措施防止在运输过程中发生侵害旅客人身、财产安全的违法行为。

    A. 为旅客提供良好的乘车环境   B. 确保车辆设备、设施齐全有效

    C. 保持车辆清洁、卫生   D. 提供适当的饮食服务

4. 道路旅客运输经营者终止经营的，应当在终止经营后 10 日内，将相关的（　　）交回原发证机关。

    A. "道路运输经营许可证"   B. "道路运输证"

    C. 客运标志牌   D. 以上都有

5. 客运经营者应当（　　），并采取有效措施，防止驾驶员连续驾驶时间超过 4 个小时。

    A. 加强车辆技术管理

    B. 建立客运车辆技术状况检查制度

    C. 加强对从业人员的安全、职业道德教育和业务知识、操作规程培训

    D. 对驾驶员全面培训

三、名词解释

1. 道路客运经营   2. 客运站经营   3. 客运站

四、简答题

1. 简述从事客运站经营应当具备的条件。

2. 简述从事道路客运经营应当具备的条件。

课堂集训答案

一、单项选择题

1. B　2. B　3. A　4. C　5. C

二、多项选择题

1. ABCD　2. ABC　3. ABC　4. ABCD　5. ABC

三、名词解释（略）

四、简答题（略）

第6章　道路货物运输及站（场）管理规定

思政目标

　　通过学习本章内容，对道路货物运输及站（场）的设立条件和程序有深刻的理解，培养学生公开公正的法治观念，逐渐养成依法依规从业的职业操守。

思政小课堂

　　全面建设社会主义现代化国家的新任务中，对新征程中进一步深化"放管服"改革作出战略安排，将道路货物运输站（场）经营许可改为备案管理，明确备案材料要求，程序要求，备案公正、公开等原则性规定。在保留现有监管措施的基础上，按照国务院关于推动站（场）运营标准化和加强信用监管、建立诚信考核制度的要求，对货运站标准化运营和信用管理作了原则性规定。

导入案例

　　2022年10月，甲自购货车一部后与运输公司签订了为期两年的《车辆挂靠经营合同》，合同约定由甲个人出资购买车辆挂靠在运输公司名下，即运输公司负责车辆的各种税费缴纳、车检、代开发票等，甲每年缴纳14 000元的税费及管理费。合同还约定甲自主经营，自负盈亏及若发生交通事故或商务事故损失由其本人承担等内容。2023年9月，甲由于连续两个月拖欠税费及管理费，按照合同的约定，9月15日运输公司向甲下达了书面解除《车辆挂靠经营合同》的通知，甲予以签收，但一直未办理车辆过户手续。其间，甲雇用了司机乙为其开车。

2023年9月25日，甲与司机乙在广州与丙托运部签订了一份《公路货物运输协议》，协议是司机乙受甲的指示签订的，签订协议时丙托运部验看了司机乙持有的行车证，行车证载明车辆所有人为运输公司。丙托运部委托甲运输价值30万元的电子产品，并当场支付给司机运费2 000元，其余运费等货物运达后付清。期限过后，收货单位未收到该宗货物，丙托运部电话联系甲，甲说货物在途中丢失了一半，其余部分货物现在甲处。7日后丙托运部派人来到甲、乙即运输公司共同住所地A市，找到了甲、乙两人，与甲、乙两人就货物丢失签订一份《赔偿协议书》，约定由甲赔偿丙托运部损失16万元，剩余货物由甲负责运回广州丙托运部。协议签订后，甲没有履行该协议。2023年11月15日，丙托运部起诉要求运输公司承担赔偿责任：赔偿货物损失价值30万元及运费2 000元。

一审：一审法院支持了原告的请求，其理由是：甲与运输公司虽然解除了挂靠合同，但是，其车辆登记的所有人仍为运输公司，甲的运输行为为履行公司的职务行为，因此，运输公司应当承担赔偿责任。

再审：由于一审诉讼中运输公司没有聘请律师代理，判决后公司咨询有关法律专业人士，他们认为一审判决没有问题，上诉推翻原判决的可能性很小，遂没有上诉。某律师在全面审查了运输公司提供的一审材料后，认为一审法院的判决过于武断，认定事实错误，建议申请再审。

6.1 概　　述

道路货物运输经营是指为社会提供公共服务、具有商业性质的道路货物运输活动。

道路货物运输包括道路普通货运、道路货物专用运输、道路大型物件运输和道路危险货物运输。

道路货物运输及站场相关政策法规是货运企业经理人做好管理工作的基础，是企业经理人应该遵守的基本法则。道路货物运输经理人应掌握必要的行业法律法规标准，做一个懂法、守法、会用法的合格管理者。

《道路货物运输及站场管理规定》是交通运输部为了规范道路货物运输和道路货物运输站（场）经营活动，维护道路货物运输市场秩序，保障道路货物运输和道路货物运输站（场）（以下简称"货运站"）有关各方当事人的合法权益，根据《中华人民共和国道路运输条例》及有关法律、行政法规的规定而制定的，主要包括经营许可、货运车辆管理、经营行为管理及法律责任的相关规定。

6.1.1　道路货物运输概述

道路普通货运是指在运输、装卸、保管过程中无特殊要求的货物运输。

道路货物专用运输是指使用集装箱、冷藏保鲜设备、罐式容器等专用车辆进行的货物运输。

道路大型物件运输是指因货物体积、质量的要求，需要大型或专用汽车的货物运输。这类货物单件（或不可拆卸的组合件）长度超过6 m，或高度超过2.7 m，或宽度超过2.5 m，或质量超过4 t。

道路危险货物运输是指承运"危险货物名表"列明的，易燃、易爆、有毒、有腐蚀性、有放射性等危险货物和虽未列入危险货物名表但具有危险货物性质的新产品的货物运输。

6.1.2　道路货物运输站（场）的概念

道路货物运输站（场）是指以场地设施为依托，为社会提供有偿服务的具有仓储、保管、配载、信息服务、装卸、理货等功能的综合货运站、零担货运站、集装箱中转站、物流中心等经营场所。

6.1.3　道路货物运输的特点及分类

1. 道路货物运输的特点

道路货物运输生产指标的衡量尺度是货物运输量。货物运输量通过两个指标来反映：一个指标是货运量，它的计算单位是"吨"；另一个指标是货物周转量，它的计算单位是"吨公里"。

2. 运送货物的分类

道路货物运输所运送的货物，根据它在运输、装卸、保管过程中是否有特殊的要求，是否需要采取特殊的措施，分为以下三大类。

1）普通货物

这类货物在运输、装卸、保管过程中无特殊要求。普通货物分为三等：一等普通货物主要是砂、石、渣、土等；二等普通货物主要是日用百货等；三等普通货物主要是蔬菜、农产品、水产品等。

2）特种货物

这类货物在运输、装卸、保管过程中需要采取特殊的措施。特种货物分为4类。

（1）笨重货物。这类货物单件（或不可拆卸的组合件）长度超过6 m或高度超过2.7 m，或宽度超过2.5 m或质量超过4 t（均包含同数）。

（2）危险货物。危险货物分为一级危险货物和二级危险货物。

（3）贵重货物。这类物品价格昂贵，运输责任重大，如货币、珍贵艺术品等。

（4）鲜活货物。这类货物价值高，责任重大，如野生动物等。

3）轻泡货物

这类货物的体积较大，但质量较轻，每立方米的质量不足333 kg。

3. 道路货物运输的分类

1）按运营方式分类

（1）整批货物运输。托运人一次托运的货物计费质量在3 t以上，或不足3 t，但因其性质、体积、形状，需要用一辆汽车运输的，称为整批货物运输。

（2）零担货物运输。托运人一次托运的货物计费质量在3 t及3 t以下的，称为零担货物运输。

（3）集装箱运输。采用集装箱为容器，使用汽车运输的（包括集装箱空箱的运输），称为集装箱运输。

2）按营运的组织方式和使用的运输工具分类

（1）快件货物运输。

在规定的距离和时间内将货物运送至目的地的运输，称为快件货物运输。应托运人的要求，采取即拖即运的，称为特快件货物运输。

（2）出租汽车货物运输。

采用装有出租营业标志的小型货车，供货主临时雇用，并按时间、里程和规定费率收取运输费用的，称为出租汽车货物运输。

（3）搬家运输。

为个人或单位搬迁提供运输和搬运装卸服务，并按规定收取费用的，称为搬家运输。

（4）联合运输。

由两种或两种以上运输方式（公铁、公航），或同一运输方式中两个以上经营者接力运送货物的运输方式，称为联合运输。

（5）甩挂运输。

甩挂运输是指用牵引车拖带挂车至目的地，将挂车甩下后，换上新的挂车运往另一目的地的运输方式。

（6）驼背运输。

将汽车（货物）开到底架上停放妥当，用汽车牵引底架行驶进行货物运输的，称为驼背运输。

3）按运输距离分类

各种运输方式对中、短、长途的定义不一样。汽车运输，国家规定 50 km 以内为短途运输，200 km 以内为中途运输，200 km 及以上是长途运输。航空运输，600 km 以内是支线，应该是短途运输，600～<1 100 km 是中程航线，1 100～<3 000 km 是长途航线，3 000 km 及以上是超长途航线。

6.1.4　道路货物运输及站场管理的原则

"公平、公正、公开、便民"原则。打破地区的封锁和垄断，促进道路运输市场的统一、开放、竞争、有序。

"依法经营，诚实守信，公平竞争，优质服务"原则。奉行"奉献社会"的宗旨，加强企业管理，树立"诚信、敬业、协作、创新"的企业价值观，完善以人、制度、创新为核心的管理模式，建立科学的企业管理制度，培养高素质的职业化管理队伍，公司强化服务管理规范化，服务过程程序化，服务质量标准化，创优质服务、优美环境、优良秩序，为货主提供安全、优质、方便、快捷的运输服务。

"鼓励道路货物运输实行集约化、网络化经营"原则。鼓励企业间以资产为纽带跨地区、跨行业进行重组和兼并，实现强强联合，优势互补。鼓励运输企业公车公营，提高企业管理水平，实现规模化、集约化和网络化经营。鼓励采用集装箱、封闭厢式车和多轴重型货车运输。

6.1.5　我国道路货物运输的管理模式

交通运输部主管全国道路货物运输和货运站管理工作。县级以上地方人民政府交通运输主管部门负责组织领导本行政区域的道路和货物站的管理工作。

6.2　经营许可

6.2.1　道路货运经营

道路货物运输经营者设立子公司的，应向设立地的交通运输主管部门申请经营许可；设立分公司的，应向设立地的交通运输主管部门报备。

道路货物运输经营者变更许可事项、扩大经营范围的，需按许可规定办理。道路货物运输和货运站经营者变更名称、地址等，应向作出原许可决定的交通运输主管部门备案。

道路货物运输和货运站经营者需要终止经营的，应在终止经营之日 30 日前告知原许可或者备案的交通运输主管部门，并办理有关注销手续。

申请从事道路货物运输经营的，向县级以上地方人民政府交通运输主管部门提出申请。

1．申请道路货运经营的条件

1）有与其经营业务相适应并经检测合格的运输车辆

① 车辆技术要求应当符合《道路运输车辆技术管理规定》有关规定。

② 车辆其他要求：

• 从事大型物件运输经营的，应当具有与所运输大型物件相适应的超重型车组；

• 从事冷藏保鲜、罐式容器等专用运输的，应当具有与运输货物相适应的专用容器、设备、设施，并固定在专用车辆上；

• 从事集装箱运输的，车辆还应当有固定集装箱的转锁装置。

2）有符合规定条件的驾驶员

① 取得与驾驶车辆相应的机动车驾驶证；

② 年龄不超过 60 周岁；

③ 经设区的市级交通运输主管部门对有关道路货物运输法规、机动车维修和货物及装载保管基本知识考试合格，并取得从业资格证（使用总质量 4 500 千克及以下普通货运车辆的驾驶员除外）。

3）有健全的安全生产管理制度

包括安全生产责任制度、安全生产业务操作规程、安全生产监督检查制度、驾驶员和车辆安全生产管理制度等。

2．申请从事道路货运经营须提供的材料

申请从事道路货物运输经营须提供以下材料。

① 道路货物运输经营申请表。

② 负责人身份证明，经办人的身份证明和委托书。

③ 机动车辆行驶证、车辆技术等级评定结论复印件；拟投入运输车辆的承诺书，承诺书应当包括车辆数量、类型、技术性能、投入时间等内容。

④ 聘用或拟聘用驾驶员的机动车驾驶证、从业资格证及其复印件。

⑤ 安全生产管理制度文本。

⑥ 法律法规规定的其他材料。

6.2.2　道路货运站经营

申请从事货运站经营的，向县级以上地方人民政府交通运输主管部门提出申请。

1. 申请货运站经营的条件

申请从事货运站经营应当具备下列条件。

① 有与其经营规模相适应的货运站房、生产调度办公室、信息管理中心、仓库、仓储库棚、场地和道路设施，并经有关部门组织的工程竣工验收合格。验收合格包括两层含义，第一层含义是必须经过验收，第二层含义是必须合格，达到规定的要求。验收合格要达到以下两方面的要求：货运站的站级划分和建设必须符合《公路货运站站级标准及建设要求》（JT/T 402）的规定。货运站投入经营前，为确保安全和符合需要必须经交通、消防等主管部门验收后，方可投入使用。

② 有与其经营规模相适应的安全、消防、装卸、通信、计量等设备。

③ 有与其经营规模、经营类别相适应的管理人员和技术人员。

④ 有健全的业务操作规程和安全生产管理制度。

2. 申请从事货运站经营须提供下列材料

① 道路货物运输站（场）经营备案表。

② 负责人身份证明，经办人的身份证明和委托书。

③ 经营道路货运站的土地、房屋的合法证明。

④ 货运站竣工验收证明。

⑤ 与业务相适应的专业人员和管理人员的身份证明、专业证书。

⑥ 业务操作规程和安全生产管理制度文本。

6.2.3　行政许可

1. 对经营申请的答复

① 交通运输主管部门对道路货运经营申请予以受理的，应当自受理之日起20日内作出许可或者不予许可的决定。

② 交通运输主管部门对符合法定条件的道路货物运输经营申请作出准予行政许可决定的，应当出具"道路货物运输经营许可决定书"，明确许可事项。在10日内向被许可人颁发"道路运输经营许可证"，在"道路运输经营许可证"上注明经营范围。

③ 交通运输主管部门收到货运站经营备案材料后，对材料齐全且符合要求的，应当予以备案并编号归档；对材料不全或者不符合要求的，应当场或者自收到备案材料之日起5日内一次性书面通知备案人需要补充的全部内容。

交通运输主管部门应当向社会公布并及时更新已备案的货运站名单，便于社会查询和监督。

④ 对道路货物运输经营不予许可的，应当向申请人出具"不予交通行政许可决定书"。

2. 被许可人履行承诺

① 被许可人应当按照承诺书的要求投入运输车辆。购置车辆或者已有车辆经交通运输主管部门核实并符合条件的，交通运输主管部门向投入运输的车辆配发"道路运输证"。

② 道路货物运输经营者设立子公司的，应当向设立地的交通运输主管部门申请许可；

设立分公司的，应当向设立地的交通运输主管部门报告备案。

3. 经营期限内变更、终止

① 道路货物运输和货运站经营者变更名称、地址等，应当向作出原许可决定的交通运输主管部门备案。

② 道路货物运输和货运站经营者需要终止经营的，应当在终止经营之日起30日前告知原许可或备案的交通运输主管部门，并办理有关注销手续。

6.3 货运经营管理

6.3.1 经营者的权利与义务

道路货物运输经营者应当按照"道路运输经营许可证"核定的经营范围从事货物运输经营，不得转让、出租道路运输经营许可证件。如果货运经营者超越了许可事项经营范围，属于未经许可从事经营活动。如果转让货运经营权或者出租道路货运经营许可证件，即把取得的合法经营权转让或者出租给其他人，应受到严厉处罚。

6.3.2 经营服务质量

运输的货物应当符合货运车辆核定的载质量，载物的长、宽、高不得违反装载要求。禁止货运车辆违反国家有关规定超限、超载运输。禁止使用货运车辆运输旅客。

道路货物运输经营者运输大型物件，应当制定道路运输组织方案。涉及超限运输的应当按照交通运输部颁布的《超限运输车辆行驶公路管理规定》办理相应的审批手续。

从事大型物件运输的车辆，应当按照规定设置统一的标志和悬挂标志旗；夜间行驶和停车休息时应当设置标志灯。

道路货物运输经营者不得运输法律、行政法规禁止运输的货物。《中华人民共和国道路运输条例》第25条规定："货运经营者不得运输法律、行政法规禁止运输的货物。法律、行政法规规定必须办理有关手续后方可运输的货物，货运经营者应当查验有关手续。"根据现行法律法规的规定，禁止运输的货物一般是指非法生产的违禁物品，如毒品、假劣药品，以及伪造、变造、非法印刷的人民币。这些违禁物品本质上是禁止流通的，道路运输经营者不得承运。限制运输的货物是指根据国家有关法律法规的规定，必须向有关部门办理准运手续方可运输的货物，如枪支、烟草、麻醉药品、剧毒化学品、木材、野生动植物、致病微生物、血液制品、核材料和食盐等，这些货物在运输时必须向有关管理机关办理准运手续。之所以对运输货物的种类作出限制性规定，主要是因为从保障安全和维护市场秩序的角度考虑的。禁止运输的货物从法律性质上讲是禁止流通的违禁物品，承运人不得运输；限制运输的货物一般是指具有高度危险属性的物品或者是具有专营要求的物品，有有关部门的批准手续方可运输。

道路货物运输经营者不得采取不正当手段招揽货物、垄断货源。不得阻碍其他货运经营者开展正常的运输经营活动。道路货物运输经营者应当采取有效措施，防止货物变质、腐烂、短少或损失。

国家鼓励实行封闭式运输。道路货物运输经营者应当采取有效措施，防止货物脱落、扬撒等情况的发生。

6.3.3　从业人员的教育管理

道路货物运输经营者应当对从业人员进行经常性的安全、职业道德教育和业务知识、操作规程培训。

道路货物运输经营者应当按照国家有关规定在其重型货运车辆、牵引车上安装、使用行驶记录仪，并采取有效措施，防止驾驶人员连续驾驶时间超过4小时。

道路货物运输经营者应要求其聘用的车辆驾驶员随车携带按照规定要求取得的《道路运输证》。

6.3.4　货运商务作业各环节的管理

1. 签订运输合同

承运人、托运人、货运代办人在签订和履行汽车货物运输合同时，应遵守国家法律及其相关的运输法规、行政规章。

承运人是指使用汽车从事货物运输并与托运人订立货物运输合同的经营者。托运人是指与承运人订立货物运输合同的单位或个人。收货人是指货物运输合同中托运人指定提取货物的单位或个人。货物运输代办人是指以自己的名义承揽货物并分别与托运人、承运人订立货物运输合同的经营者。

汽车货物运输合同采用书面形式、口头形式和其他形式。书面形式的合同种类分为定期运输合同、一次性运输合同、道路货物运单（以下简称"运单"）。汽车货物运输合同由承运人或托运人本着平等、自愿、公平、诚实、信用的原则签订。

定期运输合同适用于承运人、托运人、货运代办人之间商定的时期内的批量货物运输。定期货物运输合同的内容包括：托运人、收货人和承运人的名称（姓名）、地址（住所）、电话、邮政编码；货物的种类、名称、性质；货物质量、数量或月、季、年度货物批量；起运地、到达地；运输质量；合同期限；装卸责任；货物价值，是否保价、保险；运输费用的结算方式；违约责任；解决争议的方法。

一次性运输合同、运单适用于单次货物运输。一次性运输合同、运单的内容包括：托运人、收货人和承运人的名称（姓名）、地址（住所）、电话、邮政编码；货物的名称、性质、质量、数量、体积；装货地点、卸货地点、运距；货物的包装方式；承运日期和运到期限；运输质量；装卸责任，是否保价、保险；运输费用的结算方式；违约责任解决争议的方法。

承运人、托运人和货运代办人签订定期运输合同、一次性运输合同时，运单视为货物运输合同成立的凭证。在每车次或短途每日多次货物运输中，运单视为合同。

2. 填写运单

货物托运时要填写运单，已签订定期运输合同或一次性运输合同的，要在运单托运人签字盖章处填写合同序号。未签订定期运输合同或一次性运输合同的，托运人应按以下要求填写运单。鼓励道路货物运输经营者采用电子合同、电子运单等信息化技术，提升运输管理水平。

① 准确表明托运人和收货人的名称（姓名）和地址（住所）、电话、邮政编码。

② 准确表明货物的名称、性质、件数、质量、体积及包装方式。

③ 准确表明运单中的其他有关事项。

④ 一张运单托运的货物，必须是同一托运人、收货人。

⑤ 危险货物与普通货物及性质相互抵触的货物不能用一张运单。

⑥ 托运人要求自行装卸的货物，经承运人确认后，在运单内注明。

⑦ 应使用钢笔或者圆珠笔填写运单，字迹清楚，内容准确；需要更改时，必须在更改处签字盖章。

托运的货物品种不能在一张运单内逐一填写的，应填写"货物清单"。托运货物的名称、性质、件数、质量、体积及包装方式等，应与运单记载的内容相符。

按照国家有关部门规定需要办理准运或审批、检验等手续的货物，托运人托运时应将准运证或审批文件提交承运人，并随货同行。托运人委托承运人向收货人代递有关文件时，应在运单中注明文件名称和份数。

3. 货物托运

货物托运是发货人委托运输部门将一批货物运到指定的地点并交付给指定的收货人的行为。发货人向运输部门托运货物时，按一定手续填写运单，同时提供其他必要的证明文件。

托运的货物中，不得夹带危险货物、贵重货物、鲜活货物和其他易腐货物、易污染货物、有价证券，以及政府禁止或限制运输的货物等。

托运货物应当按照承托双方约定的方式包装。对包装方式没有约定的，按照通用的方式包装；没有通用方式的，应在足以保证运输、搬运、装卸工作安全和货物完好的原则下进行包装。整批货物运输时，散装、无包装和不成件的货物按质量托运；有包装、成件的货物，托运人能按件点交的可按件托运，不计件内细数。

依法应当执行特殊包装标准的，按照规定执行。托运人应根据货物性质和运输要求，按照国家规定，正确使用运输标志和包装储运图示标志。使用旧包装运输货物，托运人应将包装上与本批货物无关的运输标志、包装储运图示标志清除干净，并重新标明制作标志。

托运特种货物，托运人应在运单中注明运输条件和特约事项，运输途中需要饲养、照料的生物、植物，尖端精密产品，稀有珍贵物品，文物，军械弹药，有价证券、重要票证和货币等，托运人必须派人押运。

大型特型笨重物件、危险货物、贵重物品和个人搬家物品，是否派人押运由承托双方根据实际情况约定。除规定的货物外，托运人要求押运时，需经承运人同意。

需派人押运的货物，托运人在办理货物托运手续时，应在运单上注明押运人员姓名及必要的情况。押运人员每车一人，托运人需增派押运人员，在符合安全规定的前提下，征得承运人的同意，可适当增加。押运人员须遵守运输和安全规定。押运人员在运输过程中负责货物的照顾、保管和交接，如发现货物出现异常情况，应及时作出处理并告知车辆驾驶人员。

4. 货物管理

承运人应根据承运货物的需要，按货物的不同特性，提供技术状况良好、经济适用的车辆。使用的车辆、容器应做到外观整洁，车体、容器内干净，无污染物、残留物。承运特种货物的车辆和集装箱运输车辆，需配备符合运输要求的特殊装置或专用设备。

承运人受理凭证运输或需有关审批、检验证明文件的货物后，应当在有关文件上注明托运货物的数量、运输日期，加盖承运章，并随货同行，以备查验。

承运人受理整批或零担货物时，应根据运单记载货物名称、数量、包装方式等，核对无误，方可办理交接手续。发现与运单填写不符或可能危及运输安全的，不得办理交接手续。

承运人受理整批货零担货物时，应根据运单记载货物名称、数量、包装方式等，核对无误，方可办理交接手续。发现与运单填写不符或可能危及运输安全的，不得办理交接手续。

承运人应当根据受理货物的情况，合理安排运输车辆，货物装载质量以车辆额定吨位为限，轻泡货物以折算质量装载，不得超过车辆额定吨位和有关长、宽、高的装载规定。

承运人应与托运人约定运输路线。起运前运输路线发生变化的必须通知托运人，并按照最后确定的路线运输。承运人未按约定的路线运输所增加的运输费用，托运人或收货人可以拒绝支付增加部分的运输费用。

货物运输中，在与承运人非隶属关系的货运站进行货物仓储、装卸作业，承运人应与站场经营人签订作业合同。

运输期限由承托双方共同约定后应在运单上注明。承运人应在约定的时间内将货物运达。零担货物按批准的班期时限运达，快件货物按规定的期限运达。整批货物运抵前，承运人应当及时通知收货人做好卸货准备；零担货物运达目的地后，应在 24 小时内向收货人发出到货通知或按托运人的指示及时将货物交给收货人。

车辆装载有毒、易污染的货物卸载后，承运人应对车辆进行清洗和消毒。因货物自身的性质，应托运人要求，需要车辆进行特殊清洗和消毒的，由托运人负责。

6.3.5 运输合同的变更和解除

在承运人未将货物交付收货人之前，托运人可以要求承运人中止运输、返还货物、变更到达地或者将货物交付给其他收货人，但应当赔偿承运人因此受到的损失。

凡发生下列情况之一者，运输合同允许变更或解除。

① 由于不可抗力使运输合同无法履行。

② 由于合同当事人一方的原因，在合同约定的期限内无法履行运输合同。

③ 合同当事人违约，使合同的履行成为不可能或不必要。

④ 经合同当事人双方协商同意解除或变更，但承运人提出解除运输合同的，应退还已收的运费。

货物运输过程中，因不可抗力造成道路阻塞导致运输阻滞，承运人应及时与托运人联系，协商处理，发生货物装卸、接运和保管费用按以下规定处理。

接运时，货物装卸、接运费用由托运人负担，承运人收取已完成运输里程的运费，退回未完成运输里程的运费。回运时，收取已完成运输里程的运费，回城运费免收。

托运人要求绕道行驶或改变到达地点时，收取实际运输里程的运费。

货物在受阻处存放，保管费用由托运人负担。

6.3.6 货物的接收

货物运达承托双方约定的地点后，承运人知道收货人的，应及时通知收货人，收货人应凭有效单证及时提（收）货，无故拒提（收）货物，应赔偿承运人因此造成的损失。承运人可以提存货物。

货物交付时，承运人与收货人应当做好交接工作，如发现货损、货差，由承运人与收货人共同编制货运事故记录，交接双方在货运事故记录上签字确认。

货物交接时，承托双方对货物的质量和内容有质疑，均可提出查验与复磅，查验与复磅的费用由责任方负担。

6.3.7　应急处置预案

道路货物运输经营者应当制定有关交通事故、自然灾害、公共卫生及其他突发公共事件的道路运输应急预案。

6.4　货运站经营

6.4.1　经营者的权利和义务

货运站经营者应当按照国家有关标准运营，不得随意改变货运站的用途和服务功能。

货运站经营者应当依法加强安全管理，完善安全生产条件，健全和落实安全生产责任制。货运站经营者应当对出站车辆进行安全检查，防止超载车辆或者未经安全检查的车辆出站，保证安全生产。

货运站经营者应当按照货物的性质、保管要求进行分类存放，保证货物完好无损，不得违规存放危险货物。

货运站经营者应当公平对待使用货运站的道路货物运输经营者，禁止无证经营的车辆进站从事经营活动，无正当理由不得拒绝道路货物运输经营者进站从事经营活动。

搬运装卸作业应当轻装、轻放、堆放整齐，防止混杂、撒漏、破损，严禁有毒、易污染物品与食品混装。

货运站要保持清洁卫生，各项服务标志醒目。

货运站经营者不得超限、超载配货，不得为无道路运输经营许可证或证照不全者提供服务；不得违反国家有关规定，为运输车辆装卸国家禁运、限运的物品。

6.4.2　经营服务质量

货运站经营者不得垄断货源、抢装货物、扣押货物。货运站要保持清洁卫生，各项服务标志醒目。货运站经营者经营配载服务应当坚持自愿的原则，提供的货源信息和运力信息应当真实、准确。货运站经营者应当严格执行价格规定，在经营场所公布收费项目和收费标准，严禁乱收费。货运站经营者应当建立和完善各类台账和档案，并按要求报送有关信息。

6.4.3　应急处置预案

货运站经营者应当制定有关突出公共事件的应急预案。应急预案应当包括报告程序、应急指挥、应急车辆和设备的储备，以及处置措施等内容。

本章小结

表 6-1　道路货物运输及站（场）管理规定小结

名称	主要内容	重点
概述	道路货物运输经营的概念及我国道路货物运输的经营体制	道路货物运输站的概念、运营方式，以及我国货运交通的管理模式
经营许可	道路货运经营、道路货运站经营	经营行政许可的概念
货运经营管理	经营权的权利、服务质量、从业人员的教育管理、货运商务作业各环节的管理	货运经营权、货运商务作业各个环节的管理、运输合同的变更和解除
货运站经营	经营权的权利、服务质量、应急处置预案	货运站经营应急处置预案

思考题

1. 汽车货物运输的基本条件是什么？
2. 汽车货物运输托运与承运有哪些手续？
3. 试述汽车货物运输的责任。

课堂集训

一、单项选择题

1. 道路货物运输经营是指为社会提供公共服务、具有（　　）的道路货物运输活动。
   A. 商业性质　　　　　B. 经营性　　　　　　C. 营利活动　　　　　D. 经济效益
2. 道路货物运输包括（　　）。
   A. 普通货物运输和大型物件运输
   B. 普通货物运输和道路危险货物运输
   C. 普通货运、道路货物专用运输、道路大型物件运输和道路危险货物运输
   D. 普通货物、危险货物运输和集装箱运输
3. 道路货物运输站（场），是指以场地设施为依托，为社会提供（　　）的具有仓储、保管、配载、信息服务、装卸、理货等功能的综合货运站（场）、零担货运站、集装箱中转站、物流中心等经营场所。
   A. 有偿服务　　　　　B. 无偿服务　　　　　C. 运输服务　　　　　D. 方便快捷
4. 道路货物运输和货运站经营者应当（　　）。
   A. 守法经营，公开竞争　　　　　　　　　B. 依法经营，诚实信用
   C. 公开、公正、便民　　　　　　　　　　D. 依法经营，诚实信用，公平竞争
5. 县级以上地方人民政府（　　）负责组织领导本行政区域的道路货物运输和货运站管理工作。

A. 交通运输主管部门   B. 城市交通主管部门

C. 公安交通主管部门   D. 建设主管部门

6. （　　）地方人民政府交通运输主管部门具体实施本行政区域的道路货物运输和货运站管理工作。

    A. 乡级以上   B. 区级以上   C. 县级以上   D. 各级

7. 交通运输主管部门对道路货运经营申请予以受理的，应当自受理之日起（　　）内作出许可或者不予许可的决定。

    A. 30 日   B. 20 日   C. 15 日   D. 10 日

8. 交通运输主管部门对符合法定条件的道路货物运输经营申请作出准予行政许可决定的，在（　　）内向被许可人颁发"道路运输经营许可证"。

    A. 10 日   B. 20 日   C. 30 日   D. 5 日

9. 县级以上交通运输主管部门应当定期对货运车辆进行审验，（　　）审验一次。

    A. 每年   B. 每半年   C. 每季度   D. 每两年

10. 交通运输主管部门应当按照国家有关规定在其重型货运车辆、牵引车上安装、使用行驶记录仪，并采取有效措施，防止驾驶员连续驾驶时间超过（　　）个小时。

    A. 5   B. 4   C. 6   D. 2

二、案例分析

王某驾驶一台货运卡车在途经交通检查站时，被交通运输主管部门的执法人员查获其车里拉有穿山甲、青蛙等野生动物。执法人员要求其出示证件，王某出示了交通运输主管部门颁发的营运证等手续，经查均合法；执法人员再次要求出示野生动物准运证件，王某极其不安，连连说："你们管得太宽了，野生动物准运证件又不是你们发的凭什么你们查？"交通运输主管部门的执法人员解释说："一是保护动物人人有责；二是我们是受林业部门委托来查的。"王某不耐烦地说："你们没有权力来查，让开，否则我撞死你们。"随后发动汽车，当场将一名执法人员撞成重伤。王某被公安机关刑事拘留。

事后查明：王某无野生动物准运证件；林业部门口头委托交通运输主管部门的执法人员代查代扣，查处后给予奖励；王某当场将一名执法人员撞成重伤系故意。

现争议：交通运输主管部门的执法人员是否越权，王某认为他的行为是抵制"公路三乱"，因此是正当的。

课堂集训答案

一、单项选择题

1. A   2. C   3. A   4. D   5. A   6. C   7. B   8. A   9. A   10. B

二、案例分析

答案要点：

野生动物准运证件应由林业部门执法人员查扣，交通运输主管部门的执法人员代扣显然是超越职权的行为。本案中的难点在于对"林业部门口头委托"的认定如果成立，则不是超越职权；如果不成立，则是超越职权。所谓"委托"是指行政机关委托具有管理公共事务职能的事业单位从事行政执法的制度。本案中林业部门口头委托交通运输主管部门的执法人员代查出后给予奖励，一是不符合委托给"事业单位"的要求，是违法委托给交通运输主管部门的执法人员；二是不符合委托执法制度的本质，"给予奖励"实际上是利益再分配。超越职权是对国家机关职责分工的破坏，长此以往，国家机关的运行秩序将被破坏。

王某无野生动物准运证件运输是违法的，故意将一名执法人员撞为重伤是犯罪行为。交通运输主管部门的执法人员代查代扣的超越职权行为，不能成为影响王某构成犯罪的条件。根据刑法规定的犯罪构成要件，认定王某故意伤害无异。

交通运输主管部门的执法人员今后发现无准运证件运输野生动物等违禁品时，应积极向有权查处的机关报告，由该机关进行查处。

第7章 合同法律制度

【职业能力目标与学习要求】

通过学习本章内容，学生熟悉合同生效后履行中的特殊规定，理解合同的效力、变更和转让、权利义务的终止，掌握订立合同的过程，掌握合同的违约责任，具备相应的案例分析能力和处理问题的能力。

思政目标

通过学习本章内容，培养学生诚实守信的精神。首先认识到合同的基本原则就是社会主义核心价值观中"平等、公正、法治、诚信"等要求的体现，要将社会主义核心价值体系贯彻和落实在合同从起草到履行的各个环节。在掌握合同相关知识的基础上，培养遵纪守法、诚实守信的公民责任意识。在明确合同中权利与义务、违约责任等基础上，使学生恪守职业道德、规范职业行为、规避合同风险。

思政小课堂

社会上不乏偷奸耍滑、投机取巧的"聪明人"，殊不知这是自毁前程、自断退路的做法。社会主义市场经济需要具备诚信意识。它不仅承载了自然法的精神，而且是中华民族的传统美德，体现了公平正义等人类社会的最高理想。诚信既是市场经济的道德基石，也是企业的立身之本、成功之基。对于任何人任何单位而言如果没有诚信，就不会有好的关系，就失去了基本的道德素养，基本就不会有大的发展。诚实信用原则更是合同法中的帝王条款，因此，必须在教育过程中强化学生的诚信意识。

导入案例

李珉诉朱晋华、李绍华悬赏广告酬金纠纷案

2023年3月30日下午，朱晋华在和平电影院看电影，此时李珉与王家平（二者系往日同学，公安干警）在其后几排的座位上同场观影。散场时，朱晋华将随身携带的李绍华（朋友关系）委托其代办的内装河南洛阳机电公司价值80多万元的汽车提货单及附加费本

等物品的公文包遗忘在座位上，李珉发现后，将公文包拾起，等候片刻后，见无人寻包，就将该包带走并交王家平保管。朱晋华离场之后，发现公文包丢失，找寻之后没有找到，便于2023年4月4日、5日在天津《今晚报》、4月7日在《天津日报》上相继刊登寻包启事，表示"重谢"和"必有重谢"。因为寻包启事没有结果，李绍华自河南到天津，又以其名义于2023年4月12日在天津《今晚报》上刊登内容相似的寻包启事，并将"重谢"变为"一周之内有知情送还者酬谢1.5万元"。当时，李珉看到以李绍华名义刊登的寻包启事，立刻告诉王家平，并委托王家平与李绍华联系。4月13日中午，王家平通过电话与李绍华联系，确定了交还公文包与酬金的具体细节。当日下午，双方在约定的时间、地点交接时，就酬金问题发生争执，经公安机关协调解决未果。李珉向天津市和平区人民法院起诉，要求朱晋华、李绍华履行在广告中约定的义务，兑现报酬1.5万元。

朱晋华辩称：丢失公文包后，通过《天津日报》、天津《今晚报》多次刊登寻包启事，考虑到只有在明确酬金数目的情况下，才能与拾包者取得联系，所以才明确给付酬金1.5万元。其实并不是出于自己真实的意思，现在不同意支付1.5万元报酬。

李绍华辩称：因王家平身为公安干警，应以包内提单、私人联系手册等物品为线索，寻找失主，或主动将有关遗失物品交有关部门处理，不应等待酬金，王家平并未履行应尽的职责，故不同意给付李珉酬金之要求。

王家平述称：自己与李珉一起看电影，李珉拾得内装价值80多万元的汽车提单等票据的公文包，在自己处保管了10多天，但与本人毫无关系，故不要求索要报酬。

案例解析：

本案涉及悬赏广告的性质问题。法院认为，本案中被告的寻包启事为悬赏广告，"酬谢1.5万元"的表示系向社会不特定人的要约。原告完成了广告指定的送还公文包的行为，是对广告人的承诺。因此，原告与被告之间形成了民事法律关系，即债权债务关系。依照《民法典》关于"民事法律行为从成立时起具有法律约束力，行为人非依法律规定或者取得对方同意，不得擅自变更或者解除"的规定，以及《民法典》关于"商业广告的内容符合要约规定的，视为要约"的规定，被告应当履行广告中许诺的给付报酬的义务。

7.1 合同概述

7.1.1 合同的概念与分类

1. 合同的概念和法律特征

1）合同的概念

合同又称契约，是指平等主体的自然人、法人、其他组织之间设立、变更、终止民事权利义务关系的协议。合同的概念有广义和狭义之分。广义的合同是指所有法律部门中确定权利、义务内容的协议，包括民事合同、行政合同、劳动合同、身份合同等。狭义的合同是指两个以上的民事主体之间设立、变更、终止债权债务关系的协议，即债权合同。《民法典》所称合同是狭义的合同，仅指民事合同中的债权合同，不包括物权合同。

2）合同的法律特征

（1）合同的主体具有平等的法律地位

合同是平等主体之间的协议，即合同各方当事人在法律关系中、在订立和履行合同的过程中的地位是平等的。无论合同的主体是自然人、法人还是其他组织，合同当事人的法律地位都是平等的，不存在隶属与服从关系。任何一方不得将自己的意志强加给另一方当事人，如不得强迫对方签订合同，或者不得强迫对方接受不公平的条款。当事人之间必须本着平等的原则订立合同，不得以损害对方的利益来获利。当合同当事人的合法权益受到不法侵害时，亦同等地受到法律保护。对于非平等主体之间的合同不适用《民法典》。

（2）合同是双方或多方当事人的法律行为

合同以意思表示为要素，从本质上说，合同是一种协议。合同是双方或多方当事人在意思表示一致的基础上所形成的合同关系，而且是在当事人之间产生权利义务关系并形成法律后果的行为。它区别于单方法律行为。

（3）合同是以设立、变更、终止民事权利义务关系为目的的民事法律行为

合同是当事人之间意思表示一致，以设立、变更、终止民事权利义务关系为目的的法律行为。民事权利义务的设立，是指当事人订立合同，形成某种民事法律关系。民事权利义务的变更，是指合同签订后尚未履行，或者在履行过程中当事人双方就原合同的内容进行部分修改而形成的协议。民事权利义务的终止，是指因法律规定的原因出现时，合同所规定双方当事人的权利义务关系归于消灭的情况，如履行、免除等。

（4）合同是具有相应法律效力的协议

合同一经签订，任何一方不得擅自变更或解除，必须按约履行。

2. 合同的分类

根据不同的标准，可以将合同分为不同的类别。合同的分类有助于人们认识各类合同的特征、生效要件及正确地履行合同。

1）有名合同与无名合同

根据法律是否规定了合同的名称，合同可分为有名合同和无名合同。有名合同又称典型合同，是指法律、法规规定了具体名称和调整规范的合同。《中华人民共和国民法典》中明确规定了下列有名合同：买卖合同，供用电、水、气、热力合同，赠与合同，借款合同，租赁合同，融资租赁合同，保理合同，承揽合同，建设工程合同，运输合同，技术合同，保管合同，仓储合同，委托合同，物业服务合同，行纪合同，中介合同，合伙合同。无名合同又称非典型合同，是指法律、法规尚未规定其名称和相应调整规范的合同。

2）双务合同与单务合同

根据合同双方当事人对权利、义务的分担方式，可将合同分为双务合同与单务合同。双务合同是指当事人双方相互享有权利、承担义务的合同，如买卖合同、租赁合同、加工承揽合同等。单务合同是指一方当事人只享有权利而不负担义务，另一方只负担义务而不享有权利的合同，如赠与合同。

3）有偿合同与无偿合同

根据当事人之间的权利义务是否互为对价为标准，将合同分为有偿合同和无偿合同。有偿合同是指一方当事人享有合同规定的权益，须向对方当事人支付相应代价的合同，如买卖合同等。不支付代价即可享有合同权利的合同为无偿合同，如赠与合同、借用合同等。

区分有偿合同和无偿合同的法律意义在于区分当事人的合同责任不同。如保管合同，有偿保管合同对一般过失的损失即负赔偿责任，而无偿保管合同对故意和重大过失所造成的损失才负赔偿责任。

4）要式合同与非要式合同

根据合同的成立是否需要采用特定的法律形式或程序来划分，合同分为要式合同和非要式合同。要式合同是指法律规定必须采取特定形式的规定，如《中华人民共和国民法典》规定，法律、行政法规规定应当办理批准、登记等手续的，依照其规定；法律、行政法规规定采用书面形式的，应当采用书面形式。非要式合同是指法律不要求采用特定形式的合同。

5）诺成合同与实践合同

根据合同的成立是否以交付标的物为要件来划分，合同分为诺成合同和实践合同。诺成合同是指不依赖标的物的交付，只需当事人意思表示一致即可成立的合同，如买卖合同、运输合同等。实践合同是指除经双方当事人意思表示一致外，还需以实际交付标的物为合同成立要件的合同，如定金合同、保管合同等。

区分诺成合同和实践合同，对于判定合同的成立及当事人的义务具有重大意义。诺成合同以合意为成立要件，而实践合同以合意和交付标的物为成立要件。

6）主合同与从合同

根据合同间是否存在主从依赖关系为标准，可将合同分为主合同与从合同。主合同是指不以其他合同的存在为前提而独立存在的合同。从合同是指须以其他合同的存在为前提的合同，如保证合同等。一般而言，主合同无效，从合同也无效。

此外，根据合同当事人订立合同是否为了自己的利益，将合同分为为自己利益订立的合同与为第三人利益订立的合同；依据合同的法律效果在订立合同时是否确定，将合同分为确定合同与射幸合同。

7.1.2 合同的基本原则

合同的基本原则是合同当事人在合同活动中应遵守的基本准则，也是人民法院、仲裁机构在审理、裁决合同纠纷时的依据。合同的订立、效力、履行、违约责任等都必须遵循以下基本原则的规定。

1. 平等原则

合同当事人的法律地位平等，一方不得将自己的意志强加给另一方。合同当事人无论是法人、其他经济组织，还是自然人，只要他们以合同主体的身份参加到合同关系当中来，就没有高低从属之分，他们在合同的订立、履行、变更、终止和承担违约责任等方面都处于平等的法律地位，应当平等协商，任何一方不能强迫另一方接受自己提出的条款和要求，主体不分实力强弱，不分地域和部门所属，双方的权利和义务对等，法律给予他们一视同仁的保护。

2. 自愿原则

当事人依法享有自愿订立合同的权利，任何单位和个人不得非法干预。合同自由原则是世界各国合同中的一项基本原则，集中表现了合同的本质属性。自愿原则贯穿合同活动全过程，是指当事人根据自己的意愿自主决定是否订立合同，自由决定合同的对方当事人，在法律许可的范围内自由决定合同条款，自由决定合同的内容和形式，以及发生争议时当事人自愿选择解决争议的方式。简言之，合同自愿原则是指在不违背法律的强制性规定的前提下，对合同享有充分的自由。

3. 公平原则

当事人要公平合理地确定各方的权利和义务，以及合同风险的承担。这里讲的公平表现在：订立合同时的公平，显失公平的合同可以撤销；当事人在履行合同的过程中应当正当地履行自己的义务；发生合同纠纷时司法机关应公平处理，既要切实保护守约方的合法利益，也不能使违约方因较小的过失承担过重的责任，不能导致不公平结果的出现。该原则将社会道德上升为法律一般条款，这可以提高当事人的行为水平，维护正常的交易秩序。

4. 诚实信用原则

当事人行使权利、履行义务应当遵循诚实信用原则，不得有欺诈等恶意行为。诚实信用原则体现于合同的订立、履行、变更和终止等各个方面和各个阶段。诚信原则是合同中的重要原则，在大陆法系中被称为"帝王规则"。

它包括以下 3 个方面：一是先合同义务，当事人在订立合同过程中不得假借签约而恶意进行磋商，不得故意隐瞒与订立合同有关的重要事实或者提供虚假情况；二是在合同履行阶段当事人应当全面履行合同，即当事人在履行合同过程中，认真承担合同义务，根据合同的性质、目的和交易习惯履行合同，并及时沟通有关信息、相互协作配合、提供必要条件、防止损失扩大；三是后合同义务，当事人应当遵守诚实信用原则，根据交易习惯履行通知、协助及保密义务等。

实际上，诚信原则给予了法官一定的自由裁量权，法官在缺乏具体的法律条文规定时，可以根据诚信原则判案。

5. 公序良俗和合法性原则

当事人订立、履行合同，应当遵守法律、行政法规，尊重社会公德，不得扰乱社会经济秩序，不得损害社会公共利益。合同必须遵守公序良俗，符合法律规定，禁止权利滥用。

公序良俗原则是指合同当事人的行为不应违反公共秩序和善良风俗习惯。该原则主要适用于没有违反法律的强制性规定，但行为明显不适当的情形。该原则同样给予法官很大的自由裁量权，但法官不得滥用该权利。合法性原则是指合同当事人必须遵守法律、行政法规及地方性法规，不得违反法规中的强制性规定。

7.2　合同的订立与成立

合同的订立是合同关系成立的一个重要阶段。合同的订立是指两个或两个以上的当事人，依法就合同的主要条款经过协商，达成协议的法律行为。订立合同的当事人可以是自然人、法人及其他组织。当事人订立合同，应当具有相应的民事权利能力和民事行为能力。这是对缔约人主体资格的限制性规定。

7.2.1　合同订立的程序

合同订立的程序，是指双方当事人在平等互利的基础上经过协商达成协议的过程。合同订立主要包括要约和承诺两个阶段。《民法典》规定，当事人订立合同，采取要约、承诺方式。一般情形下，承诺生效时合同成立。

1. 要约

1）要约的概念与构成要件

要约是希望和他人订立合同的意思表示，即订约提议。提出要约的一方是要约人，接受要约的一方是受要约人。要约在不同情况下还可以称为发盘、出盘、发价、出价或报价。一项有效的要约必须具备以下构成要件。

（1）内容具体、确定

发出要约的目的在于订立合同。具体是指要约的内容至少必须具有足以使合同成立的必要条款，如果不能包含合同的必要条款，承诺人难以作出承诺，即使作出承诺，也会因为这种合意不具备合同的必要条款而使合同不能成立。确定是指要约的内容必须明确，或可以通过一定方式得以明确，而不能含糊不清，否则无法承诺。

（2）要约必须是向相对人发出

要约必须是要约人向相对人发出的意思表示。相对人一般为特定的人，但在特殊情况下，对不特定的人发出的意思表示亦可能构成要约，如商业广告的内容具体确定，符合要约的构成要件的，视为要约。

（3）表明经受要约人承诺，要约人即受该意思表示约束

要约是希望和他人订立合同的意思表示。正是由于要约具有订立合同的意图，要约一经承诺后，便可以使合同成立。订约人这种订立合同的意图一定要通过其发出的要约充分表现出来，而当某一意思表示不具有订立合同的主观目的时，也就不具有必须和承诺人订立合同的约束力，自然不可能是要约，而只能算是要约邀请，即要约人要明确表明，如果对方接受要约，合同即告成立。

2）要约邀请

要约邀请又称要约引诱，是希望他人向自己发出要约的意思表示，要约不同于要约邀请。

要约与要约邀请的区别如下。① 要约是当事人主动提出缔结合同的意思表示；而要约邀请的目的不是缔结合同，而是邀请对方当事人向其发出要约的意思表示，是当事人订立合同的预备行为。② 要约中含有当事人愿意承受要约拘束的意图，要约人将自己置于一旦对方承诺，合同即成立的无可选择的地位；而要约邀请则不含有当事人愿意承受拘束的意图，邀请人希望自己处于一种可以选择是否接受对方要约的地位，其本身不具有法律意义。③ 要约的内容必须具备足以使合同成立的必要条款；而要约邀请不必具备此等必要条款。

《中华人民共和国民法典》明文规定，拍卖公告、招标公告、招股说明书、债券募集办法、基金招募说明书、商业广告和宣传、寄送的价目表等为要约邀请。司法实践中，根据交易习惯进行的交易，例如询问商品的价格，一般认为是要约邀请而不是要约。再如当事人之间因多次从事某种物品的买卖，始终未改变其买卖货物的品种价格，那么根据双方交易习惯，一方仅向对方提出买卖的数量，也可以成为要约。

3）要约的生效时间

要约只要符合法律规定的构成要件，就会产生法律效力。要约一经生效，要约人即受到要约的约束，不得随意撤回或撤销，也不得随意变更要约的内容。根据《中华人民共和国

民法典》的规定，要约到达受要约人时生效，即要约送达到受要约人能够控制的地方时开始生效。要约的送达方式不同，其到达时间的确定也不同。采取直接送达方式发出要约的，记载要约的文件交给受要约人时即为到达；采用普通邮寄送达的，以受要约人收到要约文件或者要约送达受要约人信箱的时间为到达时间；采用数据电文形式发出要约的，收件人指定特定系统接收数据电文的，进入该特定系统的时间或者在未指定接收信息的系统情况下数据电文进入收件人的任何系统的首次时间视为到达时间。习惯上对要约的生效时间有两种观点：发信主义和到达主义。我国采用到达主义。

4）要约的撤回

要约可以撤回，因为要约只有到达受要约人时才发生约束力。要约的撤回是指要约发出后、生效前，要约人使要约不发生法律效力的意思表示。但撤回要约的通知应当在要约到达受要约人之前或者与要约同时到达受要约人。要约之所以可以撤回，原因在于要约尚未发生法律效力，撤回要约不会对受要约人产生任何影响，也不会对交易秩序产生不良影响。

5）要约的撤销

要约的撤销是指要约人在要约生效后、受要约人承诺前，使要约丧失法律效力的意思表示。撤销要约的通知应当在受要约人发出承诺通知之前到达受要约人。因为要约的撤销往往不利于受要约人，因此有下列情形之一的，要约不得撤销：① 要约人确定了承诺期限或者以其他形式明示要约不可撤销；② 受要约人有理由认为要约是不可撤销的，并已经为履行合同做好准备工作。

6）要约的失效

要约的失效是指要约的法律效力归于消灭，即要约人与受要约人均不再受要约的约束。有下列情形之一的，要约失效：① 拒绝要约的通知到达要约人；② 要约人依法撤销要约；③ 承诺期限届满，受要约人未作出承诺；④ 受要约人对要约的内容作出实质性变更。

2. 承诺

1）承诺的概念和构成要件

承诺是受要约人同意要约的意思表示。承诺生效即意味着合同的成立。一项有效的承诺具备以下构成要件。

① 承诺必须是受要约人向要约人作出。只有受要约人才有权作出承诺。非受要约人向要约人作出的接受要约的意思表示不是承诺，而是一项新要约。因为受要约人以外的第三人无资格向要约人作出承诺，因为他不是要约人选定的当事人，如果允许非受要约人作出承诺必将违背合同的意思自治原则。同理，承诺是受要约人对要约的回应，只有受要约人向要约人作出的承诺，才能使双方意思表示一致，从而使合同成立。受要约人向要约人以外的其他人作出承诺，只能视为向其他人发出了新的要约。

② 承诺应当以通知的方式作出，但根据交易习惯或者要约表明可以通过行为作出承诺的除外。

③ 承诺必须在要约的有效期限内到达要约人。凡是要约规定了承诺期限的，承诺即应在规定的期限内到达。承诺期限的计算方法为：要约以信件或者电报作出的，承诺期限自信件载明的日期或者电报交发之日开始计算；信件未载明日期的，自投寄该信件的邮戳日期开始计算；要约以电话、传真等通信方式作出的，承诺期限自要约到达受要约人时开始计算。

要约没有确定承诺期限的，应当根据不同情况确定：凡没有规定承诺期限的对话要约，承诺人须即时作出承诺，但当事人另有约定的除外。超过承诺期限作出的承诺，除要约人及时通知受要约人该承诺有效的以外，为新要约。受要约人在承诺期限内发出承诺，按照通常情形能够到达要约人，但因其他原因承诺到达要约人时超过承诺期限的，除要约人及时通知受要约人因承诺超过期限不接受该承诺的以外，该承诺有效。我国承诺期限的计算采取到达主义，所谓到达，指承诺的通知到达要约人可以控制的范围内。至于要约人是否实际阅读和了解承诺通知则不影响承诺的效力。例如，承诺到达要约人的秘书的手里、承诺到达了要约人的邮箱里等都视为到达。

④ 承诺的内容与要约的内容相一致。承诺是受要约人愿意按照要约的内容与要约人订立合同的意思表示，所以，承诺的内容必须与要约的内容一致，构成双方当事人的合意，才能使合同成立。但是，要求承诺与要约的内容绝对一致不利于鼓励交易。因此，《民法典》规定，受要约人对要约的内容作出实质性变更的，不构成承诺，应视为对原要约的拒绝并作出一项新的要约，或称为反要约。所谓实质性变更是指有关合同标的、数量、质量、价款或者报酬、履行期限、履行地点和方式、违约责任和解决争议方法等的变更。承诺对要约的内容作出非实质性变更的，除要约人及时表示反对或者要约表明承诺不得对要约的内容作出任何变更的以外，该承诺有效，合同的内容以承诺的内容为准。

2）承诺的生效

承诺生效时合同成立。承诺通知到达要约人时生效。承诺不需要通知的，根据交易习惯或者要约的要求作出承诺的行为时生效。

3）承诺的撤回

承诺的撤回是指受要约人阻止承诺发生法律效力的意思表示。承诺可以撤回，但撤回承诺的通知应当在承诺通知到达要约人之前或者与承诺通知同时到达要约人，即撤回承诺的通知必须在承诺生效之前到达要约人，或与承诺通知同时到达要约人，承诺才能成功撤回。如果承诺已经生效，则合同已经成立，受要约人当然不能再撤回承诺，更不能撤销承诺，如果允许撤销承诺，等于赋予承诺人任意撕毁合同的权利。承诺一经撤回后，即不发生承诺的效力，也就阻止了合同的成立。

7.2.2　合同订立的形式

订立合同的形式，是合同当事人之间明确相互权利和义务的方式，是当事人意思表示一致的外在表现形式。当事人订立合同的形式主要有以下 3 种。

1. 书面形式

当事人以文字形式表述合同内容的方式。书面形式包括合同书、信件和数据电文形式（包括电报、电传、传真、电子数据交换和电子邮件）等可以有形地表现所载内容的形式。法律、行政法规规定或者当事人约定采用书面形式的，应当采用书面形式。当事人约定采用书面形式的，应当采用书面形式。书面形式订立合同，有据可查，明确肯定，发生纠纷时便于举证和分清责任，是当事人普遍采用的一种合同形式。

2. 口头形式

口头形式是指双方当事人以口头交谈、意思表示一致而签订的合同。口头形式的好处是简便易行，高效快捷，但缺乏证据，发生合同纠纷时难以取证，无据可查，不利于交易安全的保护，因此，多用于即时清结或者是零星买卖的合同。

3. 其他形式

其他形式的合同，是指除了书面形式和口头形式外，合同还有其他一些形式。法律没有规定具体的"其他形式"，但可以根据当事人的行为或者特定情形推定合同成立，即默示合同。一方已经履行主要义务，如已交货或已付款，对方接受的，该合同成立。默示形式一般在法律有明确规定或当事人有约定时才能适用。

7.2.3　合同的内容与主要条款

合同的内容是指合同当事人享有的权利和承担的义务。合同的内容表现为合同的条款，即合同的具体条文。合同条款的确定是当事人之间协商订立合同的过程，因此，就总体而言应服从于合同当事人的意思自治，只要当事人对合同条款取得一致意见，不违反法律的禁止性规定即为有效，法律不会横加干预。因此，《民法典》对合同的内容采用了"一般包括以下条款"的提法，只起到示范性作用，并不将其作为合同成立的必要条件。当然，合同的条款是否完备，对于合同是否有效、能否顺利履行，具有一定决定性作用。根据合同自由原则，合同的内容由当事人约定，一般包括以下条款。

1. 当事人的名称或者姓名和住所

这是每一个合同必须具备的条款。名称是指法人或其他组织在登记机关登记的正式称谓；姓名是指公民在身份证上的正式称谓。住所对公民个人而言，是指其长久居住的场所；对法人或其他组织而言，是指其主要办事机构所在地。当事人是合同法律关系的主体，合同中如果不写明当事人，就无法确定权利的享有者和义务的承担者。合同中写明住所的意义在于通过确定住所，有利于决定债务履行地、诉讼管辖、法律文书送达的地点等事宜。订立合同时，要把各方当事人名称或者姓名和住所记载准确、清楚。

2. 标的

标的是合同当事人权利和义务共同指向的对象，是任何合同必须具备的主要条款。合同的标的包括货物、行为、货币、无形财产、工作成果等。

3. 数量

数量是对标的量的规定，是对标的的计量。在大多数合同中，数量是必备条款，没有数量，合同不能成立。数量是指衡量合同标的轻重、多少、大小、容量的计量尺度，它反映的是合同当事人权利义务的大小和多少。合同的数量要准确，应选择使用双方当事人共同接受的计量单位、计量方法和计量工具。

4. 质量

质量是指合同标的内在结构素质和外观形态相结合的综合指标。标的质量，往往通过标的名称、品种、规格、型号、性能、包装等来体现。合同中必须对质量明确加以规定。为避免质量纠纷，当事人无论采用何种标准作为标的质量的依据，都应当明确写明执行标准的代号、编号和标准名称。国家有强制性标准规定的，必须按照规定的标准执行。如果有多种质量标准的，应尽可能约定其适用的标准。当事人可以约定质量检验的方法、质量责任的期限和条件、对质量提出异议的条件和期限等。容易引起歧义的质量标准，除应书面写明该质量标准的有关内容外，最好能提交样品予以封存，以便在发生质量纠纷时确定责任。

5. 价款或者报酬

价款和报酬是有偿合同的主要条款。价款是指取得标的物应当支付的对价，如买卖合同的货款等。报酬是指一方当事人给予完成某项工作或者提供某项服务的另一方的对价，如保管合同中的保管费。在约定标的价款或者报酬的时候，除国家规定必须执行国家定价的以外，应当由当事人协商议定，同时，还应当约定价款或者报酬的支付结算方式。

6. 履行期限、地点和方式

履行期限是指合同当事人实现权利和履行义务的时间界限，如交付标的物、价款或者报酬、完成劳务等的时间界限，它是确定当事人的履行是否构成违约的标准之一。履行地点是指一方当事人交付标的，另一方当事人接受标的并支付价款的具体地点。履行地点关系履行合同的费用、风险由谁承受的依据，有时还是确定标的物所有权是否转移、合同纠纷诉讼管辖的依据。履行方式是指合同当事人履行义务的具体方式。常见的履行方式包括一次性履行和分期履行，卖方送货和买方自己提货，货物需要运输时的运输方式是陆路运输还是海上运输，支付方式是现金、支票还是银行转账等。

7. 违约责任

违约责任是当事人不履行或者不适当履行合同时，根据法律规定或者合同约定应当承担的法律责任。当事人可以事先约定违约金的数额、幅度，可以预先约定损害赔偿额的计算方法，甚至确定具体数额，也可以通过设定免责条款限制和免除当事人可能在未来发生的责任。违约责任是合同具有法律约束力的重要体现，它可以促使当事人履行合同，使对方免受或者减少损失，违约责任的约定有利于分清责任和及时解决纠纷，以保证当事人的合法权益得以实现。违约责任的承担方式主要有继续履行、采取补救措施、赔偿损失、交付违约金等。

8. 解决争议的方法

解决争议的方法是指合同当事人对合同的履行发生争议时解决的途径和方式。实践中，一旦发生争议，可以通过协商、调解、仲裁和诉讼解决纠纷。当事人为了明确纠纷的解决途径，可以在合同条款中进行约定，其中，选择诉讼的方式不必约定，但如果选择仲裁则必须约定，还要明确具体的仲裁机构。合同中解决争议的条款具有独立效力，不以合同的有效为前提，即使合同被撤销或者被宣布为无效，解决争议的条款依然有效。

一般认为，当事人、标的和数量是必要条款，缺少则会导致合同不成立。其他条款是非必要条款，可以事后签订补充协议。

7.2.4 格式条款

1. 格式条款的概念

格式条款是指当事人为了重复使用而预先拟定，并在订立合同时未与对方协商的条款。格式条款简化了当事人订立合同的过程，提高了交易效率，但容易造成双方当事人权利义务的失衡。

2. 格式条款无效的情形

格式条款具有《中华人民共和国民法典》第 497 条规定有下列情形之一的，该格式条款无效：

① 具有本法第 1 编第 6 章第 3 节和本法第 506 条规定的无效情形；

② 提供格式条款一方不合理地免除或者减轻其责任、加重对方责任、限制对方主要权利；

③ 提供格式条款一方排除对方主要权利。

对格式条款的理解发生争议的，应当按照通常解释予以理解。对格式条款有两种以上解释的，应当遵循不利于条款提供人的原则进行解释。

7.2.5　合同的成立

1. 合同成立的时间

合同成立的时间依不同情况而定，具体有：① 当事人采用合同书形式订立合同的，自双方当事人签字或者盖章时合同成立；② 当事人采用信件、数据电文等形式订立合同的，可以在合同成立之前要求签订确认书，签订确认书时合同成立；③ 法律、行政法规规定或者当事人约定采用书面形式订立合同，当事人未采用书面形式，但一方已经履行主要义务并且对方接受的，该合同成立；④ 当事人签订要式合同的，以法律、法规规定的特殊形式完成的时间为合同成立的时间。

2. 合同成立的地点

承诺生效的地点为合同成立的地点。具体为：① 采用数据电文形式订立合同的，收件人的主营业地为合同成立的地点；没有主营业地的，其经常居住地为合同成立的地点；② 当事人采用合同书形式订立合同的，双方当事人签字或者盖章的地点为合同成立的地点；③ 合同需要完成特殊的约定或法律形式才能成立的，以完成合同的约定形式或法定形式的地点为合同成立的地点；④ 当事人另有约定的，按照其约定。

合同的成立直接关系合同的履行、变更、终止的问题。合同的成立还是区分合同责任与缔约过失责任的根本标志。此外，合同成立的时间又是确定合同生效时间的基本标准。

7.2.6　缔约过失责任

1. 缔约过失责任的概念

缔约过失责任，是指当事人在订立合同的过程中，因违背诚实信用原则而致对方损失时所应承担的损害赔偿责任。当事人在订立合同的过程中，负有遵守关于订立合同的法律规定、遵循诚信原则的义务。如当事人违反上述义务，致使合同未能成立，并且给对方造成经济损失，应承担相应的损害赔偿责任。缔约过失责任发生于合同成立以前，合同关系尚不存在，它不同于违约责任，承担违约责任的前提是合同已成立并生效。

2. 缔约过失责任的具体形式

根据《中华人民共和国民法典》第 500 条的规定，当事人在订立合同过程中有下列情形之一，给对方造成损失的，应当承担损害赔偿责任：① 假借订立合同，恶意进行磋商；② 故意隐瞒与订立合同有关的重要事实或者提供虚假情况；③ 有其他违背诚实信用原则的行为。此外，当事人在订立合同过程中知悉的商业秘密，无论合同是否成立，不得泄露或者不正当使用。泄露或者不正当使用该商业秘密给对方造成损失的，应当承担损害赔偿责任。

7.3 合同的效力

7.3.1 合同效力的概念

合同的效力，又称合同的法律效力，是指依法成立的合同在当事人之间乃至对第三人所具有的法律约束力。

《中华人民共和国民法典》第502条规定："依法成立的合同，自成立时生效，但是法律另有规定或者当事人另有约定的除外。

依照法律、行政法规的规定，合同应当办理批准等手续的，依照其规定。未办理批准等手续影响合同生效的，不影响合同中履行报批等义务条款以及相关条款的效力。应当办理申请批准等手续的当事人未履行义务的，对方可以请求其承担违反该义务的责任。

依照法律、行政法规的规定，合同的变更、转让、解除等情形应当办理批准等手续的，适用前款规定。"

合同的成立与合同的效力不同。合同成立与否取决于当事人之间是否就合同内容达成一致。而合同是否生效则取决于是否符合法律规定的有效条件。合同成立以后，既可能因符合法律规定而生效，也可能因违反法律、法规规定或者意思表示不真实而无效。根据《民法典》的规定，从效力角度可以把合同划分为有效合同、无效合同、效力待定合同和可变更、可撤销合同四大类。

7.3.2 有效合同

1. 有效合同的概念

有效合同，又称为生效合同，是指符合法律规定的有效要件，因而对当事人具有法律约束力的合同。

根据《民法典》的规定，合同生效应具备以下要件。

1）合同当事人具有相应的民事权利能力和民事行为能力

合同的当事人包括公民、法人和其他组织。对于公民来说，其应具有完全的民事行为能力。对于法人和其他组织而言，只要领取了营业执照即具有了订立合同的主体资格。

2）意思表示真实

意思表示真实是合同生效的一个重要条件。当事人只有在意思表示真实（完全自愿）的情况下达成的协议，才符合法律规定的要求，才能产生法律约束力。

3）合同内容不违反法律、行政法规或者社会公共利益

合同的内容必须符合法律的规定，既不能违反法律的强制性规定，也不能违背社会公德、扰乱社会公共秩序、损害社会公共利益。

法律规定需要办理登记、审批手续的依照法律规定办理相应手续。

2. 合同生效的时间

1）依法成立的合同，自成立时生效

法律规定需要采用书面形式的合同，则应以当事人签订书面合同并在合同上由双方签字盖章后才能宣告合同成立。对于法律、行政法规规定应当办理批准、登记等手续的合同则从

登记之日起合同成立并生效。如果当事人没有依照法律、行政法规办理批准、登记等手续，其结果是合同不生效。

2）附条件和附期限的合同，其生效时间与承诺生效时间不一致

对于附条件和附期限的合同来说，承诺生效之时，合同已经成立，但没有生效。

当事人对合同的效力可以约定附条件，所谓附条件的合同，指合同的双方当事人在合同中约定某种事实状态，并以其将来发生或不发生作为合同生效或不生效的限制条件。附生效条件的合同，自条件成就时生效。附解除条件的合同，自条件成就时失效。当事人为自己的利益不正当地阻止条件成就的，视为条件已成就；不正当地促成条件成就的，视为条件未成就。

当事人对合同的效力可以约定附期限。附期限的合同是指以将来确定到来的期限作为合同的条款，并以该期限的到来作为合同效力发生或终止的根据。附生效期限的合同，自期限届至时生效。附终止期限的合同，自期限届满时失效。该期限可以是一个具体的期日，也可以是一个期间。

7.3.3　无效合同

1. 无效合同的概念

无效合同，是指当事人虽已订立，但不具备合同有效要件因而对当事人不具有法律约束力和不发生履行效力的合同。合同无效不同于合同未成立。无效合同自始、绝对、当然不发生法律效力，国家不予承认和保护。

2. 导致合同无效的事由

1）一方以欺诈、胁迫的手段订立合同，损害国家利益

所谓欺诈就是故意隐瞒真实情况或故意告知对方虚假的情况，欺骗对方，诱使对方作出错误的意思表示。因欺诈而订立的合同，是在受欺诈人因欺诈行为发生错误认识而作出意思表示的基础上产生的。胁迫是指行为人以将要发生的损害或者以直接实施损害相威胁，使对方当事人产生恐惧而与之订立合同，是以给公民及其亲友的生命健康、荣誉、名誉、财产等造成损害或者以给法人的荣誉、名誉、财产等造成损害为要挟，迫使相对方作出违背真实意思表示的行为。胁迫也是影响合同效力的原因之一。但以欺诈、胁迫等手段订立的合同，只有在有损国家利益时，该合同才为无效。

2）恶意串通，损害国家、集体或者第三人利益

恶意，是指当事人明知其所订立的合同将造成对国家、集体或者第三人的损害，而仍然故意为之。串通是指当事人双方有损害国家、集体或者第三人利益的共同目的。所谓恶意串通，是指当事人为实现某种目的，串通一气，共同实施所订合同的民事行为，造成国家、集体或者第三人的利益损害的违法行为。该类行为在司法实践中并不少见，诸如，债务人为规避强制执行，而与相对方订立虚假的买卖合同、虚假的抵押合同或虚假的赠与合同等。代理人与第三人勾结而订立合同，损害被代理人的利益的行为，亦为典型的恶意串通行为。该类合同损害了国家、集体或者第三人的利益，对社会危害极大，所以《民法典》将其纳入无效合同之中，以维护国家、集体或者第三人的利益和正常的交易秩序。

3）以合法形式掩盖非法目的

以合法形式掩盖非法目的，也称为隐匿行为，是指当事人通过实施合法的行为掩盖其真

实的非法目的，或者实施的行为在形式上是合法的，但是在内容上是非法的，即行为人为达到非法目的以迂回的方法避开了法律或行政法规的强制性规定，所以又称伪装合同。

当事人实施以合法形式掩盖非法目的的行为，当事人在行为的外在表现形式上，并不是违反法律的，但是这个形式并不是当事人所要达到的目的，不是当事人的真实意图，而是通过这样的合法形式掩盖和达到其真实的非法目的。因此，对于这种隐匿行为，应当区分其外在形式与真实意图，准确认定当事人所实施的合同行为的效力。

4）损害社会公共利益

维护社会公共利益是法的一项基本原则。在法律、行政法规无明确规定，但合同又明显损害了社会公共利益时，可以适用"损害社会公共利益"条款确认合同无效。

5）违反法律、行政法规的强制性规定

确定合同无效，应当以法律、行政法规为依据，不能以地方性法规、行政规章为依据。法律、行政法规依其性质可分为强制性规定和任意性规定。违反法律、行政法规的强制性规定的合同才可能是无效合同，而违反法律、行政法规的任意性规范并不会导致合同的无效。

3. 无效合同的确认和处理

无效合同的确认权归人民法院或者仲裁机构。合同被确认无效后，有以下 3 种处理方法。

1）返还财产

合同被确认无效后，因该合同取得的财产，应当予以返还；不能返还或者没有必要返还的，应当折价补偿。

2）赔偿损失

有过错的一方应当赔偿对方因此所受到的损失；双方都有过错的，应当各自承担相应的责任。

3）财产收归国家所有或者返还集体、第三人

当事人恶意串通，损害国家、集体或者第三人利益的，因此取得的财产收归国家所有或者返还集体、第三人。

7.3.4　效力待定合同

1. 效力待定合同的概念

效力待定合同是指合同已经成立，但因欠缺合同生效的要件，其效力能否发生尚不确定，须经权利人追认才能生效，权利人不予追认即归于无效的合同。效力待定合同主要是由当事人缺乏缔约能力、处分能力和代理资格所致。

2. 效力待定合同的类型

1）限制民事行为能力人订立的合同

通常情况下，限制行为能力人不能独立订立合同，而由其法定代理人代为订立。限制民事行为能力人独立订立的合同，经法定代理人追认后，该合同才能有效。但如果是纯获利益的合同或者是与其年龄、智力、精神健康状况相适应而订立的合同，不必经法定代理人追认，合同当然有效。相对人（合同另一方当事人）也可以催告法定代理人在 1 个月内予以追认。法定代理人未作表示的，视为拒绝追认。合同被追认之前，善意相对人有撤销的权

利。撤销应当以通知的方式作出。所谓"善意"，是指合同的相对人在签订合同时并不知道或者不可能知道对方当事人是限制民事行为能力人。

2）无权代理人订立的合同

代理人在授权范围内订立的合同，其法律后果由被代理人承担。行为人没有代理权、超越代理权或者代理权终止后以被代理人名义订立的合同，未经被代理人追认，对被代理人不发生效力，由行为人承担责任。相对人可以催告被代理人在 1 个月内予以追认。被代理人未作表示的，视为拒绝追认。合同被追认前，善意相对人有撤销的权利。撤销应当以通知的方式作出。

行为人没有代理权、超越代理权或者代理权终止后以被代理人名义订立合同，相对人有理由相信行为人有代理权的，该代理行为有效，此即表见代理。法人或者其他组织的法定代表人、负责人超越权限订立的合同，除相对人知道或者应当知道其超越权限的以外，该代表行为有效。

3）无处分权人订立的合同

无权处分，是指行为人没有处分权，却以自己的名义对他人财产实施法律上的处分行为。财产的处分权只能由享有处分权的人行使，无处分权的人不得擅自处分他人的财产。无权处分行为是否发生效力，取决于权利人是否追认或处分人是否取得处分权。在权利人追认或者无处分权的人取得处分权之前，该合同的效力处于待定状态。

7.3.5　可变更、可撤销合同

1. 可变更、可撤销合同的概念和特征

可变更、可撤销合同，是指因意思表示有缺陷，当事人一方有权请求人民法院或仲裁机构予以变更或者撤销已经成立的合同。可撤销合同是一种相对无效合同，其效力取决于当事人的意志。

可变更、可撤销合同一般具有以下特征。

① 可变更、可撤销合同在未被撤销前是有效的合同。

② 可变更、可撤销合同一般是意思表示不真实的合同。

③ 合同的变更或撤销要由有撤销权的当事人通过行使撤销权实现。

撤销权的行使是有时效和限制的，有下列情形之一的，撤销权消灭：具有撤销权的当事人自知道或者应当知道撤销事由之日起 1 年内没有行使撤销权；具有撤销权的当事人知道撤销事由后明确表示或者以自己的行为放弃撤销权。

④ 可变更、可撤销合同的变更或撤销须由人民法院或仲裁机构作出。

对于可变更、可撤销的合同，当事人有权诉请法院或者仲裁机构予以变更、撤销，当事人请求变更的，人民法院或者仲裁机构不得撤销。可变更、可撤销合同主要是订立合同时意思表示不真实的合同，在合同订立后，当事人的意思表示还可能改变，不一定非得变更或者撤销，是否变更或者撤销完全由当事人决定。

2. 导致合同变更和撤销的事由

1）因重大误解订立的合同

重大误解的合同是指当事人因自己的过错对合同的内容发生错误认识而订立的合同。如对合同性质、合同标的和合同当事人等的误解。重大误解直接影响当事人所应享有的权利和承担的义务，所以经一方当事人请求，可以变更或者撤销。

2）显失公平的合同

显失公平的合同是指一方当事人在情况紧迫或者缺乏经验的情况下订立的当事人之间的权利义务严重不对等，使对方遭受重大不利的合同。这种合同使当事人在经济利益上严重失衡，违反了公平合理的原则。法律规定显失公平的合同应予撤销，这不仅是公平原则的体现，而且对保证交易的公正性和保护消费者的利益、防止一方当事人利用优势或利用对方没有经验而损害对方的利益都有重要的重义，当事人有权请求变更或者撤销。

3）一方以欺诈、胁迫的手段或者乘人之危，使对方在违背真实意思的情况下订立的合同

一方以欺诈、胁迫的手段或者乘人之危，使对方在违背真实意思的情况下订立的合同，受损害方有权请求人民法院或者仲裁机构变更或者撤销合同。但一方以欺诈、胁迫的手段而订立的合同，如果损害国家利益，则不属于可变更或者可撤销的合同，而是无效合同。

3. 合同被撤销后财产的处理

被撤销的合同，同无效合同一样，自始没有法律约束力。如果合同只是部分内容被撤销，不影响其他部分的效力，其他部分仍然有效。合同被撤销的，不影响合同中独立存在的有关解决争议方法的条款的效力。

合同被撤销后，合同已经履行的，当事人应当返还财产；不能返还或者没有必要返还的，应当折价赔偿。有过错的一方应当赔偿对方因此所受到的损失。双方都有过错的，应当各自承担相应的责任。

7.4 合同的履行

合同的履行是指合同生效后，当事人按照合同规定的条款，完成各自应承担的义务和实现各自享受的权利，使双方当事人的合同目的得以实现的过程。当事人完成了自己应承担的全部义务，称为全部履行；当事人完成了自己应承担义务的一部分，称为部分履行。一项生效的合同，只有通过履行，才能实现合同的目的。

7.4.1 合同履行的原则

当事人在履行合同时所应当遵循的基本准则，是合同履行的原则。根据《民法典》的规定，合同履行的基本原则应当包括全面履行原则和诚实信用原则。

1. 全面履行原则

所谓全面履行，就是要求当事人必须按照合同规定的标的、数量、质量、价款等，在适当的履行期限、履行地点，用适当的履行方式全面完成合同义务。合同当事人应当按照约定全面履行自己的义务。当事人必须履行合同规定的全部义务，而不能部分履行。部分履行行为是违约行为，要承担违约责任。

2. 诚实信用原则

当事人应当遵循诚实信用原则，根据合同的性质、目的和交易习惯履行保证合同权利义务实现的各种相关的附属义务，包括相互协作和照顾的义务、瑕疵告知义务、使用方法告知义务、重要情势告知义务、忠实保密义务等。

7.4.2 合同履行中的具体规则

1. 合同条款不明确时的履行规则

合同生效后，当事人就质量、价款或者报酬、履行地点等内容没有约定或者约定不明确的，应当根据自愿原则，即首先由当事人协议补充，协议不成的，依照合同其他条款或者交易习惯确定，仍不能确定的，适用下列规定：① 质量要求不明确的，按照国家标准、行业标准履行；没有国家标准、行业标准的，按照通常标准或者符合合同目的的特定标准履行。② 价款或者报酬不明确的，按照订立合同时履行地的市场价格履行；依法应当执行政府定价或者政府指导定价的，按照规定履行。③ 履行地点不明确，给付货币的，在接受货币一方所在地履行；交付不动产的，在不动产所在地履行；其他标的，在履行义务一方所在地履行。④ 履行期限不明确的，债务人可以随时履行，债权人也可以随时要求履行，但应当给对方必要的准备时间。⑤ 履行方式不明确的，按照有利于实现合同目的的方式履行。⑥ 履行费用的负担不明确的，由履行义务一方负担。

2. 执行政府定价合同中价格的确定

执行政府定价或者政府指导价的，在合同约定的交付期限内遇到政府价格调整时，按照交付时的价格计价。逾期交付标的物的，遇价格上涨时，按照原价格执行；价格下降时，按照新价格执行。逾期提取标的物或者逾期付款的，遇价格上涨时，按照新价格执行；价格下降时，按照原价格执行，即执行对违约方不利的价格。

3. 涉及第三人的合同履行

1）向第三人履行的合同

为了提高效率，当事人可以约定由债务人向第三人履行债务。当事人约定由债务人向第三人履行债务的，债务人未向第三人履行债务或者履行债务不符合约定的，应当向债权人承担违约责任。

2）由第三人履行的合同

当事人可以约定由第三人代替债务人向债权人履行债务，第三人不履行债务或者履行债务不符合约定的，债务人应当向债权人承担违约责任。

因为第三人不是合同当事人，不受合同约束，其履行与否，纯属其自由，第三人既可以履行，也可以不履行。第三人不履行或履行不符合约定时，债务人应向债权人承担违约责任。债权人若诉诸司法程序解决纠纷，只能以债务人为被告提起诉讼，不能以第三人为被告提起诉讼。

4. 提前履行债务与部分履行债务

债权人可以拒绝债务人提前履行债务，但提前履行不损害债权人利益的除外。债务人提前履行债务给债权人增加的费用，由债务人负担。

债权人可以拒绝债务人部分履行债务，但部分履行不损害债权人利益的除外。债务人部分履行债务给债权人增加的费用，由债务人负担。

5. 债权人的原因导致履行困难时的履行

债权人分立、合并或者变更住所没有通知债务人，致使履行债务发生困难，债务人可以中止履行或者将标的物提存。

6. 合同主体方面发生变化时合同的履行

合同生效后，当事人不得因姓名、名称的变更或者法定代表人、负责人、承办人的变动而不履行合同的义务。

7.4.3　合同履行中的抗辩权

合同履行中的抗辩权，又称异议权，是指在双务合同中，一方当事人有依法对抗对方要求或者否认对方要求的权利。履行抗辩权的行为表现是暂时拒绝履行其债务。

我国《民法典》规定了同时履行抗辩权、后履行抗辩权和不安抗辩权。

1. 同时履行抗辩权

同时履行抗辩权是指双务合同中没有先后履行顺序，应当同时履行。一方当事人在对方当事人未履行债务之前有权拒绝其履行要求；一方在对方履行债务不符合约定时，有权拒绝其相应的履行要求。如当一方当事人有证据证明另一方当事人部分履行的，到履行期时其享有部分履行来对抗对方的权利。

同时履行抗辩权的适用条件如下。

1）由同一双务合同产生互负债务

同一合同互负债务，在履行上存在关联性，具有对价关系，这是同时履行抗辩权的前提条件。

2）在合同中未约定履行顺序

依据交易习惯往往比较容易确认是否为同时履行，比如现货交易中，通常是一手交钱一手交货的，这属于同时履行。

3）一方当事人未履行债务或未按照约定正确履行债务

对于一方履行不符合约定的情形，另一方有权拒绝其相应的履行请求。如针对一方迟延履行、部分履行、瑕疵履行等行为，对方可以采取拒绝履行、部分履行和要求减少价金等对抗行动。

4）双方的对等给付是可能履行的义务

同时履行抗辩权制度旨在促使双方当事人同时履行其债务，在对方当事人履行不可能时，同时履行的目的已不可能达到，不发生同时履行抗辩权的问题，当事人可追究对方违约责任。

2. 后履行抗辩权

后履行抗辩权是指合同当事人互负债务，有先后履行顺序，先履行的一方当事人未履行的，后履行一方有权拒绝其履行要求。先履行一方履行债务不符合约定的，后履行一方有权拒绝其相应的履行要求。

行使后履行抗辩权的条件如下。

① 由同一双务合同产生互负债务。

② 债务的履行有先后顺序。

③ 应该先履行的一方未履行或者履行债务不符合约定。

④ 应该先履行的债务有履行的可能。

3. 不安抗辩权

不安抗辩权，又称先履行抗辩权，是指当事人互负债务，有先后履行顺序，应先履行债务的一方当事人有确切证据证明后履行一方丧失履行债务能力时，在对方没有履行或没有提供担保之前，有权中止合同履行的权利。

不安抗辩权成立的条件如下。

① 双方当事人因同一双务合同而互负债务。

② 后给付义务人的履行能力明显降低，危及先给付义务人的债权实现。不安抗辩权制度保护先给付义务人是有条件的，不允许在后给付义务人有履行能力的情况下行使不安抗辩权，只能在其有不能为对等给付的现实危险，危及先给付义务人的债权实现时，才能行使不安抗辩权。所谓后给付义务人的履行能力明显降低，有不能为对等给付的现实危险，主要指经营状况严重恶化；转移财产、抽逃资金，以逃避债务；丧失商业信誉；其他丧失或者可能丧失履行能力的情况。

③ 后给付义务人未提供适当担保。后给付义务人的履行能力明显降低，有不能为对等给付的现实危险，但若提供适当担保时，先给付义务人的债权不会受到损害，也不得行使不安抗辩权；只有在未提供适当担保，危及先给付义务人的债权实现时，先给付一方才能行使不安抗辩权。当事人没有确切证据中止履行的，应当承担违约责任。当事人中止履行合同，应当及时通知对方。对方提供适当担保时，应当恢复履行。中止履行后，对方在合理期限内未恢复履行能力并且未提供适当担保的，中止履行的一方可以解除合同。

7.4.4　合同的保全

合同的保全，是指为了防止债务人的财产不当减少而给债权人的债权带来危害，允许债权人代债务人之位向第三人行使债务人的权利，或者请求法院撤销债务人与第三人的法律行为以保障债权得以实现的一种法律制度。

1. 债权人的代位权

代位权是指因债务人怠于行使其到期债权，对债权人造成损害的，债权人可以向人民法院请求以自己的名义代位行使债务人的债权的权利。债权人行使代位权的目的在于使自己的债权得以实现。

债权人行使代位权须具备以下条件。

① 债务人对第三人的债权合法、到期。

② 债务人怠于行使其到期债权，对债权人造成损害。

③ 债务人的债权不是专属于债务人自身的债权。所谓专属于债务人自身的债权是指基于扶养关系、抚养关系、赡养关系、继承关系产生的给付请求权和劳动报酬、退休金、养老金、抚恤金、安置费、人寿保险、人身伤害赔偿请求权等权利。

债权人向次债务人提起的代位权诉讼，经人民法院审理后认定代位权成立的，由次债务人向债权人履行清偿义务，债权人与债务人、债务人与次债务人之间相应的债权、债务关系即予消灭。在代位权诉讼中，次债务人对债务人的抗辩，可以向债权人主张。债权人胜诉的，诉讼费用由次债务人负担，从实现的债权中优先支付。代位权的行使范围以债权人的债权为限，超过这一范围的，代位权人无权行使。债权人行使代位权的必要费用，最终由债务人负担。

2. 债权人的撤销权

撤销权是指债务人放弃到期债权或者无偿转让、低价处分财产，对债权人造成损害，债权人请求人民法院撤销债务人的行为的权利。

1）债权人行使撤销权须具备的条件

① 债务人放弃到期债权或者无偿转让、低价处分财产。

② 上述行为对债权人造成损害。

③ 债务人主观上有恶意。如果债务人的行为是无偿的，如放弃到期债权或无偿转让财产，不论受让人是善意、恶意取得，均可撤销。如债务人的行为系有偿的，如低价转让财产，但受让人为善意时，则债权人不享有撤销权。

2）债权人撤销权的行使

① 债权人必须通过人民法院行使撤销权。

② 撤销权的行使范围以债权人的债权为限，即债权人因行使撤销权而得到的财产价值与其债权价值相当。

③ 债权人行使撤销权的必要费用，由债务人负担。

债务人、第三人的行为被撤销的，其行为自始无效。撤销权自债权人知道或者应当知道撤销事由之日起 1 年内行使。自债务人的行为发生之日起 5 年内没有行使撤销权的，该撤销权销灭。

7.4.5 合同的担保

合同的担保是指依照法律规定或者当事人约定，为确保合同债权实现而采取的法律措施。既可以在主合同中订立担保条款，也可以单独订立书面的担保合同。担保合同是主合同的从合同，主合同无效，担保合同无效。

法定的担保形式有保证、抵押、质押、留置和定金。这里主要介绍保证和定金。

1. 保证

1）保证的概念

保证是指保证人和债权人约定，当债务人不履行债务时，保证人按照约定履行债务或者承担责任的行为。

2）保证人的主体资格

具有代位清偿债务能力的法人、其他组织或者公民，可以作保证人。国家机关、学校、幼儿园、医院等以公益为目的的事业单位、社会团体和企业法人的分支机构、职能部门，不得作保证人。企业法人的分支机构有法人书面授权的，可以在授权范围内提供保证。

3）保证责任的方式

（1）一般保证责任

当事人在保证合同中约定，在债务人不能履行债务时，由保证人承担保证责任的，为一般保证。一般保证的保证人在主合同纠纷未经审判或者仲裁，并就债务人财产依法强制执行仍不能履行债务前，对债权人可以拒绝承担担保责任。

（2）连带责任保证

当事人在保证合同中约定保证人与债务人对债务承担连带责任的，为连带责任保证。在债务人未履行到期债务时，债权人可以要求债务人履行债务，也可以要求保证人在其保证责任范围内承担责任。

保证责任的具体方式由当事人在保证合同中约定，没有约定或约定不明确的，按连带责任保证承担保证责任。保证人在约定的保证期间内承担保证责任。当事人未约定或约定不明确的，保证期间为主债务履行期届满之日起 6 个月。

4）保证责任的范围和内容

保证责任的范围包括主债权及利息、违约金、损害赔偿金和实现债权的费用。保证合同另有约定的，按照约定。当事人对保证担保的范围没有约定或者约定不明的，保证人应当对全部债务承担责任。

保证责任的内容包括代为履行和承担赔偿责任两种，具体应由当事人约定。代为履行即双方约定，在债务人不履行债务时，由保证人代其履行。只有在保证人履行不能时，才可以承担赔偿责任替代债务的实际履行。

保证期间，债权人依法将主债权转让给第三人的，保证人在原保证担保的范围内继续承担保证责任。债权人许可债务人转让债务的，应取得保证人的书面同意，保证人对未经其同意转让的债务，不再承担保证责任。债权人与债务人协议变更主合同的，应取得保证人的书面同意，未经保证人的书面同意，保证人不再承担保证责任。

企业法人的分支机构未经法人书面授权或者超出授权范围与债权人订立保证合同的，该合同无效或者超出授权范围的部分无效。债权人和企业法人有过错的，应当根据其过错各自承担相应的民事责任。债权人无过错的，由企业法人承担民事责任。

由于主合同当事人双方串通，骗取保证人提供保证的，或者主合同债权人采取欺诈、胁迫等手段，使保证人在违背真实意思的情况下提供保证的，保证人不承担民事责任。

保证人承担保证责任后，有权向债务人追偿。债务人破产的，保证人可以参加破产财产分配，预先行使追偿权。

2. 定金

定金是指合同当事人约定一方向对方给付一定数额的货币作为债权的担保。债务人履行债务后，定金抵作价款或收回。给付定金的一方不履行合同，无权要求返还定金；收受定金的一方不履行合同，应当双倍返还定金。

定金应当以书面形式约定。定金合同自实际交付定金之日起生效。定金的数额由当事人约定，但不得超过主合同标的额的 20%，超过的部分不发生定金效力。

7.5　合同的变更、转让和终止

7.5.1　合同的变更

合同变更有广义和狭义之分。广义的合同变更，包括合同内容的变更与合同主体的变更。合同内容的变更，是指当事人不变，合同的内容予以改变的情形。合同主体的变更，是指合同关系保持同一性，仅改变债权人或债务人的情形。不论是改换债权人，还是改变债务人，都发生合同权利义务的移转，移转给新的债权人或者债务人，因此，合同主体的变更实际上是合同权利义务的转让。狭义的合同变更，是指合同内容的变更。我国合同法上的合同变更，是指狭义的变更。因此，合同的变更，是指合同依法成立后尚未履行或尚未完全履行时，由于主、客观情况的变化，经双方当事人同意，依法对原合同条款进行的修改或补充。

1. 合同变更的特点

① 当事人协商一致是变更合同的一般条件和必要前提。

② 合同的变更是对合同内容的局部调整。

合同的变更包括合同标的数量增减、交货时间和地点的改变、价款和结算方式的改变等。合同的变更不应包括合同标的变更。标的是合同关系中权利义务指向的对象，是合同的实质内容。标的变更，合同的权利义务会发生根本的改变，从而导致原合同关系的消灭。

2. 合同变更的类型

1）当事人协议变更

合同经当事人协商一致，可以进行变更。但法律、行政法规规定变更合同应当办理批准、登记等手续的，依照其规定。当事人对合同变更的内容约定不明确的，推定为未变更。

2）法院判决或者仲裁机关裁决变更

因重大误解或显失公平而订立的合同，当事人一方可以向人民法院或仲裁机关申请变更或撤销合同。

3）基于法律的直接规定变更

如遭遇不可抗力导致债务人不能按期履行债务时，债务人可以减少债务数额或延期履行债务。

合同依法变更后，变更后的内容取代了原合同的内容，当事人应当按照变更后的内容履行合同，各方当事人均应受变更后的合同的约束。

7.5.2 合同的转让

合同的转让，即合同主体的变更，是指合同当事人一方依法将其合同权利或义务全部或部分转让给第三人。

1. 债权转让

债权转让又称合同权利转让，是指在不改变合同权利内容的情况下，由债权人将合同权利全部或者部分转让给第三人的行为。

债权人可以自由地将合同的权利全部或者部分转让给第三人，但有下列情形之一的除外：① 根据合同性质不得转让；② 按照当事人约定不得转让；③ 依照法律规定不得转让。法律、行政法规规定转让权利应当办理批准、登记等手续的，依照其规定。

债权人转让权利的，应当通知债务人。未经通知，该转让对债务人不发生效力。债权人转让权利的，受让人取得与债权有关的从权利，但该从权利专属于债权人自身的除外。

债务人接到债权转让通知后，债务人对让与人的抗辩，可以向受让人主张。债务人接到债权转让通知时，债务人对让与人享有债权，并且债务人的债权先于转让的债权到期或者同时到期的，债务人可以向受让人主张抵销。

2. 债务转移

债务转移又称合同义务转移，是指在不改变合同义务的情况下，经债权人同意，债务人将合同的义务全部或者部分转移给第三人。

债务人将合同的义务全部或者部分转移给第三人，使债务的承担者发生了变化，将会影响债权人债权的实现，因此，债务人转移合同义务，应当经债权人同意。否则，债务人转移合同义务的行为不发生效力。法律、行政法规规定转移义务应当办理批准、登记等手续的，依照其规定。

债务人转移义务的，新债务人可以主张原债务人对债权人的抗辩。债务人转移义务的，新债务人应当承担与主债务有关的从债务，但该从债务专属于原债务人自身的除外。

3. 债权债务一并转让

债权债务一并转让又称合同权利义务的一并转让，是指经对方当事人同意，可以将合同的权利义务一并转让给第三人。合同权利和义务一并转让的，必须取得对方当事人同意。

合同债权债务一并转让是合同当事人的彻底变更，原一方当事人退出合同关系，新的第三人进入合同关系中。

法律规定，当事人订立合同后合并的，由合并后的法人或者其他组织行使合同权利，履行合同义务。当事人订立合同后分立的，除债权人和债务人另有约定的以外，由分立的法人或者其他组织对合同的权利和义务享有连带债权，承担连带债务。

7.5.3　合同的终止

合同的终止是指因某种法律事实的发生，使合同当事人设定的权利义务关系归于消灭。

我国《民法典》规定，有下列情形之一的，合同的权利义务终止。

1. 清偿

债务已经按约定履行，债权人的债权得到实现，合同确定的权利义务关系自然消灭，合同因而终止。债务按约定履行，可以是债务人履行债务，也可以是通过强制执行履行债务。

2. 合同解除

所谓合同解除，是指合同有效成立后，因一方或双方的意思表示，使基于合同发生的债权债务关系归于消灭的行为。合同解除具有以下特点。

1）合同解除适用于有效成立的合同

依法成立的合同对当事人产生约束力，订约双方必须按合同的约定行使权利履行义务。但在实际生活中，不可避免地会发生使合同的履行成为不必要或不可能的情况，因此，合同的解除也就同样不可避免。但合同只有在有效成立后、履行完毕前才发生合同解除的效力。可撤销合同及无效合同因属于效力瑕疵或欠缺的合同，不受合同解除制度调整。

2）合同解除必须具备一定的条件

为避免当事人滥用合同解除制度，从而维护合同的严肃性和社会经济生活的稳定性，法律规定合同解除必须具备法定条件或约定条件，禁止当事人任意解除合同。当事人在没有任何法定或约定依据的情况下不能任意解除合同。合同解除的条件有法定和约定两种形式。所谓法定解除，是指由法律规定在一定条件下解除合同的行为。《中华人民共和国民法典》规定，有下列情形之一的，当事人可以解除合同。

① 因不可抗力致使不能实现合同目的。

② 在履行期限届满之前，当事人一方明确表示或者以自己的行为表明不履行主要债务。

③ 当事人一方迟延履行主要债务，经催告后在合理期限内仍未履行。

④ 当事人一方迟延履行债务或者有其他违约行为致使不能实现合同目的。

⑤ 法律规定的其他情形。

当事人一方在法定解除合同的条件成立时，可以直接行使解除权而不必事先征得对方当事人的同意。

所谓约定解除，是指当事人在合同中约定解除合同的条件，当出现解除合同的条件时，合同解除。当然，当事人不必在订立合同时就约定解除合同，也可以事后经协商一致解除合同。

3）合同解除的效力及法律后果

合同解除后，尚未履行的，终止履行；已经履行的，根据履行情况和合同性质，当事人可以要求恢复原状，在恢复原状困难或不可能时，权利人有权要求义务人采取其他补救措施，并有权要求赔偿损失。

3. 抵销

抵销是指二人互负债务时，各以其债权充当对他方债务的清偿，从而使互负的债务在对等的数额内相互消灭的意思表示。抵销分为法定抵销和约定抵销。

1）法定抵销

法定抵销是指当事人互负给付种类相同的债务，且债务均已届清偿期，一方主张以自己的债权与对方的债权按对等数额消灭的单方意思表示，但依照法律规定或者按照合同性质不得抵销的除外。法定抵销的构成要件如下。

① 须当事人互负债务，互负债务是对等之债，可拱抵销之用。

② 须双方债务标的物种类、品质相同。

③ 必须已经到期，破产案中无须到期。

④ 必须是可以抵销的债务。

抵销不得附条件或者附期限，当事人一方主张抵销的，应当通知对方。抵销的效力，不以对方的同意为必要。尚未抵销的部分，债务人仍继续负有履行的义务。

2）约定抵销

约定抵销是指当事人互负债务，标的物种类、品质不相同的，经双方协商一致，也可以抵销。约定抵销是依照双方当事人的意思表示一致而抵销双方所负的债务，是当事人意思自治的体现。

抵销使双方互负的债务在等额的范围内消灭，可以简化交易过程，节约交易成本。

按照合同性质不得抵销的债务包括以行为、智力成果等为标的的债务。依照法律规定不得抵销的债务包括因侵权行为所负的债务，约定应当向第三人给付的债务等。此外，专属于债务人自身的债权，如劳动报酬、抚恤金等，债权人不得主张抵销。

4. 提存

提存是指由于债权人的原因而使债务人无法履行或难以履行债务时，债务人将标的物交由提存部门保存，使合同权利义务关系归于消灭的行为。

1）债务人将标的物提存的原因

① 债权人无正当理由拒绝受领。

② 债权人下落不明。

③ 债权人死亡未确定继承人或者丧失民事行为能力未确定监护人。

④ 法律规定的其他情形。

标的物提存后，除债权人下落不明的以外，债务人应当及时通知债权人或者债权人的继承人、监护人。标的物提存后，毁损、灭失的风险由债权人承担。提存期间，标的物的孳息归债权人所有，提存费用由债权人负担。标的物不适于提存或者提存费用过高的，债务人依法可以拍卖或者变卖标的物，提存所得的价款。

2）提存的效力

债务人依法将标的物提存后，视为债务已经清偿，当事人的合同关系即终止。债权人可以随时领取提存物，但债权人对债务人负有到期债务的，在债权人未履行债务或者提供担保之前，提存部门根据债务人的要求应当拒绝其领取提存物。债权人领取提存物的权利，自提存之日起 5 年内不行使而消灭，提存物扣除提存费用后归国家所有。

5. 免除

债权人免除债务人部分或者全部债务的，合同的权利义务部分或者全部终止。所谓免除，是指债权人部分或全部免除债务人的债务，从而部分或全部消灭合同权利义务的单方法律行为。免除具有下列法律性质。

1）免除为单方行为

免除只要债权人一方作出意思表示即可，无须债务人同意。但是免除不得有害于债务人和第三人的利益。

2）免除为无因行为

债权人的免除原因不影响免除的效力。

3）免除为无偿行为

免除应由债权人向债务人作出明确的意思表示。免除债务后，债权的从权利也随之消灭。

6. 混同

混同是指债权和债务同归于一人的，合同的权利义务终止，但涉及第三人利益的除外，即原本由一方当事人享有的债权和另一方当事人承担的债务归于一人时，合同的权利义务终止。如儿子甲向父亲乙借钱后，因意外事件二人同时死亡，由甲的儿子丙继承他们二人的财产。

7.6　合同的违约责任

违约责任又称违反合同的民事责任，是指合同当事人违反合同义务所应承担的法律责任。违约责任是《民法典》合同编一个非常重要的制度。依法订立的合同，对当事人具有法律拘束力，当事人应当按照合同的约定，全面履行自己的义务。违约责任的设置就是为了维护合同的严肃性，维护市场经济秩序，当合同当事人不履行债务时，国家强制债务人履行债务和承担法律责任。

违约责任的主要功能是补偿性。合同当事人以主张违约责任来补偿因他方违约行为所遭受的损失，但不能因此而获得额外利益。同时，违约责任的补偿性并不排斥其制裁性。违约责任作为一种法律责任，必定具有某种程度的强制性，如对违约方的强制执行即体现了违约责任的制裁性。因此，违约责任既是对违约方违约行为的制裁，又是对受害方遭受损失的补偿。

7.6.1　违约责任的特征和形式

1. 违约责任具有下列特征

① 违约责任是合同当事人违反合同义务所产生的责任。

② 违约责任具有相对性，即违约责任只能在特定的当事人之间发生，合同关系以外的第三人，不负违约责任。

③ 违约责任具有补偿性。

④ 违约责任具有可约定性。

根据合同自愿原则，合同当事人可以在合同中约定违约责任的方式、违约金的数额等，但这并不否定违约责任的强制性，因为这种约定必须在法律许可的范围内。

2. 违约形式

违约形式又称违约形态。综合我国《民法典》及司法实践，主要有以下几种。

1）预期违约

（1）预期拒绝履行

预期拒绝履行是指合同有效成立后至合同约定的履行期届至前，一方当事人以言辞或行为向另一方当事人表示其将不按约定履行合同义务，有明示和默示两种表现形式。

（2）预期不能履行

预期不能履行是指在合同履行期届至前，有情况表明或一方当事人根据客观事实发现另一方当事人届时不能履行合同义务，有明示和默示两种表现形式。

2）不履行

不履行即完全不履行，指当事人根本未履行任何合同义务的违约情形。此处不履行主要包括债务人届期不能履行债务和届期拒绝履行债务两种。

3）迟延履行

迟延履行指在合同履行期限届满而未履行债务，包括债务人迟延履行和债权人迟延履行。债务人迟延履行是指合同履行期限届满，或者在合同未定履行期限时，在债权人指定的合理期限届满，债务人能履行债务而未履行。根据《民法典》的规定，债务人迟延履行的，应承担迟延履行的违约责任，承担对迟延后因不可抗力造成的损害的赔偿责任。债权人迟延履行表现为债权人对于债务人的履行应当接受而无正当理由拒不接受，即迟延受领。若债权人迟延造成债务的损害，债权人应负损害赔偿责任。

4）不适当履行

不适当履行指虽有履行但履行质量不符合合同约定或法律规定的违约情形，包括瑕疵履行和加害给付两种情形。瑕疵履行是指一般所谓的履行质量不合格的违约情形。加害给付是指债务人因交付的标的物的缺陷而造成他人的人身、财产损害的行为。

5）其他违约行为

其他违约行为指除瑕疵履行和加害给付之外的，债务人未按合同约定的标的、数量、履行方式和地点履行债务的行为，主要包括部分履行行为、履行方式不适当、履行地点不适当和其他违反随附义务的行为。

7.6.2　违约责任的归责原则

违约责任的归责原则，是指在追究合同当事人的违约责任中应遵循的原则。归责原则直接决定违约责任的构成要件，当事人的举证责任及责任的范围。根据《民法典》的规定，对于不同的违约纠纷应当分别适用严格责任原则、过错责任原则两种不同的原则来处理。一般情况下，适用严格责任原则；特殊情况下才适用过错责任原则。

1. 严格责任原则

所谓严格责任，又称无过错责任，是指违约发生以后，确定违约当事人的责任，应主要考虑违约的结果是否因违约方的行为造成，而不考虑违约方的故意或过失。严格责任原则适用于一般的合同关系中。《民法典》第 577 条规定："当事人一方不履行合同义务或者履行合同义务不符合约定的，应当承担继续履行、采取补救措施或者赔偿损失等违约责任。"

2. 过错责任原则

过错责任原则是指当事人违反合同规定的义务，不履行或者不适当履行合同时，应以过错作为确定违约责任的构成要件和范围的根据。这一原则仅在少数合同关系中适用，如有偿的委托合同，因受托人的过错给委托人造成损失的，委托人可以要求赔偿损失。

严格责任原则是一般规定，过错责任原则是例外补充；严格责任原则为主，过错责任原则为辅。只有在法律有特别规定时，才可适用过错责任原则，无特别规定则一律适用严格责任原则。这有利于促使当事人严肃对待合同。

7.6.3　承担违约责任的方式

承担违约责任的方式，可以由合同当事人约定，也可以直接适用《中华人民共和国民法典》的规定。当事人承担违约责任的方式主要有继续履行、采取补救措施、支付违约金、赔偿损失、定金制裁等。

1. 继续履行

继续履行，又称强制实际履行，是指合同当事人必须严格按照合同所规定的标的履行自己义务的原则。违约行为发生后，受害方如果不愿解除合同，也不愿接受损害赔偿，只要该合同可以被强制执行，受害方就可以要求违约方继续履行合同。继续履行意味着当事人不得以其他方式代替合同义务的履行。当事人订立合同均基于一定目的，只有合同义务得到全面履行，当事人的订约目的才能最终实现。

当事人一方不履行非金钱债务或者履行非金钱债务不符合约定的，对方可以要求履行，但有下列情形之一的除外。

① 法律上或者事实上不能履行。

② 债务的标的不适于强制履行或者履行费用过高。

③ 债权人在合理期限内未要求履行。

2. 采取补救措施

合同当事人一方在不适当履行合同后，对方当事人可以采取补救措施，实现合同目的。采取补救措施主要适用于当事人交付的标的物质量不符合约定的情形。对违约责任没有约定或者约定不明确的，如果不能达成补充协议，受损害方根据标的的性质及损失的大小，可以合理选择要求对方承担修理、更换、重作、退货、减少价款或者报酬等违约责任。

3. 支付违约金

违约金是指按照当事人的约定或者法律的规定，一方当事人违约时应当向对方支付的一定数额金钱的责任形式。违约金的约定需要遵守国家法律的规定。约定的违约金低于造成的损失的，当事人可以请求人民法院或者仲裁机构予以增加；约定的违约金过分高于造成的损失的，当事人可以请求人民法院或者仲裁机构予以适当减少。违约金不以损害事实为前提，当事人约定的违约金不足以弥补受害方的损失的，受害方还可以要求违约方支付损害赔偿金。当事人因违约导致合同解除的，不能免除违约方支付约定违约金的责任。当事人就迟延履行约定违约金的，违约方支付违约金后，还应当履行债务。

4. 赔偿损失

赔偿损失是指当事人一方不履行合同义务或者履行合同义务不符合约定的，依法赔偿对方当事人所受到的损失。损失赔偿额应当相当于因违约所造成的损失，包括合同履行后可以获得的利益，但不得超过违反合同一方订立合同时预见到或者应当预见到的因违反合同可能造成的损失。

适用赔偿损失的违约责任应具备以下要件。

① 有违约行为，如一方当事人的拒绝履行、迟延履行、不适当履行等违约形态。

② 有损害事实，赔偿损失要求有损害事实出现。

③ 违约行为和损害事实之间有因果关系，当事人一方因第三人的原因造成违约的，应当向对方承担违约责任。

5. 定金制裁

定金是合同当事人一方预先支付给对方一定数量的金钱，其目的在于担保合同债权的实现。

当事人既约定违约金，又约定定金的，一方违约时，对方可以选择适用违约金或者定金条款。因一方当事人的违约行为，侵害对方人身、财产权益的，受害方有权选择依照《民法典》合同编要求其承担违约责任或者依照《民法典》侵权责任要求其承担侵权责任。但一般只允许当事人选择一种请求权实施权利的救济，以免当事人通过重复救济获得不正当利益。

7.6.4 违约责任的免除

违约责任的免除，也称免责事由，是指在合同的履行过程中，因出现了合同约定或者法律规定的免责条件，可以免除或者限制合同当事人的责任。这里所指的免责事由主要指以下情形。

1. 法定免责事由——发生不可抗力事件

不可抗力，是指当事人在订立合同时不能预见、不能避免并且不能克服的客观情况。一般而言，自然灾害、某些政府行为和社会异常事件属于不可抗力，如地震、洪水、台风、政府颁布法律导致合同非法、罢工和战争等。

因不可抗力不能履行合同的，根据不可抗力的影响，可以部分或者全部免除责任，但这种免责是有条件的，即发生不可抗力的一方必须及时通知对方，采取措施减少损失的扩大，并在合理期限内提供有效证明，否则将不能免责。一方迟延履行债务之后发生不可抗力的，不能免除责任。

2. 约定的免责事由——免责条款

免责条款是指当事人在合同中约定的免除其未来责任的条款。免责条款必须经双方当事人充分协商，并以明示的方式作出。同时，其约定不能违反法律、行政法规的强制性规定，否则该约定不发生法律效力。《中华人民共和国民法典》规定，合同中的下列免责条款无效。

① 造成对方人身伤害的。

② 因故意或者重大过失造成对方财产损失的。

3. 债权人过错

债权人过错也是可能导致免除债务人责任的事由。由于债权人的全部过错或重大过失导致债务人不能履行义务的，可免除债务人的全部责任，债权人由此遭受的损失由债权人自己承担。在债权人和债务人均有过错的情况下，只能免除债务人的部分责任。

本章小结

表 7-1　合同法律制度小结

名称	主要内容	重点
合同的订立	合同订立的程序包括要约和承诺两个阶段，合同的形式有书面形式、口头形式和其他形式	要约和承诺的构成要件
合同的效力	有效合同、无效合同、可撤销可变更合同、效力待定合同	合同生效的条件和可撤销可变更合同的情形
合同的履行	合同内容不明确时履行的基本规则、涉及第三人的合同履行、合同履行中的 3 种抗辩权、合同保全的两种措施	合同履行的抗辩权
合同的变更、转让和终止	合同变更与合同转让的区别、合同转让的 3 种情形、合同终止的几种原因、合同解除的法律效力	合同转让的 3 种情形
违约责任	违约责任与缔约过失责任的区别、违约的形式、承担违约责任的 5 种方式、违约责任的免除	承担违约责任的 5 种方式

思考题

1. 简述构成要约须具备的要件有哪些。

2. 简述后履行抗辩权的适用条件有哪些。

3. 简述要约与要约邀请的区别。

4. 简述如何正确行使代位权与撤销权。

5. 简述不安抗辩权的成立条件。

6. 简述承担违约责任的方式。

课堂集训

一、单项选择题

1. 甲、乙双方约定，由丙每月代乙向甲偿还债务 500 元，期限 2 年。丙履行 5 个月后，以自己并不对甲负有债务为由拒绝继续履行。甲遂向法院起诉，要求乙、丙承担违约责任。法院应（   ）。
   A. 判决乙承担违约责任
   B. 判决丙承担违约责任
   C. 判决乙、丙连带承担违约责任
   D. 判决乙、丙分担违约责任

2. 下列不属于要约邀请的是（   ）。
   A. 拍卖公告
   B. 招标公告
   C. 商店柜台的标价牌
   D. 商业广告

3. 合同可以附条件，也可以附期限。下列关于附条件和附期限的合同的表述中不正确的是（   ）。
   A. 附条件的合同所附的条件可以是延缓条件，也可以是解除条件
   B. 附期限的合同所附的期限可以是始期，也可以是终期
   C. 附条件的合同所附的条件将来可能发生，也可能不发生
   D. 附期限的合同所附的期限将来可能到来，也可能不到来

4. 下列合同属于可撤销合同的是（   ）。
   A. 订立合同时显失公平或者因重大误解订立的合同
   B. 一方以欺诈、胁迫的手段订立的合同损害了国家的利益
   C. 一方乘人之危，使对方在违背真实意思的情况下订立的合同，受损害方请求法院将该合同予以变更的
   D. 无处分权的人处分他人财产但事后无处分权人取得处分权的合同

5. 甲与乙订立货物买卖合同，约定甲于 1 月 8 日交货，乙在交货期后的 1 周内付款。交货期届满时，甲发现乙有转移资产以逃避债务的行为。对此甲可依法行使（   ）。
   A. 先履行抗辩权
   B. 同时履行抗辩权
   C. 不安抗辩权
   D. 债权人撤销权

二、多项选择题

1. 合同当事人一方违约后，守约方要求其承担继续履行的违约责任，在（   ）的情况下人民法院对守约方的请求不予支持。
   A. 违约方所负债务为非金钱债务
   B. 债务的标的不适于强制履行
   C. 继续履行费用过高
   D. 违约方已支付违约金或赔偿损失

2. 根据我国《民法典》的规定，（   ）可导致合同无效。
   A. 一方以欺诈、胁迫的手段订立合同
   B. 恶意串通，损害国家、集体或者第三人利益
   C. 以合法形式掩盖非法目的
   D. 损害社会公共利益

3. 不安抗辩权是合同履行中的一项重要的抗辩权。在（   ）的情况下当事人才能够

行使不安抗辩权。

  A. 经营状况严重恶化

  B. 转移财产、抽逃资金，以逃避债务

  C. 丧失商业信誉

  D. 有丧失或者可能丧失履行债务能力的其他情形

三、名词解释

1. 要约　　2. 承诺　　3. 不安抗辩权　　4. 后履行抗辩权　　5. 合同

6. 合同的保全　　7. 撤销权　　8. 合同的解除　　9. 合同的终止　　10. 违约责任

四、案例分析

1. 中学生赵某，16 周岁，身高 175 cm，但面貌成熟，像二十七八岁。赵某为了买一辆摩托车，欲将家中一套闲房卖掉筹购车款。后托人认识李某，与李某签订了购房合同，李某支付定金 5 万元，双方遂到房屋管理部门办理了房屋产权转让手续。不久，赵某父亲发现此事后，起诉至法院。

请问：该房屋买卖合同是否有效？请结合所学的《民法典》中合同法学理论说明理由。

2. 甲公司拥有一价值 950 万元的机械设备，该公司董事长与乙公司签订了一份机械设备转让合同，规定甲公司于 1 月 31 日前交货，乙公司在交货后 10 天内付清款项 950 万元。在交货日前，甲公司发现乙公司的经营状况恶化。通知乙公司中止交货并要求乙公司提供担保；乙公司予以拒绝。1 个月后，乙公司的经营状况进一步恶化，甲公司提出解除合同。乙公司遂向法院起诉。法院查明：甲公司股东会决议规定，对机械设备的处置应经股东会特别决议；甲公司的机械设备原由丙公司保管，保管期限至 1 月 31 日，保管费为 50 万元。2 月 5 日，甲公司将机械设备提走，并约定 10 天内支付保管费，如果 10 天内不支付保管费，丙公司可对该机械设备行使留置权，甲公司一直不支付保管费，现丙公司要求对该机械设备行使留置权。

请问：

（1）甲公司与乙公司之间转让机械设备的合同是否有效？为什么？

（2）甲公司中止履行的理由能否成立？为什么？

（3）甲公司能否解除合同？为什么？

（4）丙公司能否行使留置权？为什么？

3. 甲公司向乙商业银行借款 10 万元，借款期限为 1 年。借款合同期满后，由于甲公司经营不善，无力偿还借款本息。但是丙公司欠甲公司到期货款 20 万元，甲公司不积极向丙公司主张支付货款。为此，乙商业银行以自己的名义请求法院执行丙公司的财产，以偿还甲公司的借款。

请问：

（1）法院是否应支持乙商业银行的请求？为什么？

（2）若乙商业银行行使代位权花费 3 000 元必要费用，此费用应由谁承担？

课堂集训答案

一、单项选择题

1. A　　2. C　　3. D　　4. A　　5. C

二、多项选择题

1. BC 2. BCD 3. ABCD

三、名词解释（略）

四、案例分析

1. 答案要点：该房屋买卖合同效力待定。因为当事人一方赵某仅仅 16 周岁，并不能以自己的劳动收入作为生活来源，是限制行为能力人。限制行为能力人不能处分重大的民事行为。房屋买卖属于重大民事行为，赵某不具备这种民事权利能力，无权处分房屋产权。因缔约主体资格不合格，导致该合同效力待定，加上赵某的法定代理人事后并未予以追认，所以买卖合同归于无效。

2. 答案要点：

（1）有效。转让公司高价值的机械设备，对于该公司来说，属于重大决策，应当经股东会作出决议。但这是甲公司的内部事务，不能以此对抗善意第三人，乙公司有权认为该公司董事长以公司名义与乙公司签订机械设备转让合同的行为有效。

（2）成立。甲公司行使的是不安抗辩权，可以中止履行。

（3）甲公司能解除合同。行使不安抗辩权时，中止履行合同后，对方不提供担保的，可以解除合同。

（4）丙公司不能行使留置权。因为甲公司已经将机械设备提走，而行使留置权的前提条件是占有留置物，所以丙公司不能行使留置权。

3. 答案要点：

（1）法院应当支持乙商业银行的请求。因为乙商业银行行使的是代位权。

（2）由丙公司先行支付，即从丙公司所欠甲公司到期货款中扣除，但最终由甲公司承担。

第8章 公路运输合同

【职业能力目标与学习要求】

通过学习本章内容，学生了解运输合同的概念、特征，了解公路旅客运输合同的分类，熟悉运输合同的构成要素，理解公路货物运输合同的运输费用，理解公路旅客运输合同的签订、公路旅客运输合同的履行，掌握货物的交接、送达与交付，掌握公路货物运输合同的变更和解除，掌握公路旅客运输合同的变更和解除。逐渐树立契约精神，具备正确分析处理合同纠纷的能力，培养并形成小心谨慎的责任意识。

思政目标

通过学习本章内容，培养学生遵纪守法的观念，提升法律意识，养成实事求是的精神，具有自主学习和终身学习的意识，有不断学习和适应发展的能力。能够做到诚实守信，能够站在对方的角度看待问题，具备公平公正处理问题的能力。形成对人生价值的正确认识和积极向上的人生观、价值观，养成对国家、民族、社会和他人的责任感和奉献精神。

思政小课堂

货物运输合同版本非常多，可谓五花八门，实践生活当中，无论合同写得多么完善，最后都不能保证穷尽所有的可能，所以既需要托运人，也需要承运人认真全面地践行合同。诚实守信地履行合同，是实现合同目的的核心要素。

参考文献：

[1] 习近平. 习近平在全国高校思想政治工作会议上强调：把思想政治工作贯穿教育教学全过程　开创我国高等教育事业发展新局面 [EB/OL]. http://www.xinhuanet.com/politics/2016-12/08/c_1120082577.htm.

[2] 教育部. 教育部关于印发《高等学校课程思政建设指导纲要》的通知 [EB/OL]. http://www.moe.gov.cn/srcsite/A08/s7056/202006/t20200603_462437.html.

导入案例

张某与上海某印刷有限公司于 2022 年 11 月 1 日签订了一份运输承包合作合同，合同约定张某为上海某印刷有限公司运送货物，上海某印刷有限公司每月支付张某报酬人民币9 000元，合同有效期为 1 年，即自 2022 年 11 月 1 日起至 2023 年 10 月 31 日止。合同签订后，张某、上海某印刷有限公司双方都按照合同约定履行合同，2023 年 4 月 30 日上海某印刷有限公司突然通知张某，由于你方不具有货运许可证，因而双方所签订的合同属于无效合同，要求终止合同，张某表示坚决不同意终止合同。

案例解析：

张某、上海某印刷有限公司之间所签订的合同名为运输承包合作合同，即由张某承包上海某印刷有限公司的货物运输，由上海某印刷有限公司按约支付固定的运输费，虽然张某并不具备道路运输经营许可证，但其为上海某印刷有限公司提供运输服务的行为并不违反法律、行政法规的强制性规定，虽然《中华人民共和国道路运输条例》对货运经营者的经营资质作出相关的规定，但是违反上述规定所需要承担的是行政处罚责任，违反该规定并不导致合同无效或不成立，违反该规定使合同继续有效并不会损害国家利益和社会公共利益，故该条例中对经营者资质的规定属于管理性的强制性规定，并非效力性的强制性规定，违反上述管理性的强制性规定并不导致合同无效，故双方之间签订的合同合法有效，对双方当事人具有合同约束力。

8.1　运输合同概述

运输合同是承运人将旅客或货物运至约定地点，旅客、托运人或收货人支付票款或运费的合同。运输合同包括货物运输合同与旅客运输合同。

8.1.1　运输合同的特征

1. 运输合同为双务合同

双方一般既负担义务，又享有权利。当事人一方的义务即另一方的权利，一方的权利即另一方的义务。如货运合同中，托运人有支付运费和告知所托运货物状况的义务，托运人有权要求承运人安全、及时运送货物的权利；承运人有将货物按照托运人的要求安全、及时运送至指定地点的义务，承运人有收取运费的权利。

2. 运输合同为有偿合同

有偿合同是指当事人一方享有权利必须支付相应对价的合同。大多数合同为有偿合同，运输合同为有偿合同，即承运人提供运输劳务，作为劳务的对价，承运人可向旅客、托运人或收货人收取运费。

3. 运输合同为格式合同

格式合同是当事人为了重复使用而预先拟定，并在订立合同时未与对方协商的合同。格式合同能够简化当事人订立合同的过程。运输经营者每天面对大量的运输需求者，不适合逐一讨价还价，那样必然增加订约的成本，浪费经营的时间。因此，运输合同应采用格式合同的形式。

4. 运输合同为有名合同

运输合同属于有名合同，除适用《中华人民共和国民法典》合同编第一分编"通则"以外，还适用《中华人民共和国民法典》第二分编典型合同（第 19 章运输合同）。因此，运输合同是独立的有名合同。

8.1.2　运输合同的种类

根据不同的标准，运输合同可以划分为不同的种类。

1. 按照运输方式分类

根据运输方式的不同，运输合同可以分为铁路运输合同、公路运输合同、水路运输合同、航空运输合同和多式联运合同五大类。这五类运输合同主体的承运人是不同的运输企业，而托运人和旅客可以是企事业单位，也可以是公民个人。

2. 按照运送对象分类

根据运送对象，运输合同可以分为旅客运输合同和货物运输合同两类。旅客运输合同是指把旅客作为运送对象的合同。根据运输方式的不同，旅客运输合同又分为铁路旅客运输合同、公路旅客运输合同、水路旅客运输合同，以及航空旅客运输合同。与旅客运输相关的行李包裹运输，是一个独立的运输合同关系，也可以作为旅客运输合同的一个组成形式。货物运输合同是指以货物作为运送对象的合同。

3. 按照是否有涉外因素分类

根据是否有涉外因素，运输合同可以分为国内运输合同和涉外运输合同两类。国内运输合同是指运输合同当事人是中国的企事业单位或者公民、起运地和到达地等都在国内的运输合同。涉外运输合同是指当事人或者货物的起运地、到达地有一项涉及国外的合同，例如国际铁路货物联运合同、国际航空运输合同等。

8.1.3　运输合同的构成要素

运输合同法律关系与其他法律关系一样，由运输合同主体、运输合同客体和运输合同内容三个要素构成。

1. 运输合同主体

运输合同主体即运输合同当事人，运输合同当事人一方是托运人，另一方是承运人或者旅客。

1）承运人

承运人又称运送人，是指与旅客或者托运人订立运输合同，利用交通工具，通过一定的运输路线，以运送旅客或者货物为营业并收取运费的经营者。承运人依照合同享受权利，承担义务，承运人在运输合同法律关系中是合同的当事人，即本人。承运人在提供运送服务时，是运输合同的义务主体，承运人应根据承运货物的需要，按货物的不同特性，提供技术状况良好、经济适用的车辆，并能满足所运货物重量的要求，使用的车辆、容器应做到外观整洁，车体、容器内干净，无污染物、残留物，此时承运人是债务人。收取运费是承运人的权利，此时承运人是债权人。承运人对运输合同的不履行、不适当履行，对旅客的人身伤亡、货物的毁损、灭失承担违约责任。

2）旅客

旅客是客运合同的运送对象，是客运合同的一方当事人，依法享有权利、履行义务。旅客以自己的名义参与合同的订立，可以自己亲自参与，如亲自购票，也可以由他人代其参与，如由他人代其购票。无行为能力人购票时，由于不具备相应的行为能力，可由代理人代为实施法律行为。

3）托运人

托运人是指以自己的名义与承运人订立运输合同，并且依照合同享有权利、履行义务的单位和个人。托运人是货运合同的当事人，即货运合同的订立者，也是货运合同权利义务的承受者。值得注意的是，托运人和货主有所区别，两者可为同一人，亦可为非同一人。

2. 运输合同客体

运输合同的客体也称为标的，运输合同标的为劳务，即运输合同标的不是被运送的货物或旅客及其行李包裹，而是运送行为本身；运输合同属于提供劳务的合同。运输合同的客体不同于运送对象本身。运输合同的客体为单纯的运输劳务。在运输实务中，承运人除提供运输劳务外，有时还负责装卸，但装卸本身并不当然是承运人的义务，只有在承、托双方有特殊约定时，承运人才负担装卸义务，否则，应当由托运人负责装卸。另外，承运人负有保管运送物的义务，但该义务的负担是实现运送目的的必然要求，因而是一项随附性义务。因此，不能因为承运人负责装卸及保管货物而否认运输合同的客体是单纯的运输劳务。

3. 运输合同内容

作为法律关系三要素之一的内容，是指合同当事人依据合同约定所享有的权利和承担的义务。运输合同的内容即运输合同的当事人依据运输合同所享有的权利和承担的义务。运输合同系双务合同，一方的权利就是另一方的义务，反之亦然。

1）承运人的义务

（1）安全运输义务

承运人应依照合同约定，将托运人交付的货物安全运输至约定地点。运输过程中，货物毁损、灭失的，承运人应承担损害赔偿责任。货物毁损、灭失的赔偿额，当事人有约定的，按照其约定；没有约定或者约定不明确，当事人可以协议补充，不能达成补充协议的，按照合同有关条款或者交易习惯确定。仍不能确定的，按照交付或者应当交付时货物到达地的市场价格计算。法律、行政法规对赔偿额的计算方法和赔偿限额另有规定的，依照其规定。如果承运人证明货物的毁损、灭失是因不可抗力、货物本身的自然性质或者合理损耗，以及托运人、收货人的过错造成的，不承担损害赔偿责任。

（2）保管货物的义务

承运人的保管义务是指承运人在运输期限内，应妥善保管所运送的货物。善意管理人应根据所运货物的具体情况及在承运途中所发生的具体情况确定，承运人应像管理自己的货物一样管理所运货物，或作必要的检查、妥善保管，注意防潮、防火、防丢失，发现情况，及时采取措施。

（3）依托运人的指示而处分的义务

依据合同法的理论，托运人享有对货物的处分权，托运人据此可以对承运人进行指示。为了交易上的安全，托运人有权请求承运人中止运送、返还货物等。

（4）通知义务

货物运输到达后，承运人负有及时通知收货人的义务。当然，承运人只有在知道或应当知道收货人的通信地址或联系方法的情况下，方负有上述通知义务，如果因为托运人或收货人的原因，如托运人在运单上填写的收货人名称、地址不准确，或者收货人更换了填写地址或联系方式而未告知承运人的，承运人免除上述通知义务。

（5）交付义务

承运人应收货人的请求有将货物交付收货人的义务，承运人交付货物，将使运输合同法律关系终止。交付货物可采用3种方式：件交件收，此方式适用于包装货物的交付；磅交磅收，此方式适用于散装货物的交付；凭铅封交付，此方式适用于集装箱及其他施封货物的交付。

（6）提供适运车辆的义务

承运人必须提供适运的车辆，该车辆必须经车辆管理部门检查合格，技术状况良好，车辆完整整洁。特种货物、零担货物、集装箱货物必须符合专项规定。

（7）按约定进行装卸的义务

承运人应按照规章的有关规定进行装卸，不得野蛮装卸。承运人的义务即承运人的责任，公路运输承运人的责任期限是从接收货物时起至交付货物时止。在此期限内，承运人对货物的灭失、损坏负赔偿责任。但不是由于承运人的原因所造成的货物灭失损坏，承运人不予负责。根据我国公路运输规定，由于下列原因而造成的货物灭失、损坏，承运人不负责赔偿：人力不可抗拒的自然灾害或货物本身性质的变化，以及货物在运送途中的自然消耗；包装完好无损，而内部短损变质者；违反国家法令或规定，被有关部门查扣、弃置或作其他处理者；收货人逾期提取或拒不提取货物而造成霉烂变质者；有随车押运人员负责途中保管照料者。

货物赔偿按实际损失价值赔偿。如货物部分损坏，按损坏货物所减低的金额或修理费用赔偿。要求赔偿有效期限，从货物开票之日起，不得超过6个月。从提出赔偿要求之日起，责任方应在2个月内作出处理。

2）承运人的权利

（1）承运人的留置权

《中华人民共和国民法典》第836条规定，托运人或者收货人不支付运费、保管费及其他运输费用的，承运人对相应的运输物享有留置权，但当事人另有约定的除外。一旦承运人根据合同约定的内容，完成运输义务而托运人或收货人不支付运输费用的，承运人可以留置该承运的货物。留置权属于担保物权的一种，其功能在于以被留置物的交换价值担保债权的实现，留置权的本意是扣留被运输的货物并拒绝交还，督促托运人或收货人尽快清偿运输费用。根据《民法典》的规定，运输合同、保管合同、加工承揽合同的债权人享有留置权，当然如果货物运输合同双方当事人对承运人能否行使留置权等问题另有约定的，双方则遵守此约定。留置权的担保范围包括主债权的利息、违约金、损害赔偿金、留置物的保管费用和实现留置权的费用。留置权人应当妥善保管留置物，否则要承担民事责任。留置权人留置财产后，应当通知对方在2个月内履行相关义务，2个月后对方仍不履行义务，双方可以协商，以留置物折价，也可以依法拍卖、变卖留置物。所得价款优先清偿运输费用。

（2）承运人的提存权

《中华人民共和国民法典》第837条规定，收货人不明或者收货人无正当理由拒绝受领货物的，承运人依法可以提存货物。在履行运输合同过程中，收货人拒收货物，或收货人不见踪影的事件时有发生，造成债务履行受阻，严重影响承运人的经济利益，也造成承运人的财产关系不稳定，法律创设的提存制度正是为了使这一不稳定的财产关系得到稳定，提存的目的是使债务归于消灭。提存的方式是承运人向接收货物所在地的公证机关申请公证，由公证机关指定存货场所，其效果是免除承运人因继续占有货物可能带来的风险。提存与清偿发生同等消灭债权的效力，债权人即托运人或收货人对承运人给付货物的债权因此而消灭。货物在提存期间，其毁损、灭失的风险由债权人承担，提存的保管费用及其他费用亦由债权人负担，而提存物的收益应为债权人享有。

（3）收取运费的权利

承运人以运输为营业，其主要目的是获取经济利益，收取运费是承运人最重要的权利。

3）托运人的义务

（1）告知义务

托运人应承运人的请求，有依规定如实填写运单的义务，如无运单的填发，托运人亦应将所托运的货物的品种、数量、质量、性质等情况如实告知承运人。若怠于告知，因此而给承运人造成损失的，托运人应自行承担赔偿责任。托运人在普通货物中不得夹带危险物品、易腐物品、易漏物品、贵重物品、有价证券、重要票证等。运输有特殊要求的货物，在货物运单托运人记事栏内应注明商定的运输条件和特约事项。

（2）有关文件交付和说明义务

对国家或者省、自治区、直辖市人民政府规定禁运、限运，以及需办理卫生、公安或其他准运证明的货物，托运人应随同运单提交有关证明文件，并在运单记事栏内注明文件名称、文号、份数等情况。

（3）支付运费、运杂费等义务

承运人以运输为营业，支付运费是托运人的最主要义务，也是承运人的重要权利。

① 支付运费的时间。运输合同属民事法律行为，依据民事自治原则，运费支付时间可由双方当事人约定。如无约定，运费支付时间为承运人将货物运抵目的地交付收货人时。

② 运费的计算标准和数额。运费支付数额通常由当事人以合同约定，实行意思自治。运费的计算标准依重量和计费里程确定。

③ 其他运输费用。其他费用包括调车费、延滞费、装货落空损失费、装卸费、高速费、过桥费、保管费、变更运输费等。以上费用依据《汽车货物运输规则》确定。

④ 运费的退还。在发生不可抗力的事件、由于承运人的原因导致无法托运或者托运人取消托运的情况下，承运人需将收取的运费退还给托运人。

⑤ 及时受领所托运货物。托运货物到达目的地后，托运人必须按照合同的约定及时受领货物。若托运人怠于受领或者拒绝受领，需承担违约责任。对拒绝受领者，将按无法交付的货物处理。

⑥ 包装货物的义务。托运人为使货物安全到达目的地，必须对货物进行适当包装，否则，由此造成的损失由托运人承担。

⑦ 正确制作运输标志、警示标志和包装储运图示标志。运输标志包括运单号码、货物品名、货物总件数、起讫地点、发货人和收货人。警示标志的作用在于提醒承运人正确运输、装卸、保管。托运人应依据货物性质正确制作货物图示标志。

托运人的义务即托运人的责任。综上所述，公路运输托运人应负的责任主要包括：按时提供规定数量的货载；提供准确的货物详细说明；货物唛头标志清楚；包装完整，适于运输；按规定支付运费。一般均规定有如因托运人的责任所造成的车辆滞留、空载，延滞费和空载费等损失由托运人自己承担。

4）托运人的权利

按照《中华人民共和国民法典》第 829 条规定，在承运人将货物交付收货人之前，托运人可以要求承运人中止运输、返还货物、变更到达地或者将货物交给其他收货人，但应当赔偿承运人因此受到的损失。但收货人变更或解除运输合同须在货物交付收货人之前，托运人变更或解除运输合同无须提出理由或征得承运人的同意。托运人因变更或撤销运输合同而赔偿承运人的损失应当包括装货、卸货和其他与此有关的费用。当然，托运人还有其他一些权利，基本与承运人的义务相对，在此不再赘述。

8.2　公路货物运输合同

8.2.1　公路货物运输合同概述

1. 公路货物运输合同的概念、特点

公路货物运输合同是汽车承运人与托运人之间签订的明确相互权利义务关系的协议。公路货物运输合同除具有一般货运合同的特点外，还有下列几个特点。

第一，承运人必须是经过国务院交通行政主管部门批准并持有道路运输经营许可证的单位和个人，国家交通行政主管部门必须对运输工具、司机进行管理，明确职责，以确保货物运输的安全。

第二，具有"门到门"的优势和特点。公路汽车货物运输合同可以是全程运输合同，即交由公路承运人通过不同的运输工具一次完成运输的全过程。

第三，承运人的许多义务是强制性的，如定期检修车辆，确保车辆处于适运状态；运费的计算和收取必须按照有关部门的规定，不得乱收费等。

2. 签订公路汽车货物运输合同条款应注意的问题

1）货物的保险与保价运输

汽车货物运输保险采取自愿投保原则，由托运人自行确定。汽车货物运输实行自愿保价的原则，一张运单托运的货物只能选择保价或不保价中的一种，办理保价运输的货物，应在运单上加盖"保价运输"戳记。承运人按货物保价金额核收7%的保价费。

2）公路货物运输计划

公路承运人、托运人双方根据需要可实行计划运输。凡有条件提送运输计划的，托运人应在月前10天、季前15天、年前1个月向承运人提送"汽车货物托运计划表"。承运人对托运人提送的运输计划安排落实后，应在月前5天通知托运人，对已落实的运输计划，承运、托运双方可根据需要签订运输合同，或按规定办理运输手续。托运人变更运输计划，应在运输计划协调前向承运人提出。

3）运单的填写要求

一张运单托运的货物必须是同一托运人；对拼装分卸的货物应将每一拼装或分卸情况在运单记事栏内注明。

易腐、易碎、易溢漏的液体、危险货物与普通货物，以及性质相抵触、运输条件不同的货物，不得用一张运单托运。

一张运单托运的件货，凡不具备同品名、同规格、同包装的，以及搬家货物，应提交物品清单。

托运集装箱时应注明箱号和铅封印文号码，接运港、站的集装箱，还应注明船名、航次或车站货箱位，并提交装箱清单。

轻泡货物按体积折算重量的货物，要准确填写货物的数量、体积、折算标准、折算重量及其有关数据。

托运人要求自理装卸车的，经承运人确认后，在运单内注明。

托运人委托承运人向收货人代递有关证明文件、化验报告或单据等，须在托运人记事栏内注明名称和份数。

托运人对所填写的内容及所提供的有关证明文件的真实性负责，并签字盖章；托运人或承运人改动运单时，亦须签字盖章。

4）货物押运

在运输中途需要饲养、照料的动物、植物，易腐物，各种贵重物品，以及军械弹药，爆炸品和其他需要押运的物品，托运人应当派人押运。

押运人免费乘车，负责运输途中货物的保管、照料。押运人每车以一人为限，因货物性质需要增派押运人员时，在符合安全的前提下，经车站负责人签证，可适当增加押运人数。托运人应在运单内注明押运人员姓名及必要的情况，承运人对押运人员应宣传安全注意事项，并提供工作和生活上的便利条件。

8.2.2　运输费用

汽车货物运输价格按不同运输条件分别计价，并可按规定实行加、减承运价，有关收费标准参照《汽车运价规则》。

汽车货物运输计费重量按以下规定确定：整车运输以吨为单位，尾数不是 10 kg 时四舍五入；零担货物运输以千克为单位，起码计费重量为 10 kg，尾数不是 1 kg 时四舍五入；一般货物一律按实际重量（含货物本身包装、衬垫及运输需要的附属物品）计算，以过磅为准。

汽车货物运输计费里程按下列规定确定：计费里程以公里为单位，不足 1 km 的，四舍五入；计费里程以省、自治区、直辖市交通主管部门核定的营运里程为准，未经核定的里程，由承运、托运双方商定；同一运输区间有两条以上营运路线可供行驶时，应以最短的路线为计费里程；如因自然灾害、货物性质、道路阻塞、交通管理需要绕道行驶时，应以实际行驶里程为计费里程；拼装分卸按从第一个装货地点起至最后一个卸货地点止的载重里程计算。

8.2.3　货物的交接、运达与交付

在货物装卸和运输过程中，承运、托运双方都应按合同规定办好货物交接手续。货物起运前，双方当事人应在指定地点交接，认真核对货物的品名、规格、数量与运单是否相符，并查看包装及装载是否符合规定标准，发现不符合规定或威胁安全运输的，不得起运。承运方确认无误的，应在托运方发货单上签字，然后起运。包装轻度破损，短时间修复、调换有困难，托运人坚持装车起运的，经双方同意，并做好记录，签名盖章后，方可装运，其后果由托运人承担。

整批货物运抵指定地点交付后，收货单位应在货票上签收，由驾驶员交给到达车站或带回起运点。零担货物由收货人向到达车站（仓库）凭货票提取。如发现货损、货差，双方交接人员做好记录，并签认，收货人不得因货损、货差拒绝收货。

货物交接时，承运、托运双方对货物重量和内容如有疑义，均可提出查验和复磅，如有不符，按有关规定处理。查验、复磅所发生的费用，由责任方负担。

收货单位如遗失货票，应及时向车站说明登记，经车站确认后，可凭单位证明或其他有效证件提货。如收货单位向车站说明前，货物已被他人持票提走，车站协助查询，不负责赔偿。

承运人对自发出领货通知的次日起超过 30 天无人领取的货物，要建立台账，及时登记，妥善保管，在保管期间不得动用，并认真查找物主，经多方查询，超过 1 个月仍无人领取的货物，按《关于港口、车站无法交付货物的处理办法》办理。但鲜活和不易保管的货物，经企业主管部门批准可不受时间限制。

8.2.4　公路货物运输合同的变更和解除

1. 合同的变更

运输合同签订后，如确有特殊原因不能履行或需要变更的，经双方同意，并在合同规定的时间内办理变更。如在合同规定的期限外提出，必须负担对方的实际损失。

托运人因故需要变更运输货物的名称、数量、起讫地点、运输时间、收发货人的，应向承运人提出运输变更申请书或其他形式的书面申请（包括信函、电报）；托运方对已托运的货物，要求变更收货人或取消托运，须向受理车站提出书面申请。承运人在接到申请后，应当认真审查，符合变更条件的，应当同意办理相应的变更手续。

货物承运后，因发生自然灾害、道路阻塞等造成运输阻滞，承运人应及时与托运人联系，协商处理，发生的卸存、接运、转运及保管费用按下述规定处理：接运时，货物卸存、接运费由托运人负担，已完成运输里程部分运费照收，未完成里程部分运费退回；回运时，已完成里程部分的运费照收，回程运费免收；应托运人要求绕道行驶或改变到达地点时，全程运费照实核收；货物在受阻处存放，承运人仓库可免费保管 5 天，在非承运人仓库存放，保管费用由托运人负担。

2. 合同的解除

由于某种原因，运输货物已没有必要，货物起运前可办理解除合同。合同解除的原因主要有：① 因自然灾害造成运输线路阻断；② 市场变化，托运人认为该批货物已经没有发运必要；③ 执行政府命令影响按时履行运输合同；④ 双方商定的其他情况。合同解除也应当以书面形式（包括公函、电报）提出或答复。

8.3　公路旅客运输合同

公路旅客运输合同是指公路承运人与旅客达成的有关汽车运送旅客权利义务关系的协议。

8.3.1　公路旅客运输合同的分类

公路旅客运输合同分为班车客运合同、旅游客运合同、出租车客运合同和包车客运合同。

1. 班车客运合同

班车客运合同是指旅客与班车客运经营者订立的运送合同。班车客运经营指客运经营者定点、定线进行的旅客运送经营。班车客运实行"强制缔约"，即对符合规定的旅客购买车票的订立合同的要约，客运经营者不得拒绝。

2. 旅游客运合同

旅游客运合同是指旅客客运经营者与旅游旅客之间订立的运输合同。旅游客运是指以运送旅游者游览观光为目的，其路线必须有一端位于名胜古迹、风景区等旅游点的一种营运方式。

3. 出租车客运合同

出租车客运合同是指出租车客运经营者与旅客订立的运输合同。出租车客运是指以轿车、小型客车为主，根据用户（旅客）要求的时间和地点行驶、上下及等待，按里程或时间计费的一种营运方式。

4. 包车客运合同

包车客运合同是指运送人与用户将客车全部包给用户（旅客），在用户的指示下进行运输的合同。包车客运是旅客运输的一种运营方式，其特点是运送人遵照用户的指示进行运输，按行驶里程或按包用时间收取运费。

8.3.2　公路旅客运输合同的签订

1. 订立程序

公路旅客运输合同的订立要经过要约与承诺两个阶段。公路旅客运输合同的签订通常是以旅客购票、车站售票行为完成的。在班车客运、旅游客运的情况下，其要约为旅客购买车票的意思表示，运送人（车站）售出合法、有效的车票为承诺，合同即告成立。

出租车客运也实行"强制缔约"规则。空驶出租车受乘客招拦停车后，一般不得拒绝乘客租用；在租用过程中应按乘客指定到达地点，选择最佳路线行驶，严禁故意兜圈、绕道多收费用。这里所谓"拒租"就是通常所说的"拒载"。

2. 公路旅客车票

公路旅客车票是客票的一种，它是公路汽车旅客运输合同的基本形式。公路汽车旅客车票是旅客与承运人之间确定运输权利义务关系的基本凭证。一般车票包括发站、到站、发车时间、班次、发售日期及票价等内容。旅客持有有效车票，即享有相应的运输权利，有权要求承运人提供票面规定的旅行服务。

承运人发售车票的时间、地点和方法，应方便旅客出发，在人口集中地区、城镇设立售票所（亭），城乡公共汽车应随车售票。

8.3.3　公路旅客运输合同的履行

公路旅客运输合同的当事人应当认真履行各自的义务，保证合同的顺利履行。

1. 承运人的基本义务

根据合同法及有关法律法规的规定，公路承运人的基本义务包括以下内容。

① 车辆必须适运。客运经营者应当为旅客提供良好的乘车环境，保持车辆清洁、卫生。客运经营者、货运经营者应当使用符合国家规定标准的车辆从事道路运输经营。

② 按时将旅客及行李运达目的地。为保证旅客及时到达目的地，承运人必须按指定车

站和时间进入车位装运行包，检票上客，正点发车，严禁提前发车。班车必须按规定线路、班点和时间运行、停靠，不得绕道、绕点行驶。运行途中发生意外情况无法运行时，应以最快方式通知就近车站派车接运，并及时公告。班车到站后，按指定车位停放，及时办理行包和其他事项的交接手续。

③ 保障旅客及其行李的安全。安全运输是旅客运输的核心，也是承运人最主要的义务之一。为保证旅客人身和财产的安全，承运人必须提供适合运输的车辆，运营客车必须经过车辆管理部门审验合格，保持良好的技术状况；委派合格的客运人员，驾驶人员应当持有相应准驾车型的驾驶证，乘务人员必须具备一定业务知识，站务人员也应具备一定业务知识。承运人应采取必要的措施防止在运输过程中发生侵害旅客人身、财产安全的违法行为。

④ 提供连续的运输服务。班线客运经营者取得道路运输经营许可证后，应当向公众连续提供运输服务，不得擅自暂停、终止或者转让班线运输。从事包车客运的，应当按照约定的起始地、目的地和线路运输；从事旅游客运的，应当在旅游区域按照旅游线路运输。

⑤ 客运经营者不得强迫旅客乘车，不得甩客、敲诈旅客，不得擅自更换运输车辆。

2. 公路旅客的基本义务

① 按照约定或票面规定的时间、地点乘车。旅客应当凭有效车票按指定日期、车次检票乘车，应一次完成行程。班车客运旅客须持符合规定的客票，按票面规定的日期、车次检票乘车；直达班车、普通班车在始发站对号入座。

② 遵守运输安全规定。旅客在旅行过程中必须遵守有关规定，协助承运人做好安全工作。旅客要服从承运方工作人员的安排和指挥，自觉维护站、车秩序。旅客不得携带易燃、易爆、腐蚀、有毒及妨碍他人安全、卫生的物品进站、乘车，但在保证安全和卫生的条件下，对部分限运物品可按有关规定限额携带；乘车时，头、手及身体不得伸出车外，不准翻越车窗，车未停稳，不准上下；不准随便开启车门，行车中不要与驾驶员闲谈及妨碍驾驶操作。这些义务性要求都是为了保证旅客运输安全所必须采取的措施。

③ 支付运费。旅客应凭有效车票乘车，下车时要验票。酒醉、无人护送或虽有人护送但仍危害他人安全的精神病患者及恶性传染病患者，均不予乘车；如果已购票，可以退票，免收退票手续费。车票是旅客乘车的凭证，无票一般不得乘车，旅客中途上车应及时购票。旅客遗失车票应另行购票乘车，如果在开车前办理挂失手续，经查对属实且原票未退又无他人持票上车者，可由车站出具证明乘车。途中遗失车票，且取得足够证明者，可继续乘车。旅客遗失车票另行购票后，在下车前又找到原票，经驾乘人员签证后其中一张可按开车前退票处理。经查出旅客无票、持用无效车票或涂改车票乘车的，除补收自始发站起至到达站止的票价外，公路承运人可以按规定加收一定数额的票款。旅客要求越站乘车，经同意后，应补收从原到达站至新到达站的票价。

8.3.4　公路旅客运输合同的变更和解除

1. 公路旅客运输合同的变更

经公路承运人同意后，合同变更成立。变更旅客运输合同的形式是旅客向公路承运人提出签证改乘。经公路承运人同意签证后，合同变更成立，当事人双方应当按照变更后的合同履行各自的义务。如果是旅客的原因而导致合同变更的，旅客应承担相应的法律责任，其表现形式就是支付一定费用。如果是公路承运人的责任导致合同变更的，承运人也应补偿旅客的损失。

1）班车客运变更

① 当次客运班车开车时间两小时前办理退票，可到市区各客运站办理联网退票，按票面金额 10% 计收退票费，不足 1 元按 1 元计算。

② 当次客运班车开车前两小时以内办理退票，必须到始发站办理退票，按票面金额 20% 计收退票费，不足 1 元按 1 元计算。

③ 因旅客延误乘车，在当次客运班车发车后 1 小时内，必须到始发站办理退票，按票面金额 50% 计收退票费，不足 1 元按 1 元计算。

④ 班车在发车站停开、延期或改变车型，应公告通知。旅客要求退票，应退还全部票款；旅客要求改乘他次班车，由车站签证改乘，改变车型应退补票价差额。班车因故停止运行，车站应协助旅客联系解决食、宿，费用由旅客自理。

⑤ 班车中途发生故障，车站应迅速派车接运，接运车辆类别如果有变更，票价差额不退补。

⑥ 因路线阻滞，班车必须改道行驶时，票价按改道实际里程计收。按改道里程发售客票后，如果班车恢复原路线行驶，发车前由始发站将票价差额退还旅客。班车行至途中临时需要改线或绕道，票价差额不退不补。如果不能继续行驶，旅客愿意在停车点或返回途中停止旅行，退还原票价款，补收已乘区段票款；要求返回原乘车站时，免费送回，并退还全部票款；如果愿意在被阻地等候乘车，由站、车人员在车票上签证，凭此继续乘车。凡因班车停开和改道运行所发生的退票，均不收退票费。

2）旅游客运的变更

提供旅游综合服务的旅游客运，退票须在开车前办理，并核收退票费；无旅游综合服务的旅游客运，退票按班车退票办理；旅客中途终止旅游的，不予退票。

3）包车客运的变更

用户要求变更使用包车的时间、地点或取消包车，须在使用前办理变更手续。运输经营者要求变更车辆类型、约定时间或取消包车，也应事先与用户协商，经同意后，方能变更。运输经营者自行变更车辆或未按约定时间供车者，按违约或延误供车处理。

2. 公路旅客运输合同的解除

因发生特殊情况导致旅客运输合同的履行不可能或者不必要，当事人可以解除合同。解除合同的主要标志就是退票。如果是旅客的原因而解除合同的，退票时公路承运人应当核收规定的退票费；如果是公路承运人的责任造成合同解除的，公路承运人不能收取退票费。

公路运输合同范本一

甲方（托运人）：A

乙方（承运人）：B

甲、乙双方经过协商，根据《中华人民共和国民法典》的有关规定，订立货物运输合同，条款如下：

一、合同期为一年，从××××年××月××日起到××××年××月××日止。

二、上述合同期内，甲方委托乙方运输货物，运输方式为汽车公路运输，具体货物的名称、规格、型号、数量、价格、运费、到货地点、收货人、运输期限等事项，由甲、乙双方另签运单确定，所签运单作为本合同的附件与本合同具有同等的法律效力。

三、甲方的义务：

1. 按照国家规定的标准对货物进行包装，没有统一规定包装标准的，应根据保证货物运输的原则进行包装，甲方货物包装不符合上述要求，乙方应向甲方提出，甲方不予更正的，乙方可拒绝起运。

2. 按照双方约定的标准和时间向乙方支付运费。

四、乙方的义务：

1. 按照运单的要求，在规定的期限内，将货物运到甲方指定的地点，交给甲方指定的收货人。

2. 保证货物无短缺、无损坏，如出现此类问题，应承担赔偿义务。

五、运输费用及结算方式：

1. 运费按乙方实际承运货物的里程及重量计算，具体标准按照运单约定执行。

2. 乙方在将货物交给收货人时，应向其索要收货凭证，作为完成运输义务的证明，持收货凭证与甲方结算。

3. 甲方对乙方所提交的收货凭证进行审核，在确认该凭证真实有效且货物按期运达无缺失损坏问题后请付清当次运费。

六、甲方交付乙方承运的货物均系供应客户的重大生产资料，乙方对此应予以高度重视，确保货物按期运达。非因自然灾害等不可抗力造成货物逾期运达的，如客户追究甲方责任，乙方应全额赔偿甲方的经济损失。因发生自然灾害等不可抗力造成货物无法按期运达目的地的，乙方应将情况及时通知甲方并取得相关证明，以便甲方与客户协调。

七、运输过程中如发生货物灭失、短少、损坏、变质、污染等问题，乙方应按照以下标准赔偿甲方的经济损失。

1. 货物灭失或无法正常使用的，按运单记载货物价格全额赔偿，如运单未记载价格的，按甲方同类产品出厂价格赔偿。

2. 货物修理后可以正常使用且客户无异议的，赔偿修理费（包括换件费用、人工费及修理人员的往返差旅费等）。

八、出现合同第七条情况导致货物逾期运达的，乙方除按该条规定承担责任外，还应当同时执行本合同第六条的规定。

九、本合同未尽事宜，由双方协商解决，协商不成，按照合同法规定办理，发生争议提交××仲裁委员会按其仲裁规则进行仲裁。

十、本合同一式两份，双方各持一份，双方签字盖章后生效。

甲方：A　　　　　　　　　　　　　乙方：B

附：

运单编号：00000001

签发时间：××××年××月××日　　　　装运时间：××××年××月××日

签发地点：××省××市××区××路××号 装运地点：××省××市××区××路××号

发货人：A　　　　　　　　　　　　承运人：B

托运人签章　　　　　　　　　　　　承运人签章

××××年××月××日　　　　　　　××××年××月××日

公路货物运输合同范本二

甲方（委托方）：　　　　　　　　　　乙方（承运方）：

根据《中华人民共和国民法典》及国家其他相关法规，经甲乙双方友好协商，本着平等互利的原则，达成如下协议，甲乙双方承诺确保按此协议执行。

第一条　合作范围：甲方委托乙方承运由甲方指定的起运点至目的地的货物

第二条　服务要求

1. 乙方应根据甲方运输货物的需求，及时调派车辆运输甲方的货物，承运车辆的车况应符合甲方货物长途运输的安全要求。

2. 乙方需全力按照甲方指定的时间、地点及收货人将货物送达目的地。

第三条　运输价格的确定及支付

1. 运输价格：每次运输之前需先确认运价。

2. 运费结算期限为月结30天，即当月发生的运费于下个月结清。

3. 付款方式：转账。

第四条　合同的时效及争议解决

1. 本合同有效期自××××年××月××日至××××年××月××日止。到期后若双方都没有提出要终止本合同，则本合同自动继续有效。

2. 本合同一式两份，经双方签字盖章后，双方各执一份，具备同等法律效力。

3. 本合同未尽事宜，双方协商一致后，签订补充协议书，确认之后作为本合同的必要补充，与本合同具有同等效力。

甲方：　　　　　　　　　　　　　　　乙方：
代表：　　　　　　　　　　　　　　　代表：
签约地点：　　　　　　　　　　　　　签约地点：
签约日期：××××年××月××日　　　　签约日期：××××年××月××日

本章小结

表8-1　公路运输合同小结

名称	主要内容	重点
运输合同概述	运输合同的特征、运输合同的种类、运输合同的构成要素	运输合同的构成要素
公路货物运输合同	公路货物运输合同概述、运输费用、货物的交接、运达与交付、公路货物运输合同的变更和解除	公路货物运输合同的变更和解除
公路旅客运输合同	公路旅客运输合同的分类、公路旅客运输合同的签订、公路旅客运输合同的履行、公路旅客运输合同的变更和解除	公路旅客运输合同的履行、公路旅客运输合同的变更和解除

课堂集训

一、不定项选择题

1. 按照（　　）的不同，可将运输系统分为铁路、公路、水路、航空和管道运输子系统。

    A. 运输方式　　　　B. 运输企业　　　　C. 运输距离　　　　D. 运输时间

2. 货物在承运责任期间和站、场存放期间，发生毁损或灭失，在（　　）的情形下承运人、站场经营人应负赔偿责任。

    A. 不可抗力　　　　　　　　　　　B. 货物本身的自然性质变化或者合理损耗

    C. 承运人的运输工具不具有运输状态　D. 包装内在缺陷，造成货物受损

3. 运输合同的特征是（　　）。

    A. 运输合同是双务合同　　　　　　B. 运输合同为有偿合同

    C. 运输合同为格式合同　　　　　　D. 运输合同为有名合同

4. 运输合同按照运送对象分类分为（　　）。

    A. 旅客运输合同　　　　　　　　　B. 货物运输合同

    C. 国内运输合同　　　　　　　　　D. 涉外运输合同

5. 运输合同的构成要素包括（　　）。

    A. 运输合同主体　B. 运输合同客体　C. 运输合同内容　D. 承运人的义务

6. 托运人有（　　）。

    A. 告知义务　　　　　　　　　　　B. 有关文件交付和说明义务

    C. 支付运费、杂费的义务　　　　　D. 安全运输义务

二、名词解释

1. 运输合同　2. 公路货物运输合同　3. 公路旅客运输合同　4. 班车客运合同

三、简答题

1. 简述运输合同的种类。

2. 简述运输合同的构成。

3. 简述公路旅客运输合同的分类。

4. 试述合同解除的原因。

四、案例分析

旅游公司与汽运公司于 2023 年 4 月 28 日签订"租车协议书"一份，约定旅游公司向汽运公司租用 11 辆空调大巴车，每辆 2.3 万元；汽运公司保证车辆行驶安全。签订协议时，旅游公司先付 1 万元定金，余款于 4 月 30 日上午 11 点交清，否则没收定金，取消租车协议；汽运公司于 5 月 1 日 12 点 10 分在广西北海火车站接站，于晚上 12 点前到达海口，租车时间至 5 月 5 日；汽运公司必须遵守协议，必须配合旅游公司的安排，不得迟到，不得无理取闹，如有违反，双倍返还定金。签约后，旅游公司于 4 月 29 日交 1 万元定金和 8 万元租车费。因旅游公司未按时付清全部款项，故致函汽运公司，称因"五一"放假，所余之款于 5 月 5 日付清。汽运公司在从北海至海口的行程中，因一辆车发生故障，致使整个团队不能按约定的时间到达海口。另有一辆车在行驶中急刹车，致使导游郭某受伤。行程结束

后，汽运公司于 5 月 16 日要求旅游公司付清余款，旅游公司只支付 3.7 万元，同时向汽运公司提交投诉信一份、医疗费单据等，汽运公司表示拒绝。5 月 25 日汽运公司再次要求旅游公司付清余款 12.6 万元未果的情况下，向法院起诉。

请问：汽车公司的请求能否得到法院的支持？

课堂集训答案

一、不定项选择题

1. A　2. C　3. ABCD　4. AB　5. ABC　6. ABC

二、名词解释（略）

三、简答题（略）

四、案例分析

答案要点：

（1）本案表面看起来是一起汽车租用合同纠纷，其实，这是一起旅客运输合同纠纷。本案汽运公司与旅游公司签订了一份"租车协议"，约定旅游公司租用汽运公司的汽车按规定的路线运送客人，司机由汽运公司所派，汽运公司必须保证在指定的时间内将旅游公司的乘客运送至指定的地点，因此，双方之间是一种旅客运输合同关系。

（2）本案双方签订合同以后，该运输合同是否成立了呢？从我国有关运输合同的法律、法规来看，运输合同经双方当事人协商一致即告成立，运输行业一般也认为运输合同经协商一致即告成立，并不以支付运费或购买客票为条件，因此，从有利于保证运输行业的正常秩序、保护合同双方的长远利益出发，一般都将运输合同视为诺成性合同。合同当然成立。

（3）根据运输合同的有关规定，旅游公司应向汽运公司支付运输费用，汽运公司应当按照约定的运输路线将旅客运至约定地点，但未能在约定的时间内到达指定地点，给旅游公司造成了损失；汽运公司在运输途中发生紧急刹车导致旅客受伤事件，未能为旅客提供安全保障的义务，违反了旅客运输合同的有关规定，应承担违约责任。而本案旅游公司在汽运公司已经履行完毕运输旅客的义务后拖欠部分运输费用也是没有道理的，其行为同样违约。法院应正确认定和划分汽运公司和旅游公司各自的责任，作出合情合理的判决。

第9章 道路交通安全法

思政目标

理解道路交通安全法"以人为本"的法治理念，体会道路交通安全法对生命权、健康权的尊重，深刻理解坚持以人民为中心的法治意蕴；增强学生遵守道路交通安全法的自觉性，自觉做社会主义法治的忠实崇尚者、自觉遵守者、坚定捍卫者。

思政小课堂

《中华人民共和国道路交通安全法》的首要立法目的就是保护人身安全，其中很多规定都充分体现了以人为本的法治理念。在道路通行权利分配上明确规定了行人在人行横道上的绝对优先权，并对学龄前儿童、盲人等弱势群体道路通行专门规定予以保护。在事故责任划分原则上，规定机动车与非机动车驾驶人、行人之间发生交通事故，非机动车驾驶人没有过错的，由机动车一方承担赔偿责任，保护非机动车驾驶人、行人这一交通弱势群体。在事故处理上，确立了生命利益最重原则，规定了当事人、交通警察、医疗机构对事故受伤人员的先行救助义务等。《道路交通安全法》始终贯穿以人为本的立法理念，字里行间体现着对百姓切身利益的保护，对生命的尊重与关爱。

资料来源：

安吉县交运驾驶员培训有限公司.《道路交通安全法》浅析.［2023-06-07］. https://www.doc88.com/p-0042075183920.html.

导入案例

20××年2月1日，普某某驾驶机件不符合技术标准的云HC××××轻型自卸货车驶往A

村方向，21 时 20 分许途经 B 村王某某家门口路段时，其所驾车辆后门板将不按规定横过机动车道的行人张某某刷倒，造成张某某送医院抢救无效死亡。

案例解析： 普某某驾驶机件不符合技术标准的机动车，违反了《中华人民共和国道路交通安全法》第 21 条：驾驶人驾驶机动车上道路行驶前，应当对机动车的安全技术性能进行认真检查；不得驾驶安全设施不全或者机件不符合技术标准等具有安全隐患的机动车；张某某不按规定横过机动车道，违反了《中华人民共和国道路交通安全法》第 62 条：行人通过路口或者横过道路，应当走人行横道或者过街设施；通过有交通信号灯的人行横道，应当按照交通信号灯指示通行；通过没有交通信号灯、人行横道的路口，或者在没有过街设施的路段横过道路，应当在确认安全后通过。二人的行为均构成了道路交通违法行为。

9.1 总　　则

《中华人民共和国道路交通安全法》于 2003 年 10 月 28 日第十届全国人民代表大会常务委员会第五次会议通过，自 2004 年 5 月 1 日起施行；2007 年 12 月 29 日，第十届全国人民代表大会常务委员会第三十一次会议第一次修正，2011 年 4 月 22 日，第十一届全国人民代表大会常务委员会第二十次会议第二次修正，2021 年 4 月 29 日，第十三届全国人民代表大会常务委员会第二十八次会议第三次修正，自 2021 年 4 月 29 日起施行。该法是我国第一部关于道路交通安全的基本法律，是与百姓日常出行息息相关的一部法律，是保证交通安全的基本准则。

9.1.1 立法目的

1. 维护道路交通秩序，预防和减少交通事故

交通运输是关系国民经济发展的重要方面，道路交通规则是交通运输体系中的重要组成部分。维护道路交通秩序可以说是整个道路交通安全法的出发点，是道路交通管理的目标。依法管理，维护一个良好的道路交通秩序，对于国民经济和社会主义现代化建设事业的顺利进行具有十分重要的意义。一般来说，一个良好的道路交通秩序可以从道路交通是否安全和通畅便捷两个方面来衡量。

进入 21 世纪以来，随着我国经济的发展和人民生活水平的提高，汽车逐渐进入普通家庭，成为人们道路通行的重要交通工具。据《2022 年国民经济和社会发展统计公报》的统计数据，截至 2022 年末，全国民用汽车保有量 31 903 万辆（包括三轮汽车和低速货车 719 万辆），比上年末增加 1 752 万辆，其中私人汽车保有量 27 873 万辆，增加 1 627 万辆。民用轿车保有量 17 740 万辆，增加 1 003 万辆，其中私人轿车保有量 16 685 万辆，增加 954 万辆。同时，道路交通事故的高发也随之而来。2022 年道路交通事故万车死亡人数 1.46 人，与 2021 年万车死亡人数相比下降 7.0%。虽然近年来我国道路交通事故降幅明显，但依然高发。交通事故成为我们日常生活中发生概率最高的意外事故之一。预防和减少道路交通事故是维护道路交通秩序的目标，也是良好交通秩序的保障。

2. 保护人身安全，保护公民、法人和其他组织的财产安全及其他合法权益

道路交通就是要通过道路运输活动，将人、货安全送至目的地。如果缺乏安全保障，那么整个交通活动也就失去了意义。因此，保障交通安全的首要内容，就是要保护人身安全。

《中华人民共和国道路交通安全法》的很多规定都充分体现了这种以人为本的立法宗旨。保障交通安全的另一个重要内容就是要保护广大人民群众的财产安全和其他合法权益。由此可见，保障交通安全是整个道路交通安全法的基本指导思想。

3. 提高通行效率

在确保安全的前提下，通过依法管理、科学管理，保证道路交通的畅通有序，提高通行效率也是道路交通立法的重要目的之一。因为交通行为本身就是以通达为目标，追求实现人和物的有序流动。为实现这一目标，《中华人民共和国道路交通安全法》规定了公安机关交通管理部门应当采取先进的科技手段，实施道路交通监控；规定了轻微交通事故的快速处理规范等，这些都体现了改革和提高通行效率的精神。

9.1.2　适用范围

1. 空间效力

法的空间效力，指法在哪些地域有效力，即适用于哪些地区。《中华人民共和国道路交通安全法》的适用范围是中华人民共和国境内。其中，境内是指我国领土以内的地域范围。"道路"指的是公路、城市道路和虽在单位管辖范围但允许社会机动车通行的地方，包括广场、公共停车场等用于公众通行的场所。

2. 时间效力

法的时间效力，指法何时生效、何时终止效力，以及法对其生效以前的事件和行为有无溯及力。《中华人民共和国道路交通安全法》自 2004 年 5 月 1 日起施行，第一次修正自 2008 年 5 月 1 日起施行，第二次修正自 2011 年 5 月 1 日起施行，第三次修正自 2021 年 4 月 29 日起施行，不具有溯及力。

3. 对人的效力

法对人的效力，指法律对谁有效力，即适用于哪些人。《中华人民共和国道路交通安全法》适用于中华人民共和国境内所有车辆驾驶人、行人、乘车人，以及与道路交通活动有关的单位和个人。据此，不但机动车驾驶人、行人、乘车人等直接参与道路交通活动的人员应当遵守《中华人民共和国道路交通安全法》，与道路交通活动有关的单位和个人也应当遵守本法规定。这里的"与道路交通活动有关的单位和个人"，是指虽然与道路交通活动无直接联系，但是其行为或者活动与维护道路交通秩序密切相关的一些单位和个人，主要包括机动车所有人、机动车安全技术检验机构和负责道路及其附属设施的规划、设计、施工、设置、养护的部门及其工作人员，以及其他可能影响道路交通秩序的单位和个人。

除中国公民外，外国人和无国籍人在我国境内驾驶机动车或者通行、乘车的，也应当遵守本法规定。

9.1.3　立法原则

1. 依法管理原则

依法管理，是行政法治原则的内在要求。一方面，它要求道路交通安全管理机关要严格依照法律规定，做好各项管理工作，不得懈怠职责。另一方面，它要求道路交通安全管理机关必须在法定的职权范围内严格按照法定的程序实施管理，行使职权，不得超越职权或者滥用职权，侵害公民、法人或者其他组织的合法权益，对违法执法行为应当依法承担法律责任。

2. 方便群众原则

道路交通安全工作直接涉及广大人民群众的切身利益。公民、法人和其他组织作为道路交通活动的参与人，也是道路交通安全管理的相对人，机动车上牌照、申请驾驶证、上道路通行等都要接受道路交通安全管理机关的管理。方便群众原则就是要求公安机关交通管理部门在依法开展道路交通安全工作中，尽可能为交通参与人提供便利和方便，从而保障交通参与人进行交通活动的顺利实现。

9.1.4　道路交通管理的体制

我国现行的道路交通管理体制是一种"共管"体制。一方面，由公安机关统一负责全国的交通安全管理工作，对于上道路行驶的拖拉机的登记、检验和拖拉机驾驶人的管理，根据目前管理的实际，结合考虑方便农民、减轻农民负担等因素，规定由农业（农业机械）主管部门进行管理，但公安机关有权进行监督，以确保交通安全管理体制的统一。另一方面，道路交通安全管理是一个复杂的系统工程，做好道路交通安全管理工作，离不开其他道路交通管理工作的配合，也离不开相关部门的支持。因此，《中华人民共和国道路交通安全法》同时规定县级以上地方各级人民政府交通、建设管理部门依据各自职责，负责有关的道路交通安全管理工作。各个部门各负其责，相互配合，在道路交通安全管理中发挥各自的作用。

9.2　车辆与驾驶人

车辆根据其动力来源的不同，可以分为机动车辆和非机动车辆。机动车是指以动力装置驱动或者牵引，上道路行驶的供人员乘用或者用于运送物品及进行工程专项作业的轮式车辆。非机动车是指以人力或者畜力驱动，上道路行驶的交通工具，以及虽有动力装置驱动但设计最高时速、空车质量、外形尺寸符合有关国家标准的残疾人机动轮椅车、电动自行车等交通工具。

9.2.1　机动车管理制度

1. 机动车登记制度

我国对机动车实行登记制度，机动车经公安机关交通管理部门登记后，方可上路行驶，尚未登记的机动车需要取得临时通行牌证才能上路。机动车登记是机动车管理的重要组成部分，做好机动车登记工作，对于保证道路交通安全，维护国家机动车产业政策具有重要意义。

机动车登记分为注册登记、变更登记、转让登记、抵押登记和注销登记。

1）注册登记

注册登记，又称行驶资格登记，是机动车车辆的"出生"登记。机动车只有通过注册登记，才能取得参与道路交通活动的合法主体资格，取得自己特定的身份。机动车注册登记是机动车管理的基础制度，也是确立机动车其他登记制度的前提。对机动车进行注册登记是世界各国机动车管理和道路交通安全管理的惯例。

对于机动车的注册登记，由公安机关交通管理部门负责。具体来说，初次申领机动车号牌、行驶证的，机动车所有人应当向住所地的车辆管理所申请注册登记。

申请机动车登记，应当提交以下证明、凭证。

① 机动车所有人的身份证明。

② 机动车来历证明。

③ 机动车整车出厂合格证明或者进口机动车进口凭证。

④ 车辆购置税的完税证明或者免税凭证。

⑤ 法律、行政法规规定应当在机动车登记时提交的其他证明、凭证。

公安机关交通管理部门应当自受理申请之日起 5 个工作日内完成机动车登记审查工作，对符合前款规定条件的，应当发放机动车登记证书、号牌和行驶证；对不符合前款规定条件的，应当向申请人说明不予登记的理由。

机动车登记证书、号牌、行驶证的式样由国务院公安部门规定并监制。公安机关交通管理部门以外的任何单位或者个人不得发放机动车号牌或者要求机动车悬挂其他号牌，本法另有规定的除外。

尚未进行注册登记的机动车，需要临时上道路行驶的，必须取得临时通行牌证。尚未进行登记的机动车需要上道路行驶的情况主要有 4 种：一是尚未固定车籍需要临时移动车辆的；二是新购置的车辆需要驾驶回本单位或者驻地的；三是车辆转籍已收缴正式号牌，需要驶向新的使用单位的；四是未申领正式号牌的新车需要驶往外地改装的车辆。临时通行牌证主要是指"临时号牌"。

2）变更登记

变更，是指机动车的登记信息发生变化或者改变。已注册登记的机动车有下列情形之一的，机动车所有人应当向登记该机动车的公安机关交通管理部门申请变更登记。

① 改变机动车车身颜色的。

② 更换发动机的。

③ 更换车身或者车架的。

④ 因质量问题，制造厂更换整车的。

⑤ 机动车登记的使用性质改变的。

⑥ 机动车所有人的住所迁出、迁入公安机关交通管理部门管辖区域的。

申请机动车变更登记，应当交验机动车并提交机动车所有人的身份证明、机动车登记证书、机动车行驶证等证明、凭证，属于上述第 2 项、第 3 项情形之一的，还应当同时提交机动车安全技术检验合格证明。

机动车所有人的住所在公安机关交通管理部门管辖区域内迁移、机动车所有人的姓名（单位名称）或者联系方式等变更的，应当向登记该机动车的公安机关交通管理部门备案。

机动车变更登记时，需要改变机动车号牌号码的，公安机关交通管理部门收回号牌、行驶证，确定新的机动车号牌号码，重新核发号牌、行驶证和检验合格标志。

3）转让登记

已注册登记的机动车所有权发生转移时，当事人应当依法向登记该机动车的公安机关交通管理部门及时办理转让登记。

申请机动车转移登记，当事人应当提交以下证明、凭证。

① 当事人的身份证明。

② 机动车所有权转移的证明、凭证。

③ 机动车登记证书。

④ 机动车行驶证。

4）抵押登记

机动车所有人将机动车作为抵押物抵押的，机动车所有人和抵押权人应当向登记该机动车的公安机关交通管理部门申请抵押登记。

解除抵押登记的，机动车所有人应当填写申请表，由机动车所有人和抵押权人共同申请。

公众可以查询机动车抵押登记日期、解除抵押登记日期。

5）注销登记

已注册登记的机动车达到国家规定的强制报废标准的，公安机关交通管理部门应当在报废期满的 2 个月前通知机动车所有人办理注销登记。

机动车所有人应当在报废期满前将机动车交售给机动车回收企业，由机动车回收企业将报废的机动车登记证书、号牌、行驶证交公安机关交通管理部门注销。机动车所有人逾期不办理注销登记的，公安机关交通管理部门应当公告该机动车登记证书、号牌、行驶证作废。

因机动车灭失申请注销登记的，机动车所有人应当向公安机关交通管理部门提交本人身份证明，交回机动车登记证书。

2. 机动车安全技术检验

我国的机动车安全技术检验包括注册登记前的注册登记检验、投入使用后的定期检验、临时检验和特殊检验等。

关于注册登记检验，《中华人民共和国道路交通安全法》规定，准予登记的机动车应当符合机动车国家安全技术标准。申请机动车登记时，应当接受对该机动车的安全技术检验。但是，经国家机动车产品主管部门依据机动车国家安全技术标准认定的企业生产的机动车型，该车型的新车在出厂时经检验符合机动车国家安全技术标准，获得检验合格证的，免予安全技术检验。

关于定期检验，《中华人民共和国道路交通安全法》规定，对登记后上道路行驶的机动车，应当依照法律、行政法规的规定，根据车辆用途、载客载货数量、使用年限等不同情况，定期进行安全技术检验。对提供机动车行驶证和机动车第三者责任强制保险单的，机动车安全技术检验机构应当予以检验，任何单位不得附加其他条件。对符合机动车国家安全技术标准的，公安机关交通管理部门应当发给检验合格标志。

目前，我国对机动车的安全技术检验实行社会化，但是由于机动车安全技术检验是一项专业技术性很强的工作，从我国目前的实际情况出发，《中华人民共和国道路交通安全法》规定具体办法由国务院规定。随着我国简政放权、放管结合、优化服务改革不断推向纵深，2017 年 1 月，国务院发布实施《国务院关于第三批取消中央指定地方实施行政许可事项的决定》，原由省级质量技术监督部门审批的机动车安全技术检验机构检验资格许可正式取消。该许可取消审批后，质量技术监督部门要强化"为社会提供公证数据的产品质量检验机构计量认证"，对机动车安全技术检验机构严格把关，采用监督检查、能力验证、投诉处理、信息公开等多种方式，加强事中、事后监管。

机动车安全技术检验机构对机动车检验收取费用，应当严格执行国务院价格主管部门核定的收费标准。

3. 机动车上路行驶的牌证、标志要求

驾驶机动车上道路行驶，应当悬挂机动车号牌，放置检验合格标志、保险标志，并随车携带机动车行驶证。

机动车号牌应当悬挂在车前、车后指定位置，保持清晰、完整，不得故意遮挡、污损。任何单位和个人不得收缴、扣留机动车号牌。

机动车检验合格标志、保险标志应当粘贴在机动车前窗右上角。

4. 机动车强制报废制度

机动车强制报废制度，是指在机动车符合法定的报废标准后，机动车所有人必须按照规定的程序对机动车进行报废。该制度是排除道路交通安全隐患、维护道路交通安全的重要制度。世界各国一般均采用强制报废制度。

我国早在 1986 年就制定了汽车报废标准，根据机动车的安全技术状况和不同用途，规定不同的报废标准。随着我国汽车保有量的迅速增加，该标准历经几次修订。2012 年 8 月 24 日商务部第 68 次部务会议审议通过并经国家发展改革委、公安部、环境保护部同意发布《机动车强制报废标准规定》，2013 年 5 月 1 日起施行，这是我国现行的机动车强制报废标准。

达到报废标准的机动车不得上道路行驶。为防止报废后的大型客、货车及营运车辆继续上路行驶或者被异地转卖和被非法拆装，道路交通安全法规定报废的大型客、货车及其他营运车辆应当在公安机关交通管理部门的监督下解体。

驾驶已达到报废标准的机动车上道路行驶的，公安机关交通管理部门应当对车辆予以收缴，强制报废，对驾驶人处 200 元以上 2 000 元以下罚款，并吊销机动车驾驶证。出售已达到报废标准的机动车的，没收违法所得，处销售金额等额的罚款，车辆由公安机关交通管理部门依法收缴，强制报废。

应当报废的机动车必须及时办理注销登记。该规定已在注销登记部分说明，故此处不再赘述。

5. 特种车辆的管理

警车、消防车、救护车、工程救险车应当按照规定喷涂标志图案，安装警报器、标志灯具。其他机动车不得喷涂、安装、使用上述车辆专用的或者与其相类似的标志图案、警报器或者标志灯具。

警车、消防车、救护车、工程救险车应当严格按照规定的用途和条件使用。

公路监督检查的专用车辆，应当依照公路法的规定，设置统一的标志和示警灯。

6. 关于设立机动车第三者责任强制保险制度和道路交通事故社会救助基金的规定

1) 机动车交通事故责任强制保险制度

机动车第三者责任强制保险，即机动车交通事故责任强制保险，是指由保险公司对被保险机动车发生道路交通事故造成本车人员、被保险人以外的受害人的人身伤亡、财产损失，在责任限额内予以赔偿的强制性责任保险。

在《中华人民共和国道路交通安全法》颁布实施前，在全国范围内并没有统一的机动车第三者责任保险制度。随着道路交通的发展，机动车私人所有的情况日益普遍，客货运输行业的快速发展，原有的交通事故赔偿机制已严重不适应事故处理快速化、程序简单化的需要。更重要的是，在原有机制下，很容易造成受害人得不到及时、有效的赔偿，从而导致社会矛盾突出，增加社会的不稳定因素。在此背景下，《中华人民共和国道路交通安全法》明确确立了机动车第三者责任强制保险制度。2006 年 3 月 21 日，国务院公布了《机动车交通事故责任强制保险条例》，同年 7 月 1 日起施行（此后该条例分别在 2012 年 3 月、2012 年 12 月、2016 年 2 月、2019 年 3 月历经四次修订）。全国统一的机动车交通事故责任强制保险制度正式确立，在中华人民共和国境内道路上行驶的机动车的所有人或者管理人，必须为车辆购买机动车交通事故责任强制保险。

机动车保险已经成为与人们的生活息息相关的一种保险。在机动车交通事故责任强制保险之外，机动车所有人或管理人还可以自愿为车辆投保商业保险。机动车商业保险分为基本险和附加险两部分。大部分保险公司的基本险都包括车辆损失险和第三者责任险。

值得注意的是，机动车交通事故责任强制保险（以下简称"交强险"）和商业第三者责任险（以下简称"商业三者险"）虽然都属于责任保险，但二者并不相同。首先，交强险属于强制保险，机动车上路行驶必须投保，新车挂牌、旧车年审必须提供交强险保险单。商业三者险属于商业保险，投保人自主选择是否投保。其次，二者的赔偿原则不同。商业三者险采取的是过错责任原则，即根据当事人的违法行为与交通事故之间的因果关系，以及违法行为在交通事故中的作用，认定当事人的交通事故责任及赔偿责任；而交强险对于除机动车之间交通事故外的交通事故采取的是"无过错责任"原则，即只要发生道路交通事故并造成对方损失，不论机动车方有无过错都要承担赔偿责任。最后，交强险属于定额保险，实行分项责任限额；商业三者险属于不定额保险，投保人自主选择责任限额，且并不区分责任限额。

2）设立道路交通事故社会救助基金的规定

设立道路交通事故社会救助基金制度，是机动车交通事故责任强制保险制度的补充，旨在保证道路交通事故中受害人不能按照交强险制度和侵权制度得到赔偿时，可以通过救助基金的救助，获得及时抢救或者适当补偿。

《机动车交通事故责任强制保险条例》规定了救助基金的资金来源、使用和管理。救助基金的来源包括下列几项。

① 按照机动车交通事故责任强制保险的保险费的一定比例提取的资金。

② 对未按照规定投保机动车交通事故责任强制保险的机动车的所有人、管理人的罚款。

③ 救助基金管理机构依法向道路交通事故责任人追偿的资金。

④ 救助基金孳息。

⑤ 其他资金。

发生抢救费用超过机动车交通事故责任强制保险责任限额的、肇事机动车未参加机动车交通事故责任强制保险的、机动车肇事后逃逸等情况的，道路交通事故中受害人人身伤亡的丧葬费用、部分或者全部抢救费用，由救助基金先行垫付，救助基金管理机构有权向道路交通事故责任人追偿。

2009 年 9 月 10 日，经国务院同意，财政部、中国保险监督管理委员会、公安部、卫生部和农业部联合发布了《道路交通事故社会救助基金管理试行办法》，2010 年 1 月 1 日起施行。该办法进一步明确了道路交通事故社会救助基金的筹集、使用和管理问题。顺应实践发展的新形势、新特点和新要求，2020 年 11 月 26 日经财政部部务会议审议通过，经银保监会、公安部、卫生健康委、农业农村部同意，并报经国务院批准，《道路交通事故社会救助基金管理办法》公布，自 2022 年 1 月 1 日起施行。《道路交通事故社会救助基金管理试行办法》同时废止。《道路交通事故社会救助基金管理办法》进一步完善了救助基金筹集、使用和管理体制，提升了救助覆盖面和便利度，提高了救助基金使用效率。

9.2.2　非机动车管理制度

在我国，机动车、非机动车混行是一个非常现实的国情。因此，道路交通安全法对非机动车上路行驶作出了原则性规定，以便为非机动车管理提供法律上的依据。该法确立了非机动车行驶许可制度，即依法应当登记的非机动车，经公安机关交通管理部门登记后，方可上道路行驶。非机动车的外形尺寸、质量、制动器、车铃和夜间反光装置，应当符合非机动车安全技术标准。但鉴于非机动车的情况各地差别很大，难以在全国范围内确定统一的标准，该法同时将非机动车的具体管理办法和标准授权给省、自治区、直辖市人民政府，由其根据当地实际情况规定。

9.2.3　机动车驾驶人管理规定

机动车是高度危险的交通工具，上路行驶对驾驶者、乘客和社会公众的人身及财产安全都具有很大的威胁。驾驶机动车应当有驾驶证是国际惯例，也是保证交通安全的需要。

机动车驾驶证，是指依法允许学习驾驶机动车的人员，经过学习，掌握交通法律法规知识和驾驶技术后，经管理部门考核合格，依法准予驾驶某一类型机动车的法律凭证。

目前，我国的机动车驾驶证分为 3 种：驾驶证、学习驾驶证和临时驾驶证。驾驶证，是驾驶人取得正式驾驶资格的法定证明，标志着机动车驾驶人已经完全具备了上路驾驶某种机动车的知识、技术和技能。凭此证可在全国道路上驾驶准驾车型的民用机动车。驾驶证有效期分为 6 年、10 年和长期。初次申领驾驶证有效期为 6 年，初次取得汽车类准驾车型或者初次取得摩托车类准驾车型后的 12 个月为实习期。驾驶人在实习期内驾驶机动车的，应当在车身后部粘贴或者悬挂统一式样的实习标志。学习驾驶证，即学习驾驶证明，是在有资格的人员随车指导下准许学习驾驶技能的凭证。学习驾驶证明的有效期为 3 年，但有效期截止日期不得超过申请年龄条件上限。学习驾驶证明可以采用纸质或者电子形式，纸质学习驾驶证明和电子学习驾驶证明具有同等效力。申请人可以通过互联网交通安全综合服务管理平台打印或者下载学习驾驶证明。申请人在场地和道路上学习驾驶，应当按规定取得学习驾驶证明。申请人在道路上学习驾驶，应当随身携带学习驾驶证明，使用教练车或者学车专用标识签注的自学用车，在教练员或者学车专用标识签注的指导人员随车指导下，按照公安机关交通管理部门指定的路线、时间进行。临时驾驶证，是核发给持有外国或者港澳台地区驾驶证或者国际驾驶证临时来华，需要在道路上驾驶机动车的外国（地区）人的驾驶证件。对入境短期停留的，可以申领有效期为三个月的临时机动车驾驶许可；停居留时间超过三个月的，有效期可以延长至一年。临时入境机动车驾驶人的临时机动车驾驶许可在一个记分周期内累积记分达到 12 分，未按规定参加道路交通安全法律、法规和相关知识学习、考试的，不得申请机动车驾驶证或者再次申请临时机动车驾驶许可。

1. 驾驶证的取得和管理

1）驾驶许可条件

申请机动车驾驶证，应当符合法律规定的年龄条件和身体条件。由于申请准驾车型不同，年龄条件要求也不尽相同。如申请小型汽车准驾车型的，年龄应在 18 周岁以上，无年龄上限，但规定年龄在 70 周岁以上申请小型汽车，须能够通过记忆力、判断力、反应力等能力测试；申请大型客车准驾车型的，年龄在 22 周岁以上，60 周岁以下。身体方面，出于驾驶安全考虑，对身高、视力、辨色力、听力、上肢、下肢、躯干和颈部均有详尽规定。

有下列情形之一的，不得申请机动车驾驶证。

① 有器质性心脏病、癫痫病、美尼尔氏症、眩晕症、癔病、震颤麻痹、精神病、痴呆，以及影响肢体活动的神经系统疾病等妨碍安全驾驶疾病的。

② 三年内有吸食、注射毒品行为或者解除强制隔离戒毒措施未满三年，以及长期服用依赖性精神药品成瘾尚未戒除的。

③ 造成交通事故后逃逸构成犯罪的。

④ 饮酒后或者醉酒驾驶机动车发生重大交通事故构成犯罪的。

⑤ 醉酒驾驶机动车或者饮酒后驾驶营运机动车依法被吊销机动车驾驶证未满五年的。

⑥ 醉酒驾驶营运机动车依法被吊销机动车驾驶证未满十年的。

⑦ 驾驶机动车追逐竞驶、超员、超速、违反危险化学品安全管理规定运输危险化学品构成犯罪依法被吊销机动车驾驶证未满五年的。

⑧ 因第四项以外的其他违反交通管理法律法规的行为发生重大交通事故构成犯罪依法被吊销机动车驾驶证未满十年的。

⑨ 因其他情形依法被吊销机动车驾驶证未满二年的。

⑩ 驾驶许可依法被撤销未满三年的。

⑪ 未取得机动车驾驶证驾驶机动车，发生负同等以上责任交通事故造成人员重伤或者死亡未满十年的。

⑫ 三年内有代替他人参加机动车驾驶人考试行为的。

⑬ 法律、行政法规规定的其他情形。

未取得机动车驾驶证驾驶机动车，有上述第⑤项至第⑧项行为之一的，在规定期限内不得申请机动车驾驶证。

2）考试、核发相应准驾车型驾驶证

车辆管理所对符合机动车驾驶证申请条件的，应当按规定安排预约考试；不需要考试的，一日内核发机动车驾驶证。考试内容分为科目一（道路交通安全法律、法规和相关知识考试）、科目二（场地驾驶技能考试）、科目三（道路驾驶技能和安全文明驾驶常识考试）。申请人科目一考试合格后，可以预约科目二或者科目三道路驾驶技能考试。有条件的地方，申请人可以同时预约科目二、科目三道路驾驶技能考试，预约成功后可以连续进行考试。科目二、科目三道路驾驶技能考试均合格后，申请人可以当日参加科目三安全文明驾驶常识考试。

初次申请机动车驾驶证或者申请增加准驾车型的，科目一考试合格后，车辆管理所应当在一日内核发学习驾驶证明。申请人应当在该学习驾驶证明有效期内完成科目二和科目三考试。未在有效期内完成考试的，已考试合格的科目成绩作废。

每个科目考试一次，考试不合格的，可以补考一次。不参加补考或者补考仍不合格的，本次考试终止，申请人应当重新预约考试，但科目二、科目三考试应当在 10 日后预约。科目三安全文明驾驶常识考试不合格的，已通过的道路驾驶技能考试成绩有效。在学习驾驶证明有效期（3 年）内，科目二和科目三道路驾驶技能考试预约考试的次数分别不得超过 5 次。第 5 次预约考试仍不合格的，已考试合格的其他科目成绩作废。

申请人考试合格后，应当接受不少于半小时的交通安全文明驾驶常识和交通事故案例警示教育，并参加领证宣誓仪式。车辆管理所应当在申请人参加领证宣誓仪式的当日核发机动车驾驶证。

3）驾驶证的使用和换发规定

驾驶人应当按照驾驶证载明的准驾车型驾驶机动车；驾驶机动车时，应当随身携带机动车驾驶证。

在车辆管理所管辖区域内，机动车驾驶证记载的机动车驾驶人信息发生变化的、机动车驾驶证损毁无法辨认的，机动车驾驶人应当在三十日内到机动车驾驶证核发地或者核发地以外的车辆管理所申请换证。申请时应当确认申请信息，并提交机动车驾驶人的身份证明；属于第一种情形的，还应当提交机动车驾驶证；属于身份证明号码变更的，还应当提交相关变更证明。

机动车驾驶人身体条件发生变化，不符合所持机动车驾驶证准驾车型的条件，但符合准予驾驶的其他准驾车型条件的，应当在三十日内到机动车驾驶证核发地或者核发地以外的车辆管理所申请降低准驾车型。申请时应当确认申请信息，并提交机动车驾驶人的身份证明、医疗机构出具的有关身体条件的证明。

机动车驾驶人身体条件发生变化，不适合驾驶机动车的，应当在三十日内到机动车驾驶证核发地车辆管理所申请注销。申请时应当确认申请信息，并提交机动车驾驶人的身份证明和机动车驾驶证。

机动车驾驶证遗失的，机动车驾驶人应当向机动车驾驶证核发地或者核发地以外的车辆管理所申请补发。申请时应当确认申请信息，并提交机动车驾驶人的身份证明。符合规定的，车辆管理所应当在一日内补发机动车驾驶证。机动车驾驶人补领机动车驾驶证后，原机动车驾驶证作废，不得继续使用。机动车驾驶证被依法扣押、扣留或者暂扣期间，机动车驾驶人不得申请补发。

机动车驾驶人身体条件不适合驾驶机动车的，不得驾驶机动车。机动车驾驶人因服兵役、出国（境）等原因，无法在规定时间内办理驾驶证期满换证、审验、提交身体条件证明的，可以在驾驶证有效期内或者有效期届满一年内向机动车驾驶证核发地车辆管理所申请延期办理。延期期限最长不超过三年。延期期间机动车驾驶人不得驾驶机动车。

2. 机动车驾驶技能培训管理

《中华人民共和国道路交通安全法》将驾驶培训服务社会化作为一项原则固定下来，规定机动车的驾驶培训实行社会化，由交通运输主管部门对驾驶培训学校、驾驶培训班实行备案管理，并对驾驶培训活动加强监督，其中专门的拖拉机驾驶培训学校、驾驶培训班由农业（农业机械）主管部门实行监督管理。按照社会化原则，驾驶员培训学校应当在国家统一规划指导下，按照公平竞争的原则，办成为社会提供有偿服务的自主经营的经济实体。任何国家机关以及驾驶培训和考试主管部门不得举办或者参与举办驾驶培训学校、驾驶培训班，从而真正实现机动车驾驶员培训的社会化。

驾驶培训学校、驾驶培训班应当严格按照国家有关规定，对学员进行道路交通安全法律、法规、驾驶技能的培训，确保培训质量。

3. 机动车驾驶人上路行驶的要求

驾驶人驾驶机动车上道路行驶前，应当对机动车的安全技术性能进行认真检查；不得驾驶安全设施不全或者机件不符合技术标准等具有安全隐患的机动车。

机动车驾驶人应当遵守道路交通安全法律、法规的规定，按照操作规范安全驾驶、文明驾驶。

饮酒、服用国家管制的精神药品或者麻醉药品，或者患有妨碍安全驾驶机动车的疾病，或者过度疲劳影响安全驾驶的，不得驾驶机动车。

任何人不得强迫、指使、纵容驾驶人违反道路交通安全法律、法规和机动车安全驾驶要求驾驶机动车。

4. 驾驶人违法累积记分制度

机动车驾驶人交通违法累积记分制度，是为了维护道路交通秩序、增强机动车驾驶人遵守交通法律法规的意识、减少道路交通违法行为、预防道路交通事故，专门设计的一项兼有警示、预防、教育和处罚功能的机动车驾驶人管理和道路交通秩序维持的制度。累积记分制度是目前许多国家道路交通安全管理所采用的一项行之有效的制度。

1) 记分执行

我国实行的道路交通安全违法行为累积记分（以下简称"记分"）制度，记分周期为12个月，满分为12分，自机动车驾驶人初次领取机动车驾驶证之日起连续计算，或者自初次取得临时机动车驾驶许可之日起累积计算。一个记分周期内记分未达到12分，所处罚款已经缴纳的，记分予以清除，不转入下一个记分周期；记分虽未达到12分，但尚有罚款未缴纳的，记分转入下一个记分周期。

对在一个记分周期内累积记分达到12分的，由公安机关交通管理部门扣留其机动车驾驶证，该机动车驾驶人应当按照规定参加道路交通安全法律、法规和相关知识的学习并接受考试。考试合格的，记分予以清除，发还机动车驾驶证；考试不合格的，继续参加学习和考试。

机动车驾驶人在一个记分周期内记分2次以上达到12分或者累积记分达到24分的，除扣留机动车驾驶证、参加学习、接受考试外，还应当接受驾驶技能考试。接受驾驶技能考试的，按照本人机动车驾驶证载明的最高准驾车型考试。

机动车驾驶人记分达到12分，拒不参加道路交通安全法律、法规和相关知识学习，也不接受考试的，由公安机关交通管理部门公告其机动车驾驶证停止使用。

机动车驾驶人在机动车驾驶证的6年有效期内，每个记分周期均未记满12分的，换发10年有效期的机动车驾驶证；在机动车驾驶证的10年有效期内，每个记分周期均未记满12分的，换发长期有效的机动车驾驶证。

2) 记分分值

记分分值，是交通违法行为相对应的违法记分分数值。依据道路交通安全违法行为的严重程度，一次记分的分值为 12 分、9 分、6 分、3 分、1 分。其中，一次记 12 分的交通违法行为共有 7 种，一次记 9 分的交通违法行为共有 7 种，一次记 6 分的交通违法行为共有 11 种，一次记 3 分的交通违法行为共有 15 种，一次记 1 分的交通违法行为共有 10 种。

3）记分查询

公安机关交通管理部门提供记分查询方式供机动车驾驶人查询。

5. 驾驶证的审验

公安机关交通管理部门依照法律、行政法规的规定，定期对机动车驾驶证实施审验。这是对驾驶人进行管理的一项重要措施。

机动车驾驶证审验内容包括道路交通安全违法行为、交通事故处理情况、身体条件情况、道路交通安全违法行为记分及记满 12 分后参加学习和考试情况。

机动车驾驶人依法换领机动车驾驶证时，应当接受公安机关交通管理部门的审验。

持有大型客车、牵引车、城市公交车、中型客车、大型货车驾驶证的驾驶人，应当在每个记分周期结束后 30 日内到公安机关交通管理部门接受审验。但在一个记分周期内没有记分记录的，免予本记分周期审验。

持有其他准驾车型驾驶证的驾驶人，发生交通事故造成人员死亡承担同等以上责任未被吊销机动车驾驶证的，应当在本记分周期结束后 30 日内到公安机关交通管理部门接受审验。

年龄在 70 周岁以上的机动车驾驶人发生责任交通事故造成人员重伤或者死亡的，应当在本记分周期结束后 30 日内到公安机关交通管理部门接受审验。

机动车驾驶人可以在机动车驾驶证核发地或者核发地以外的地方参加审验、提交身体条件证明。

9.3　道路通行条件

9.3.1　道路交通信号及其设置

我国实行统一的道路交通信号。交通信号包括交通信号灯、交通标志、交通标线和交通警察的指挥。根据《中华人民共和国道路交通安全法》的规定，交通信号灯、交通标志、交通标线的设置应当符合道路交通安全、畅通的要求和国家标准，并保持清晰、醒目、准确、完好。根据通行需要，相关部门应当及时增设、调换、更新道路交通信号。增设、调换、更新限制性的道路交通信号，还应当提前向社会公告，广泛进行宣传。

1. 交通信号灯

交通信号灯，又称红绿灯，是指在规定时间相互更迭的光色信号，一般设置于交叉路口或其他特殊地点，用以指挥车辆驾驶人及行人的道路交通通行行为。交通信号灯一般由红灯（表示禁止通行）、绿灯（表示允许通行）、黄灯（表示警示）组成。依据其形式、用途不同，分为机动车信号灯、非机动车信号灯、人行横道信号灯、车道信号灯、方向指示信号灯、闪光警告信号灯、道路与铁路交叉道口信号灯等。

2. 交通标志

交通标志，又称道路标志，是用字符、形状、颜色、图形、尺寸等设计要素传递引导、限制、警告或指示信息的道路设施。交通标志按其作用分类，分为主标志和辅助标志两大类。主标志，包括指示标志、警告标志、禁令标志、指路标志、旅游区标志和告示标志，起警告、禁令、指示、指路，以及旅游区指引等作用。辅助标志，附设在主标志之下，对主标志起辅助说明作用。

以设置醒目、清晰、明亮的交通标志实施交通管理，是保证道路交通安全、顺畅的重要措施。实践也证明，合理设置道路交通标志，可以平缓交通，提高道路通行能力，减少交通事故，预防交通堵塞，节约能源，美化道路环境。

3. 交通标线

道路交通标线是由标划于路面上的各种线条、箭头、文字、立面标记、突起路标和轮廓标记等构成的交通安全设施。它的作用是管制和引导交通，可以与交通标志配合使用，也可单独使用。根据《城市道路交通标志和标线设置规范》的规定，我国现行的道路交通标线分为指示标线、禁止标线、警告标线和其他标线。

车辆驾驶人在道路上安全、高速地行驶，有赖于道路线向的轮廓分明，在路面标线和视线诱导设施的指引下，建立行进方向的参照系，以对其视野范围中更远的道路走向树立信心。因此，路面标线是引导驾驶人视线、管制驾驶人驾车行为的重要手段，它可以确保车流分道行驶，导流交通行驶方向，指引车辆在汇合或分流前进入合适的车道，维护车辆行驶秩序，更好地组织交通。正确设置交通标线能合理地利用道路有效面积，改善车流行驶条件，增加道路通行能力，减少交通事故。

4. 交通警察的指挥

交通警察的指挥分为手势信号和使用器具的交通指挥信号。车辆、行人应当按照交通信号通行；遇有交通警察现场指挥时，应当按照交通警察的指挥通行。

1）手势信号

手势信号是最早的一种信号。它经历了由简到繁、由自由式到规范化的过程。手势信号徒手操作，能够根据突变的交通情况，灵活地指挥疏导，不受时间、场合和对象的限制，并且它的动作表示与人们日常生活的动作近似，一目了然，简便易懂，因此，在交通指挥信号已经进入了自动化、现代化的今天，仍被许多国家保留使用。

对于手势信号，我国1950年、1951年制定的交通法规都有明确规定，但因当时规定过于烦琐，加大了交警的劳动强度，1955年发布的《城市交通规则》将其取消，规定交通民警使用交通指挥棒指挥交通。但是由于手势信号具有上述优点，所以30多年来实际上一直没有停止使用，只是不作为正式信号而是作为辅助信号使用。1988年发布的《道路交通管理条例》再次将手势信号作为正式交通信号，并将其定为3种：直行信号、左转弯信号、停止信号。其后，为适应交通指挥疏导的需要，两次调整手势信号。根据《公安部关于发布交通警察手势信号的通告》，2007年10月1日起我国实行新的交通警察指挥手势信号，分为停止信号、直行信号、左转弯信号、左转弯待转信号、右转弯信号、变道信号、减速慢行信号、示意车辆靠边停车信号。

2）使用器具的交通指挥信号

交通指挥器具主要是交通指挥棒。交通指挥棒信号是交通警察在岗台上用指挥棒指挥交通的一种信号，原《道路交通管理条例》规定了直行信号、左转弯信号及停止信号3种指挥棒信号。

（1）直行信号

右手持棒举臂向右平伸，然后向左曲臂放下，准许左右两方直行的车辆通行；各方右转弯的车辆在不妨碍被放行的车辆通行的情况下，可以通行。

（2）左转弯信号

右手持棒举臂向前平伸，准许左方的左转弯和直行的车辆通行；左臂同时向右前方摆动时，准许车辆左小转弯；各方右转弯的车辆和 T 形路口右边无横道的直行车辆，在不妨碍被放行的车辆通行的情况下，可以通行。

（3）停止信号

右手持棒曲臂向上直伸，不准车辆通行，但已越过停止线的，可以继续通行。

9.3.2 道路、停车场和道路配套设施的规划、设计和建设要求

道路、停车场和道路配套设施的规划、设计、建设，应当符合道路交通安全、畅通的要求，并根据交通需求及时调整。据此，开辟或者调整公共汽车、长途汽车的行驶线路或者车站，应当符合交通规划和安全、畅通的要求；新建、改建、扩建的公共建筑、商业街区、居住区、大（中）型建筑等，应当配建、增建停车场；停车泊位不足的，应当及时改建或者扩建；投入使用的停车场不得擅自停止使用或者改作他用，城市人民政府有关部门可以在不影响行人、车辆通行的情况下，在城市道路范围内施划停车泊位，并规定停车泊位的使用时间；道路或者交通设施养护部门、管理部门应当在急弯、陡坡、临崖、临水等危险路段，按照国家标准设置警告标志和安全防护设施；道路交通标志、标线不规范，机动车驾驶人容易发生辨认错误的，交通标志、标线的主管部门应当及时予以改善。道路照明设施应当符合道路建设技术规范，保持照明功能完好。

公安机关交通管理部门发现已经投入使用的道路存在交通事故频发路段，或者停车场、道路配套设施存在交通安全严重隐患的，应当及时向当地人民政府报告，并提出防范交通事故、消除隐患的建议，当地人民政府应当及时作出处理决定。

未经许可，任何单位和个人不得占用道路从事非交通活动。

9.3.3 占用道路施工的交通管理措施的规定

因工程建设需要占用、挖掘道路，或者跨越、穿越道路架设、增设管线设施，应当事先征得道路主管部门的同意；影响交通安全的，还应当征得公安机关交通管理部门的同意。

施工作业单位应当在经批准的路段和时间内施工作业，并在距离施工作业地点来车方向安全距离处设置明显的安全警示标志，采取防护措施；施工作业完毕，应当迅速清除道路上的障碍物，消除安全隐患，经道路主管部门和公安机关交通管理部门验收合格，符合通行要求后，方可恢复通行。

对未中断交通的施工作业道路，公安机关交通管理部门应当加强交通安全监督检查，维护道路交通秩序。

9.4 道路通行规定

9.4.1 一般规定

通行原则

1）右侧通行原则

世界现存有左侧通行和右侧通行两种通行规则。目前，靠左侧通行的大多是典型的岛国和半岛、次大陆国家，如英国、日本、澳大利亚等；实行靠右侧通行的基本是典型的大陆国家，如美国、中国、俄罗斯等。我国历史上曾实行左侧通行，抗战胜利后，由于美国汽车开始大量进入中国，左置转向盘汽车一举占据了数量优势，为适应世界大多数国家采用左置转向盘的发展趋势，当时的国民政府颁布了《公路汽车监理实施办法》，从1946年1月1日起改为右行制。新中国成立后，这一通行原则被沿用至今，机动车、非机动车一律实行右侧通行。

但是，为保护人民的生命财产不受侵害或者尽可能少地受到侵害，尽快处置重大紧急情况，维护良好的道路通行条件和道路环境，《中华人民共和国道路交通安全法》规定了右侧通行的例外，赋予执行任务的特种车辆道路优先通行权，不受行驶路线、行驶方向的限制。具体规定如下。

① 警车、消防车、救护车、工程救险车执行紧急任务时，可以使用警报器、标志灯具；在确保安全的前提下，不受行驶路线、行驶方向、行驶速度和信号灯的限制，其他车辆和行人应当让行。但非执行紧急任务时，这些车辆不得使用警报器、标志灯具，不享有道路优先通行权。

② 道路养护车辆、工程作业车进行作业时，在不影响过往车辆通行的前提下，其行驶路线和方向不受交通标志、标线限制，过往车辆和人员应当注意避让。

③ 洒水车、清扫车等机动车应当按照安全作业标准作业；在不影响其他车辆通行的情况下，可以不受车辆分道行驶的限制，但是不得逆向行驶。

2）分道行驶原则

为提高通行效率，保证道路参与主体的有序通行，我国实行分道行驶、各行其道。

对于具备划道条件，也有划道必要的道路，按照"低速置右"的原则，将道路划分为机动车道、非机动车道和人行道。同一方向最左侧为机动车道，然后由左向右，依次是非机动车道和人行道。如果道路同方向划有2条以上机动车道的，左侧为快速车道，右侧为慢速车道。在快速车道行驶的机动车应当按照快速车道规定的速度行驶，未达到快速车道规定的行驶速度的，应当在慢速车道行驶。摩托车应当在最右侧车道行驶。有交通标志标明行驶速度的，按照标明的行驶速度行驶。慢速车道内的机动车超越前车时，可以借用快速车道行驶，变更车道的机动车不得影响相关车道内行驶的机动车的正常行驶。

在没有划分机动车道、非机动车道和人行道的道路上，机动车在道路中间通行，非机动车和行人在道路两侧通行。

为保障特定类别车辆的通畅，提高道路的通行效率，我国还设置了专用车道通行制度。

道路划设专用车道的，在专用车道内，只准许规定的车辆通行，其他车辆不得进入专用车道内行驶。目前，我国专用车道主要指公交车道。

3）遵守交通信号原则

车辆、行人应当按照交通信号通行；遇有交通警察现场指挥时，应当按照交通警察的指挥通行；在没有交通信号的道路上，应当在确保安全、畅通的原则下通行。

4）交通管制

交通管制，是指在特殊事件下公安交通管理部门为预防和制止严重的危害社会治安管理、交通安全秩序的行为，依法在一定区域和时限内，限制或禁止人员、车辆通行或者停留的强制性管理措施。

实施交通管制，必须满足以下两个条件。

① 遇有自然灾害、恶劣气象条件或者重大交通事故等严重影响交通安全的情形。需要强调的是，如果自然灾害、恶劣气象条件或者重大交通事故等尽管严重，但并没有对道路安全通行造成严重影响，也没有实行交通管制的必要。

② 采取其他措施难以保证交通安全，即采取交通管制具有不可替代性。

公安机关交通管理部门在采取交通管制措施后，应当通过交通信息系统，迅速对实行管制地区的交通状况和采取的措施通告社会，在实施交通管制的原因消除后，亦应及时解除交通管制，恢复交通。

9.4.2　机动车通行规定

1. 行驶速度规定

快捷、高速是现代生活的节奏，快速出行是其重要组成内容。随着道路交通条件的日益改善和机动车机械、安全性能的不断提高，机动车在道路上的行驶速度也在不断提高。但是，随着机动车行驶速度的加快，因高速行驶而带来的危险也日益增加。"十次事故九次快"，驾驶人超速行驶，成为机动车违法造成交通事故的主要原因。为此，《中华人民共和国道路交通安全法》专门对机动车行驶速度进行了原则性规范，规定机动车上道路行驶，不得超过限速标志标明的最高时速。在没有限速标志的路段，应当保持安全车速。夜间行驶或者在容易发生危险的路段行驶，以及遇有沙尘、冰雹、雨、雪、雾、结冰等气象条件时，应当降低行驶速度。

2. 超车规定

同车道行驶的机动车，后车应当与前车保持足以采取紧急制动措施的安全距离。有下列情形之一的，不得超车：① 前车正在左转弯、掉头、超车的；② 与对面来车有会车可能的；③ 前车为执行紧急任务的警车、消防车、救护车、工程救险车的；④ 行经铁路道口、交叉路口、窄桥、弯道、陡坡、隧道、人行横道、市区交通流量大的路段等没有超车条件的。

3. 机动车载客、载货规定

近年来，机动车超载（包括载客超载和载物超载）已成为社会关注的一个热点问题和交通管理的难点。违法超载尤其是严重超载，不仅扰乱了正常的道路交通秩序，引发交通事故，直接威胁人民群众的生命财产安全，而且严重毁坏公路路面，缩短公路使用寿命，使国家和集体蒙受巨大损失。

目前，我国发生的群死群伤的重特大交通事故，很多与机动车超载有关。为防止类似事故的发生，维护道路交通、道路运输的秩序和安全，《中华人民共和国道路交通安全法》明确规定，机动车载人不得超过核定的人数。"核定人数"，以机动车行驶证上记载的人数作为根据，包括驾驶室乘坐人数和车厢乘坐人数。对于机动车载物，《中华人民共和国道路交通安全法》同样规定应当符合核定的载质量，严禁超载；载物的长、宽、高不得违反装载要求，不得遗洒、飘散载运物。机动车如果载运爆炸物品、易燃易爆化学物品，以及剧毒、放射性等危险物品，还应当经公安机关批准后，按指定的时间、路线、速度行驶，悬挂警示标志并采取必要的安全措施。

此外，我国还禁止客货混载。但同时根据客观实际的需要，作出了一些例外规定。客运机动车可以运载旅客行李，但载货时不得超过行驶证上核定的载质量，不得超过规定的长、宽、高度。货运机动车需要附载作业人员的，应当设置保护作业人员的安全措施。

9.4.3 非机动车通行规定

驾驶非机动车在道路上行驶也应当遵守有关交通安全的规定。

① 遵守交通信号。

② 在非机动车道内行驶；没有非机动车道的道路，应当靠车行道的右侧行驶。

③ 在规定地点停放；未设停放地点的，停放时不得妨碍其他车辆和行人通行。

④ 驾驶自行车、三轮车必须年满 12 周岁。

⑤ 驾驶残疾人机动轮椅车、电动自行车，驾驶人应当年满 16 周岁；驾驶时应当在非机动车道内行驶时，最高时速不得超过 15 km。

⑥ 驾驭畜力车，驾驭人应当年满 16 周岁，并使用驯服的牲畜；横过道路时，驾驭人应当下车牵引牲畜；驾驭人离开车辆时，应当拴系牲畜。

9.4.4 行人和乘车人通行规定

1. 行人通行规定

行人应当在人行道内行走，没有人行道的靠路边行走，通过路口或者横过道路，应当走人行横道或者过街设施；通过有交通信号灯的人行横道，应当按照交通信号灯指示通行；通过没有交通信号灯、人行横道的路口，或者在没有过街设施的路段横过道路，应当在确认安全后通过；通过铁路道口时，应当按照交通信号或者管理人员的指挥通行；没有交通信号和管理人员的，应当在确认无火车驶临后，迅速通过。

为保护弱势群体，保障其道路通行的安全和维护良好的道路通行秩序，《中华人民共和国道路交通安全法》规定，学龄前儿童（不满 6 周岁的儿童）及不能辨认或者不能控制自己行为的精神疾病患者、智力障碍者在道路上通行，应当由其监护人、监护人委托的人或者对其负有管理、保护职责的人带领。盲人在道路上通行，应当使用盲杖或者采取其他导盲手段，车辆应当避让盲人。

2. 乘车人通行规定

乘车人不得携带易燃、易爆等危险物品，不得向车外抛洒物品，不得有影响驾驶人安全驾驶的行为。

9.4.5　高速公路通行特别规定

高速公路，是指经国家公路主管部门验收认定，符合高速公路工程技术标准，并设置完善的交通安全设施、管理设施和服务设施，是专供机动车高速行驶的公路。因此，设计时速比较低的机动车，如拖拉机、轮式专用机械车、铰接式客车、全挂拖斗车，以及其他最高设计时速低于 70 km 的机动车不得进入高速公路，行人和非机动车当然也不得进入。

1. 行驶速度规定

高速公路应当标明车道的行驶速度，最高车速不得超过 120 km/h，最低车速不得低于 60 km/h。

在高速公路上行驶的小型载客汽车最高车速不得超过 120 km/h，其他机动车不得超过 100 km/h，摩托车不得超过 80 km/h。

同方向有 2 条车道的，左侧车道的最低车速为 100 km/h；同方向有 3 条以上车道的，最左侧车道的最低车速为 110 km/h，中间车道的最低车速为 90 km/h。道路限速标志标明的车速与上述车道行驶车速的规定不一致的，按照道路限速标志标明的车速行驶。

2. 机动车在高速公路上发生故障的处理

机动车在高速公路上行驶，难免发生故障。一旦发生故障，需要停车排除故障时，驾驶人应当遵守机动车在道路上发生故障的处理规范，即立即开启危险报警闪光灯，将机动车移至不妨碍交通的地方停放；难以移动的，应当持续开启危险报警闪光灯，并在来车方向设置警告标志等措施扩大示警距离，必要时迅速报警。

同时，由于高速公路通行的快速性，出于安全和通畅的考虑，《中华人民共和国道路交通安全法》设置了更高要求的安全措施规范：第一，扩大示警距离，警告标志应当设置在故障车来车方向 150 m 以外，为后方疾行的车辆及时采取制动等安全措施留有足够的空间；第二，车上人员应当迅速转移到右侧路肩上或者应急车道内，并且迅速报警；第三，机动车在高速公路上发生故障或者交通事故，无法正常行驶的，应当由救援车、清障车拖曳、牵引，禁止其他车辆拖曳故障车、肇事车在高速公路上行驶。

9.5　交通事故处理

交通事故处理是道路交通安全管理的一项重要内容。它与道路交通安全和秩序、车辆和驾驶人密切相关，但又相对独立。《中华人民共和国道路交通安全法》专章规定了交通事故的处理。

9.5.1　交通事故的定义

交通事故，是车辆在道路上因过错或者意外造成的人身伤亡或者财产损失的事件。构成交通事故必须同时具备以下几个特征。

① 交通事故必须是事件，不要求必须有违反道路交通管理法律规范的行为。交通事故可以是一行为导致的结果，也有可能是单纯的事件。

② 一方主体必须是车辆，包括机动车或非机动车。

③ 必须发生在道路上，即"公路、城市道路和虽在单位管辖范围但允许社会机动车通行的地方，包括广场、公共停车场等用于公众通行的场所"。但从社会公共安全和公共秩序出发，车辆在道路以外通行时发生的事故，公安机关交通管理部门接到报案的，应当参照办理。

④ 必须有危害结果。危害结果包括人身伤亡或者财产损失，或者人身伤亡和财产损失同时具备等情形。

⑤ 人身伤亡或者财产损失的危害后果必须是车辆造成的。此处的造成，包括直接或间接造成。例如，甲驾车违反交通法规定，过失直接将乙撞死，那就属于直接造成。若车辆发生轮胎爆胎导致飞出的石子伤及路人，则为间接造成。

⑥ 必须基于过错或意外。

9.5.2 交通事故的种类

《道路交通事故处理程序规定》将道路交通事故分为财产损失事故、伤人事故和死亡事故。财产损失事故，指造成财产损失，尚未造成人员伤亡的道路交通事故。伤人事故，指造成人员受伤，尚未造成人员死亡的道路交通事故。死亡事故，指造成人员死亡的道路交通事故。

根据人身伤亡或者财产损失的程度和数额，交通事故分为轻微事故、一般事故、重大事故和特大事故。

1. 轻微事故

轻微事故指一次造成轻伤 1～2 人，或者机动车事故财产损失不足 1 000 元，非机动车事故不足 200 元的事故。

2. 一般事故

一般事故指一次造成重伤 1～2 人，或者轻伤 3 人以上，或者财产损失不足 3 万元的事故。

3. 重大事故

重大事故指一次造成死亡 1～2 人，或者重伤 3 人以上 10 人以下，或者财产损失 3 万元以上不足 6 万元的事故。

4. 特大事故

特大事故指一次造成死亡 3 人以上；重伤 11 人以上；死亡 1 人，同时重伤 8 人以上；死亡 2 人，同时重伤 5 人以上；财产损失 6 万元以上的事故。

9.5.3 交通事故处理程序

1. 当事人的现场义务

《中华人民共和国道路交通安全法》确立了有利解决及生命利益最重原则，发生交通事故后，当事人应做到"一停、二保护、三抢救、四报告"。

① 车辆驾驶人应当立即停车，保护现场。

② 造成人身伤亡的，车辆驾驶人应当立即抢救受伤人员，因抢救受伤人员变动现场的，应当标明位置。

③ 车辆驾驶人应当迅速报告执勤的交通警察或者公安机关交通管理部门。

④ 乘车人、过往车辆驾驶人、过往行人应当予以协助。

⑤ 未造成人身伤亡，当事人对事实及成因无争议的，可以即行撤离现场，恢复交通，自行协商处理损害赔偿事宜；不即行撤离现场的，应当迅速报告执勤的交通警察或者公安机关交通管理部门。

⑥ 仅造成轻微财产损失，并且基本事实清楚的，当事人应当先撤离现场再进行协商处理。

2. 公安交通管理部门的处理程序

道路交通事故的调查处理应当由公安机关交通管理部门负责。财产损失事故可以由当事人自行协商处理，但法律法规另有规定的除外。

1）事故现场应急处理

公安机关交通管理部门接到交通事故报警后，应当做好报案记录，指派就近的执勤民警立即赶赴现场进行先期处置，并根据事故的具体情况做好向有关部门的通知、通报工作，确保事故现场人员救援、设施损毁、危险品泄漏等问题的及时、妥善处置。

交通警察赶赴现场后，首先应立即组织抢救受伤人员。对于有必要送医抢救的受伤人员，应当尽快送医抢救。投保机动车第三者责任强制保险的机动车发生交通事故，因抢救受伤人员需要保险公司支付抢救费用的，由公安机关交通管理部门通知保险公司。抢救受伤人员需要道路交通事故社会救助基金垫付费用的，由公安机关交通管理部门通知道路交通事故社会救助基金管理机构。

需要特别强调的是，医疗机构对交通事故中的受伤人员应当及时抢救，不得因抢救费用未及时支付而拖延救治。肇事车辆参加机动车第三者责任强制保险的，由保险公司在责任限额范围内支付抢救费用；抢救费用超过责任限额的，未参加机动车第三者责任强制保险或者肇事后逃逸的，由道路交通事故社会救助基金先行垫付部分或者全部抢救费用，道路交通事故社会救助基金管理机构有权向交通事故责任人追偿。

交通警察在抢救伤员的同时，还要采取措施，尽快恢复交通，保证交通通畅。

2）现场勘验、检查，收集证据

现场勘验、检查，又称现场勘查，是指公安机关交通管理部门对与交通事故有关的时间、地点、车辆、道路、人身、尸体等进行的现场调查和实地勘验。现场勘查是交通事故处理工作的基础，对于全面分析事故原因，准确认定事故责任，做好处罚和损害赔偿工作都有重要意义。交通警察进行现场勘查要全面、仔细、依法进行。

因收集证据的需要，公安机关交通管理部门可以扣留事故车辆，但应当向当事人开具行政强制措施凭证。扣留的车辆应当妥善保管，以备核查。

3）检验、鉴定

对当事人的生理、精神状况等专业性较强的检验，公安机关交通管理部门应当委托专门机构进行鉴定。鉴定机构应当在规定的期限内完成检验、鉴定，并出具书面检验报告、鉴定意见，由鉴定人签名，鉴定意见还应当加盖机构印章。

公安交通管理部门对交通事故的具体处理程序如图9-1所示。

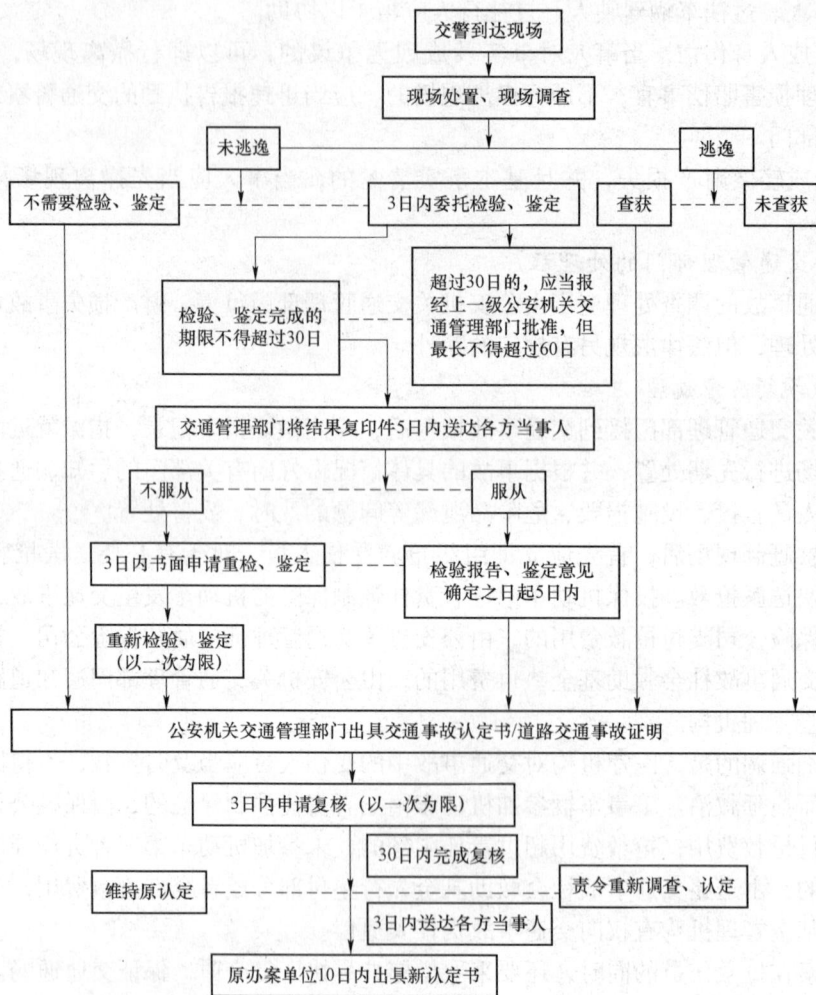

图 9-1　交通事故的具体处理程序

9.5.4　交通事故责任的认定

公安机关交通管理部门在交通事故发生后，根据当事人的行为对发生道路交通事故所起的作用及过错的严重程度，确定当事人的责任。责任类型主要有全部责任、同等责任、主要责任、次要责任、无责任 5 种。

1. 当事人承担事故全部责任的情形

① 因一方当事人的过错导致交通事故发生的，承担全部责任。

② 发生交通事故后当事人逃逸的，逃逸的当事人承担全部责任；但有证据证明对方当事人也有过错的，可以减轻责任。

③ 当事人故意破坏、伪造现场、毁灭证据的，承担全部责任。

为逃避法律责任追究，当事人弃车逃逸及潜逃藏匿的，如有证据证明其他当事人也有过错，可以适当减轻责任，但同时有证据证明逃逸当事人上述第③项情形的，不予减轻。

2. 主要责任、同等责任和次要责任的划分

因两方或者两方以上当事人的过错发生交通事故的，根据其行为对事故发生的作用及过错的严重程度，分别承担主要责任、同等责任和次要责任。

3. 当事人无责任的规定

① 各方均无导致道路交通事故的过错，属交通意外的，各方均无责任。

② 一方当事人故意造成道路交通事故的，他方无责任。

9.5.5　交通事故认定书

交通事故认定书，是公安机关交通管理部门根据交通事故现场勘验、检查、调查的情况和有关的检验、鉴定结论，对交通事故基本事实、成因和当事人的责任等所作出的一种专业性判断结论。它也是人民法院审理交通事故损害赔偿案件、确定当事人责任的重要证据，除非有相反证据将其推翻，否则人民法院将依法审查并确认其相应的证明力。

公安机关交通管理部门应当依法及时出具事故认定书。对于财产损失事故和受伤当事人伤势轻微，且各方当事人一致同意适用简易程序处理的伤人事故（有交通肇事、危险驾驶犯罪嫌疑的除外），公安机关交通管理部门可以适用简易程序处理。交通警察适用简易程序处理道路交通事故，应当场制作道路交通事故认定书。不具备当场制作条件的，交通警察应当在 3 日内制作道路交通事故认定书。道路交通事故认定书应当由当事人签名，并现场送达当事人。当事人拒绝签名或者接收的，交通警察应当在道路交通事故认定书上注明情况。除简易程序外，公安机关交通管理部门应当自现场调查之日起 10 日内制作道路交通事故认定书。交通肇事逃逸案件在查获交通肇事车辆和驾驶人后 10 日内制作道路交通事故认定书。对需要进行检验、鉴定的，应当在检验报告、鉴定意见确定之日起 5 日内制作道路交通事故认定书。有条件的地方公安机关交通管理部门可以试行在互联网公布道路交通事故认定书，但对涉及的国家秘密、商业秘密或者个人隐私，应当保密。

道路交通事故认定书应当在制作后 3 日内分别送达当事人，并告知申请复核、调解和提起民事诉讼的权利、期限。

9.5.6　交通事故损害赔偿

1. 归责原则

1）保险先行赔偿原则

机动车发生交通事故造成人身伤亡、财产损失的，首先由保险公司在机动车第三者责任强制保险责任限额范围内予以赔偿；不足的部分，再由侵权人承担赔偿责任。

2）过错责任原则

该原则适用于机动车之间的交通事故民事赔偿责任承担。机动车之间发生交通事故的，由有过错的一方承担赔偿责任；双方都有过错的，按照各自过错的比例分担责任。

3）无过错责任原则

该原则适用于机动车与非机动车驾驶人、行人之间的交通事故民事赔偿责任承担。它的基本含义是受害人无须证明行为人有过错，行为人也不得以自己无过错作为免责和减轻责任的抗辩事由，但并非不考虑受害人的过错，受害人对于损害的发生有过错的，可以减轻加害人的赔偿责任。据此，机动车与非机动车驾驶人、行人之间发生交通事故，非机动车驾驶

人、行人没有过错的，由机动车一方承担赔偿责任；有证据证明非机动车驾驶人、行人有过错的，根据过错程度适当减轻机动车一方的赔偿责任；机动车一方没有过错的，承担不超过10%的赔偿责任。

4）免责规定

交通事故的损失是由非机动车驾驶人、行人故意碰撞机动车造成的，机动车一方不承担赔偿责任。

2. 赔偿范围

机动车交通事故造成被侵权人人身伤亡和财产损失的，侵权人应当承担赔偿责任。具体规定详见本书第10章，此处不再赘述。

3. 争议解决机制

就交通事故损害赔偿争议，当事人可以选择的解决方式主要有3种。

1）协商解决

当事人各方自行协商解决争议。

2）调解

① 申请人民调解委员会调解

当事人申请人民调解委员会调解，达成调解协议后，双方当事人认为有必要的，可以根据《中华人民共和国人民调解法》共同向人民法院申请司法确认。

当事人申请人民调解委员会调解，调解未达成协议的，当事人可以直接向人民法院提起民事诉讼，或者自人民调解委员会作出终止调解之日起3日内，申请公安机关交通管理部门进行调解。

② 申请公安机关交通管理部门调解

该解决机制须得各方当事人一致请求，并应在收到交通事故认定书、道路交通事故证明或者上一级公安机关交通管理部门维持原道路交通事故认定的复核结论之日起10日内申请调解。但是，当事人已经向人民法院提起民事诉讼的，公安机关交通管理部门不再受理调解申请。

公安机关交通管理部门调解交通事故损害赔偿争议的期限为10日。对交通事故造成人员死亡的，调解从规定的办理丧葬事宜时间结束之日起；对造成人员受伤的，调解从治疗终结之日起；对因伤致残的，调解从定残之日起；对造成财产损失的，调解从确定损失之日起。公安机关交通管理部门受理调解申请时已超过前述规定的时间，调解自受理调解申请之日起开始。调解期间，一方当事人向人民法院提起民事诉讼的、无正当理由不参加调解的、中途退出调解的，公安机关交通管理部门应当终止调解。

经调解达成协议的，公安机关交通管理部门应当当场制作道路交通事故损害赔偿调解书，由各方当事人签字，分别送达各方当事人。经调解各方当事人未达成协议的，公安机关交通管理部门应当终止调解，制作道路交通事故损害赔偿调解终结书，送达各方当事人。

当事人申请公安机关交通管理部门调解，调解未达成协议的，当事人可以依法向人民法院提起民事诉讼，或者申请人民调解委员会进行调解。

3）民事诉讼

当事人依法向人民法院起诉，由人民法院依法裁判解决纠纷。发生交通损害赔偿争议后，当事人可以直接向人民法院提起民事诉讼，也可以先行调解，达不成调解协议或者对方不履行调解协议时进行诉讼。

以上 3 种方式各自独立，互相不依赖。

9.6 法律监督

法律监督，是对作为执法主体的行政机关及其工作人员的执法行为设置的专门监督制度。设置法律监督，可以有效规范权力的行使、防范权力的滥用，体现了党和国家对人民权利的保护和从严治警的决心。

9.6.1 监督主体

1. 行政监督

公安机关交通管理部门及其交通警察的行政执法活动，应当接受行政监察机关依法实施的监督。这是一种专门的外部监督。

公安机关督察部门应当对公安机关交通管理部门及其交通警察执行法律、法规和遵守纪律的情况依法进行监督。这是公安机关的督查制度。

上级公安机关交通管理部门应当对下级公安机关交通管理部门的执法活动进行监督。这一监督属于公安机关内部执法监督。

2. 社会监督

公安机关交通管理部门及其交通警察执行职务，应当自觉接受社会和公民的监督。

任何单位和个人都有权对公安机关交通管理部门及其交通警察不严格执法，以及违法违纪行为进行检举、控告。收到检举、控告的机关，应当依据职责及时查处。

9.6.2 回避制度

回避制度是指行政机关工作人员在行使职权过程中，因其与所处理的事务有利害关系，为保证实体处理结果和程序进展的公正性，根据当事人的申请或行政机关工作人员的请求，有权机关依法终止其职务的行使并由他人代理的一种法律制度。为保证道路交通管理执法的公平、公正，《中华人民共和国道路交通安全法》规定了交通警察的回避制度。

1. 回避的适用范围

道路交通安全法规定的回避，仅适用于交通警察调查处理道路交通安全违法行为和交通事故，不适用于其他管理行为，如进行车辆登记、检验等。

2. 交通警察必须回避的情形

① 交通警察是本案的当事人或者当事人的近亲属。这里的当事人是指道路交通违法行为人，近亲属是指当事人的配偶、父母、子女、兄弟姐妹、祖父母、外祖父母、孙子女、外孙子女等。

② 交通警察本人或者其近亲属与本案有利害关系。

③ 交通警察与本案当事人有其他关系，可能影响案件的公正处理。

3. 回避的启动程序

启动回避程序，既可以是交通警察自己要求回避，也可以是当事人或者其法定代理人要求回避。交通警察的回避，由其所属的公安机关决定。交通警察具有应当回避的情形之一，本人没有申请回避，当事人及其法定代理人也没有申请其回避的，有权决定其回避的公安机关可以指令其回避。

9.6.3 公安机关交通管理部门及其交通警察执法行为规范

公安机关交通管理部门及其交通警察实施道路交通安全管理，应当坚持合法、便民，以及执法与服务相结合的原则，依据法定的职权和程序，简化办事手续，做到公正、严格、文明、高效。

交通警察执行职务时，应当按照规定着装，佩戴人民警察标志，持有人民警察证件，保持警容严整，举止端庄，指挥规范。

为保证交通警察执法的合法、规范，公安机关交通管理部门应当加强对交通警察的管理，进行法制和交通安全管理业务培训、考核，提高交通警察的素质和管理道路交通的水平，交通警察经考核不合格的，不得上岗执行职务。

依法发放牌证等收取工本费，公安机关交通管理部门应当严格执行国务院价格主管部门核定的收费标准，并全部上缴国库。

9.6.4 公安机关交通管理部门实施行政处罚的相关规定

实施罚款决定与罚款收缴分离是《中华人民共和国行政处罚法》规定的原则，目的是加强对罚款收缴活动的监督，保证罚款及时上缴国库。《中华人民共和国道路交通安全法》承袭了这一原则，规定公安机关交通管理部门依法实施罚款的行政处罚，应当依照有关法律、行政法规的规定，实施罚款决定与罚款收缴分离。收缴的罚款及依法没收的违法所得，应当全部上缴国库。任何单位不得给公安机关交通管理部门下达或者变相下达罚款指标；公安机关交通管理部门不得以罚款数额作为考核交通警察的标准。

9.7 法律责任

违反道路交通安全法律制度应承担的法律责任主要包括行政责任和刑事责任。对尚未构成犯罪的道路交通违法行为人，依法应承担的行政责任为行政处罚；对尚未构成犯罪的具有违法失职行为的公安机关交通管理部门的交通警察，依法应承担的行政责任为行政处分。道路交通安全法设定的行政处罚有警告、罚款、暂扣机动车驾驶证、吊销机动车驾驶证、行政拘留5种；行政处分有警告、记过、记大过、降级、撤职、开除6种。

9.7.1 警告

警告，是公安机关交通管理部门对道路交通安全违法行为人的告诫，指出其危害性，告诫其不要再犯。警告是对道路交通安全违法行为最轻的一种处罚，主要适用于初犯和偶犯，并同时具备道路交通安全违法行为情节轻微、危害后果较小的案件。对道路交通安全违法行为的警告处罚，一般由交通警察当场作出。

警告分为口头警告和书面警告两种形式。口头警告不用制作行政处罚决定书，只由交通警察口头对道路交通安全违法行为人进行训诫。适用口头警告处罚方式的情形主要有两种：一是对于情节轻微，未影响道路通行的，交通警察指出违法行为，给予口头警告后放行；二是对于违反机动车停放、临时停放规定的，可以指出违法行为，并给予口头警告，令其立即驶离。书面警告应当制作行政处罚决定书，并送达当事人。书面警告适用于《中华人民共和国道路交通安全法》规定的情形，即行人、乘车人、非机动车驾驶人轻微的道路交通安全违法行为。

9.7.2　罚款

罚款，是公安机关交通管理部门依照道路交通安全法律、法规的规定，对道路交通安全违法行为人限令其在一定的期限内向国家缴纳一定数额金钱的处罚方式。罚款，在性质上属于财产罚，是道路交通安全法中适用最普遍的一种处罚方式。

对于罚款的限额，道路交通安全法采取了 3 种方式。

1. 直接规定罚款的数额

例如，饮酒后驾驶营运机动车的，处 15 日拘留，并处 5 000 元罚款，吊销机动车驾驶证，5 年内不得重新取得机动车驾驶证。

2. 明确罚款的最低和最高限额

例如，货运机动车超过核定载质量的，处 200 元以上 500 元以下罚款；超过核定载质量 30%或者违反规定载客的，处 500 元以上 2 000 元以下罚款。

3. 以一定标准的倍数作为罚款数额

例如，擅自生产、销售未经国家机动车产品主管部门许可生产的机动车型的，没收非法生产、销售的机动车成品及配件，可以并处非法产品价值 3 倍以上 5 倍以下罚款；有营业执照的，由工商行政管理部门吊销营业执照；没有营业执照的，予以查封。

9.7.3　暂扣机动车驾驶证

暂扣机动车驾驶证，是指公安机关交通管理部门依法对道路交通安全违法行为人（机动车驾驶人）在一定时间内暂停其机动车驾驶资格的处罚方式。它可以单独适用，也可以和警告、罚款、行政拘留的处罚方式并用。驾驶证暂扣期间，驾驶人不能驾驶车辆，否则按无证驾驶处罚；暂扣期满后，当地车辆管理机关酌情复试道路交通安全法律、法规及道路驾驶操作。

暂扣机动车驾驶证的期限从处罚决定生效之日起计算；处罚决定生效前先予扣留机动车驾驶证的，扣留 1 日折抵暂扣期限 1 日。

9.7.4　吊销机动车驾驶证

吊销机动车驾驶证，是公安机关交通管理部门对严重违反道路交通法律法规的机动车驾驶人实施的取消其驾驶资格的处罚手段，是对交通安全违法行为人比较严厉的一种资格罚。它与暂扣机动车驾驶证不同，暂扣机动车驾驶证后，机动车驾驶人的档案依然保留，驾驶人只需按规定进行复考，合格后即可恢复驾驶资格。但被吊销机动车驾驶证后，机动车驾驶人需要按初次申领机动车驾驶证规定重新申领。

1. 应当吊销驾驶证的规定

有下列情形之一的，应当吊销机动车驾驶证，并从公共安全和道路安全考虑，对重新申领机动车驾驶证等作出了限制性规定。

① 因饮酒后驾驶机动车被处罚，再次饮酒后驾驶机动车的。

② 醉酒驾驶机动车的，吊销机动车驾驶证，5 年内不得重新取得机动车驾驶证。

③ 饮酒后驾驶营运机动车的，吊销机动车驾驶证，5 年内不得重新取得机动车驾驶证。

④ 醉酒驾驶营运机动车的，吊销机动车驾驶证，10 年内不得重新取得机动车驾驶证，重新取得机动车驾驶证后，不得驾驶营运机动车。

⑤ 饮酒后或者醉酒驾驶机动车发生重大交通事故，构成犯罪的，吊销机动车驾驶证，终生不得重新取得机动车驾驶证。

⑥ 驾驶拼装的机动车或者已达到报废标准的机动车上道路行驶的。

⑦ 违反道路交通安全法律法规的规定，发生重大交通事故，构成犯罪的。

⑧ 造成交通事故后逃逸的，吊销机动车驾驶证，终生不得重新取得机动车驾驶证。

2. 可以吊销机动车驾驶证的规定

① 将机动车交由未取得机动车驾驶证或者机动车驾驶证被吊销、暂扣的人驾驶的。

② 机动车行驶超过规定时速 50%的。

9.7.5 行政拘留

行政拘留，是指公安机关对交通安全违法行为人实施的在短时间内限制其人身自由的行政处罚，是交通行政处罚中最严厉的一种。行政拘留的期限一般为 15 日以下。对道路交通安全违法行为人实施的拘留处罚应由县（市）、市辖区公安局、公安分局或者相当于同级的公安局、公安分局依照法定程序作出处罚决定。

本章小结

表 9-1 道路交通安全法小结

名称	主要内容	重点
总则	道路交通安全法的立法目的、适用范围、立法原则，以及我国道路交通管理的体制	适用范围：中华人民共和国境内的车辆驾驶人、行人、乘车人，以及与道路交通活动有关的单位和个人，都应当遵守本法
车辆与驾驶人	机动车和非机动车管理制度、机动车驾驶人管理规定	（1）我国实行机动车登记制度，包括注册登记、变更登记、转让登记、抵押登记、注销登记 （2）我国实行机动车交通事故责任强制保险制度 （3）申领机动车驾驶证，需满足年龄、身体条件，并经考试合格 （4）驾驶人违法累积记分制度
道路通行条件	道路交通信号及其设置；道路、停车场和道路配套设施的规划、设计和建设要求；占用道路施工的交通管理措施的规定	交通信号包括交通信号灯、交通标志、交通标线和交通警察的指挥
道路通行规定	道路通行原则、机动车与非机动车的通行规定、行人和乘车人通行规定，以及高速公路通行特别规定	右侧通行、分道行驶、遵守交通信号

名称	主要内容	重点
交通事故处理	交通事故的定义和交通事故的种类、交通事故处理程序、交通事故损害赔偿	(1) 交通事故：车辆在道路上因过错或者意外造成的人身伤亡或者财产损失的事件 (2) 责任类型：根据当事人的行为对发生道路交通事故所起的作用，以及过错的严重程度，分为全部责任、同等责任、主要责任、次要责任、无责任 5 种责任类型 (3) 事故损害赔偿归责原则有：保险先行赔偿原则、过错责任原则、无过错责任原则、免责规定
法律监督	监督主体、回避制度、公安机关交通管理部门及其交通警察执法行为规范，以及公安机关交通管理部门实施行政处罚的相关规定	(1) 为保证道路交通管理执法的公平、公正，交通警察调查处理道路交通安全违法行为和交通事故应遵守回避制度 (2) 罚款决定与罚款收缴分离原则
法律责任	警告、罚款、暂扣机动车驾驶证、吊销机动车驾驶证、行政拘留	吊销驾驶证的适用情形

课堂集训

一、不定项选择题

1. 醉酒后驾驶机动车的，由公安机关交通管理部门吊销机动车驾驶证，（　　　）不得重新取得机动车驾驶证。

    A. 5 年内　　　　　　　　B. 2 年内　　　　　　　　C. 10 年内　　　　　　　　D. 终生

2. 饮酒后驾驶机动车发生重大交通事故，（　　　）不得重新取得机动车驾驶证。

    A. 5 年内　　　　　　　　B. 2 年内　　　　　　　　C. 10 年内　　　　　　　　D. 终生

3. 车辆、行人遇有交通信号灯、交通标志、交通标线的规定与交通警察的指挥不一致时，应当服从（　　　）。

    A. 交通警察的指挥　　B. 交通信号灯　　　　C. 交通标线　　　　　D. 交通标志

4. 机动车驾驶证的有效期为（　　　）。

    A. 5 年　　　　　　　　B. 6 年　　　　　　　　C. 10 年　　　　　　　　D. 长期

5. （　　　）属于非机动车。

    A. 自行车、人力车、畜力车、残疾人专用车

    B. 三轮汽车

    C. 轻便摩托车

    D. 轮式专用机械车

6. 交通事故是指车辆在道路上因（　　　）造成的人身伤亡或者财产损失的事件。

    A. 过错或者意外　　　B. 过错　　　　　　　C. 意外　　　　　　　D. 故意或过失

7. 在道路上发生交通事故，仅造成轻微财产损失，并且基本事实清楚的，当事人应当先（　　　）再进行协商处理。

    A. 向公安交通管理部门报案

B. 保护事故现场

C. 保护事故现场并向公安交通管理部门报案

D. 撤离现场

8. 对驾驶拼装车上路行驶的驾驶人，由公安交通管理部门处（　　）罚款。

A. 200 元以上 2 000 元以下　　　　　　　　B. 20 元以上 200 元以下

C. 2 000 元以下　　　　　　　　　　　　　　D. 200 元以下

9. 依道路交通安全违法行为的严重程度，一次记分的分值分为（　　）。

A. 3 种　　　　　　　B. 4 种　　　　　　　C. 5 种　　　　　　　D. 6 种

10. 对遵守道路交通安全法律法规，在（　　）内无累积记分的机动车驾驶人，可以延长机动车驾驶证的审验期。

A. 6 个月　　　　　　B. 2 年　　　　　　　C. 1 年　　　　　　　D. 3 年

11. 对道路交通安全违法行为的处罚种类包括（　　）。

A. 警告　　　　　　　　　　　　　　　　　　B. 罚款

C. 暂扣或者吊销机动车驾驶证　　　　　　　　D. 拘留

12. 交通警察调查处理道路交通事故安全违法行为时，在（　　）情形下，应当回避。

A. 是本案的当事人或者当事人的近亲属

B. 本人或者其近亲属与本案有利害关系

C. 与本案当事人是大学同窗好友

D. 与本案当事人是情敌

13. 交通信号包括（　　）。

A. 交通信号灯　　　　　　　　　　　　　　　B. 交通标志

C. 交通标线　　　　　　　　　　　　　　　　D. 交通警察的指挥

14. （　　）执行紧急任务时，可以使用警报器、标志灯具。

A. 警车　　　　　　B. 消防车　　　　　　C. 救护车　　　　　　D. 工程救险车

15. 《中华人民共和国道路交通安全法》中所称的"道路"是指（　　）。

A. 高速公路、普通公路

B. 公路、城市道路和虽在单位管辖范围但允许社会机动车通行的地方，包括广场、公共停车场等用于公众通行的场所

C. 沥青公路、水泥公路、砂石公路

D. 乡间土路

16. 车辆、行人必须各行其道。借道通行的车辆和行人（　　）。

A. 具有优先通行权

B. 应当让在其本道内行驶的车辆或行人优先通行

C. 不管在其本道内行驶的车辆或行人

D. 严重违法

17. （　　）承担交通事故全部责任。

A. 当事人撞伤行人

B. 当事人故意破坏、伪造现场、毁灭证据的

C. 当事人有交通违法行为的

D. 发生交通事故后当事人逃逸的

18. 当事人对交通事故损害赔偿有争议，各方当事人一致请求公安机关交通管理部门调解的，应当在收到交通事故认定书之日起（　　　）日内提出书面调解申请。

A. 7　　　　　　　　B. 10　　　　　　　　C. 15　　　　　　　　D. 30

二、判断题

1. 机动车行经人行横道时，遇行人正在通过人行横道，应当减速行驶。（　　　）

2. 交通事故的损失是由非机动车驾驶人、行人故意碰撞机动车造成的，机动车一方不承担赔偿责任。（　　　）

3. 高速公路限速标志标明的最高时速不得超过 120 km。（　　　）

4. 残疾人机动车轮椅车最高时速不得超过 15 km。（　　　）

5. 对交通事故损害赔偿的争议，当事人不可以直接向人民法院提起民事诉讼。（　　　）

三、简答题

1.《中华人民共和国道路交通安全法》的适用范围是如何规定的？

2. 交通事故损害赔偿归责原则是什么？

3.《中华人民共和国道路交通安全法》关于驾驶人违法累积记分制度是如何规定的？

四、案例分析

2022 年 10 月 5 日 6 时许，陈海某（20 岁）驾驶无号牌的三轮摩托车（发动机号 616154××）搭载陈某、谢某在某道路由东往西行驶，行至出事地点越过道路中心线超越前方车辆时，与由西往东李某（18 岁）驾驶的无号牌两轮摩托车（发动机号 061032××）发生碰撞，造成两车损坏及李某受伤的交通事故。经过公安局交警支队第一大队民警林某、冯某的现场勘查及调查材料综合分析证实：陈海某未依法取得驾驶证，驾驶未经公安机关交通管理部门登记的机动车，在道路上没有按照交通信号越过对方车道行驶。李某未依法取得驾驶证，驾驶未经公安机关交通管理部门登记的机动车在道路上行驶。

请问：本案中陈海某和李某是否违反《中华人民共和国道路交通安全法》？应如何处理？

课堂集训答案

一、不定项选择题

1. A　2. D　3. A　4. BCD　5. A　6. A　7. D　8. A　9. C　10. C

11. ABCD　12. ABCD　13. ABCD　14. ABCD　15. B　16. B　17. BD　18. B

二、判断题

1. √　2. √　3. √　4. √　5. ×

三、简答题（略）

四、案例分析

答案要点：

陈海某未依法取得驾驶证，驾驶未经公安机关交通管理部门登记的机动车，在道路上没有按照交通信号越过车道行驶，行为违反了《中华人民共和国道路交通安全法》第 8 条：国家对机动车实行登记制度。机动车公安机关交通管理部门登记后，方可上道路行驶。尚未登记的机动车，需要临时上道路行驶的，应当取得临时通行牌证。第 19 条：驾驶机动车，应当依法取得机动车驾驶证。第 38 条：车辆、行人应当按照交通信号通行；遇有交通警察现场指挥时，应当按照交通警察的指挥通行；在没有交通信号的道路，应当在确保安全、畅通的原则下通行。李某未依法取得驾驶证，驾驶未经公安机关交通管理部门登记的机动车在道路上行驶，其行为违反了《中华人民共和国道路交通安全法》第 8 条及第 19 条的规定。因此，依法陈海某承担此事故主要责任，李某承担次要责任。根据《中华人民共和国道路交通安全法》的规定，应由公安机关交通管理部门对陈海某、李某处 200 元以上 2 000 元以下罚款，可以并处 15 日以下拘留。

第10章　机动车辆保险与交通事故理赔

【职业能力目标与学习要求】

通过学习本章内容，学生了解保险的基本知识，掌握机动车辆保险的险种及其费率规定，熟悉交通事故赔偿项目，掌握交通事故一般车祸、残疾和死亡赔偿标准；认识保险的重要性，树立保险观念，具备正确分析和处理交通事故的能力，培养并形成机动车辆保险意识。

思政目标

通过本章的学习，对机动车辆保险与理赔的内涵及应用有深刻的理解，提高学生的职业精神和职业素养，帮助学生树立正确的人生观、价值观和世界观，同时还需要帮助学生将所学到的德育知识和自身的情感态度相融合，达到知行合一的教育目的。培养学生具有高度的社会责任感和客观的投保意识。深化学生对"友善"价值观和保险"互助性"的认识。通过分析探讨保险内涵中的"少数人的损失在全部被保险人中分摊"的特性，引导学生深刻体会保险的作用中所蕴含的"一人为众，众为一人"的经济互助关系，引导学生之间也建立起一种"互相尊重，互相关心，互相帮助"的人际关系，而实现这一人际关系的关键前提是在行为上对"友善"这一价值观的贯彻。认识安全第一、珍惜生命的重要性。培养节能环保、低碳生活的意识。树立公正与法治的观念，认识并理解保险中所贯彻的"公正"与"依法办事"。认识珍惜生命、加强锻炼的重要性。

思政小课堂

全国高校思想政治工作会议明确指出："要用好课堂教学这个主渠道，思想政治理论课要坚持在改进中加强，提升思想政治教育亲和力和针对性，满足学生成长发展需求和期待。其他各门课都要守好一段渠、种好责任田，使各类课程与思想政治理论课同向同行，形成协同效应。"如何将思政教育与高校专业课程教学进行无缝衔接，推动二者的协同前行，有效帮助学生树立社会主义核心价值观，是新时代赋予高校教育的重要使命。

机动车辆保险与理赔课程中着重体现保险行业的运行各个环节，无论是在知识传授还是在能力培养方面都始终与价值引领紧密结合、有机统一。经历了上百年的发展，保险业始终坚持的基本原则之首就是最大诚信原则，这恰恰与社会主义核心价值观所倡导的"诚信"

不谋而合，无论是保险从业、保险、理赔还是保险监管这一价值观都贯穿始终。

此外，保险作为人类文明进步的产物，充分体现了"人人为我，我为人人"的精神理念，保险产品与理赔越来越能与中华传统美德相结合，在讲授知识的过程中帮助学生树立正确的价值观和世界观，不要陷入对保险业的认识误区，做到科学地掌握真理、科学地运用真理去认识事物、分析实际问题。

导入案例

2023 年 3 月 20 日，吴某驾驶自己的机动车辆在运输货物途中，因道路不熟，停车问路时，未拉手制动，车辆沿坡道向前溜行，当场将吴某撞死。事故发生后，经交警部门认定，吴某驾驶制动不符合技术标准的车辆，停车时又未拉手制动，因而导致事故发生，吴某应负该起事故的全部责任。吴某家属向保险公司申请理赔，保险公司以死者吴某是车主和被保险人不属于交强险合同中所指的受害人为由，拒绝理赔。吴某家属遂向法院提起诉讼，请求判决保险公司支付保险金 18 万元。请问，法院能支持吴某家属的诉讼请求吗？

案例解析：

法院经审理后认为，吴某与保险公司签订的保单中详细约定了第三者及保险责任范围，并有明确提示，文字清晰明了，不存在歧义，作为投保人理应能够理解并注意到。保险条款明确吴某作为车辆所有人，不属于保险合同的承保险种第三者责任险的赔偿范围，保险公司承担的第三者保险责任是指对被保险人依法应当对第三者遭受的损失支付的赔偿金额承担的保险责任。保险合同已明确了保险人与被保险人不属于第三者范畴，故作为被保险人的吴某不属于第三者范畴。据此，法院驳回原告诉讼请求。

10.1 基本保险知识

保险是一种风险管理的方法，也是一种风险转移的机制。保险可以起到分散风险、减少损失的作用。

10.1.1 保险和机动车辆保险的概念

保险是指投保人根据合同约定，向保险人支付保险费，保险人对于合同约定的可能发生的事故所造成的财产损失承担赔偿保险金责任，或者当被保险人死亡、伤残、疾病或者达到合同约定的年龄、期限时承担给付保险金责任的商业保险责任。

机动车辆保险，简称车险，是指对机动车辆由于自然灾害和意外事故所造成人身伤亡和财产损失负赔偿责任的保险。

机动车辆保险包含 4 层含义。① 它是一种商业保险行为。保险公司以营利为最终目的，因此，机动车辆保险属于商业行为。② 它是一种法律合同行为。投保人与保险人要以各类机动车及其责任为保险标的签订书面的具有法律效力的保险合同。③ 它是一种权利义务行为。保险合同明确了双方的权利和义务。④ 它是以保险事故发生为条件的损失补偿的保险行为。

10.1.2　保险的分类

1. 财产保险、人身保险、责任保险和信用、保证保险

根据保险标的的不同，保险可分为财产保险、人身保险、责任保险和信用、保证保险。

1）财产保险

财产保险是指以财产及其相关利益为保险标的的保险，对保险事故发生导致的财产损失，以金钱或实物进行补偿的一种保险。财产保险有广义与狭义之分。广义的财产保险包括财产损失保险、责任保险、保证保险等；狭义的财产保险是以有形的物质财富及其相关利益为保险标的的一种保险。狭义的财产保险包括火灾保险、海上保险、汽车保险、航空保险、利润损失保险、农业保险等。它是以有形或无形财产及其相关利益为保险标的的一类补偿性保险。

2）人身保险

人身保险是以人的寿命和身体为保险标的的保险。当人们遭受不幸事故或因疾病、年老以致丧失工作能力、伤残、死亡或年老退休时，根据保险合同的约定，保险人对被保险人或受益人给付保险金或年金，以解决其因病、残、老、死所造成的经济困难。根据保障范围的不同，人身保险可以分为人寿保险、意外伤害保险和健康保险。

3）责任保险

责任保险是以被保险人依法应负的民事损害赔偿责任或经过特别约定的合同责任为保险标的的一种保险。责任保险的种类包括公众责任保险、产品责任保险、职业责任保险、雇主责任保险。

4）信用、保证保险

信用、保证保险都是以信用风险作为保险标的的保险，是具有担保性质的保险。债权人作为投保人向保险人投保债务人的信用风险构成信用保险，债务人作为投保人向保险人投保自己的信用风险构成保证保险。

2. 商业保险与社会保险

根据保险性质的不同，保险可分为商业保险和社会保险。

1）商业保险

商业保险是指按商业原则经营，以营利为目的的保险形式，由专门的保险企业经营。所谓商业原则，就是保险公司的经济补偿以投保人交付保险费为前提，具有有偿性、公开性和自愿性，并力图在补偿损失后有一定的盈余。

2）社会保险

社会保险是指在既定的社会政策的指导下，由国家通过立法手段对公民强制征收保险费，形成保险基金，用以对其中因年老、疾病、生育、伤残、死亡和失业而导致丧失劳动能力或失去工作机会的成员提供基本生活保障的一种社会保障制度。社会保险不以营利为目的，运行中若出现赤字，国家财政将会给予支持。

两者比较，社会保险具有强制性，商业保险具有自愿性；社会保险的经办者以财政支持作为后盾，商业保险的经办者要进行独立核算、自主经营、自负盈亏；商业保险的保障范围比社会保险更为广泛。

3. 原保险、再保险和复合保险

根据保险责任分配方式的不同，保险分为原保险、再保险和复合保险。

1）原保险

原保险是相对于再保险而言的，是指投保人与保险人直接签订保险合同而建立保险关系的一种保险。

2）再保险

再保险又称分保，是指保险人在原保险合同的基础上，通过签订合同的方式，将其所承担的保险责任向其他保险人进行保险的行为。

3）复合保险

复合保险是指投保人以保险利益的全部或部分，分别向数个保险人投保相同种类保险，签订数个保险合同，其保险金额总和不超过保险价值的一种保险。

发生在保险人和投保人之间的保险行为是原保险。发生在保险人与保险人之间的保险行为是再保险。

再保险是保险人通过订立合同，将自己已经承保的风险，转移给另一个或几个保险人，以降低自己所面临的风险的保险行为，即"保险人的保险"。

我们把分出自己直接承保业务的保险人称为原保险人，接受再保险业务的保险人称为再保险人。再保险是以原保险为基础，以原保险人所承担的风险责任为保险标的的补偿性保险。无论原保险是给付性保险还是补偿性保险，再保险人对原保险人的赔付都只具有补偿性。再保险人与原保险合同中的投保人无任何直接法律关系。原保户无权直接向再保险人提出索赔要求，再保险人也无权向原保户提出保费要求。另外，原保险人不得以再保险人未支付赔偿为理由，拖延或拒付对保户的赔款；再保险人也不能以原保险人未履行义务为由拒绝承担赔偿责任。

再保险是在保险人系统中分摊风险的一种安排。被保险人和原保险人都将因此在财务上变得更加安全。利用再保险分摊风险的典型例子就是承保卫星发射保险。该风险不能满足可保风险所要求的一般条件。保险人接受特约承保后，将面临极大的风险，一旦卫星发射失败，资本较小的公司极可能因此而破产。最明智的做法是将该风险的一部分转移给其他保险人，由几个保险人共同承担。

4. 个人保险与团体保险

根据保险保障对象的不同，人身保险分为个人保险和团体保险。

个人保险是为满足个人和家庭需要，以个人作为承保单位的保险。团体保险一般用于人身保险，它是用一份总的保险合同，向一个团体中的众多成员提供人身保险保障的保险。在团体保险中，投保人是"团体组织"，如机关、社会团体、企事业单位等独立核算的单位组织，被保险人是团体中的在职人员。已退休、退职的人员不属于团体的被保险人。另外，对于临时工、合同工等非投保单位的正式职工，保险人可接受单位对其提出的特约投保。

团体保险包括团体人寿保险、团体年金保险、团体人身意外伤害保险、团体健康保险等，团体保险在国外发展很快，特别是由雇主、工会或其他团体为雇员和成员购买的团体年金保险和团体信用人寿保险的发展尤为迅速。团体信用人寿保险是团体人寿保险的一种，是指债权人以债务人的生命为保险标的的保险。团体年金保险已成为雇员退休福利计划的重要内容。近几年，美国有些雇员福利计划中还加入了团体财务和责任保险项目，比如团体的私用汽车保险和雇主保险等。我国保险公司也开展了团体寿险、人身意外伤害险、企业补充养老保险和医疗保险等团体保险业务，但险种还不完善。随着经济体制改革的不断深入，商业保险的作用将不断加强，团体保险应有更大的发展空间。

5. 自愿保险和强制保险

按保险的实施方式分，保险可分为自愿保险和强制保险。

1）自愿保险

自愿保险亦称任意保险，是指保险双方当事人通过签订保险合同，或是由需要保险保障的人自愿组合而实施的一种保险。自愿保险是投保人和保险人在平等互利、等价有偿的基础上，通过协商，采取自愿方式签订保险合同建立的一种保险关系。自愿原则体现在：投保人可以自行决定是否参加保险、保什么险、投保金额多少和起保的时间；保险人可以决定是否承保、承保的条件，以及保费多少。保险合同成立后，保险双方应认真履行合同规定的责任和义务。一般情况下，投保人可以中途退保，但另有规定的除外。

2）强制保险

强制保险又称法定保险，是国家对一定群体对象以法律、法令或条例规定其必须投保的一种保险。法定保险的保险关系不是产生于投保人与保险人之间的合同行为，而是产生于国家或政府的法律效力。

10.1.3　机动车辆保险的特点

1. 损失率高但损失幅度小

汽车保险的保险事故损失金额一般不大，但是事故发生的频率高。保险公司在经营过程中需要投入的精力和费用较大，有的事故金额不大，但是，仍然涉及对被保险人的服务质量问题，保险公司同样应予以足够的重视。另外，从个案的角度看赔偿的金额不大，但积少成多也将对保险公司的经营产生一定影响。

2. 被保险人的大众性

我国汽车保险的被保险人过去是以单位、企业为主，但是，随着个人拥有车辆数量的增加，被保险人中单一车主的比例正在逐步增加。普通百姓成为车辆保险的最主要主体。

3. 标的流动频繁

汽车的功能特点决定了其具有相当大的流动性。车辆发生事故的地点和时间不确定，要求保险公司必须拥有一个运作良好的服务体系支持理赔服务。

4. 道德风险普遍

道德风险是指投保人在得到保险保障之后改变日常行为的一种倾向，分为事前道德风险和事后道德风险。保险可能会对被保险人防止损失的动机产生一定影响，这种影响叫作事前道德风险。比如，投保车险的人可能比未投保的人开车更莽撞一些，因为他们知道可以获得赔偿。就是说，因为保险，人们变得比原来更大胆了，也不小心防止事故发生了。损失发生后，保险可能会对被保险人减少损失的动机产生一定影响，这种影响叫作事后道德风险。在财产保险业务中机动车辆保险是道德风险的"重灾区"。汽车保险具有标的流动性强、户籍管理中存在缺陷、保险信息不对称等特点。由于汽车保险条款不完善，相关的法律环境不健全，以及汽车保险经营和管理中存在的一些问题和漏洞，机动车辆保险欺诈案件时有发生。

10.1.4 机动车辆保险的基本原则

机动车辆保险的基本原则就是保险法的基本原则，即集中体现保险法本质和精神的基本准则，它既是保险立法的依据，又是保险活动中必须遵循的准则。保险法的基本原则是通过保险法的具体规定来实现的，而保险法的具体规定必须符合基本原则的要求。

1. 保险与防灾减损相结合的原则

从根本上说，保险是一种危险管理制度，目的是通过危险管理防止或减少危险事故，把危险事故造成的损失缩小至最低程度，由此产生了保险与防灾减损相结合的原则。

1）保险与防灾相结合的原则

这一原则主要适用于保险事故发生前的事先预防。根据这一原则，保险人应对承保的危险责任进行管理，其具体内容包括：调查和分析保险标的的危险情况，据此向投保人提出合理建议，促使投保人采取防范措施，并进行监督检查；向投保人提供必要的技术支援，共同完善防范措施和设备；对不同的投保人采取差别费率制，以促使其加强对危险事故的管理，即对事故少、信誉好的投保人给予降低保费的优惠。投保人应遵守国家有关消防、安全、生产操作、劳动保护等方面的规定，主动维护保险标的的安全，履行所有人、管理人应尽的义务；同时，按照保险合同的规定，履行危险增加通知义务。

2）保险与减损相结合的原则

这一原则主要适用于保险事故发生后的事后减损。根据这一原则，如果发生保险事故，投保人应尽最大努力积极抢险，避免事故蔓延、损失扩大，并保护出险现场，及时向保险人报案。而保险人则通过承担施救及其他合理费用来履行义务。

2. 最大诚信原则

最大诚信原则是指保险当事人在订立、履行保险合同的过程中要诚实守信，不得隐瞒有关保险活动的任何重要事实，包括投保人必须向保险人陈述有关保险标的的风险，同时保险人也要告知投保人有关保险合同免责条款的具体内容，否则，所订立的保险合同不具有法律效力。双方当事人不隐瞒事实，不相互欺诈，以最大诚信全面履行各自的义务，以保证对方权利的实现。最大诚信原则是合同双方当事人都必须遵循的基本原则，其表现为以下几个方面。

1）履行如实告知义务

这是最大诚信原则对投保人的要求。告知有狭义和广义之分，狭义的告知是指合同当事人在订约前和订约时，互相据实申报、陈述。广义的告知是指合同当事人在订约前、订约时和合同履行的过程中，投保人要将已知和应知的风险和标的的有关事实，据实向保险人口头或书面申报，同时，保险人也应将投保利害相关的事实，据实告知给投保人。由于保险人面对广大的投保人，不可能一一了解保险标的的各种情况，因此，投保人在投保时，应当将足以影响保险人决定是否承保、足以影响保险人确定保险费率或增加特别条款的重要情况，向保险人如实告知。保险实务中一般以投保单为限，即投保人必须如实填写投保单中的内容，除此之外，投保人不承担任何告知义务。

投保人告知内容的形式有无限告知和询问告知两种。无限告知又称客观告知，即对告知的内容没有确定性规定，只要求投保人具有告知保险人有关保险标的的危险状况的任何事实。询问告知又称主观告知，投保人只对保险人询问的问题告知，对询问以外的问题，投保人没有义务告知。我国保险法采用的是询问告知的方式。

投保人因故意或过失没有履行如实告知义务，将要承担相应的法律后果，包括保险人可以据此解除保险合同；如果发生保险事故，保险人有权拒绝赔付等。

2）履行说明义务

这是最大诚信原则对保险人的要求。由于保险合同由保险人事先制定，投保人只有表示接受与否的选择，通常投保人又缺乏保险知识和经验，因此，在订立保险合同时，保险人应当向投保人说明合同条款内容。对于保险合同的一般条款，保险人应当履行说明义务。对于保险合同的责任免除条款，保险人应当履行明确说明义务，未明确说明的，责任免除条款不发生效力。

3）履行保证义务

保证是最大诚信义务原则的一项重要内容。保证，是指投保人向保险人作出承诺，保证在保险期间遵守作为或不作为的某些规则，或保证某一事项的真实性，因此，这也是最大诚信原则对投保人的要求。

保险上的保证有两种，一种是明示保证，明示保证是保证的主要形式，即以保险合同条款的形式出现，是保险合同的内容之一，故为明示。如机动车辆保险中有遵守交通规则、安全驾驶、做好车辆维修和保养工作等条款，一旦合同生效，即构成投保人对保险人的保证，对投保人具有作为或不作为的约束力。另一种是默示保证，即这种保证在保险合同条款中并不出现，往往以社会上普遍存在或认可的某些行为规范为准则，并将此视作投保人保证作为或不作为的承诺，故为默示。如财产保险附加盗窃险合同中，虽然没有明文规定被保险人外出时应该关闭门窗，但这种社会公认的常识，即构成默示保证，也成为保险人之所以承保的基础，所以，因被保险人没有关闭门窗而招致的失窃，保险人不承担保险责任。

4）弃权和禁止反言

这是最大诚信原则对保险人的要求。所谓弃权，是指保险人放弃法律或保险合同中规定的某项权利，如拒绝承保的权利、解除保险合同的权利等。所谓禁止反言，与弃权有紧密联系，是指保险人既然放弃了该项权利，将来就不得反悔再向被保险人或受益人主张这种权利。

我国保险法未对弃权和禁止反言作出规定，只是规定了保险人应当履行说明义务。这项义务与弃权和禁止反言义务的内涵是一致的，即保险人应该对保险条款作出说明义务，若未作说明，视为弃权，即使保险合同中有这项规定，保险人也不能据此主张权利，即禁止反言。

3. 保险利益原则

保险利益又称可保利益，是指投保人对保险标的具有法律上承认的经济利益。保险利益原则是指投保人或被保险人对于保险标的具有法律上认可的经济上的利害关系，也称可保利益原则。如果没有这种利害关系，投保人或者被保险人对该保险标的就没有保险利益。

人身保险的投保人在保险合同订立时，对被保险人应当具有保险利益。财产保险的被保险人在保险事故发生时，对保险标的应当具有保险利益。人身保险是以人的寿命和身体为保险标的的保险。财产保险是以财产及其有关利益为保险标的的保险。被保险人是指其财产或者人身受保险合同保障、享有保险金请求权的人。投保人可以为被保险人。保险利益是指投保人或者被保险人对保险标的具有的法律上承认的利益。根据这条规定，保险利益原则主要有两层含义：其一，投保人在投保时，必须对保险标的具有保险利益，否则，保险就可能成为一种赌博，丧失其补偿经济损失、给予经济帮助的功能；其二，是否有保险利益，是判断保险合同有效或无效的根本依据，缺乏保险利益要件的保险合同，自然不发生法律效力。

财产保险的保险标的是财产及其相关利益，其保险利益是指投保人对保险标的具有法律上承认的经济利益。财产保险的保险利益应当具备 3 个要素。

① 保险利益的存在，必须符合法律的规定，符合社会公共秩序要求。

② 财产保险的目的在于填补被保险人的经济损失。因此，保险利益必然是一种经济上的利益关系，并且是能够用货币、金钱计算和估价的利益。

③ 保险利益必须是已经确定的利益或者能够确定的利益。保险利益既可以是现有利益，也可以是期待利益。经济利害关系有时虽然无法用金钱估算，但投保人与保险人在订立保险合同时，可以通过约定保额来确定。

保险利益原则在保险合同的订立、履行过程中，有不同的适用要求。就财产保险而言，投保人应当在投保时对保险标的具有保险利益；合同成立后，被保险人可能因保险标的的买卖、转让、赠予、继承等情况而变更，因此，发生保险事故时，被保险人应当对保险标的具有保险利益，投保人是否具有保险利益已无关紧要。

4. 损失赔偿原则

损失赔偿原则又称补偿原则，是财产保险特有的原则，是在保险合同的有效期内，保险事故发生后，保险人在其责任范围内，对被保险人遭受的实际损失进行赔偿的原则。损失赔偿原则包含下列 3 点内涵。

① 赔偿必须在保险人的责任范围内进行，即保险人只有在保险合同规定的期限内，以约定的保险金额为限，以保险利益为限，对合同中约定的危险事故所致损失进行赔偿。保险期限、保险金额和保险责任是构成保险人赔偿的不可或缺的要件。

② 赔偿以补偿保险标的的实际损失为限，即赔偿额应当等于实际损失额。按照民事行为的准则，赔偿应当和损失等量，被保险人不能从保险上获得额外利益，因此，保险人赔偿的金额，只能是保险标的的实际损失的金额。换言之，保险人的赔偿应当恰好使保险标的恢复至保险事故发生前的状态，这是损失赔偿原则的意义所在。

③ 损失赔偿是保险人的义务。据此，被保险人提出索赔请求后，保险人应当按主动、迅速、准确、合理的原则，尽快核定损失，与索赔人达成协议并履行赔偿义务；保险人未及时履行赔偿义务时，除支付保险金外，应当赔偿被保险人因此受到的损失。

5. 近因原则

近因原则是指保险人对于承保范围以内的保险事故最直接的原因所引起的损失承担保险责任，而对于承保范围以外的原因造成的损失不负赔偿责任，即损害结果必须与危险事故的发生具有直接的因果关系，若危险事故属于保险人责任范围的，保险人就赔偿或给付。在实际生活中，损害结果可能由单因或多因造成。单因比较简单，多因则比较复杂。对于多种原因造成的损失，如果能分清各种原因对损失产生的影响程度，就可以从中找出损失近因。多种原因主要有以下几种情况。

1）多因同时发生

多种原因同时发生而无先后之分，且均为保险标的损失的近因。若同时发生的都是保险事故，则保险人承担责任；若其中既有保险事故，也有责任免除事项，保险人只承担保险事故造成的损失；若全部属于责任免除事项，则保险人不承担责任。

2）多因连续发生

两个以上灾害事故连续发生造成损害，一般以最近的、最有效的原因为近因，若其属于保险事故，则保险人承担赔付责任。但后果是前因直接自然的结果、合理连续或自然延续时，以前因为近因。

3）多因间断发生

多种原因间断发生，"后因"与"前因"之间没有必然的因果关系，彼此独立。这种情况的处理与单因大致相同，即保险人视各种独立的危险事故是否属于保险事故决定是否赔付。

10.2　机动车辆保险

10.2.1　机动车辆保险险种

机动车辆保险一般包括交强险和商业险，商业险包括基本险和附加险两部分。

10.2.2　交强险

1. 交强险概述

交强险的全称为机动车交通事故责任强制保险，是中国首个由国家法律规定实行的强制保险制度。

《机动车交通事故责任强制保险条例》规定：交强险是由保险公司对被保险机动车发生道路交通事故造成受害人（不包括本车人员和被保险人）的人身伤亡、财产损失，在责任限额内予以赔偿的强制性责任保险。

2. 交强险的特征

1）交强险具有强制性

《中华人民共和国道路交通安全法》《机动车交通事故责任强制保险条例》对交强险都有明确规定。国家实行机动车第三者责任强制保险制度，设立道路交通事故社会救助基金，具体办法由国务院规定。肇事车辆参加机动车第三者责任强制保险的，由保险公司在责任限额范围内支付抢救费用。机动车发生交通事故造成人身伤亡、财产损失的，由保险公司在机动车第三者责任保险责任限额范围内予以赔偿。因此，交强险通过国家立法，由国家强制力来保证实施。

《机动车交通事故责任强制保险条例》第 2 条规定："在中华人民共和国境内道路上行驶的机动车的所有人或者管理人，应当依照《中华人民共和国道路交通安全法》的规定投保机动车交通事故责任强制保险。"第 39 条规定："机动车所有人、管理人未按照规定投保机动车交通事故责任强制保险的，由公安机关交通管理部门扣留机动车，通知机动车所有人、管理人依照规定投保，处依照规定投保最低责任限额应缴纳的保险费的 2 倍罚款。"同时，投保人不得解除交强险合同。

凡是具备从事交强险业务资格的保险公司，均不得拒绝或者延迟承保交强险，也不能解除交强险合同。保险公司不得拒绝特定人群的投保（拒绝交易）；保险公司不得将该法定责任保险与其他商业保险捆绑销售；经营财险的保险公司必须经营交强险。保险金额与保费由保监会作出指导性规定，并随着经济发展适时调整。

保险公司应当向投保人签发保险单、保险标志。保险标志式样全国统一。被保险人应当在被保险机动车上放置保险标志，未放置保险标志的，公安机关交通管理部门应当扣留机动车，通知当事人提供保险标志或者补办相应手续，并可以处警告或者 20 元以上 200 元以下罚款。

2）交强险具有法定性

《中华人民共和国道路交通安全法》规定的第三者责任险属于强制保险，即由法律直接加以规定。所有应当投保的机动车的所有人都必须参加保险，而不是当事人有权自愿选择购买保险。

3）交强险具有公益性

交强险的目的在于保护受害人，使受害人得到及时、必要的补偿，而不仅仅是转移风险。因此，交强险除具有一般保险的风险管理功能之外，还发挥了社会保障的功效，具有社会公益性。保险公司开办此项保险业务不以营利为目的，在保费与赔付之间总体应做到保本微利。

4）交强险具有广泛性

交强险由原来的"按责赔偿"直接转化为"无过错责任赔偿"，大大加大了保险公司的赔偿责任，而不论被保险人在道路交通事故中是否负有责任，只要有事故发生，保险公司都必须在交强险的责任限额内承担对受害人的损失赔偿责任。

现行商业第三者责任险中的绝大部分责任免除，均作为交强险的保险责任予以承担；比如，精神损害赔偿、被保险人家庭成员的伤亡等。现行商业第三者责任险中部分责任免除事项，如无证驾驶、醉酒驾驶等被列入交强险的垫付责任范围内，责任范围相应扩展。

3. 交强险的投保

交强险实行统一的保险条款和基础的保险费率。保监会根据保险公司交强险业务的总体情况或者亏损情况，可以要求或者允许保险公司相应调整保险费率。保监会会同国务院公安部门制定降低或者提高保险费率的标准，从而建立交强险费率水平与交通违法行为及交通事故挂钩的费率浮动机制。

交强险的投保具有强制性，投保人不能自由选择是否投保，并且，投保人必须一次性支付全部保险费，不允许有例外情况发生。投保人必须履行如实告知义务，否则保险公司将可以解除保险合同。被保险人转移机动车所有权的，应当办理交强险合同变更手续。交强险合同到期，投保人必须及时续保。投保人在 4 种情况下可以投短期交强险：境外机动车临时入境；机动车临时上路行驶；机动车距报废期限不足 1 年；保监会规定的其他情形。

4. 交强险的理赔

被保险机动车发生道路交通事故造成本车人员、被保险人以外的受害人人身伤亡、财产损失的，由保险公司依法在机动车交通事故责任强制保险责任限额范围内予以赔偿。

1）理赔程序和时限要求

被保险机动车发生道路交通事故的，由被保险人向保险公司申请赔付，理赔程序如下。

① 及时联系保险公司并提交相关材料。交强险申请理赔如涉及第三者伤亡或财产损失的道路交通事故，被保险人应先联系 120 急救电话（如有人身伤亡），拨打 110 交警电话，

并拨打保险公司的客户服务电话报案，配合保险公司查勘现场，可以根据情况要求保险公司支付或垫付抢救费。保险公司应当自收到赔偿申请之日起 1 日内，书面告知被保险人需要向保险公司提供与赔偿有关的事故证明和相关资料。被保险人索赔时，根据双方签订的保险合同，应当向保险公司提供以下材料：被保险人出具的索赔申请书；交强险的保险单；被保险人和受害人的有效身份证明、被保险机动车行驶证和驾驶人的驾驶证；公安机关交管部门出具的事故证明，或者人民法院等机构出具的有关法律文书及其他证明；被保险人根据有关法律法规规定选择自行协商方式处理交通事故的，应当提供依照《交通事故处理程序规定》记录的交通事故情况协议书；受害人财产损失程度证明、人身伤残程度证明、相关医疗证明，以及有关损失清单和费用单据；其他与确认保险事故的性质、原因、损失程度等有关的证明和资料。

② 核定。保险公司应当自收到被保险人提供的事故证明和相关资料之日起 5 日内，对是否属于保险责任作出核定，并将结果通知被保险人；对不属于保险责任的，应当书面说明理由。

③ 保险金的支付。对属于保险责任的，在与被保险人达成赔偿保险金的协议后 10 日内，保险公司按协议约定赔付。保险公司可以选择向被保险人赔偿保险金，也可以直接向受害人赔偿保险金。

2）交强险赔偿限额

① 有责任的限额（2022 年标准）：死亡伤残赔偿限额为 18 万元；医疗费用赔偿限额为 1.8 万元；财产损失赔偿限额为 0.2 万元。赔偿最高限额为 20 万元。

② 无责任的限额（2022 年标准）：死亡伤残赔偿限额为 1.8 万元；医疗费用赔偿限额为 0.18 万元；财产损失赔偿限额为 100 元。赔偿最高限额为 1.99 万元。

5. 交强险的条款

1）保险责任成立的条件

① 被保险人在中华人民共和国境内使用被保险机动车。

② 发生保险事故。

③ 造成受害人人身伤亡、财产损失。

④ 依法应当由被保险人承担损害赔偿责任。

2）赔偿范围

死亡伤残赔偿限额是指被保险机动车发生交通事故，保险人对每次保险事故所有受害人的死亡伤残费用所承担的最高赔偿金额。死亡伤残费用包括丧葬费、死亡补偿费、受害人亲属办理丧葬事宜支出的交通费用、残疾赔偿金、残疾辅助器具费、护理费、康复费、交通费、被抚养人生活费、住宿费、误工费，被保险人依照法院判决或者调解承担的精神损害抚慰金。

医疗费用赔偿限额是指被保险机动车发生交通事故，保险人对每次保险事故所有受害人的医疗费用所承担的最高赔偿金额。医疗费用包括医药费、诊疗费、住院费、住院伙食补助费、必要的、合理的后续治疗费、整容费、营养费。

财产损失赔偿限额是指被保险机动车发生交通事故，保险人对每次保险事故所有受害人的财产损失承担的最高赔偿金额。

3）保险责任

机动车交通事故责任强制保险的保险责任包括：被保险人或其允许的合格驾驶员在使用保险车辆过程中发生意外事故，致使受害人遭受人身伤亡或财产直接损毁，依法应当由被保险人支付的赔偿金额，保险人依照机动车交通事故责任强制保险合同的约定给予赔偿。

4）责任免除

机动车交通事故责任强制保险的责任免除包括保险人对伤害对象的限制、损失原因的免除和不予承担的费用和损失。

① 对伤害对象的限制。在机动车交通事故责任强制保险中，保险人对于保险车辆造成的以下特定对象的人身伤亡或财产损失，不论在法律上是否应当由被保险人承担赔偿责任，均不负责赔偿：被保险人及其家庭成员的人身伤亡、所有或代管的财产的损失；本车驾驶人员及其家庭成员的人身伤亡、所有或代管的财产的损失；本车上其他人员的人身伤亡或财产损失。

② 损失原因的免除。对于下列情况，不论任何原因造成的对第三者的经济赔偿责任，保险人均不负责赔偿：地震、战争、军事冲突、恐怖活动、暴乱、扣押、罚没、政府征用；竞赛、测试，在营业性维修场所修理、养护期间利用保险车辆从事违法活动；驾驶人员饮酒、吸食或注射毒品、被药物麻醉后使用保险车辆。保险车辆肇事逃逸；驾驶人员有下列情形之一者：无驾驶证或驾驶车辆与驾驶证准驾车型不相符，公安机关交通管理部门规定的其他属于无有效驾驶证的情况下驾车，使用各种专用机械车和特种车的人员无国家有关部门核发的有效操作证，驾驶营业性客车的驾驶人员无国家有关部门核发的有效资格证书；未经被保险人允许的驾驶人员使用保险车辆；保险车辆不具备有效行驶证件；保险车辆拖带未投保第三者责任险的车辆（含挂车）或被未投保第三者责任险的其他车辆拖带。

③ 不予承担的费用和损失。保险人不负责赔偿的费用和损失有：保险车辆发生意外事故，致使第三者停业、停驶、停电、停水、停气、停产、通信中断的损失，以及其他各种间接损失；精神损害赔偿；因污染（含放射性污染）造成的损失；第三者财产因市场价格变动造成的贬值，修理后因价值降低引起的损失；保险车辆被盗窃、抢劫、抢夺后造成第三者人身伤亡或财产损失；被保险人或驾驶人员的故意行为造成的损失。

6. 交强险费率

交强险是在购车之后必须购买的一种保险，很多人在买交强险时都比较关心交强险多少钱这个问题。交强险基础费率表如表 10-1 所示。

表 10-1　交强险基础费率表

单位：元

家庭自用汽车	6座以下	6座以上	—	—	—
	950	1 100	—	—	—
非营业客车	6座以下	6～10座	10～20座	20座以上	
企业	1 000	1 130	1 220	1 270	
党政机关、事业团体	950	1 070	1 140	1 320	
营业客车	6座以下	6～10座	10～20座	20～36座	36座以上
出租、租赁	1 800	2 360	2 400	2 560	3 530

续表

城市公交	—	2 250	2 520	3 020	3 140
公路客运	—	2 350	2 620	3 420	4 690
非营业货车	2 t 以下	2～5 t	5～10 t	10 t 以上	
	1 200	1 470	1 650	2 220	
营业货车	2 t 以下	2～5 t	5～10 t	10 t 以上	
	1 850	3 070	3 450	4 480	
特种车	特种车型一	特种车型二	特种车型三	特种车型四	
	3 710	2 430	1 080	3 980	
摩托车	50 mL 及以下	50～250 mL	250 mL 以上及侧三轮	—	—
	80	120	400	—	—

交强险最终保险费的计算方法：交强险最终保险费＝交强险基础保险费×（1+与道路交通事故相联系的浮动比率 A）。与道路交通事故相联系的浮动比率 A 为 A1 至 A6（如表 10-2 所示）其中之一，不累加。同时满足多个浮动因素的，按照向上浮动或者向下浮动比率的高者计算。交强险费率浮动标准根据被保险机动车所发生的道路交通事故计算。摩托车和拖拉机暂不浮动。

表 10-2　费率浮动因素及比率表

		浮动因素	浮动比率
A	A1	上一个年度未发生有责任道路交通事故	-10%
	A2	上两个年度未发生有责任道路交通事故	-20%
	A3	上三个及以上年度未发生有责任道路交通事故	-30%
	A4	上一个年度发生一次有责任不涉及死亡的道路交通事故	0%
	A5	上一个年度发生两次及两次以上有责任道路交通事故	10%
	A6	上一个年度发生有责任道路交通死亡事故	30%

10.2.3　商业险

1. 基本险

1）车辆损失险

在机动车辆保险中，车辆损失险与第三者责任险构成主干险种，并在若干附加险的配合下，共同为保险客户提供多方面的保障服务。

（1）车辆损失险的保险标的

车辆损失险的保险标的，是各种机动车辆的车身及其零部件、设备等。当保险车辆遭受保险责任范围的自然灾害或意外事故，造成保险车辆本身损失时，保险人应当依照保险合同的规定给予赔偿。

（2）车辆损失险的保险责任

车辆损失险的保险责任包括碰撞责任、倾覆责任与非碰撞责任，其中碰撞是指被保险车辆与外界物体的意外接触，如车辆与车辆、车辆与建筑物、车辆与电线杆或树木、车辆与行人、车辆与动物等碰撞，均属于碰撞责任范围之内。倾覆责任指保险车辆由于自然灾害或意外事故，造成本车翻倒，车体触地，使其失去正常状态和行驶能力，不经施救不能恢复行驶。非碰撞责任则可以分为以下几类：保险单上列明的各种自然灾害，如洪水、暴风、雷击、泥石流，地震等；保险单上列明的各种意外事故，如火灾、爆炸、空中运行物体的坠落等；其他意外事故，如倾覆、冰陷、载运被保险车辆的渡船发生意外等。

（3）车辆损失险的责任免除

车辆损失险的责任免除包括风险免除（损失原因的免除）和损失免除（保险人不赔偿的损失）。

风险免除主要包括：战争、军事冲突、恐怖活动、暴乱、扣押、罚没、政府征用；在营业性维修场所修理、养护期间；用保险车辆从事违法活动；驾驶人员饮酒、吸食或注射毒品、被药品麻醉后使用保险车辆；保险车辆肇事逃逸；驾驶人员无驾驶证或驾驶车辆与驾驶证准驾车型不相符；非被保险人直接允许的驾驶人员使用保险车辆；车辆不具备有效行驶证件。

损失免除主要包括自然磨损、锈蚀、故障，以及市场价格变动造成的贬值等。

（4）保险金额详细算法

① 按投保时被保险机动车的新车购置价确定。投保时的新车购置价根据投保时保险合同签订的同类型新车的市场销售价格（含车辆购置税）确定，并在保险单中载明，无同类型新车市场销售价格的，由投保人与保险人协商确定。

② 按投保时被保险机动车的实际价值确定。投保时被保险机动车的实际价值根据投保时的新车购置价减去折旧金额后的价格确定。被保险机动车的折旧按月计算，不足1个月的部分，不计折旧。例如，9座以下客车月折旧率为0.6%，10座以上客车月折旧率为0.9%，最高折旧金额不超过投保时被保险机动车新车购置价的80%。

折旧金额＝投保时的新车购置价×被保险机动车已使用月数×月折旧率

③ 在投保时被保险机动车的新车购置价内协商确定。

此外，车损险是费率浮动的险种，车主在续保时保险公司会根据出险和理赔的情况进行动态的调整，比如某保险公司设定了12个车险费率调整等级，等级最高的为12等级，其保险费将调整为200%；等级最低的为1等级，其保险费将调整为50%。

2）第三者责任险

在保险合同中，保险人是第一方，也叫第一者；被保险人或致害人是第二方，也叫第二者；除保险人与被保险人之外的，因保险车辆的意外事故而遭受人身伤害或财产损失的受害人是第三方，也叫第三者。

机动车辆第三者责任险，是承保被保险人或其允许的合格驾驶人员在使用被保险车辆时因发生意外事故而导致的第三者的损害索赔的一种保险。

（1）第三者责任险的保险责任

第三者责任险的保险责任，即被保险人或其允许的合格驾驶员在使用被保险车辆过程中发生意外事故而致使第三者人身或财产受到直接损毁时被保险人依法应当支付的赔偿金额。保险责任的核定应当注意两点：第一，直接损毁，实际上是指现场财产损失和人身伤害，各种间接损失不在保险人负责的范围；第二，被保险人依法应当支付的赔偿金额，保险人依照保险合同的规定进行补偿。

（2）第三者责任险的责任免除

① 保险车辆拖带未投保第三者责任险的车辆（含挂车）或被未投保第三者责任险的其他车辆拖带。保险车辆拖带车辆（含挂车）或其他拖带物，二者当中至少有一个未投保第三者责任险。无论是保险车辆拖带未保险车辆，还是未保险车辆拖带保险车辆，都属于保险车辆增加危险程度，超出了保险责任正常所承担的范围，故由此产生的任何损失，保险人不予赔偿。但拖带车辆和被拖带车辆均投保了车辆损失险的，发生车辆损失险责任范围内的损失时，保险人应对车辆损失部分负赔偿责任。

② 下列损失和费用，保险人不负责赔偿。第一，保险车辆发生意外事故，致使被保险人或第三者停业、停驶、停电、停水、停气、停产、通信中断的损失，以及其他各种间接损失。保险车辆发生保险事故受损后，丧失行驶能力，从受损到修复这一期间，被保险人停止营业或不能继续运输等损失，保险人均不负责赔偿。第二，保险车辆发生意外事故致使第三者营业停止、车辆停驶、生产或通信中断和不能正常供电、供水、供气的损失，以及由此而引起的其他人员、财产或利益的损失，不论在法律上是否应当由被保险人负责，保险人都不负责赔偿。第三，精神损害赔偿，它是指因保险事故引起的、无论是否依法应由被保险人承担的任何有关精神损害的赔偿。

2. 附加险

机动车辆的附加险是机动车辆保险的重要组成部分。保险客户可根据自己的需要选择投保。

1）盗抢险

盗抢险负责赔偿保险车辆因被盗窃、被抢劫、被抢夺造成车辆的全部损失，以及期间由于车辆损坏或车上零部件、附属设备丢失所造成的损失，但不能故意损坏。

2）车上人员责任险

车上人员责任险，即车上座位险，主要指的是车上人员责任险中的乘客部分，车上人员责任险是指被保险人允许的合格驾驶员在使用保险车辆过程中发生保险事故，致使车内乘客人身伤亡，依法应由被保险人承担的赔偿责任，保险公司会按照保险合同进行赔偿。车上人员责任险算是车辆商业险的主要保险，主要功能是赔偿车辆因交通事故造成的车内人员的伤亡的保险。

3）划痕险

划痕险即车辆划痕险，它属于附加险中的一项，主要是作为车损险的补充，能够为意外原因造成的车身划痕提供有效的保障。划痕险针对的是车身漆面的划痕，若碰撞痕迹明显，划了个口子，还有个大凹坑，这个就不属于划痕，属于车损险的理赔范围。

4）玻璃单独破碎险

玻璃单独破碎险，即保险公司负责赔偿被保险的车辆在使用过程中，车辆本身发生玻璃单独破碎的损失的一种商业保险。车主一定要注意"单独"二字，是指被保车辆只有挡风玻璃和车窗玻璃（不包括车灯、车镜玻璃）出现破损的情况下保险公司才可以进行赔偿。

5）自燃险

自燃险即"车辆自燃损失保险"，是车损险的一个附加险，只有在投保了车损险之后才可以投保自燃险。在保险期间内，保险车辆在使用过程中，由于本车电路、线路、油路、供油系统、货物自身发生问题，机动车运转摩擦起火引起火灾，造成保险车辆的损失，以及被保险人在发生该保险事故时，为减少保险车辆损失而必须要支出的合理施救费用，保险公司会进行相应的赔偿。

10.3　交通事故赔偿标准

交通事故赔偿项目，是指交通事故中肇事者给予受害者的赔偿所包含的项目。

受害人遭受人身损害的赔偿项目包括医疗费、误工费、护理费、交通费、住院伙食补助费、营养费。

受害人因伤致残的赔偿项目除上述项目外还包括：残疾赔偿金、残疾辅助器具费、被扶养人生活费，以及因康复护理、继续治疗实际发生的必要的康复费等。

1. 一般车祸赔偿标准

1）医疗费的赔偿标准

医疗费是指受害人在遭受人身伤害之后接受医学上的检查、治疗与康复训练所必须支出的费用。

医疗费根据医疗机构出具的医药费、住院费等收款凭证，结合病历和诊断证明等相关证据确定。赔偿义务人对治疗的必要性和合理性有异议的，应当承担相应的举证责任。医疗费的赔偿数额，按照一审法庭辩论终结前实际发生的数额确定。器官功能恢复训练所必要的康复费、适当的整容费及其他后续治疗费，赔偿权利人可以待实际发生后另行起诉。但根据医疗证明或者鉴定结论确定必然发生的费用，可以与已经发生的医疗费一并予以赔偿。

在医药费等具体损失赔偿方面采取差额赔偿方式，实际支出多少即赔偿多少的原则。对后续治疗费采取定型化赔偿的标准。后续治疗费是指"对损伤经治疗后体征固定而遗留功能障碍确需再次治疗的或伤情尚未恢复需二次治疗所需要的费用"。定型化赔偿不考虑具体受害人个人财产损失的算术差额，而是从损害赔偿的社会妥当性和社会公正性出发，为损害确定固定标准的赔偿原则。

2）误工费的赔偿标准

误工费是受害人从遭受伤害到完全治愈这一期间内（误工时间），因无法从事正常的工作或者劳动而失去或减少的工作、劳动收入的赔偿费用。

误工费根据受害人的误工时间和收入状况确定。误工时间根据受害人接受治疗的医疗机构出具的证明确定。受害人因伤致残持续误工的，误工时间可以计算至定残日前一天。受害人有固定收入的，误工费按照实际减少的收入计算。受害人无固定收入的，按照其最近3年的平均收入计算；受害人不能举证证明其最近3年的平均收入状况的，可以参照受诉法院所在地相同或者相近行业上一年度职工的平均工资计算。对实际支出的费用和误工损失，按照差额据实赔偿的办法。对于"受害人有固定收入的，误工费按照实际减少的收入计算"，有两点需要明确：① 该固定收入须有合法证明；② 该固定收入必须是受害人实际减少的，如果受害人受到损害后，其供职单位没有扣发或者没有全部扣发其收入，其误工费应不赔或者少赔。

3）护理费的赔偿标准

护理费是指受害人因遭受人身伤害，生活无法自理需要他人帮助而付出的费用。

护理费根据护理人员的收入状况和护理人数、护理期限确定。护理人员有收入的，参照误工费的规定计算；护理人员没有收入或者雇用护工的，参照当地护工从事同等级别护理的劳务报酬标准计算。护理人员原则上为 1 人，但医疗机构或者鉴定机构有明确意见的，可以参照确定护理人员人数。护理期限应计算至受害人恢复生活自理能力时止。受害人因残疾不能恢复生活自理能力的，可以根据其年龄、健康状况等因素确定合理的护理期限，但最长不超过 20 年。受害人定残后的护理，应当根据其护理依赖程度并结合配置残疾辅助器具的情况确定护理级别。

如果受害人实际护理期限超过了法院确定的护理期限，向法院起诉请求继续给付护理费的，若属确需继续护理的，法院应当判令赔偿义务人继续给付护理费用 5～10 年。如果受害人实际护理期限短于法院确定的护理期限，而赔偿义务人一次性已经支付了全部护理费，因判决确定的护理期限是法官基于法律的规定在自由裁量权范围内作出的，而受害人是基于法院判决而一次性取得护理费的，就多余的护理费，受害人的继承人不负有返还的义务，赔偿义务人也不得请求返还。

4）交通费的赔偿标准

交通费是指受害人及其必要的陪护人员因就医或者转院治疗所实际发生的用于交通的费用。

交通费一般应当参照侵权行为地的国家机关一般工作人员的出差车旅费标准支付。乘坐的交通工具以普通公共汽车为主。特殊情况下，可以乘坐救护车、出租车，但应当由受害人说明使用的合理性。交通费应当以正式票据为凭；有关凭据应当与就医地点、时间、人数、次数相符合。如不符合，就应从赔偿额中扣除相应的款项。

5）住院伙食补助费的赔偿标准

住院伙食补助费是指受害人在住院治疗期间或死亡的受害人在生前住院治疗期间补助伙食所需要的费用。

住院伙食补助费可以参照当地国家机关一般工作人员的出差伙食补助标准予以确定。受害人确有必要到外地治疗，因客观原因不能住院，受害人本人及其陪护人员实际发生的住宿费和伙食费，其合理部分应予赔偿。住院伙食补助费，补助的是"住院"的受害人。如果受害人没有住院，就没有这项赔偿费用。

6）营养费的赔偿标准

营养费是指人体遭受损害后发生代谢变化，通过日常饮食不能满足受损机体对热能和各种营养素的要求，必须从其他食品中获得营养所给付的费用。营养费根据受害人伤残情况参照医疗机构的意见确定。

2. 受害人因伤致残的赔偿标准

受害人因伤致残的赔偿项目除上述项目外还包括：残疾赔偿金、残疾辅助器具费、被扶养人生活费，以及因康复护理、继续治疗实际发生的必要的康复费等。

1）残疾赔偿金的赔偿标准

残疾赔偿金根据受害人丧失劳动能力程度或者伤残等级，按照受诉法院所在地上一年度城镇居民人均可支配收入或者农村居民人均纯收入标准，自定残之日起按 20 年计算。但 60 周岁以上的，年龄每增加 1 岁减少 1 年；75 周岁以上的，按 5 年计算。

（1）丧失劳动能力程度的认定标准

职工发生工伤，经治疗伤情相对稳定后存在残疾、影响劳动能力的，应当进行劳动能力鉴定。劳动能力鉴定是指劳动功能障碍程度和生活自理障碍程度的等级鉴定，劳动功能障碍程度分为 10 个伤残等级，最重的为 1 级，最轻的为 10 级。生活自理障碍分为 3 个等级：生活完全不能自理、生活大部分不能自理和生活部分不能自理。

（2）伤残等级的认定标准

目前，我国关于伤残等级的鉴定标准可以说"令出多门"，针对不同人员的伤残，不同的主管机关制定了不同的鉴定标准。道路交通事故案件中受伤人员的伤残程度评定一般应适用《道路交通事故受伤人员伤残评定》（GB 18667—2002）。残疾赔偿金的具体计算公式如下。

- 残疾赔偿金（60 周岁以下的人）= 伤残等级（1 级的按 100% 计算，2 级的减少 10%，其他以此类推）×受诉法院所在地上一年度城镇居民人均可支配收入或者农村居民人均纯收入×20 年。

- 残疾赔偿金（60 周岁以上的人）= 伤残等级（1 级的按 100% 计算，2 级的减少 10%，其他以此类推）×受诉法院所在地上一年度城镇居民人均可支配收入或者农村居民人均纯收入×（20 年−增加岁数）。

- 残疾赔偿金（75 周岁以上的人）= 伤残等级（1 级的按 100% 计算，2 级的减少 10%，其他以此类推）×受诉法院所在地上一年度城镇居民人均可支配收入或者农村居民人均纯收入×5 年。

当然，如果出现"受害人因伤残但实际收入没有减少，或者伤残等级较轻但造成职业妨害严重影响其劳动就业"的情形，可按规定对残疾赔偿金作相应调整。

2）残疾辅助器具费的赔偿标准

残疾辅助器具，是因伤致残的受害人为补偿其遭受创伤的身体器官功能、辅助其实现生活自理或者从事生产劳动而购买、配置的生活自助器具。

残疾辅助器具费按照普通适用器具的合理费用标准计算。伤情有特殊需要的，可以参照辅助器具配置机构的意见确定相应的费用标准。辅助器具的更换周期和赔偿期限参照配置机构的意见确定。

"普通适用"是作为确定合理费用的标准时的一项指导原则。该原则的基本要求，一是"普通"，即配置的辅助器具应排斥奢侈型、豪华型，不能一味追求高品质。二是"适用"，适用又有两个测试标准：确实能起到功能补偿作用；符合"稳定性"和"安全性"的要求。

我国民政部门的假肢与矫形康复机构是从事辅助器具研究和生产的专业机构，可以从事残疾辅助器具的鉴定和配置。实务中，法院一般应按照民政部门的假肢与矫形康复机构的意见确定残疾辅助器具费。对于超过确定的辅助器具费给付年限，赔偿权利人确需继续配置残疾辅助器具的，人民法院应当判令赔偿义务人继续给付相关费用 5～10 年。

3）被扶养人生活费的赔偿标准

被扶养人生活费以城镇居民人均消费性支出和农村居民人均年生活消费支出为标准，体现赔偿与损害的一致性。被扶养人是未成年人的计算至 18 周岁，60 周岁以上年龄每增加 1 岁减少 1 年；75 周岁以上的按 5 年计算。

（1）被扶养人生活费（未成年人）= 伤残等级（1 级的按 100% 计算，2 级的减少 10%，其他以此类推，死亡的按 100% 计算）×受诉法院所在地上一年度城镇居民人均消费性支出和农村居民人均年生活消费支出×（18 岁–年龄）。

（2）被扶养人生活费（无劳动能力又无其他生活来源的）＝伤残等级（1 级的按 100% 计算，2 级的减少 10%，其他以此类推，死亡的按 100% 计算）×受诉法院所在地上一年度城镇居民人均消费性支出和农村居民人均年生活消费支出×20 年。

（3）被扶养人生活费（60 周岁以上）＝伤残等级（1 级的按 100% 计算，2 级的减少 10%，其他以此类推，死亡的按 100% 计算）×受诉法院所在地上一年度城镇居民人均消费性支出和农村居民人均年生活消费支出×（20 年–增加岁数）。

（4）被扶养人生活费（75 周岁以上）＝伤残等级（1 级的按 100% 计算，2 级的减少 10%，其他以此类推，死亡的按 100% 计算）×受诉法院所在地上一年度城镇居民人均消费性支出和农村居民人均年生活消费支出×5 年。

4）康复费等的赔偿标准

器官功能恢复训练所必要的康复费、适当的整容费及其他后续治疗费，赔偿权利人可以待实际发生后另行起诉。但根据医疗证明或者鉴定结论确定必然发生的费用，可以与已经发生的医疗费一并予以赔偿。

3. 受害人死亡的赔偿标准

1）死亡赔偿金性质的确定

死亡赔偿金的内容是对收入损失的赔偿，其性质是财产损害赔偿，而不是精神损害赔偿。

2）死亡赔偿金的具体计算

死亡赔偿金按照受诉法院所在地上一年度城镇居民人均可支配收入或者农村居民人均纯收入标准，按 20 年计算。但 60 周岁以上的，年龄每增加 1 岁减少 1 年；75 周岁以上的，按 5 年计算。具体计算公式如下。

（1）死亡赔偿金（60 周岁以下人员）＝受诉法院所在地上一年度城镇居民人均可支配收入或者农村居民人均纯收入× 20 年。

（2）死亡赔偿金（60 周岁以上人员）＝受诉法院所在地上一年度城镇居民人均可支配收入或者农村居民人均纯收入×（20 年–增加岁数）。

（3）死亡赔偿金（75 周岁以上人员）＝受诉法院所在地上一年度城镇居民人均可支配收入或者农村居民人均纯收入×5 年。

3）被扶养人生活费的赔偿标准

上文已有论述，参见受害人因伤致残被扶养人生活费的赔偿标准。

4）丧葬费的赔偿标准

丧葬费按照受诉法院所在地上一年度职工月平均工资标准，以 6 个月为总额计算。因人身损害造成受害人死亡的，不管受害人的职业、身份、工作、性别、年龄等情况有何不同，也不管生前生活在城镇还是农村，在涉及支付丧葬费标准这一问题时，不再有任何差异，都适用同一标准予以确定。

本章小结

表 10-3　机动车辆保险与交通事故理赔小结

名称	主要内容	重点
基本保险知识	保险和机动车辆保险的概念、保险的分类、机动车辆保险的特点、机动车辆保险的基本原则	机动车辆保险的基本原则
机动车辆保险	机动车辆保险险种、机动车辆交通事故责任强制保险、商业险	机动车辆交通事故责任强制保险、商业险
交通事故赔偿标准	交通事故赔偿标准、一般车祸赔偿标准、受害人因伤致残的赔偿标准、受害人死亡的赔偿标准	一般车祸赔偿标准、受害人因伤致残的赔偿标准、受害人死亡的赔偿标准

思考题

我国交强险的运作模式是什么？分析交强险和商业险的异同。

课堂集训

一、单项选择题

1. 保险损失的近因，是指在保险事故发生时（　　　）。
   A. 时间上最接近损失的原因
   B. 引起损失发生的第一个原因
   C. 空间上最接近损失的原因
   D. 最直接、起主导和支配作用的原因

2. 投保人将市价为 150 万元的财产同时向甲、乙两家保险公司投保，保险金额分别为 50 万元和 150 万元，若一次保险事故造成实际损失为 80 万元，则按照比例责任分摊原则，甲、乙两家保险公司应分别承担的赔款是（　　　）。
   A. 20 万元和 60 万元
   B. 30 万元和 50 万元
   C. 40 万元和 40 万元
   D. 60 万元和 20 万元

3. 保险合同生效后，保险标的危险程度增加时，被保险人未履行危险程度增加通知义务，保险人对因危险程度增加而导致的保险标的的损失，可采取的正确的方式是（　　　）。
   A. 酌情赔偿
   B. 不予赔偿
   C. 部分赔偿
   D. 必须赔偿

4. 以下属于第三者责任险中第三者的是（　　　）。
   A. 投保人
   B. 保险人
   C. 允许的合格驾驶员
   D. 保险事故中受害的第三方

5. 保险人在支付了 3 000 元的保险赔偿款后向有责任的第三方追偿，追偿款为 5 000 元则（　　　）。
   A. 5 000 元全部退还给被保险人
   B. 多余的 2 000 元在保险双方之间分摊
   C. 5 000 元全归保险人
   D. 将 2 000 元退还给被保险人

二、多项选择题

1. 车辆损失险的保险金额，通常按（　　）。

    A. 新车购置价　　　　　　　　　　　B. 实际价值

    C. 保险当事人双方协商　　　　　　　D. 出险当时价

2. 交强险合同争议解决方式有（　　）。

    A. 合同当事人协商解决

    B. 协商不成的，提交保单载明的仲裁机构仲裁

    C. 协商不成的，由公安机关交通管理部门调解

    D. 保单未载明仲裁机构或者发生争议后未达成仲裁协议的，可向人民法院起诉

3. 根据《机动车交通事故责任强制保险条款》，（　　）是保险公司不负责赔偿和垫付的费用。

    A. 因受害人故意造成的交通事故的损失

    B. 被保险人所有的财产及被保险机动车上的财产遭受的损失

    C. 被保险机动车发生交通事故，致使受害人停业、停驶、停电、停水、停气、停产、通信或者网络中断、数据丢失、电压变化等造成的损失，以及受害人财产因市场价格变动造成的贬值

    D. 因交通事故产生的仲裁或者诉讼费用，以及其他相关费用

4. 由于被保险人放弃对第三方的请求赔偿的权利或过错致使保险人不能行使代为追偿权利的，保险人有权根据实际情况采取（　　）。

    A. 拒绝赔偿

    B. 自书面通知之日起终止保险合同

    C. 已赔偿的，保险人有权追回已付保险赔偿款

    D. 相应扣减保险赔偿金

5. 在保险合同有效期内，保险车辆转卖、转让、赠送他人或变更用途或增加危险程度，被保险人应当（　　）。

    A. 不需要通知　　　　　　　　　　　B. 事先通知

    C. 申请办理批改　　　　　　　　　　D. 书面通知

三、简答题

1. 简述汽车保险的原则。

2. 简述交强险与第三者责任险的区别。

3. 简述如何确定车辆损失险的保险金额。

四、案例分析

刘某购得一辆夏利轿车自用，并向市保险公司投保了车辆损失险和第三者责任险。投保后 1 个月，刘某的车被盗走。不久，市交通部门通知刘某。他的车被盗后在某县与他人轿车相撞，刘某的车翻下山崖，全部报废（窃车贼跳车逃跑）；他人轿车被撞坏，司机受伤。这起交通事故系窃车贼驾驶技术不良所致，窃车贼应负全部责任。但是窃车贼逃跑后一直没有下落。事故发生后，受伤司机要求刘某赔偿经济损失费 1.2 万元；刘某同时也向保险公司要求赔付轿车全损及第三者损失。保险公司同意对刘某的轿车全损进行赔偿，同时认定：窃车贼盗车后，在外地肇事撞坏他人轿车，并致司机受伤，这不属于第三者责任险，保险公司对

此不负赔偿责任。请问，保险公司的做法是否正确？

课堂集训答案

一、单项选择题
1. D　2. A　3. B　4. D　5. D

二、多项选择题
1. ABC　2. ABD　3. ABCD　4. ACD　5. BCD

三、简答题（略）

四、案例分析
答案要点：

由于碰撞、倾覆、火灾、爆炸等原因造成保险车辆的损失，保险公司负责赔偿。在保险合同有效期内，保险车辆发生保险事故遭受的全部损失，按保险金额赔偿。本案中，刘某的轿车被盗并由窃车贼驾驶该车肇事，致使该轿车翻下山崖并造成全损，符合规定的"碰撞倾覆"责任，故保险公司应予以赔偿刘某汽车的全部损失。

被保险人或其允许的驾驶人员在使用保险车辆过程中发生意外事故，致使第三者遭受人身伤亡或财产的直接毁损，被保险人依法应当支付的赔偿金额，保险公司依照保险合同的规定予以补偿。保险公司对窃车贼盗车后驾驶肇事造成的第三者损失不予赔偿是正确的。这是因为，本案汽车相撞事故是由窃车贼驾驶偷来的轿车与他人轿车相撞造成的，窃车贼既不是被保险人，也不是经被保险人允许的驾驶人员，所以由此造成的第三者责任损失，保险人当然不能予以赔偿。

第11章　交通行政处罚规定

【职业能力目标与学习要求】

通过学习本章内容，学生了解交通行政处罚的特点，熟悉其种类，理解交通行政处罚的设定规则，掌握其适用原则，明确交通行政处罚的执法主体、处罚程序，培养学生的交通守法意识，初步具备交通依法行政和依法维权的能力。

思政目标

深刻理解完善行政处罚执法程序对推进严格规范公正文明执法、治理体系和治理能力现代化、加强法治政府建设的重要意义。

思政小课堂

党的二十大报告指出，"我们要坚持走中国特色社会主义法治道路，建设中国特色社会主义法治体系、建设社会主义法治国家，围绕保障和促进社会公平正义，坚持依法治国、依法执政、依法行政共同推进，坚持法治国家、法治政府、法治社会一体建设，全面推进科学立法、严格执法、公正司法、全民守法，全面推进国家各方面工作法治化。"报告强调"扎实推进依法行政"，对转变政府职能、深化行政执法体制改革、强化行政执法监督机制和能力建设等作出重点部署、提出明确要求，为新时代法治政府建设提供了根本遵循。

行政处罚程序之意义在于保障公民的合法权益，保障行政机关的合法权力，维护社会公正。行政处罚程序的合法性和公正性对于保护公民的权益至关重要。如果行政机关的处罚行为不经过程序规定的审批、听证、告知等环节，就会导致行政机关的行政处罚权受到质疑，从而削弱其合法性和权威性。在行政处罚过程中，必须严格按照程序规定进行，才能确保处罚结果的合法性和公正性，从而使社会更加稳定有序。

交通执法人员通过公开透明的执法过程，尊重和保障了当事人的合法权利；通过执法行为的规范化和程序化，加强了对违法行为处罚的合理性和公正性，使人们更加认可道路违法处罚执法行为的合法性和权威性。

资料来源：

[1] 习近平.高举中国特色社会主义伟大旗帜　为全面建设社会主义现代化国家而团结奋斗——在中国共产党第二十次全国代表大会上的报告（2022年10月16日）.[2022-10-25]. http://www.news.cn/

politics/cpc20/2022-10/25/c_1129079429. htm.

　　［2］肖捷. 扎实推进依法行政（认真学习宣传贯彻党的二十大精神）. 人民日报，2022-11-17（6）.

　　［3］adminllh. 行政处罚程序的意义（详细讨论行政处罚程序的重要性）.［2023-03-25］. https://www. qkqwhg. com/ls/0d57437caf4c. html.

　　［4］GuGlin 科技. 交通执法的重要性.［2023-04-21］. https://www. yoojia. com/article/10214863046803833289. html.

导入案例

　　2022 年 7 月 21 日，某市交通主管部门执法人员在市火车站执行检查时，发现王某驾驶的某牌照小型普通客车载有一名乘客，经询问后得知：王某驾驶车辆从事道路运输经营活动，且无法当场提供"道路运输证"和其他有效证明，遂该交通管理部门依据《中华人民共和国道路运输条例》的规定，决定暂扣王某的车辆，向王某送达了道路运输车辆暂扣凭证，并限王某 7 日内持本凭证接受处理。当月 26 日该交通管理部门对王某进行询问，王某承认了经营上述牌照小型普通客车未取得道路运输经营许可证，擅自从事道路客运经营的行为。该交通管理部门依法送达了"交通行政处罚告知书"，告知王某的违法行为应处罚款 3 万元。王某收到行政告知书后，放弃了陈述申辩和要求组织听证的权利，并向该交通主管部门申请要求减轻处罚罚款。鉴于王某已认识到自己的违法行为，该交通管理部门依据《中华人民共和国道路运输条例》及《中华人民共和国行政处罚法》的规定，于当月 26 日对王某作出交通行政处罚决定书，决定：责令立即停止经营；罚款人民币 1 万元。王某当日缴纳罚款 1 万元。

　　上述行政处罚决定是否合法？

　　案例分析：

　　合法。根据《中华人民共和国道路运输条例》的规定，县级以上地方人民政府交通主管部门负责组织本行政区域的道路运输管理工作。故某市交通主管部门具有作出行政罚款决定的法定职责。根据《中华人民共和国道路运输条例》的规定，客运经营者应当持道路运输经营许可证依法向市场监督管理机关办理有关登记手续。同时规定，未取得道路运输经营许可，擅自从事道路客运经营，由县级以上地方人民政府交通运输主管部门责令停止经营，并处罚款，违法所得超过 2 万元的，没收违法所得，处违法所得 2 倍以上 10 倍以下的罚款；没有违法所得或者违法所得不足 2 万元的，处 1 万元以上 10 万元以下的罚款。本案中王某在未取得运输经营许可证的情况下，擅自从事道路客运经营，某市交通主管部门在作出处罚时对王某进行了询问笔录，王某承认了未取得经营许可，擅自从事道路客运的事实，并自愿放弃听证和陈述申辩的权利，同时，认识到自己的行为违法，主动缴纳罚款 1 万元。因此，某市交通主管部门作出上述行政处罚决定并无不当。

11.1　概　　述

　　行政处罚，是指行政主体对于实施了违法行为，但尚未构成犯罪的公民、法人或其他组织，通过剥夺或限制其一定权利的方法，加以惩戒的行为。我国于 1996 年 3 月通过、同年 10 月 1 日施行的《中华人民共和国行政处罚法》（2021 年 1 月 22 日修订，自 2021 年 7 月

15 日起施行）系统确立了我国的行政处罚制度。该法与其他单行的法律法规及散见于其他法律、法规、规章中的单行性规范，共同构成了完整的行政处罚制度体系。在交通领域，为规范交通行政处罚行为，维护交通市场秩序，保障交通经营者、旅客、货主和其他当事人的合法权益，根据《中华人民共和国行政处罚法》，国务院发布了《中华人民共和国道路运输条例》等法规、规章细化对交通中违法行为的行政处罚规范。本章将以《中华人民共和国行政处罚法》为纲，结合《中华人民共和国道路运输条例》等相关法律、法规、规章对交通行政处罚的内容进行系统阐述。

11.1.1 交通行政处罚的概念和特征

交通行政处罚，是指县级以上人民政府交通主管部门、受其委托的交通管理机构和法律、法规授权的交通管理机构，在职权范围内对交通违法行为人实施的行政制裁。

交通行政处罚不同于其他领域的行政处罚，具有以下特点。

1. 主体具有限定性

实施交通行政处罚的主体只能是县级以上人民政府交通主管部门、受其委托的交通管理机构和法律、法规授权的交通管理机构。上述主体必须在职权范围内行使处罚权。

2. 对象具有相对性

交通行政处罚的对象，即交通行政处罚的行政相对人，包括交通经营者、旅客、货主和其他当事人。

3. 保障与惩戒相结合

交通行政处罚惩戒了相对人的交通违法行为，同时，这也是对守法相对人合法权益的保护，更是维护良好交通秩序的保障。

11.1.2 交通行政处罚应遵循的原则

1. 处罚法定原则

行政处罚，作为国家经常使用的强制手段和方法，涉及和影响公民、法人和其他组织多方面的权利和利益。为防止和纠正行政处罚的滥用，克服行政处罚的随意性，行政处罚法确立了处罚法定原则，要求行政处罚的设定和实施必须依法进行。交通行政处罚制度坚持并贯彻了这一原则。

1）法无明文规定不处罚

只有法律明文规定应予行政处罚的才受处罚，否则不受处罚。

2）设定行政处罚的主体法定

行政处罚设定权只能由法律规定的国家机关在法定职权范围内行使。

3）实施行政处罚的主体法定

行政处罚应当由具有行政处罚权的行政机关在法定职权范围内实施，其他机关或者组织必须经法律、行政法规、地方性法规明确的授权或者依法律、法规、规章规定的委托才有权实施行政处罚。

4）实施行政处罚的依据和程序法定

行政处罚的适用，必须严格依照有关行政违法构成的实体法和适用行政处罚的程序法进行，否则行政处罚无效。

2. 公正公开原则

公正原则，要求做到过罚相当。行政处罚必须以确凿的事实为依据，与违法行为的性质和社会危害程度相当，任何畸重畸轻，违法责任与行政处罚失当的，都是严重背离公正原则的行政处罚。

公开原则，要求关于行政处罚的有关规定必须向社会公开，不得以未经公布的规定作为行政处罚的依据。

3. 处罚与教育相结合原则

处罚与教育相结合原则，要求行政处罚的设定和实施同时发挥其强制制裁与促进认识转变的作用。首先，必须给予惩罚，否则不足以制止违法行为和恢复正常秩序，不足以维护法律制度和弥补国家、社会和公民个人因违法行为所遭受的损失；其次，要通过处罚使当事人变为守法者。通过遭受处罚，违法行为人会一定程度警醒，停止危害社会的行为，这时还要再深入教育使之认识到自己行为的危害性，今后自觉守法。任何放弃教育努力的处罚或以罚代教的做法都是违背这一原则的。

4. 保障当事人合法权益原则

行政处罚是对行政相对人权利的限制，而在行政处罚的实施中难免会出现显失公平或者出现差错。因此，为保障无辜的人不受行政处罚、违法行为人受到公正处理、遭受违法处罚的人得到及时补救，必须保障当事人的程序性权利，进而保障当事人的合法权益。当事人的程序性权利主要有：行政处罚决定过程中的陈述权、申辩权、被告知权和其他程序权；行政处罚决定作出后的申请复议权、提起诉讼权和请求国家赔偿权等。

11.2　交通行政处罚的种类与设定

11.2.1　交通行政处罚的种类

行政处罚的种类是行政处罚外在的表现形式，是行政机关实施的直接影响相对人实际利益的具体行为方式。我国行政处罚法对行政处罚的种类作了统一的规定，分别是：警告、通报批评；罚款、没收违法所得、没收非法财物；暂扣许可证件、降低资质等级、吊销许可证件；限制开展生产经营活动、责令停产停业、责令关闭、限制从业；行政拘留；法律、行政法规规定的其他行政处罚。

警告、通报批评是程度较轻的行政处罚手段，性质上属于申诫罚，运用相对广泛。罚款是最常见、应用最广泛的行政处罚手段。没收违法所得，是指没收被处罚人从事违法行为而获得的财产性利益；没收非法财物，是指没收被处罚人为了实施违法行为而使用的资金或设备等财物。可见，罚款和没收违法所得、没收非法财物都以剥夺被处罚人一定数量的财产为内容，性质上均属于财产罚。暂扣许可证件、降低资质等级、吊销许可证件，是对被处罚人从事特定行为的能力和资格进行限制或剥夺的行政处罚手段，属于资格罚。限制开展生产经营活动、责令停产停业、责令关闭、限制从业，则属于行为罚。行政拘留，是对违反行政法律规范的人短期限制其人身自由的制裁方法，在性质上属于人身罚。行政拘留只能由公安机关和法律规定的其他机关行使，是最严厉的一种行政处罚手段。综上，行政处罚的种类包括申诫罚、财产罚、资格罚、行为罚、人身罚、其他罚6种。

对违反交通行政管理的行为，有权机关可以依法给予相应种类的行政处罚。

11.2.2　交通行政处罚的设定

交通行政处罚的设定是指有关国家机关在法律规范中规定行政处罚的活动，实质上就是行政处罚立法的问题，即某种处罚由哪一个机关通过何种形式来规定。它解决的是处罚权在各个国家机关之间的分配问题。

1. 法律的设定

《中华人民共和国行政处罚法》第 10 条规定："法律可以设定各种行政处罚。限制人身自由的行政处罚，只能由法律设定。"可见，全国人大及其常委会制定的法律可以设定各种行政处罚，并且，对于限制人身自由的行政处罚具有设定专属权。

2. 行政法规的设定

国务院制定的行政法规可以设定除限制人身自由以外的行政处罚。但是，法律对违法行为已经作出行政处罚规定，行政法规需要作出具体规定的，必须在法律规定的给予行政处罚的行为、种类和幅度范围内规定。法律对违法行为未作出行政处罚规定，行政法规为实施法律，可以补充设定行政处罚。

3. 地方性法规的设定

省、自治区、直辖市和省、自治区的人民政府所在地的市、经济特区所在地的市、国务院已经批准的较大的市，以及其他设区的市的人民代表大会及其常务委员会有权制定的地方性法规可以设定除限制人身自由、吊销企业营业执照以外的行政处罚。

法律、行政法规对违法行为已经作出行政处罚规定，地方性法规需要作出具体规定的，必须在法律、行政法规规定的给予行政处罚的行为、种类和幅度范围内规定。法律、行政法规对违法行为未作出行政处罚规定，地方性法规为实施法律、行政法规，可以补充设定行政处罚。

4. 部门规章的设定

国务院各部、委员会、中国人民银行、审计署和具有行政管理职能的直属机构以及法律规定的机构制定的部门规章在法律、行政法规规定的给予行政处罚的行为、种类和幅度范围内作出具体规定。

对于尚未制定法律、行政法规的，国务院部门规章对违反行政管理秩序的行为，可以设定行政处罚的种类，但仅限于警告、通报批评和一定数额的罚款。罚款的限额由国务院规定。

5. 地方政府规章的设定

省、自治区、直辖市和设区的市、自治州的人民政府有权制定的地方政府规章可以在法律、法规规定的给予行政处罚的行为、种类和幅度范围内作出具体规定。

对于尚未制定法律、法规的，地方政府规章对违反行政管理秩序的行为，可以设定警告、通报批评或者一定数额罚款的行政处罚。罚款的限额由省、自治区、直辖市人民代表大会常务委员会规定。

不难看出，除法律的设定权外，其他行政处罚的设定均包括自主设定和同上位法设定的行政处罚的关系，而后者我们可以称为行政处罚的规定。在对上位法设定的行政处罚作出具体规定时，无一例外都遵守了下列原则：第一，不得违背上位法规定的处罚行为；第二，不得违背上位法规定的处罚种类；第三，不得违背上位法规定的处罚幅度。

最后需要强调的是，除法律、法规、规章以外的其他任何规范性文件均不得设定或规定行政处罚。

11.3 交通行政处罚的适用与处罚

行政处罚的适用，是行政处罚实施主体在认定行为人行为违法的基础上，依法决定对行为人是否给予行政处罚和如何实施行政处罚的活动。它是将行政法律规范规定的行政处罚原则、形式、具体方法等运用到具体行政违法案件中的活动，是一种行政执法活动，包括了对于行政违法行为认定、评价，以及运用法律进行处罚的具体过程。只有全面地理解和掌握行政处罚适用问题的规定，才能在实施行政处罚时做到客观、公正，也才能真正保障公民、法人及其他组织的合法权益不受侵犯。

11.3.1 交通行政处罚的构成要件

1. 必须客观存在违法行为

该违法行为可以是行为人已经实施的，也可以是正在实施的，但不能是主观想象的或计划设想的行为。例如，甲与其妻子商议在工作之余用自家的私家车揽活载客，以贴补家用，但由于工作繁忙，一直未予行动。此时对甲的这种设想就不能适用行政处罚。

2. 违法行为必须是违反交通行政法律规范的行为

交通行政处罚只能针对违反交通行政法律规范的行为，如果行为违反的是其他性质的法律规范，则不能适用行政处罚。例如，甲借用乙的电脑，借用期间电脑被甲不慎损坏，甲的行为虽致乙财产损失，但并不是违反交通行政法律规范的行为，不能适用行政处罚。

3. 行政相对人必须具有相应的责任能力

受到交通行政处罚的相对人是公民、法人和其他组织，其中法人和其他组织都是具有责任能力的责任主体，但对于公民则必须是达到责任年龄、具备责任能力的，才能实施处罚。

4. 依法应当受到处罚

只有法律明确规定应受处罚的违法行为，才能适用行政处罚，无法律明文规定制裁的行为，行为人不受行政处罚。

11.3.2 交通行政处罚适用的原则

1. 一事不再罚原则

在行政管理中，一个违法行为可能同时违反多个法律规范，致使存在多个处罚事由，受多个行政处罚机关管辖，或构成多个行政违法行为。为限制行政机关的随意性，限制和杜绝乱罚款、滥罚款的现象，做到公正处罚，使行政处罚与违法行为相适应，保护当事人的合法权益，我国行政处罚法规定了一事不再罚原则，行政相对人实施的一个违法行为受到行政处罚后，任何机关不得以同一事实和理由再次对其进行行政处罚。

根据处罚类型的属性，我国的一事不再罚被限定于罚款（因为没收、吊销许可证件和责令关闭等处罚不具有重复适用性）。《中华人民共和国行政处罚法》第 29 条规定："对当事人的同一个违法行为，不得给予两次以上罚款的行政处罚。同一个违法行为违反多个法律规范应当给予罚款处罚的，按照罚款数额高的规定处罚。"正确理解这条规定的含义，我们应当注意以下 3 个方面的问题。

首先，行为人的同一个违法行为，同时违反了两条以上法律、法规的规定，可以依据不同法律规范分别科以两次以上的处罚（这些不同处罚绝不能属于同一种类）。例如，行政机关可以以一个事由对当事人处以罚款，而以另一个事由吊销其营业执照，这是不违反一事不再罚原则的。但如果处罚是罚款，则只能罚一次，按照罚款数额高的规定处罚。

其次，进行一次处罚，并不意味着这次处罚必然只有一项内容。一次处罚具有多项内容是很常见的。例如，交警在对交通违法者的一次处罚中，可以处以暂扣机动车驾驶证，并处罚款，这种并处是同一机关对同一个违法行为给予不同形式的处罚，是法律、法规所允许的，并不违背一事不再罚原则。

最后，违法行为性质严重已构成犯罪的，依法追究其刑事责任的同时，依法应予行政处罚的当然适用，也不得以行政处罚代替刑事处罚。

2. 行政处罚与刑罚相折抵原则

行政处罚与刑罚相折抵原则，是指行政相对人的同一违法行为，出现刑事责任与行政处罚责任竞合时，法院以已经执行的行政处罚折抵新受的刑罚。它适用于当事人已经被处以行政处罚，在行政处罚被执行之后，又发现其行为已经构成犯罪并移交司法机关处理，最后又被判了刑的情况，两个独立存在的违法行为不存在行政处罚折抵刑罚的问题。

根据《中华人民共和国行政处罚法》的规定，行政处罚与刑罚的折抵适用于下列两种情况：第一，违法行为构成犯罪，人民法院判处拘役或者有期徒刑时，行政机关已经给予当事人行政拘留的，应当依法折抵相应刑期；第二，违法行为构成犯罪，人民法院判处罚金时，行政机关已经给予当事人罚款的，应当折抵相应罚金，行政机关尚未给予当事人罚款的，不再给予罚款。

3. 责令纠正违法原则

适用行政处罚必须能够有效制止违法行为对社会的危害。如果实施行政处罚只是一罚了之，对违法行为不予纠正，则违法行为会继续危害社会，难以实现维护正常的行政管理秩序和守法者的合法权益的立法目的。因此，行政机关在处理违法案件时，不论将作出何种行政处罚，都应当及时纠正当事人的违法行为，责令当事人改正或者限期改正违法行为。

4. 追究时效原则

行政处罚的追究时效，是指行政机关对违法行为人追究责任给予行政处罚的有效期限。如果超出这个期限，就不再实施行政处罚。

行政处罚法确定的行政处罚的追究时效为 2 年，违法行为在 2 年内未被发现的，不再给予行政处罚；涉及公民生命健康安全、金融安全且有危害后果的，上述期限延长至五年。法律另有规定的除外。道路运输行政处罚中也适用这一原则，即道路运输违法行为在 2 年内未被发现的，不再给予行政处罚。2 年的追究期限，从违法行为发生之日起计算，违法行为有连续或者继续状态的，从行为终了之日起计算。

11.3.3　交通行政处罚的裁量情节

裁量情节，是指行政处罚机关决定是否给予、给予轻重以及免除处罚所依据的各种情况。

1. 不重罚规则

不重罚规则，是指对于某些情况下的违法行为不予重罚，而是从轻或者减轻处罚。从轻处罚，是指在法定的行政处罚的种类和幅度内，适用较轻的种类或者依照处罚的下限或者略高于处罚的下限给予处罚，但不能低于法定处罚幅度的最低限度。减轻处罚，是指在法定处罚幅度的最低限以下给予处罚。

应当从轻或减轻处罚的情形有：① 已满14周岁不满18周岁的未成年人有违法行为的。② 主动消除或者减轻违法行为危害后果的。③ 受他人胁迫或者诱骗实施违法行为的。④ 主动供述行政机关尚未掌握的违法行为的。⑤ 配合行政机关查处违法行为有立功表现的。⑥ 法律、法规、规章规定其他应当从轻或者减轻行政处罚的。

尚未完全丧失辨认或者控制自己行为能力的精神病人、智力残疾人有违法行为的，可以从轻或者减轻行政处罚。

2. 不处罚规则

不处罚规则，是指对于某些情况下的违法行为不予行政处罚的规则。

1）无责任能力者不处罚

不满14周岁的未成年人有违法行为的，不予行政处罚，但应当责令监护人加以管教；精神病人、智力残疾人在不能辨认或者不能控制自己行为时有违法行为的，不予行政处罚，但应当责令其监护人严加看管和治疗。这里需要强调的是，间歇性精神病人在精神正常时有违法行为的，应当给予行政处罚。

2）情节轻微者不处罚

违法行为轻微并及时纠正，没有造成危害后果的不处罚。在这里，违法行为轻微、及时纠正与没有造成危害后果是统一的，不可分割的，否则应予行政处罚。

初次违法且危害后果轻微并及时改正的，可以不予行政处罚。

当事人有证据足以证明没有主观过错的，不予行政处罚。法律、行政法规另有规定的，从其规定。

对当事人的违法行为依法不予行政处罚的，行政机关应当对当事人进行教育。

11.4 交通行政处罚的管辖

交通行政处罚的管辖，是交通管理部门在管辖和处理交通行政违法案件上的分工和权限。

11.4.1 交通行政处罚的实施主体

1. 县级以上人民政府的交通运输主管部门

县级以上人民政府的交通运输主管部门是指列入县级以上人民政府的交通主管部门，如交通运输部、省级交通运输厅、地市级交通运输局、县级交通运输局等。

2. 法律、法规授权的交通管理机构

法律、法规授权的交通管理机构是指法律、法规授权的道路运输管理机构等交通管理机构。此类主体必须在法定授权范围内行使行政处罚权。

3. 县级以上人民政府的交通运输主管部门依法委托的交通管理机构

县级以上人民政府的交通运输主管部门依法委托的交通管理机构是指各级交通主管部门可以依法将自己具有的行政处罚职能委托给依法设置的符合法定条件的公路、规费征收等事业组织。但受托机构应当以委托行政机关的名义实施行政处罚，并且不能进行再次委托。

11.4.2 交通行政处罚的管辖规则

1. 职能管辖

职能管辖，是指交通运输行政执法各部门之间，依据各自的法定职权在实施行政处罚上所做的分工。这是一种部门间的分工，是横向分工。例如，交通运输主管部门、公路执法部门等都在各自的法定职权范围内，对违反相应行政法律规范的行为有权作出行政处罚。

如果对当事人的同一违法行为，两个以上执法部门都有管辖权的，由最先立案的执法部门管辖。

2. 地域管辖

地域管辖，是指不同运输行政执法机关之间根据地域范围划分其实施行政处罚的分工。根据行政处罚由违法行为发生地的县级以上地方人民政府具有行政处罚权的行政机关管辖的规定，我国的道路运输行政处罚的地域管辖以违法行为发生地为原则。

3. 级别管辖

级别管辖，是指上下级交通运输行政执法机关之间对违法行为进行行政处罚的权限划分。《中华人民共和国行政处罚法》规定，县级以上地方人民政府具有行政处罚权的行政机关对行政违法行为具有管辖权，县级以下的行政机关无权实施行政处罚。

4. 指定管辖

指定管辖是在两个以上行政机关对管辖权发生争议时，法定的解决管辖权争议的规则。根据《交通运输行政执法程序规定》，两个以上执法部门因管辖权发生争议的，应当协商解决，协商不成的，报请共同的上一级部门指定管辖；也可以直接由共同的上一级部门指定管辖。下级执法部门认为其管辖的案件属重大、疑难案件，或者由于特殊原因难以办理的，可以报请上一级部门指定管辖。

5. 移送管辖

移送管辖，是指没有管辖权的交通运输行政机关将其受理的案件交给有管辖权的机关处理。

1）无权管辖案件的移送

行政机关发现自己受理的案件不属于自己管辖，应将其移送给有管辖权的行政机关管辖。根据《交通运输行政执法程序规定》，交通运输行政执法部门发现所查处的案件不属于本部门管辖的，应当移送有管辖权的其他部门。

2）犯罪案件的移送

交通运输行政执法部门发现违法行为涉嫌犯罪的，应当及时依照《行政执法机关移送涉嫌犯罪案件的规定》将案件移送司法机关。

11.5 交通行政处罚的决定程序

交通行政处罚决定程序是交通行政处罚程序的关键环节，是保障正确实施行政处罚的前提条件。交通行政处罚决定程序有两种，即简易程序和一般程序；听证程序是处罚决定中的特殊程序，而不是独立程序。

11.5.1　简易程序

1. 简易程序的适用范围

简易程序，是简便化的一般程序。为保证行政处罚实施的公正性，保障当事人的合法权益，《中华人民共和国行政处罚法》和《交通运输行政执法程序规定》明确规定，简易程序只适用违法事实确凿并有法定依据，对公民个人处以 200 元以下、对法人或者其他组织处以 3 000 元以下罚款或者警告的行政处罚的情况。对于这一规定，我们应从以下 3 个方面把握其内涵。

第一，适用简易程序要求违法事实确凿并有法定依据。这里包含两层含义：一是必须有充足的证据当场确认违法事实，无须再进行调查取证；二是对于违法行为必须有法律、法规或规章明确规定应当给予行政处罚。

第二，简易程序适用的行政处罚仅限于罚款和警告两种，对行政违法行为处以其他类型的行政处罚，不得适用简易程序。

第三，适用简易程序的罚款必须限定在一定数额以内。对公民处以 200 元以下的罚款，对法人或其他组织处以 3 000 元以下的罚款，方可适用简易程序。值得注意的是，《中华人民共和国道路交通安全法》对适用简易程序有特别规定，即对道路交通违法行为人予以警告、200 元以下罚款，交通警察可以当场作出行政处罚决定，并出具行政处罚决定书。

2. 简易程序的流程程序

根据《中华人民共和国行政处罚法》《交通运输行政执法程序规定》等，交通行政执法人员适用简易程序当场作出行政处罚决定的，应当按照以下步骤实施。

① 向当事人出示交通运输行政执法证并查明对方身份。

② 调查并收集必要的证据。

③ 口头告知当事人违法事实、处罚理由和依据。

④ 口头告知当事人享有的权利与义务。这里当事人享有的权利主要是程序性权利，包括陈述申辩的权利和对当场作出的行政处罚决定不服的依法申请行政复议或者提起行政诉讼的权利。义务主要是依法履行行政处罚决定。

⑤ 听取当事人的陈述和申辩并进行复核；当事人提出的事实、理由或者证据成立的，应当采纳。

⑥ 填写预定格式、编有号码的《当场行政处罚决定书》并当场交付当事人，《当场行政处罚决定书》应当载明当事人的违法行为，行政处罚的种类和依据、罚款数额、时间、地点，申请行政复议、提起行政诉讼的途径和期限以及执法部门名称，并由执法人员签名或者盖章。需要注意的是，适用简易程序的行政处罚决定也必须以书面形式作出，即便警告也不例外。

⑦ 当事人在《当场行政处罚决定书》上签名或盖章，当事人拒绝签收的，应当在行政处罚决定书上注明。

⑧ 作出当场处罚决定之日起 5 日内，将《当场行政处罚决定书》副本提交所属执法部门备案。

简易程序较好地体现了公平和效率兼顾的原则，适应我国目前行政机关日常大量的行政管理的需要，符合行政处罚程序促进行政效率功能的要求，同时，有效地保障当事人的合法权益，既符合国际上通行的做法，也符合我国的实际情况。

11. 5. 2　一般程序

1. 一般程序的适用范围

一般程序，是实施行政处罚普遍适用的程序，它适用于除适用简易程序外的其他行政处罚。适用一般程序主要有下列 3 种情形。

① 处罚较重的案件，即对个人处以警告和 200 元以下罚款以外的所有行政处罚，对法人或组织处以警告和 3 000 元以下罚款以外的所有行政处罚。

② 情节复杂的案件，即需要经过调查才能弄清楚的处罚案件。

③ 当事人对于执法人员给予当场处罚的事实认定有分歧而无法当场作出行政处罚决定的案件。

2. 一般程序的特点

1）注重行政调查

适用一般程序的案件大多比较复杂，行政机关必须进行全面、客观和公正的调查，收集有关证据。必要时，依照法律、法规的规定，可以进行检查。《中华人民共和国行政处罚法》对于行政调查中行政机关及其执法人员的权利和义务有明确的规定。

2）调查程序与决定程序相分离

在简易程序中，当场认定违法事实，并当场作出处罚，调查程序和决定程序合为一体。而在一般程序中，由于案件事实较为复杂，不能当场认定违法事实，因此先启动行政调查，在调查终结之后再进入决定程序。

3）调查权限与决定权限相分离

在简易程序中，调查权限和决定权限都集于现场的执法人员。而在一般程序中，现场执法人员仅有调查权限，作出行政处罚决定的权限则在行政机关负责人。

3. 一般程序的流程程序

1）立案

立案是指交通运输行政执法部门发现行政相对人的违法行为应予以查处的，应当登记并确定为调查处理案件。先立案后查处是行政处罚程序的最初要求，即使在执法检查过程中遇到紧急情况需要采取措施的，也应当在事后补办立案手续。交通运输行政执法部门依据监督检查职权或者通过举报、其他机关移送、上级机关交办等途径，发现公民、法人或者其他组织有依法应当给予行政处罚的交通行政违法行为，应当及时决定是否立案。决定是否立案，主要从 4 个方面考量：① 是否有证据证明违法行为发生；② 是否依法应给予行政处罚；③ 是否属本机关管辖；④ 是否属一般程序适用范围。

立案应当填写《立案登记表》，并附上相关材料，由交通运输行政执法部门负责人批准。

执法部门应当自行政处罚案件立案之日起 90 日内作出行政处罚决定。案情复杂、期限届满不能终结的案件，可以经执法部门负责人批准延长 30 日。

2）调查取证

调查取证是取得违法事实证据的过程，目的在于查明案件的真实情况。处罚实施主体必须依法全面、客观、公正地调查和收集有关证据，准确地认定违法事实。

① 执法人员调查案件，不得少于两人。执法人员调查取证时，应当主动向当事人或有关人员出示执法证件，当事人或者有关人员有权要求执法人员出示执法证件。执法人员不出示执法证件的，当事人或者有关人员有权拒绝接受调查或者检查。需要委托其他单位协助调查取证的，应当制作并出具协助调查函。执法人员是本案当事人或者当事人、代理人近亲属的，或者本人或者其近亲属与本案有利害关系的，以及与本案当事人或者代理人有其他利害关系，可能影响案件公正处理的，应当回避。

② 能够证明案件真实情况的一切客观事实都是证据。办案人员收集证据，必须全面、客观、公正。首先，证据的收集必须忠于客观事实，不能将人们主观想象或臆造的东西认定为案件证据，即要求证据必须是客观存在的事实材料。其次，证据的收集必须全面，包括所有与案件有关联并能证明案件事实的东西。这就要求办案人员在收集证据时，既要收集对当事人不利的证据，也要收集对其有利的材料；既注重与案件关系密切的直接证据的收集，也不能忽视与案情比较疏远的间接证据的收集。最后，证据的收集必须是按照法定的程序进行，符合法定形式，以非法手段取得的证据不能作为定案依据。证据必须经查证属实，方可作为认定案件事实的根据。

③ 证据有书证、物证、视听资料、电子证据、证人证言、当事人的陈述、鉴定意见、勘验笔录和现场笔录等。根据证据种类的不同，办案人员收集证据的有关注意事项也不尽相同。

• 询问当事人、证人。当事人是最了解案件事实真相的人，行政执法人员在调查收集证据时，首先要询问当事人。但由于当事人担心回答询问可能会招致承担法律责任，在回答问题时就可能避重就轻、歪曲事实真相。因此，调查人员对当事人的陈述要认真鉴别，但绝不能刑讯逼供和采用威胁、引诱或哄骗的手段收集证据，更不能以询问为名变相地拘禁、限制当事人的人身自由。当然，认真地听取当事人的陈述和申辩，并客观复核，也应是办案人员在询问当事人时坚持的原则。凡是知道案件情况的人都可以作为证人，证人有义务作证。相对于当事人，证人的证言可能更接近案件的事实，因此，行政机关在调查和收集证据时，要尽可能地获取相关证人的证言。

询问证人或者当事人应当个别进行。询问应当制作询问笔录或者由当事人、证人自行书写材料证明案件事实，询问笔录应当交由当事人或证人核对或向其宣读，被询问人确认无误后，应当在询问笔录上逐页签名或盖章。被询问人自行书写的笔录无误的，应当在结尾处签名或盖章。

• 对于书证，执法人员应当收集、调取与案件有关的原件作为证据；收集原件有困难的，可以收集与原件核对无误的复制件、影印件或者节录本，标明"经核对与原件一致"，注明出证日期、证据来源，并由被调查对象或者证据提供人签名或者盖章。

• 对于物证，执法人员应当收集原物，并载明获取该物证的时间、原物存放地点、发现地点、发现过程以及该物证的主要特征，并对现场尽可能以照片、视频等方式予以同步记录。收集原物确有困难的，可以收集与原物核对无误的复制件或者证明该物证的照片、录像等其他证据。原物为数量较多的种类物的，收集其中的一部分，也可以采用拍照、取样、摘要汇编等方式收集。物证不能入卷的，应当采取妥善保管措施，并拍摄该物证的照片或者录像存入案卷。

- 对于视听资料，执法人员应当收集有关资料的原始载体，并由证据提供人在原始载体或者说明文件上签名或者盖章确认。收集原始载体有困难的，可以收集复制件，并由证据提供人出具由其签名或者盖章的说明文件，注明复制件与原始载体内容一致。原件、复制件均应当注明制作方法、制作时间、制作地点、制作人和证明对象等。条件允许时，应当优先以书面形式对视听资料内容进行固定。

- 对与案件事实有关的物品或者场所实施勘验，应当有当事人或者第三人在场，如当事人不在场且没有第三人的，执法人员应当在《勘验笔录》中注明，并作勘验笔录，根据实际情况进行音像记录。

- 执法人员抽样取证时，应当制作《抽样取证凭证》，对样品加贴封条，开具物品清单，由办案人员和当事人在封条和相关记录上签名或者盖章。法律、法规、规章或者国家有关规定对抽样机构或者方式有规定的，执法部门应当委托相关机构或者按规定方式抽取样品。

- 为查明案情，需要对案件中的专门事项进行鉴定的，执法部门应当委托具有法定鉴定资格的鉴定机构进行鉴定；没有法定鉴定机构的，可以委托其他具备鉴定条件的机构进行鉴定。鉴定机构应当出具载有鉴定结论的鉴定意见书。

实行证据先行登记保存制度。在证据可能灭失或者以后难以取得的情况下，经执法部门负责人批准，可以对与涉嫌违法行为有关的证据采取先行登记保存措施。先行登记保存有关证据，应当当场清点，制作《证据登记保存清单》，由当事人和执法人员签名或者盖章，当场交当事人一份。对先行登记保存的证据，执法部门应当于先行登记保存之日起 7 日内根据不同情况采取证据保全措施、送交鉴定、作出行政处罚决定没收违法物品等措施。执法部门逾期未作出处理决定的，先行登记保存措施自动解除。

④ 执法人员在初步调查结束后，认为案件事实清楚，主要证据齐全的，应当制作案件调查报告，提出处理意见，报办案机构审核。

3) 重大执法决定法制审核

拟作出重大行政处罚决定的，在行政机关负责人作出行政处罚的决定之前，应当由从事行政处罚决定法制审核的人员进行法制审核；未经法制审核或者审核未通过的，不得作出决定。从事行政处罚决定法制审核的人员主要从下列方面进行合法性审核，并提出书面审核意见：① 行政执法主体是否合法，行政执法人员是否具备执法资格；② 行政执法程序是否合法；③ 案件事实是否清楚，证据是否合法充分；④ 适用法律、法规、规章是否准确，裁量基准运用是否适当；⑤ 执法是否超越执法部门的规定权限；⑥ 行政执法文书是否完备、规范；⑦ 违法行为是否涉嫌犯罪、需要移送司法机关。

4) 送达"违法行为通知书"、告知处罚的事实、理由、依据、处罚内容和有关权利

案件调查报告经办案机构负责人审查后，执法人员应当将案件调查报告、案卷报执法部门负责人审查批准。执法部门负责人批准案件调查报告后，拟对当事人予以行政处罚的，执法人员应当制作《违法行为通知书》，告知当事人拟作出行政处罚的事实、理由、依据、处罚内容，并告知当事人依法享有陈述权、申辩权或者要求举行听证的权利。

5）听取陈述、申辩或者举行听证

当事人要求陈述、申辩的，应当如实记录当事人的陈述、申辩意见。符合听证条件且当事人要求组织听证的，执法部门应当依法组织听证。

执法部门应当充分听取当事人的意见，对当事人提出的事实、理由、证据认真进行复核；当事人提出的事实、理由或者证据成立的，应当予以采纳，不得因当事人陈述、申辩、要求听证而加重行政处罚。

6）作出处罚决定

执法部门负责人经对案件调查报告、当事人的陈述申辩意见、听证记录等进行审查，根据不同情况分别作出给予行政处罚、不予行政处罚、移送司法机关等处理决定。

① 确有应受行政处罚的违法行为的，根据情节轻重及具体情况，作出行政处罚决定。行政处罚决定书应当载明当事人的姓名或名称、地址等基本情况、违反法律法规或者规章的事实和证据、处罚的种类和依据、处罚的履行方式和期限、不服行政处罚决定申请行政复议或者提起行政诉讼的途径和期限、作出处罚决定的执法部门的名称和作出决定的日期等事项。行政处罚决定书必须盖有作出行政处罚决定的执法部门的印章。

② 违法行为轻微，依法可以不给予行政处罚的，不给予行政处罚。构成违法行为、但依法不予行政处罚的，执法部门应当制作《责令改正违法行为通知书》，责令当事人改正或者限期改正违法行为。

③ 违法事实不能成立的，不得给予行政处罚。

④ 违法行为涉嫌犯罪的，移送司法机关。

上述作出不予行政处罚决定或者案件移送司法机关的，执法人员应当制作《结案报告》，经执法部门负责人批准后予以结案。

行政处罚案件有下列情形之一的，应当提交执法部门重大案件集体讨论会议决定：拟作出降低资质等级、吊销许可证件、责令停产停业、责令关闭、限制从业、较大数额罚款、没收较大数额违法所得、没收较大价值非法财物的；认定事实和证据争议较大的，适用的法律、法规和规章有较大异议的，违法行为较恶劣或者危害较大的，或者复杂、疑难案件的执法管辖区域不明确或有争议的；对情节复杂或者重大违法行为给予较重的行政处罚的其他情形。

7）送达处罚决定

行政处罚决定必须送达当事人，才会对当事人发生法律效力。行政处罚决定书应当在宣告后当场交付当事人；当事人不在场，行政机关应当在 7 日内依法将行政处罚决定书送达当事人。

11.5.3 听证程序

听证程序，是在行政机关作出行政处罚决定前，举行专门会议，由行政处罚机关调查人员提出指控证据和处理建议，当事人进行申辩和质证，从而查明事实的程序。听证程序的确立，是我国行政程序现代化和民主化的重要标志，在保障当事人合法权利、促进行政机关依法行政方面发挥了积极作用。

1. 举行听证的条件

执法部门在作出下列行政处罚决定前，应当在送达《违法行为通知书》时告知当事人有要求举行听证的权利：① 责令停产停业、责令关闭、限制从业；② 降低资质等级、吊销许可证件；③ 较大数额罚款；④ 没收较大数额违法所得、没收较大价值非法财物；⑤ 其他较重的行政处罚；⑥ 法律、法规、规章规定的其他情形。这是行政机关必须履行的告知程序，未履行这一程序而直接作出的相应行政处罚决定不能成立。当事人要求听证的，行政机关应当组织听证。

可见，交通运输行政执法部门举行听证，必须同时满足以下条件。

第一，限于执法部门作出责令停产停业、责令关闭、限制从业；降低资质等级、吊销许可证件；较大数额罚款；没收较大数额违法所得、没收较大价值非法财物；其他较重的行政处罚等行政处罚决定。其中，较大数额由地方执法部门按照省级人大常委会或者人民政府规定或者其授权部门规定的标准执行。海事执法部门按照对自然人处 1 万元以上、对法人或者其他组织 10 万元以上的标准执行。

第二，当事人必须要求听证。经当事人依法提出听证要求，执法部门才组织听证。对于行政机关因组织听证而支出的相关费用，当事人不予承担。

2. 听证的流程程序

除涉及国家秘密、商业秘密或者个人隐私外，听证应当公开举行。听证应当依照以下程序组织。

① 当事人要求听证的，应当自收到《违法行为通知书》之日起 5 日内以书面或者口头形式提出。当事人以口头形式提出的，执法部门应当将情况记入笔录，并由当事人在笔录上签名或者盖章。

② 交通运输行政执法部门应当举行在听证的 7 日前，向当事人送达及有关人员送达《听证通知书》，将听证的时间、地点通知当事人和其他听证参加人。

③ 听证设听证主持人一名，负责组织听证；记录员一名，具体承担听证准备和制作听证笔录的工作。听证主持人由执法部门负责人指定，记录员由听证主持人指定，但是本案调查人员不得担任听证主持人或记录员。当事人认为听证主持人与本案有直接利害关系的，有权申请回避。

④ 当事人可以亲自参加听证，也可以委托 1~2 人代理。委托他人代为参加听证的，应当向执法部门提交由委托人签名或者盖章的授权委托书及委托代理人的身份证明文件。当事人或者其委托代理人无正当理由不参加听证会或者未经听证主持人允许中途退出听证的，应当终止听证。

⑤ 依法定程序举行听证，记录员应当将举行听证的全部活动记入《听证笔录》，听证结束后听证笔录交听证参加人核对。经听证参加人审核无误或者补正后，由听证参加人当场签名或者盖章。当事人或其代理人、证人拒绝签名或盖章的，由听证主持人在《听证笔录》中注明情况。《听证笔录》经听证主持人审阅后，由听证主持人和记录员签名。

⑥ 听证结束后，执法部门应当根据听证笔录，依法作出决定。

11.6　交通行政处罚的执行程序

行政处罚的执行程序，是行政处罚决定所确定的权利义务得以实现的程序。它涉及当事人的自觉履行和强制执行两个方面。

11.6.1 当事人的自觉履行

行政处罚决定一经依法作出并送达当事人，即发生法律效力，其所确定的权利义务应当予以实现。不同的行政处罚决定，其实现方式也不尽相同。行政拘留由于涉及对公民人身自由的限制，只能由承担警察职能的行政机关实施与执行，暂扣许可证件、降低资质等级、吊销许可证件和限制开展生产经营活动、责令停产停业、责令关闭、限制从业，由行政机关直接执行即可，警告、通报批评的处罚一经作出就可达到效果，这些都不存在当事人履行的问题。可见，当事人自觉履行问题主要适用于行政机关对当事人的财产罚，尤其是罚款。

当事人应当在行政处罚决定的期限内，自觉履行行政处罚决定。当事人履行行政处罚的期限，是指行政处罚决定书中所载明的履行期限。但是，当事人确有经济困难，需要延期或者分期缴纳罚款的，经当事人申请和行政机关批准，可以暂缓或者分期缴纳。当事人在法定期限内既不履行行政处罚决定，也未提出暂缓或分期履行的申请或者提出的申请未被批准的，行政机关可以依法采取执行措施。

11.6.2 强制执行

1. 执行罚

这是对不履行义务的当事人采取的一种间接强制执行措施。当事人到期不缴纳罚款的，每日按罚款数额的3%加处罚款，但加处罚款的数额不得超出原罚款的数额。

2. 直接强制

直接强制即行政机关根据法律规定，直接将查封、扣押的财物拍卖或者将冻结的存款划拨抵缴罚款。这里需要注意的是，采取直接强制方式的，必须是依法具有直接强制执行权的行政机关，目前包括县级以上政府，以及公安、国安、税务、海关、市监等机关。

3. 申请非诉执行

这一措施适用于没有强制执行权的普通行政机关。交通运输行政执法部门就属于这种情况。当事人在法定期限内不申请行政复议或者提起行政诉讼，又不履行行政决定的，交通运输行政执法部门可以自期限届满之日起3个月内，申请人民法院强制执行。申请人民法院强制执行前，应当催告当事人履行义务。催告书送达10日后当事人仍未履行义务的，才可以向民人法院申请强制执行。

当事人未在规定期限内缴纳罚款的，作出行政处罚决定的交通运输执法部门可以依法加处罚款。执法部门实施加处罚款超过30日，经催告当事人仍不履行的，作出行政处罚决定的执法部门应当依法向所在地有管辖权的人民法院申请强制执行。但是当事人在法定期限内不申请行政复议或者提起行政诉讼，经催告仍不履行行政处罚决定、加处罚款决定的，在实施行政执法过程中已经采取扣押措施的执法部门，可以将扣押的财物依法拍卖抵缴罚款。

📚 **本章小结**

表 11-1　交通行政处罚规定小结

名称	主要内容	重点
概述	交通行政处罚的概念和特征、交通行政处罚应遵循的原则	交通行政处罚应遵循的原则
交通行政处罚的种类与设定	交通行政处罚的种类、交通行政处罚的设定	交通行政处罚的设定
交通行政处罚的适用与处罚	交通行政处罚的构成要件、交通行政处罚适用的原则、交通行政处罚的裁量情节	交通行政处罚适用的原则
交通行政处罚的管辖	交通行政处罚的实施主体、交通行政处罚的管辖规则	交通行政处罚的管辖规则
交通行政处罚决定程序	简易程序、一般程序、听证程序	一般程序
交通行政处罚的执行程序	当事人的自觉履行、强制执行	关于行政处罚决定中罚款的执行

📖 **思考题**

2022 年 7 月 3 日上午 10 时，某市承包人王某雇用某运输场司机张某，在没有易燃、易爆化学危险物品运输许可证的情况下擅自拉载 10 t 硝酸。某市交通运输管理处 3 名执法人员在执法检查中发现司机张某无危险物品运输许可证，运输易燃、易爆化学物品，当场处以 3 500 元的处罚后结案。请问：执法人员的处罚行为是否合法？

🖋 **课堂集训**

一、单项选择题

1. 行政处罚中的警告属于（　　）。
　 A. 剥夺权利的处罚　　　　　　　　B. 限制权利的处罚
　 C. 科以义务的处罚　　　　　　　　D. 影响声誉的处罚

2. 行政处罚由（　　）的县级以上地方人民政府具有行政处罚权的行政机关管辖。
　 A. 违法行为危害结果发生地　　　　B. 违法行为发生地
　 C. 行政行为地　　　　　　　　　　D. 规章制定机关所在地

3. 间歇性精神病人在精神正常时有违法行为的，（　　）行政处罚。
　 A. 不予　　　　　B. 减轻　　　　　C. 应予　　　　　D. 可以

4. 行政执法人员对个人作出（　　）行政处罚，可以当场决定。
　 A. 警告或者 50 元以下罚款　　　　B. 警告或者 200 元以下罚款
　 C. 警告或者 3 日以下拘留　　　　　D. 警告或者 5 日以下拘留

5. 行政机关作出（　　）行政处罚决定之前，应当告知当事人有要求听证的权利。
　 A. 没收违法所得　　B. 没收非法财物　　C. 拘留　　　　　D. 责令停产停业

二、多项选择题

1. 地方性法规可以设定的行政处罚有（　　　）。
   A. 限制人身自由　　　　　　　　　　B. 吊销企业营业执照
   C. 暂扣营业执照　　　　　　　　　　D. 吊销许可证

2. 行政处罚可以折抵刑罚的有（　　　）。
   A. 行政拘留可以折抵拘役或有期徒刑
   B. 罚款可以折抵罚金
   C. 没收非法财物可以折抵罚金
   D. 没收非法财物可以折抵有期徒刑

3. 当事人应当依法从轻或者减轻行政处罚的情形有（　　　）。
   A. 主动消除或者减轻违法行为危害后果的
   B. 配合行政机关查处违法行为有立功表现的
   C. 受他人胁迫有违法行为的
   D. 精神病人在不能辨认或者控制自己行为时有违法行为的

4. 不予行政处罚的情形有（　　　）。
   A. 不满 14 周岁的人有违法行为的
   B. 精神病人在不能辨认或不能控制自己行为时有违法行为的
   C. 当事人承认有违法行为的
   D. 违法行为轻微并及时纠正，没有造成危害后果的

5. 执法人员可以当场收缴罚款的情形有（　　　）。
   A. 依法给予 100 元以下罚款的
   B. 不当场收缴事后难以执行的
   C. 在边远地区实施处罚，被处罚人向指定的银行或者通过电子支付系统缴纳罚款确有困难，经当事人提出的
   D. 在水上实施处罚，被处罚人向指定的银行或者通过电子支付系统缴纳罚款确有困难，经当事人提出的

三、判断题

1. 地方性法规可以设定吊销企业营业执照的行政处罚。（　　　）
2. 行政法规可以设定除限制人身自由以外的行政处罚。（　　　）
3. 行政处罚由被处罚人所在地的县级以上地方人民政府具有行政处罚权的行政机关管辖。（　　　）
4. 执法人员对公民没收 50 元以下财物，可以当场作出行政处罚决定。（　　　）
5. 违法行为在一年内未被发现的，不再给予行政处罚。法律另有规定的除外。（　　　）

四、简答题

1. 简述我国交通行政处罚的特征及其应遵循的原则。
2. 交通行政处罚适用的原则有哪些?
3. 交通行政处罚的一般程序包括哪些步骤?

课堂集训答案

一、单项选择题

1. D　2. B　3. C　4. A　5. D

二、多项选择题

1. CD　2. AB　3. ABC　4. ABD　5. ABCD

三、判断题

1. ×　2. √　3. ×　4. ×　5. ×

四、简答题（略）

第 12 章 交通行政复议规定

　　通过学习本章内容，学生了解交通行政复议的概念、特征和基本原则，掌握交通行政复议基本制度，掌握交通行政复议受案范围与管辖，熟悉交通行政复议程序，具备正确分析和处理交通行政复议案件的能力。

思政目标

　　通过学习本章内容，对行政复议这种自我纠错的制度有深刻的理解，提升法律意识和职业素养，学会辩证思维，逐渐养成多种途径、多种方法灵活解决问题的能力，能够尊重客观事实，尊重实际情况，具备依法依规和正确维权的意识。

思政小课堂

　　党的二十大报告指出，"扎实推进依法行政，转变政府职能，优化政府职责体系和组织结构，提高行政效率和公信力，全面推进严格规范公正文明执法"。

　　行政复议是行政机关内部自我监督和纠错的制度，当然也可以叫行政纠纷的解决制度。就现代行政救济制度而言，行政复议是其中一个非常重要的制度。行政复议、行政诉讼、还有行政赔偿是三大行政救济制度。行政复议在实践当中，无论从立法还是从执法的角度，都是行政机关自身的救济和监督，所以当事人如果要通过这个方式解决自己的权利保护问题，要去纠正违法和错误行政决定的话，成本是最低的，而行政诉讼、行政赔偿是司法制度，是有诉讼成本的。另外，行政复议还有一个优势就是从事行政复议的上级和下级机关都在系统内部，是内行审查内行，不是外行审查内行，不会内行愚弄外行，所以从业务上来讲更具可能性。还有一个更明显的优势就是它是上级对下级的监督，要么通过人民政府，要么通过上级行政主管机关，其权威性显而易见，比行政机关以外的部门更能发挥作用，更有明显优势。

导入案例

　　张某每次去公园玩都会将自己的车停在停车场，每次惯例都是有人前来收取 10 元停车费,这一次再去公园玩,将车停在原停车场时,发现并没有人前来收取停车费,便没有在意,径直进到公园去玩,等出来的时候发现车被贴了违章停车的罚单,张某很是不解,以前一直能收取停车费,又是合法停车场,为什么现在又变成了违停,难道交警队有权随时将一块地确定为停车场,又有权随时撤销吗?! 张某不服提起行政复议。请问张某的行政复议能否获得支持?

案例解析:

交通管理部门可以根据公路用地的使用情况适当调整其用途,但必须履行公告义务,而交通管理部门并没有进行公告,在大家不知情的情况下贴罚单是不妥的。

12.1　概　　述

12.1.1　交通行政复议的概念

交通行政复议是指公民、法人或者其他组织对交通行政主体的具体交通行政行为不服而发生争议,该交通行政主体的上一级交通行政机关、本级人民政府或者法律、法规规定的其他机关,根据行政相对人的申请,依法对该具体行政行为进行审查并作出决定的法律制度。

12.1.2　交通行政复议的特征

1. 交通行政复议是以交通管理部门作出具体行政行为和存在行政争议为前提

交通行政复议是行政相对人对交通管理部门在行使行政管理职权过程中,依法对行政管理相对人采取的直接发生法律效力的具体行政行为不服而产生的行政争议。

2. 交通行政复议有两方当事人

交通行政复议只能由认为自己的合法权益受到侵害的行政管理相对人主动申请,但被申请人必须是直接作出该具体行政行为的交通管理部门。

3. 交通行政复议审查的内容是具体行政行为的合法性和适当性

行政复议不同于行政诉讼,行政诉讼中人民法院只对具体行政行为的合法性进行审查。行政复议不仅审查合法性,而且审查适当性。

4. 交通行政复议以行政复议机关作出的行政复议决定为结果

交通行政复议决定是行政复议机关审理行政争议的结果,是具有法律效力的行政裁决。交通行政复议决定必须采用书面形式。

5. 交通行政复议必须遵循法定的程序

行政复议程序要依次连贯进行,包括复议申请、复议受理、复议审理、复议决定和执行。

12.1.3　交通行政复议的原则

1. 合法原则

交通行政复议机关必须依照法律、法规的职责权限,以事实为依据,以法律为准绳,对行政管理相对人申请行政复议的具体行政行为,按照法定程序进行审查。合法性原则体现在：主体合法、程序合法、依据合法及使用的文书规范。

2. 公正原则

交通行政复议机关对被申请的具体行政行为不仅应审查其合法性，而且应该审查其合理性。由于被申请的交通行政行为很多是行使自由裁量权的结果，如果交通行政复议不审查被申请交通行政行为的合理性，就很难达到交通行政复议的目的。

3. 公开原则

公开原则是指交通行政复议机关在交通行政复议过程中，除涉及国家秘密、个人隐私和商业秘密外，整个过程都应当向复议当事人及社会公开。这样可以确保交通行政复议公开进行，防止交通行政权的滥用。

4. 及时原则

及时原则是《中华人民共和国行政复议法》中的一项重要原则。所谓及时原则是指交通行政复议机关应当在法律规定的期限内，尽快完成对交通行政复议案件的审查，并及时作出相应的决定。为了贯彻及时原则，行政复议法规定了申请复议的期限和复议的期限。

5. 便民原则

便民原则是指交通行政复议机关在交通行政复议过程中，应当尽可能为复议申请人提供必要的便利，从而更大限度地保障行政相对人的合法权益。

12.2　交通行政复议的基本制度

行政复议基本制度是行政复议基本原则在行政复议过程中的体现。了解行政复议的基本制度，对于行政复议的具体操作有重要的指导作用。

12.2.1　一级复议制度

一级复议制度是指公民、法人或其他组织对交通行政机关作出的具体行政行为不服，可以向该行政机关的上一级行政机关或者法律、法规规定的其他机关申请复议，对复议决定不服，只能依法向人民法院提起行政诉讼，不得再向复议机关的上一级行政机关申请复议的制度。

12.2.2　行政复议不停止具体行政行为执行的制度

根据《中华人民共和国行政复议法》第21条的规定，交通行政管理机关作出行政处罚后不因申请人提出行政复议而停止执行。行政复议法在确立复议不停止执行原则的同时，也规定了该原则的例外：① 被申请人认为需要停止执行的；② 行政复议机关认为需要停止执行的；③ 申请人申请停止执行，行政复议机关认为其要求合理，决定停止执行的；④ 法律规定停止执行的。

12.2.3　书面审查为主的制度

行政复议原则上采取书面审查的办法，但是申请人提出要求或者行政复议机关负责法制工作的机构认为有必要时，可以向有关组织和人员调查情况，听取申请人、被申请人和第三人的意见。

《交通行政复议规定》第 14 条规定，交通行政复议机关设置的法制工作机构应当自行政复议申请受理之日起 7 日内，将交通行政复议申请书副本或者交通运输行政复议申请笔录复印件及"交通运输行政复议申请受理通知书"送达被申请人。被申请人应当自收到前款通知之日起 10 日内向交通行政复议机关提交"交通运输行政复议答复意见书"，并提交作出具体行政行为的证据、依据和其他有关材料。在此基础上交通行政复议机关及时作出"交通行政复议决定书"。书面复议制度体现了及时原则和便民原则。

12.2.4　被申请人承担举证责任制度

被申请人是作出交通具体行政行为的行政机关。复议中，应由该行政机关承担行政行为合法合理的举证责任。因为行政机关作为强势一方更有能力举证。被申请人承担举证责任，首先要证明被申请人的具体行政行为是否合法、是否适当；证据是用来证明被申请人的行政行为真实的一切材料。被申请人提交的证据必须是作出行政行为时的证据。

被申请人举证的时间为收到复议申请书副本 10 日内，如果被申请人在法定的时间内未提交作出具体行政行为的全部证据、依据和其他有关材料的，视为该行政管理机关的行政行为没有证据、依据，行政复议机关有权撤销该行政行为。另外，被申请人在复议过程中，不得自行向申请人和其他有关社会组织和个人收集证据。

12.3　交通行政复议的受案范围与管辖

行政复议范围亦称受案范围，是指一般公民、法人或者其他组织认为行政机关的具体行政行为侵犯了自己的合法权益，依法可以向该行政机关的上级机关或同级人民政府申请复议的范围。事实上，并不是所有的行政争议都可以申请行政复议。从行政复议机关的角度看，行政复议范围是复议机关受理行政复议案件的主管权限。属于受案范围的申请，行政复议机关可以依法受理，否则就不能作为行政复议案件处理。从行政相对人的角度看，也并不是所有的公民、法人或者其他组织都可以成为行政复议的申请人，只有他们成为具体行政行为的特定对象，受该具体行政行为的约束，并且认为原具体行政行为侵犯其合法权益时，才能成为行政复议的申请人。因此，明确行政复议的受案范围，既可以让行政复议机关明白什么样的行政复议申请可以受理，也可以让行政相对人知晓在什么情况下可以申请行政复议。

为了充分发挥行政复议制度在处理、解决行政争议中的作用，更全面地保护广大公民、法人和其他组织的合法权益，促使依法行政，《中华人民共和国行政复议法》大大拓宽了原先的行政复议范围，规定所有的具体行政行为，无论是作为行为，还是不作为行为，只要侵犯行政相对方的人身权、财产权，或者其他权利的，都可以提起行政复议。

交通行政复议的受案范围，是指交通行政相对人认为交通行政机关作出的具体交通行政行为侵犯其合法权益，依法向交通行政复议机关请求重新审查的范围。

12.3.1　我国行政复议的受案范围

根据《中华人民共和国行政复议法》第 6 条的规定，有下列情形之一的，公民、法人或者其他组织可以依照本法申请行政复议。

1. 对行政机关作出的警告、罚款、没收违法所得、没收非法财物、责令停产停业、暂扣或者吊销许可证、暂扣或者吊销执照、行政拘留等行政处罚决定不服的

行政处罚是指行政主体依法对违反行政管理秩序尚未构成犯罪的行政相对方实施的制裁。其中，警告属于声誉罚，是指行政机关对违法者的一种书面形式的惩戒。目的在于引起违法者的警戒，使之停止违法行为，悔过自新，避免再犯。警告是最轻微的一种行政处罚。口头警告属于一般的批评教育，对行为人不产生实质性的影响，不属于行政处罚行为。罚款是指行政主体为违法者设定的强制性的金钱给付义务，在一定期限内违法者要缴纳一定数额货币的处罚。罚款在行政处罚中是适用最广泛的行政处罚措施。没收违法所得和非法财物是指行政主体依法将违法者的非法收入、所得和非法财物收归国有的处罚形式。非法财物包括淫秽物品、走私物品、违禁品等。责令停产停业是指行政主体强令违法者停止生产经营活动和其他业务活动的处罚。这种处罚对经营者的经济利益造成的损害非常大，是一种比较严厉的处罚。暂扣、吊销许可证、执照是暂时扣留或者撤销违法者从事某种活动的资格的处罚，也是一种较为严厉的处罚。行政拘留也是一种严厉的处罚形式。拘留的期限是 1 日以上 15 日以下。法律、行政法规规定的其他行政处罚还有劳动教养、限期出境、驱逐出境、通报批评等。总之，行政处罚直接或间接影响公民、法人或者其他组织的人身权和财产权，因此，行政机关在实施行政处罚时必须严格依照法律规定的权限和程序进行。违法或不当的行政处罚，侵犯公民、法人或其他组织的合法权益，公民、法人或者其他组织不服的，有权依法提请行政复议。

2. 对行政机关作出的限制人身自由或者查封、扣押、冻结财产等行政强制措施决定不服的

行政强制措施是指行政机关为了预防或制止正在发生或将要发生的违法行为，对行政相对人所采取的具有强制性、服从性的具体行政行为。根据行政强制措施所强制的对象不同，行政强制措施分为限制人身自由的强制措施和限制财产流通的强制措施两种。

① 限制人身自由的强制措施有劳动教养、收容教育、收容遣送、强制传唤、强制戒毒、强制约束、强制带离、强制搜查、强制驱散、强制治疗、遣送出境。其中，劳动教养指对违反法律，有轻微犯罪行为，但尚不够刑罚处罚，又有一定劳动能力的人所实施的限制其人身自由，强迫其进行劳动教育的一种行政强制措施。

② 限制财产流通的强制措施有查封、扣押、冻结、强制收购、强制收兑、强行收缴、强行拆除、强制销毁、强制检定、强制抵缴、强制退还。其中，查封是对动产或者不动产的就地封存，防止其他人员对财产任意处分的行为。扣押是行政机关为了防止相对人处分或转移财产而对动产采取的扣留行为。强制收缴是针对持有枪支、刀具、爆炸物的行政相对人。行政强制措施涉及公民的人身权，公民、法人或者其他组织的财产权。所以，行政机关也应严格按照法律规定的种类、条件、程序作出行政强制措施，避免使之成为侵害公民、法人和其他组织的难以控制的锐利武器。公民、法人或者其他组织对行政机关任何行政强制措施不服，均可以提请行政复议。

3. 对行政机关作出的有关许可证、执照、资质证、资格证等证书变更、中止、撤销的决定不服的

所谓许可证、执照是指行政机关根据公民、法人或者其他组织的申请，依照法定程序审查、批准、颁发的，准许其从事某种活动的法律凭证。资质证、资格证是指行政机关根据行

政相对人的申请，依照法定的考核程序颁发给申请人的，证明其具备某种水平能力的证明。如律师资格征、会计资格证、资产评估资格证等。许可证、执照赋予了申请人从事某种活动的权利。资质证、资格证并不是从事某种活动的具体许可，而是从事某种活动的前提条件。例如：没有通过司法考试，就不能向司法行政机关申办律师职业证书，当然也就无法取得职业律师的身份。

对于许可证、执照而言，"变更"主要是指许可登记或核准的范围的变更。如果登记核准的范围发生变化，必须履行法定的变更手续。对于资质证、资格证而言，主要是指资质、资格等级的变更，包括从较高等级降到较低等级，或由较低等级升为较高等级。"中止"是指行政主体本着制止和纠正许可证、执照、资质证、资格证持有人的违法行为，限其暂停所从事的各种活动的行政行为。例如，机动车驾驶员有涂改、伪造、冒领机动车牌证、驾驶证或者使用失效的机动车牌证、驾驶证的；或不按规定停车或车辆发生故障不立即将车移开，造成交通严重堵塞的，交通管理部门可以处 200 元以下的罚款或者警告，并处吊扣 6 个月以下的驾驶证；情节严重的，可以并处吊扣 6 个月以上 12 个月以下的驾驶证。"撤销"也称吊销、注销，是指行政机关对违反行政管理法律、法规的持证人依法收回并注销其所持有的许可证，依法使其无效、作废，从而取消原持证人从事某种活动的资格的处罚形式。撤销许可证、资格证是一种严厉的处罚形式。撤销的执行应该有严格的程序规定，如在撤销前应经过公告、调查、听证等程序。并且，只有在违法行为达到一定的严重程度时，才适合应用这种手段。

4. 对行政机关作出的关于确认土地、矿藏、水流、森林、山岭、草原、荒地、滩涂、海域等自然资源的所有权或使用权的决定不服的

行政机关确认自然资源所有权或使用权的案件也称确权案件。之所以要确权，是因为公民、法人或者其他组织对自然资源的所有权或使用权发生争议，需要有权机关加以确认，以使公民、法人、组织的法律地位和权利、义务取得法律上的承认。我国对土地、矿藏、水流、森林、山岭、草原、荒地、滩涂、海域等自然资源实行公有制，即国家所有或集体所有。那么，行政机关的行政确权主要包括以下几类。

（1）土地权属争议的处理

《中华人民共和国土地管理法》规定，因土地所有权和使用权发生争议，由当事人协商解决，协商不成的，由人民政府处理。

（2）矿产资源权属的处理

《中华人民共和国矿产资源法》规定，当事人因矿区范围发生争议，由当事人协商，协商不成的，由县级以上地方人民政府处理。

（3）水事争议的处理

《中华人民共和国水法》规定，当事人之间发生水事纠纷，可以协商、调解，协商不成的，可以由县级以上地方人民政府或者授权的主管部门处理。

（4）林木、林地权属争议的处理

《中华人民共和国森林法》规定，全民所有制单位之间、集体所有制单位之间及全民所有制单位与集体所有制单位之间发生的林木、林地所有权和使用权争议，由县级以上人民政府处理。

（5）水面、滩涂权属争议的处理

《中华人民共和国渔业法》规定，当事人之间因水面、滩涂权属发生争议，当事人协商不成的，由县级以上人民政府处理。

5. 认为行政机关侵犯合法的经营自主权的

经营自主权是指公民、法人或者其他组织依法对其所经营财产享有占有权、使用权、收益权和处分权，以及自主经营、自负盈亏、不受他人支配的权利。经营自主权主要包括3方面内容：人事权，即人事管理权，包括使用、聘任、解聘、晋升、奖励等。财物权，即财物所有权，包括对财物占有、使用、收益、处分的权利。生产经营管理权，即组织人力、物力进行生产经营活动的权利。

全民所有制企业、集体所有制企业、中外合资经营企业、中外合作经营企业、外商独资企业、私营企业、个体工商户、农村承包经营户，以及其他承包经营单位，都依法享有经营自主权。但各个市场主体因本身性质不同，经营自主权的内容也有所不同。

（1）全民所有制企业的经营自主权

根据《中华人民共和国全民所有制企业法》和《全民所有制工业企业转换经营机制条例》的规定，全民所有制企业的经营自主权主要包括：生产经营决策权；产品、劳务定价权；产品销售权；物资采购权；进出口权；投资决策权；留用资金支配权；资产处置权；联营、兼并权；劳动用工权；人事管理权；工资、奖金分配权；内部机构设置权；拒绝摊派权等。

（2）集体所有制企业的经营自主权

集体所有制企业是指生产资料归劳动群众集体所有的一种独立的经济组织，它包括城镇集体所有制企业和乡村集体所有制企业。根据《中华人民共和国城镇集体所有制企业条例》的规定，城镇集体所有制企业享有以下经营自主权：对其全部财产进行占有、使用、收益、处分，并拒绝任何形式的平调的权利；在核准登记的经营范围内，自主安排生产、经营、服务活动的权利；确定产品价格、劳务价格的权利；依照国家规定与外商谈判签订合同、提取和使用有关外汇收入的权利；依照国家信贷政策向银行申办贷款的权利；依照国家规定确定适合本企业情况的经济责任制形式、工资形式和奖金分配办法的权利；享受国家政策规定的各种优惠待遇的权利；收取职工和其他企业、事业单位投资，持有其他企业股份的权利；按照国家规定决定本企业内部机构设置、劳动组织形式和用工办法，以及录用和辞退员工的权利；依法对职工进行奖惩的权利。同时，根据《中华人民共和国乡村集体所有制企业条例》的规定，乡村集体所有制企业的经营自主权包括：占有和使用企业资产，依照国家规定筹集资金的权利；在核准登记的经营范围内自主安排生产经营活动的权利；确定企业内部机构设置，依法录用、辞退员工并确定工资形式和奖惩办法的权利；自行销售本企业产品的权利；自行确定本企业产品价格、劳务价格的权利；自愿参加行业协会和产品评比的权利；依照国家规定自愿参加各种招标、投标活动，申请产品定点生产，取得生产许可证的权利；自主订立经济合同，开展经济技术合作的权利；依法开发和利用自然资源的权利；依法利用外资、引进先进技术设备，开展进出口贸易等涉外经济活动，并依照国家规定取得外汇收入的权利。

（3）中外合资经营企业、中外合作经营企业、外商独资企业的经营自主权

根据《中华人民共和国中外合资经营企业法》《中华人民共和国中外合作经营企业法》

《中华人民共和国外资企业法》，三资企业的经营自主权包括：在批准的合同的范围内，自行制订生产经营计划，筹措、运用资金，采购生产资料，销售产品，自行确定工资标准、工资形式和奖励、津贴制度的权利；根据生产经营需要，自行确定其机构设置和人员编制，聘用或辞退高级经营管理人员，增加或辞退职工，以及在当地招聘和招收技术人员、管理人员和工人的权利；对违反规章制度，造成一定后果的职工给予直至开除的处分的权利。

（4）私营企业的经营自主权

根据《中华人民共和国私营企业暂行条例施行办法》的规定，私营企业享有以下经营自主权：在规定的范围内对核准登记名称的专用权；在核准登记的范围内自主经营的权利；决定企业机构设置和招用、辞退职工的权利；决定企业工资制度和利润分配形式的权利；按照国家价格管理规定，制定企业商品价格和收费标准的权利；订立合同的权利；申请专利、注册商标的权利。

（5）个体工商户、农村承包经营户及其他承包经营单位的经营自主权

根据《城乡个体工商户管理暂行条例实施细则》及有关法律、法规的规定，个体工商户享有以下经营自主权：在核准登记的范围内从事经营活动的权利；选择灵活多样的经营方式的权利；经有关部门批准雇用帮工和学徒的权利；对经批准使用的经营场地的使用权；按照规定程序开立账户和申请贷款的权利；自主采购的权利。农村承包经营户及其他承包经营单位则享有在国家法律法规和政策范围内，按照所签订的承包经营合同，自主管理和经营的权利。

总之，只要对市场经营主体所享有的上述权利进行干预，如行政机关干预上述市场主体的人事、经营、财务等方面的事务，都构成对合法的经营自主权的侵犯。有关当事人可以依照行政复议法的规定，对侵权机关提请行政复议。

6. 认为行政机关变更或者废止农业承包合同，侵犯其合法权益的

农业承包经营是我国改革开放以后在农村推行的一项重要经济政策，也是农村经济体制改革的重要内容。农业承包经营需要签订农业承包合同，约定双方的权利和义务。双方当事人达成一致意见，农业承包合同即告成立，经签字盖章后，即发生法律效力。一般以农业集体经济组织为发包方，以农民个人、家庭等为承包方。公民、家庭或集体的这种承包经营权，受法律保护，任何一方不得随意变更或废止。而国家行政机关更应当充分尊重承包方和发包方所签订的承包经营合同，充分认识到农村承包经营合同在农村经济体制改革中的积极作用，不得随意变更或废止农业承包合同。否则，当事人如果认为行政机关变更或废止农业承包合同，侵犯其合法权益的，有权依法申请行政复议。

7. 认为行政机关违法集资、征收财物、摊派费用或者违法要求履行其他义务的

行政机关作为行政主体有权在法律、法规的规定范围内要求行政相对人履行一定的义务。但是，如果行政主体要求行政相对方履行没有法律依据的义务，如违法集资、违法征收财物、违法摊派费用、违法要求行政相对方无偿提供人力、物力；违反法定条件、程序要求行政相对方履行义务，如未按法律规定的税率标准要求纳税人纳税；违法要求行政相对方履行不作为某项行为的义务等行为，就是对公民、法人或者其他组织合法权益的一种侵犯。目前，广大农村的"乱集资""乱摊派""乱罚款"的问题非常严重，这种"三乱"现象给农民造成了沉重的负担，应当得以纠正。所以，公民、法人或者其他组织认为行政机关违法集资、征收财物、摊派费用或者违法要求履行其他义务的，可以根据《中华人民共和国行政

复议法》的有关规定，申请行政复议。

8. 认为符合法定条件，申请行政机关颁发许可证、执照、资质证、资格证等证书，或者申请行政机关审批、登记有关事项，行政机关没有依法办理的

行政许可是指行政机关根据公民、法人或者其他组织的申请，经审查认为其符合法定条件而赋予其从事某种活动的资格和能力的一种具体行政行为。许可证、执照、资质证、资格证是国家行政许可制度的主要表现形式。在行政管理活动中，需要行政机关作出行政许可的领域非常广泛，涉及公民、法人或者其他组织人身权、财产权的各种许可证凭证，如生产许可证、经营许可证、建房许可证、狩猎许可证、驾驶执照、营业执照等。

公民、法人或者其他组织申请颁发许可证、执照、资质证、资格证等证书，或者申请行政机关审批、登记有关事项，必须符合以下事项：① 被申请的机关是法律、法规规定的，具有颁发许可证权力及有权审批、登记的机关。② 申请人在法定的许可范围内申请许可证。③ 申请人具有相应的行为能力。④ 符合法定的形式要件。⑤ 符合其他法定条件。

行政机关对于公民、法人或者其他组织的申请应当依法审查，经审查符合法定条件的，应颁发相应的证书或办理批准手续。对于驳回申请的，应当说明理由。如果申请人认为自己的申请符合法定条件，但遭到负责机关的无理拒绝或超过法定期限不予答复的，可以依照《中华人民共和国行政复议法》的有关规定提起行政复议。

9. 申请行政机关履行保护人身权利、财产权利、受教育权利的法定职责，行政机关没有依法履行的

人身权利是指与人身不可分离又没有直接财产内容的权利。人身权又分为人格权（包括生命权、身体权、健康权、姓名权、肖像权、名誉权等）和身份权（亲权、监护权等）。财产权利是指具有一定经济利益的权利，包括物权、债权等。受教育权利是指公民享有在各类学校接受教育的权利。保护公民、法人或者其他组织的人身权、财产权和受教育权利是某类行政机关的法定职责。行政机关不履行保护人身权利、财产权利或者受教育权利的法定职责就是行政失职行为。不管是拒绝履行，还是不予答复都将影响公民、法人或者其他组织的权益的实现，或者给公民、法人或者其他组织的人身权、财产权造成实际损害。这时，公民、法人或者其他组织可以申请行政复议，但须符合以下条件：① 向行政机关提出申请；② 接受申请的行政机关具有相应的法定职责；③ 行政机关没有依法履行自己的职责。

10. 申请行政机关依法发放抚恤金、社会保险金或者最低生活保障费，行政机关没有依法发放的

抚恤金、社会保险金、最低生活保障费是我国社会保障体系的重要组成部分，是宪法规定的公民所享有的社会经济权利，也是作为人权的公民权的重要内容。同时，对于保障人民基本生活，维护社会安定，促进国民经济持续、稳定发展具有重要意义。抚恤金是指公民因公或因病致残、死亡时，发给本人或者家属，用以维持本人或者其家庭成员日常生活的费用。发放抚恤金是国家对受抚恤人员及其家属的物质帮助和精神安慰。社会保险金包括养老保险金、失业保险金、医疗保险金、工伤保险金和生育保险金等，是劳动者因年老、伤病、残疾、生育、死亡造成劳动能力丧失或失去职业岗位等客观情况导致经济困难而从国家和社会获得补偿和物质帮助的保障制度。最低生活保障费是国家或社会发给收入低于最低生活标准的人口的费用。其发放对象仅限于城镇居民。最低生活保障制度是社会福利或社会救济的一种形式，是维护社会稳定的一道防线。

总之，抚恤金、社会保险金、最低生活保障费是国家对特定人群给予的物质帮助措施。同时，公民享有生活保障和获得物质帮助的权利。对具有法定职责而没有依法履行义务的行政机关，公民可依法提请行政复议。

11. 认为行政机关的其他具体行政行为侵犯其合法权益的

以上 10 项列举了日常生活中常见的行政主体侵犯公民、法人或者其他组织合法权益的具体行政行为可申请行政复议的范围，但现实生活中存在大量行政侵权行为。列举式不能穷尽可申请行政复议的具体行政行为的范围，所以第 11 项以概括的方式赋予公民、法人或者其他组织行政复议请求权。只要公民、法人或其他组织认为行政机关的具体行政行为侵犯了自己的合法权益，就可以申请行政复议。

12.3.2　我国行政复议法不予受理的案件

《中华人民共和国行政复议法》第 7 条最后一款规定：前款所列规定不含国务院部、委员会规章和地方人民政府规章。规章的审查依照法律、行政法规办理。另外，《中华人民共和国行政复议法》第 8 条规定：不服行政机关作出的行政处分或者其他人事处理决定的，依照有关法律、行政法规的规定提出申诉。不服行政机关对民事纠纷作出的调解或者其他处理，依法申请仲裁或者向人民法院提起诉讼。以上法律之规定，实际上是行政复议范围的排除条款。

1. 部分抽象行政行为

根据《中华人民共和国行政复议法》的规定，不予受理的抽象行政行为有行政法规、国务院部门规章、地方人民政府规章等。如对上述抽象行政行为有争议，要依照立法监督程序处理。因为这些抽象行政行为均属于行政立法行为，应当通过立法监督程序予以审查。立法监督程序有人大监督制度、行政机关层级监督制度、备案审查制度。

2. 行政处分或者其他人事处理决定

行政处分是行政机关对其所属的工作人员的违法失职行为所给予的惩戒。行政处分分为警告、记过、记大过、降级、撤职、开除。对国家公务员给予行政处分，应依法分别由任免机关或者行政监察机关决定。其他人事处理决定指行政机关在内部人事管理活动中，对国家公务员作出的除行政处分外的具体人事处理决定，主要包括职务升降、任免、停职检查、辞退、退休退职等。

行政处分和其他人事处理决定属于行政机关的内部行政行为。内部行政行为与外部行政行为的区别在于内部行政行为是以行政机关内部工作人员为其管理对象，并作出相应的具有法律效力的行为，它只能对与行政机关有隶属关系的内部相对方实施；外部行政行为是针对外部行政相对方实施的，没有行政隶属关系。而行政复议法的目的是解决行政机关在行使行政职权的过程中与管理相对人之间产生的行政争议，是为行政管理相对人提供的一条权利救济途径，是解决外部行政行为争议的一项法律制度。内部行政行为由相关法律调整、解决。所以，根据《中华人民共和国行政复议法》的规定，对行政处分这类行为不予受理。

3. 不服行政机关对民事纠纷作出的调解或者其他处理

调解即行政调解，是指由行政机关主持的，根据国家的法律、法规，在自愿的基础上，通过说服教育的方法促使民事纠纷的双方当事人消除纠纷的诉讼外活动。行政调解行为不能申请行政复议，原因在于：① 行政调解解决的是发生在公民、法人或者其他组织之间的特定的民事纠纷，不是行政机关作出的具体行政行为，调解也不具有强制执行的法律效力，所以，它不符合《中华人民共和国行政复议法》中申请行政复议的条件；② 行政调解以当事人自愿为原则，行政机关只是居中依法进行调解，不存在侵犯公民、法人或者其他组织合法权益的现象，也不需要申请行政复议；③ 行政调解主要以民事、经济争议为调解对象，如治安纠纷、交通事故纠纷等；④ 行政调解是一种诉讼外调解，它不妨碍当事人依照有关法律的规定继续申请仲裁或者提请民事诉讼。

其他处理主要指行政裁决。行政裁决指行政机关以第三人的身份，依照法律的规定，对民事纠纷进行裁决的活动。行政裁决具有法律效力，当事人双方受裁决的约束。但它的法律效力不及仲裁，对行政裁决不服的，还可以到法院提起诉讼。由于行政机关对民事纠纷作出的处理决定没有最终的法律效力，根据《中华人民共和国行政复议法》的规定，对行政裁决不服的，不能申请行政复议，只能向法院提起诉讼。

12.3.3 交通行政复议的受案范围

交通行政复议的受案范围在交通行政复议中是一个重要的概念。因为，对于交通行政相对人来说，交通行政复议的受案范围就是其合法权益受复议救济的范围；对交通行政机关而言，受案范围就是交通行政行为接受复议机关监督的范围。复议范围的大小，直接关系对交通行政相对人的合法权益的保障程度和交通行政机关行使交通行政职权进行有效监督的深度，如果受案范围偏小，则意味着行政相对人一部分合法权益得不到救济，如果受案范围过大，则使交通行政机关职权的行使受到不必要的干扰。

根据《中华人民共和国行政复议法》的规定，行政相对人对具体行政行为可以申请复议的范围有11个方面，其中，行政机关确认自然资源所有权和使用权，以及变更或废止农业承包合同一般不属于交通行政管理的范畴，也不属于交通行政复议范围，其余9个方面属于交通行政复议范围。

1. 对交通行政机关作出警告、罚款、暂扣或者吊销驾驶证、行驶证、行政拘留等交通行政处罚决定不服的

行政处罚在交通行政执法活动中运用的范围最广。交通行政处罚是指交通行政主体对违反交通行政法规，实施了危害交通行政秩序的行为的交通行政相对人给予的一种法律制裁。只要交通行政相对人认为其侵害了自己的合法权益，就可以依法提出复议申请，交通复议机关必须予以受理。对于行政拘留，有些执法机关和执法人员越权违法对交通行政法律规范的相对人进行拘留，对此必须进行救济，所以将其列入受案范围。

2. 对交通行政机关作出的限制人身自由或者查封、扣押车辆或者其他财产等交通行政强制措施决定不服的

交通行政强制措施是交通行政主体对拒不履行法定义务或者约定义务的交通行政相对人实施的对其人身权和财产权直接有影响的一种具体交通行政行为。如限制人身自由的约束，对财产的查封、扣押、冻结、扣缴、强制拆除、缴纳滞纳金、强制检查等。交通行政相对人只要对交通行政主体实施的这些措施不服的，就可以依法提起复议申请。

3. 对交通行政机关作出的有关许可证、执照、资质证等证书的变更、中止、撤销的决定不服的

许可证、执照等的管理是交通行政机关实施交通行政管理的一种有效手段。交通行政机

关颁发的许可证很多，如公路管理机构颁发的超限运输许可证；公路运政机构颁发的经营许可证、营运证；航运管理机构颁发的运输许可证、运输服务许可证等。如果交通行政相对人对交通行政机关关于这些许可证、执照等实施的变更、中止、撤销等行为不服的，可以依法提出复议申请。

4. 认为交通行政机关侵犯其合法经营自主权的

经营自主权是指具有经营权资格的公民、法人和其他组织依据法律、法规的规定所拥有的调配、使用自己的人力、物力、财力自行组织生产经营的权利，受国家法律保护。经营自主权一般包括：生产经营决策权、产品与劳务定价权、产品销售权、物资采购权、进出口权、投资决策权、资产处置权、劳动用工权及拒绝摊派权等。

5. 认为交通行政机关违法集资、征收财务、摊派费用或者违法要求履行其他义务的

交通行政机关有权为行政相对人设定或者免除义务，但必须严格依法执行。任何超越法律、法规和规章的规定为行政相对人设定义务，都是违法行为。对此，受侵犯的交通行政相对人有权向复议机关申请复议。

6. 认为符合法定条件，申请交通行政机关颁发许可证、执照、资质证、资格证等证书，或者申请交通行政机关审批、登记有关事项，交通行政机关没有依法办理的

交通管理部门颁发证照是一种具体行政行为。它是指交通管理部门应公民、法人和其他组织的请求，依据法律、法规、规章颁发的准许申请人从事某种活动的法律资格证书。交通管理部门依法颁发的许可证书种类很多，如运输经营许可证、运输服务许可证等。对于交通行政机关关于许可方面的行为不服的，申请许可者可以申请交通行政复议。

7. 申请交通行政机关履行保护人身权利和财产权利，交通行政机关没有依法履行的

人身权和财产权是宪法赋予公民的基本权利，当受到侵犯时，公民有权要求相应机关予以保护。被申请机关不予保护的，可以向有权交通行政机关申请复议。

8. 申请交通行政机关依法发放奖励金，交通行政机关不发放或者不答复的

奖励金是交通行政机关对为国家和社会作出重大贡献的单位或者个人给予的物质奖励。交通行政机关可以主动发放，交通行政相对人认为符合条件时，也可以申请发放。被申请机关如果不予答复或者拒绝发放，申请人可以向有权交通行政机关申请交通行政复议。

9. 认为交通行政机关的其他具体行政行为侵犯其合法权益的

这一项是对前8项规定的兜底条款。由于我国具体交通行政行为的种类并不限于前8种，另外，随着我国经济建设和民主法制进程的不断发展，交通行政复议的受案范围必将不断扩大。

12.3.4　抽象交通行政行为的受案范围

根据《中华人民共和国行政复议法》的规定，当交通行政相对人认为交通行政机关的具体行政行为侵犯其合法权益时，有权向有权机关申请交通行政复议。同时，如果认为交通行政机关的具体行政行为所依据的相应规范性文件不合法，有权在对具体行政行为申请复议的同时，一并提出对该规范性文件的复议申请。但是如果单独提出对该规范性文件的复议申请，复议机关将不予受理。而且，能够被申请复议的交通行政规范性文件，限于法律、法规、规章之外的规范性文件。

12.3.5 不能申请交通行政复议的事项

1. 部分抽象交通行政行为

部分交通行政行为可以被申请复议，如省级以下交通部门的规范性文件。但有一部分则不能申请交通行政复议，如法律、法规和行政规章。

2. 行政处分或者其他人事处理决定

行政系统内部已经设有救济机制，如各级信访机构、各级监察机构等；另外，这些行为即使侵犯了某种利益，侵犯的也往往是交通行政机关工作人员的权益，而不是交通行政管理相对人的合法权益。

3. 交通行政仲裁、交通行政调解或者其他处理行为

交通行政仲裁是交通行政机关以第三者的身份居中裁决特定民事纠纷的行为；交通行政调解行为的客体是公民、法人或者其他组织之间发生的特定民事争议，而不是交通行政机关行使交通行政职权而作出的具体交通行政行为，而且，该调解行为也不具有强制执行的法律效力。

12.3.6 交通行政复议的管辖

交通行政复议的管辖是指不同层级的交通管理部门之间在受理行政复议案件方面的分工和权限，即根据法律、法规、规章的规定，行政管理相对人应向哪一级交通管理部门提出复议申请，由哪一个交通管理部门负责受理、审理并作出行政复议决定的法律制度。

1. 确定管辖权的意义

① 便于享有管辖权的交通管理部门行使行政复议权。

② 便于行政管理相对人行使行政复议权。

③ 便于上级交通行政管理部门对下级的行政管理活动进行监督。

2. 交通行政复议的管辖范围

① 对县级以上地方各级人民政府的交通行政主管部门的具体交通行政行为不服的，由申请人选择，可以向该部门的本级人民政府申请行政复议，也可以向上一级交通主管部门申请行政复议。

② 对县级以上地方人民政府交通主管部门依法设立的交通管理派出机构依照法律、法规或者规章规定，以自己的名义作出的具体行政行为不服的，向设立该派出机构的交通主管部门或者该交通主管部门的本级地方人民政府申请行政复议。

③ 对县级以上地方人民政府交通主管部门依法设立的交通管理机构，依照法律、法规授权，以自己的名义作出的具体行政行为不服的，向设立该管理机构的交通主管部门申请行政复议。

④ 对下列具体行政行为不服的，可以向交通部申请行政复议：省级人民政府交通主管部门的具体行政行为；交通部直属海事管理机构的具体行政行为；长江航务管理局、珠江航务管理局的具体行政行为；交通部的具体行政行为。

⑤ 对两个或者两个以上交通行政机关，或者一个交通行政机关与一个或几个其他行政机关以共同名义作出的具体行政行为不服的，向其共同上一级行政机关申请行政复议。

⑥ 对被撤销的交通行政机关在撤销之前所作出的具体交通行政行为不服的，向继续行使其职权的交通行政机关的上一级交通行政机关申请行政复议。

12.4　交通行政复议的程序

行政复议是行政司法活动，其程序必须符合法律规定。行政复议程序是指行政复议机关和行政复议申请人在解决纠纷过程中，按照一定的方式和程序进行的连贯活动。交通行政复议程序依次为申请—受理—审理—决定—送达。

12.4.1　交通行政复议的申请

《中华人民共和国行政复议法》规定，行政复议的申请要由有权提出行政复议的申请人在法定申请期限内提出申请，申请复议应符合法定的条件，申请应符合法定的形式。

1. 申请人应在法定申请期限内提出复议申请

公民、法人或者其他组织向交通行政复议机关申请行政复议，应当自收到该具体行政行为之日起 60 日内提出行政复议申请，但是法律规定的申请复议的期限超过 60 日的除外。因不可抗力或者其他正当理由耽误法定期限的，经交通行政复议机关依法确认的，申请期限自障碍消除之日起继续计算。

2. 申请复议的申请书应符合法定形式

申请人申请交通行政复议，可以采用书面形式，也可以采用口头形式。申请人口头申请的，交通行政复议机关应当当场记录申请人、被申请人的基本情况，行政复议请求，主要事实、理由和时间；申请人应当在行政复议申请笔录上签名或者盖章。书面申请的，应当向行政机关递交行政复议申请书。

3. 申请复议应当符合法定条件

① 申请人是认为具体行政行为侵犯其合法权益一方。

② 被申请人是作出具体行政行为的行政机关。

③ 有具体的请求事项和事实依据。

④ 属于行政复议范围。

⑤ 属于复议机关管辖。

⑥ 法律、法规规定的其他条件。

12.4.2　交通行政复议的受理

受理是指交通行政复议机关依法对行政复议申请人递交的行政复议申请书进行审查，并决定是否立案的复议活动。

交通行政复议机关收到交通行政复议申请后，应当在 5 日内进行审查。对符合《中华人民共和国行政复议法》规定的行政复议申请，应当决定予以受理，并制作"交通行政复议申请受理通知书"送达申请人、被申请人；对不符合《中华人民共和国行政复议法》规定的行政复议申请，决定不予受理，并制作"交通行政复议申请不予受理决定书"送达申请人；对符合《中华人民共和国行政复议法》规定，但是不属于本机关受理的行政复议申请，应当告知申请人向有关行政复议机关提出。交通行政复议申请自交通行政复议机关设置的法制工作机构收到之日起即为受理。

公民、法人或者其他组织依法提出交通行政复议申请，交通行政复议机关无正当理由不予受理的，上级交通行政机关应当制作"责令受理通知书"责令其受理；必要时，上级交通行政机关可以直接受理。

交通行政复议机关设置的法制工作机构应当自行政复议申请受理之日起 7 日内，将交通行政复议申请书副本或者交通行政复议申请笔录复印件及"交通行政复议申请受理通知书"送达被申请人。

12.4.3 交通行政复议的审理

1. 审理的概念

审理是指交通行政复议机关受理行政复议申请后，在准备工作就绪后，通过一定的形式依法对原来的具体行政行为所依据的事实、法律、法规和规章进行全面审查的活动。它是行政复议程序中的实质性阶段。

2. 交通行政复议审理前的准备

复议审理准备是复议机关审理所有交通行政复议案件的一个必经阶段。

① 交通行政复议机关设置的法制工作机构应当自行政复议申请受理之日起 7 日内，将交通行政复议申请书副本或者交通行政复议申请笔录复印件及"交通行政复议申请受理通知书"送达被申请人。被申请人应当自收到前款通知之日起 10 日内向交通行政复议机关提交"交通行政复议答复意见书"，并提交作出具体行政行为的证据、依据和其他有关材料。限期被申请人提交答辩状和作出具体交通行政行为的有关材料有利于复议人员对案情及申请人、被申请人争议的内容有初步的了解，为审理做好准备。

② 确定复议人员。交通行政复议机关受理案件后，应及时确定办理案件的人员，并及时告知申请人、被申请人和第三人，以确定申请复议人员是否回避。

③ 决定被申请的具体交通行政行为是否停止执行。《中华人民共和国行政复议法》规定：行政复议期间具体行政行为不停止执行；但是，有下列情形之一的，可以停止执行：被申请人认为需要停止执行的；行政复议机关认为需要停止执行的；申请人申请停止执行，行政复议机关认为其要求合理，决定停止执行的；法律规定停止执行的。

④ 向有关组织和人员调查情况、收集证据、查阅文件和资料等。

3. 审理的内容

《中华人民共和国行政复议法》规定，公民、法人或者其他组织认为行政机关的具体行政行为所依据的规定不合法，在对具体行政行为申请行政复议时，可以一并向行政复议机关提出对该规定的审查申请，包括国务院部门的规定、县级以上地方各级人民政府及其工作部门的规定；乡、镇人民政府的规定。即行政复议机关不仅审查具体行政行为的合法性和适当性，还可以对抽象行政行为进行附带审查。

4. 审理的期限

交通行政复议的审理期限，是指交通行政复议机关自接到复议申请至作出复议决定所需要的时间界限。交通行政复议机关应当自受理交通行政复议申请之日起 60 日内作出交通行政复议决定；但是法律规定的行政复议期限少于 60 日的除外。因情况复杂，不能在规定期限内作出交通行政复议决定的，经交通行政复议机关负责人批准，可以适当延长，并告知申请人、被申请人、第三人，但是延长期限最多不超过 30 日。

5. 交通行政复议申请的撤回

《中华人民共和国行政复议法》规定，行政复议决定作出前，申请人要求撤回行政复议申请的，经说明理由，可以撤回；撤回行政复议申请的，行政复议终止。

12.4.4　交通行政复议的决定

交通行政复议的决定，是指交通行政复议机关对复议案件进行审理后，根据所查明的案件事实，适用法律、法规和规章及其他有约束力的决定、命令，对争议的具体交通行政行为作出处理。交通行政复议决定有 6 种。

1. 维持具体交通行政行为的决定

交通行政复议机关对被申请人作出的具体行政行为，经审查认定适用法律正确、事实清楚、符合法定权限和程序的，应当决定予以维持，从而驳回行政复议申请。被维持的具体行政行为仍具有法律效力，应当继续执行。

2. 撤销具体交通行政行为的决定

根据《中华人民共和国行政复议法》的规定，作出撤销具体交通行政行为决定的条件是：主要事实不清、证据不足的；适用依据错误的；违反法定程序的；超越或者滥用职权的；具体行政行为明显不当的。只要符合上述条件之一，交通行政复议机关就可以作出撤销具体交通行政行为的决定。

3. 责令被申请人履行法定职责的决定

责令被申请人履行法定职责的决定，是指交通行政复议机关经过对交通行政复议案件的审理，认定被申请人具有不履行或者拖延履行法定职责的情形，作出要求被申请人履行其法定职责的决定。

4. 变更具体交通行政行为的决定

变更具体交通行政行为的决定，是指交通行政复议机关经过审理，全部或者部分改变被申请人的具体交通行政行为。变更具体交通行政行为多是变更明显不当的具体交通行政行为，如畸轻、畸重的交通行政处罚。

5. 确认具体交通行政行为违法的决定

交通行政复议机关经审理，认为具体交通行政行为违法，但不适用撤销、变更或者责令其履行职责的，可以确认该具体交通行政行为违法。确认具体交通行政行为违法，是责令被申请人在一定期限内作出具体交通行政行为及责令其予以赔偿的前提条件。

6. 给予交通行政赔偿的决定

申请人在申请交通行政复议时一并提出交通行政赔偿要求的，复议机关经审查，对符合《中华人民共和国国家赔偿法》有关规定应当给予赔偿的，在决定撤销、变更或者确认违法时，同时决定依法对被申请人给予赔偿。

12.4.5　交通行政复议的送达

送达是指交通行政复议机关按照法定时间和方式将行政复议决定交给行政复议参加人的一种法律行为。只有行政复议机关按照法定程序和方式将行政复议决定送达受送达人才具有法律效力。交通行政复议活动中的送达，是完备的行政复议制度中不可缺少的内容，对于促进行政复议机关依法办事、保障复议参加人的基本权利和义务非常必要。

送达有 5 种方式：直接送达、转交送达、留置送达、委托送达和邮寄送达。交通行政复议机关送达复议决定书，应直接送交受送达人；受送达人本人不在，应交其同住的成年家属或者所在单位签收；本人已向复议机关指定代收人的，交代收人签收；受送达人拒绝接受复议决定书的，送达人应邀请有关人员在场，说明情况，在"送达回证"上记明拒收的事由和日期，由送达人、见证人签名或者盖章。把复议决定书留在受送达人的住处或者收发部门，即视为送达。

交通行政复议机关向当事人送达"交通行政复议决定书"及其他交通行政复议文书（除邮寄、公告送达外）应当使用"送达回证"，受送达人应当在送达回证上注明日期，并签名或署印。

12.4.6　交通行政复议决定的执行

行政复议机关作出行政复议决定，应当制作行政复议决定书，并加盖印章。行政复议决定书一经送达，即发生法律效力。被申请人应当履行行政复议决定。

被申请人不履行或者无正当理由拖延履行行政复议决定的，行政复议机关或者有关上级行政机关应当责令其限期履行。申请人逾期不起诉又不履行行政复议决定的，或者不履行最终裁决的行政复议决定的，按照下列规定分别处理：

① 维持具体行政行为的行政复议决定，由作出具体行政行为的行政机关依法强制执行，或者申请人民法院强制执行。

② 变更具体行政行为的行政复议决定，由行政复议机关依法强制执行，或者申请人民法院强制执行。

12.4.7　法律责任

行政复议机关违反本法规定，无正当理由不予受理依法提出的行政复议申请或者不按照规定转送行政复议申请的，或者在法定期限内不作出行政复议决定的，对直接负责的主管人员和其他直接责任人员依法给予警告、记过、记大过的行政处分；经责令受理仍不受理或者不按照规定转送行政复议申请，造成严重后果的，依法给予降级、撤职、开除的行政处分。

行政复议机关工作人员在行政复议活动中，徇私舞弊或者有其他渎职、失职行为的，依法给予警告、记过、记大过的行政处分；情节严重的，依法给予降级、撤职、开除的行政处分；构成犯罪的，依法追究刑事责任。

被申请人违反本法规定，不提出书面答复或者不提交作出具体行政行为的证据、依据和其他有关材料，或者阻挠、变相阻挠公民、法人或者其他组织依法申请行政复议的，对直接负责的主管人员和其他直接责任人员依法给予警告、记过、记大过的行政处分；进行报复陷害的，依法给予降级、撤职、开除的行政处分；构成犯罪的，依法追究刑事责任。

被申请人不履行或者无正当理由拖延履行行政复议决定的，对直接负责的主管人员和其他直接责任人员依法给予警告、记过、记大过的行政处分；经责令履行仍拒不履行的，依法给予降级、撤职、开除的行政处分。

行政复议机关负责法制工作的机构发现有无正当理由不予受理行政复议申请、不按照规定期限作出行政复议决定、徇私舞弊、对申请人打击报复或者不履行行政复议决定等情形的，应当向有关行政机关提出建议，有关行政机关应当依照有关法律、行政法规的规定作出处理。

本章小结

表 12-1　交通行政复议规定小结

名称	主要内容	重点
概述	交通行政复议的概念、交通行政复议的特征、交通行政复议的原则	交通行政复议的原则
交通行政复议的基本制度	一级复议制度、行政复议不停止具体行政行为执行的制度、书面审查为主的制度、被申请人承担举证责任制度	一级复议制度、行政复议不停止具体行政行为执行的制度
交通行政复议的受案范围与管辖	我国行政复议的受案范围、我国行政复议法不予受理的案件、交通行政复议的受案范围、不能申请交通行政复议的事项、交通行政复议的管辖	交通行政复议的受案范围、不能申请交通行政复议的事项
交通行政复议的程序	交通行政复议的申请、交通行政复议的受理、交通行政复议的审理、交通行政复议的决定、交通行政复议的送达	交通行政复议的审理

思考题

陈先生在网上查询违规时，发现一条超速违规处罚。之后陈先生找出违规地点，通过行车记录仪找出当时当地自己的行车情况，发现自己当时是以 85 km/h 左右的速度行驶在限速 100 km/h 的小客车专用道，合理合法，因此，向某市人民政府复议委员会申请复议，要求撤销该行政处罚决定。请问，陈先生的复议能成功吗？

课堂集训

一、单项选择题

1. 公民、法人和其他组织不服（　　）的，能依照《中华人民共和国行政复议法》申请复议。

　　A. 行政法规、规章或具有普遍约束力的决定命令

　　B. 国防、外交等国家行为

　　C. 行政机关有终局裁决权的具体行政行为

　　D. 行政机关工作人员的个人行为

2. 我国行政复议法规定，除法律另有规定者外，公民、法人或者其他组织向行政机关申请复议时，复议机关应当在收到申请书之日起（　　）内作出行政复议决定。

　　A. 15 日　　　　　　B. 30 日　　　　　　C. 60 日　　　　　　D. 90 日

3. 对河北省邢台市人民政府作出的具体行政行为不服申请复议的，由（　　）管辖。

　　A. 河北省人民政府　　　　　　　　B. 河北省人民代表大会

　　C. 邢台市人民政府　　　　　　　　D. 邢台市人大常委会

4. 对某市某县公安局派出所以该县公安局的名义作出的具体行政行为不服申请复议的，应由（　　）管辖。

A. 该县公安局   B. 该派出所

C. 该县人民政府或某市公安局   D. 某市人民政府

5. 对复议机关的复议决定不服，（   ）。

    A. 不能申请再复议，因为我国行政复议实行一级复议制

    B. 一般情况下，不能申请复议，但法律另有规定时，可以在经过一级复议后申请再复议

    C. 一般情况下，不能申请复议，但行政法规另有规定时，可以在经过一级复议后申请再复议

    D. 一般情况下，不能申请复议，但规章另有规定时，可以在经过一级复议后申请再复议

二、多项选择题

1. 行政复议机关在审理复议案件时，遇到（   ）可决定撤销，变更或者确认该具体行政行为违法。

    A. 具体行政行为明显不当的

    B. 具体行政行为主要事实不清，证据不足的

    C. 具体行政行为适用依据错误的

    D. 具体行政行为超越职权的

2. 根据《中华人民共和国行政复议法》的规定，（   ）属于复议机构的职责。

    A. 向有关组织人员调查取证

    B. 审查申请行政复议的具体行政行为是否合法与适当，拟定行政复议决定

    C. 对行政机关违反行政复议法规定的行为依照规定的权限和程序提出处理建议

    D. 办理因不服行政复议决定提起行政诉讼的应诉事项

3. 行政复议机关负责法制工作的机构依法履行（   ）职责。

    A. 受理行政复议申请

    B. 向有关组织和人员调查取证

    C. 审查申请行政复议的具体行政行为是否合法与适当

    D. 拟订行政复议决定

4. （   ），公民可以依法申请复议。

    A. 对行政机关作出没收非法财物的行政处罚决定不服的

    B. 对行政机关作出的有关许可证变更、中止决定不服的

    C. 认为行政机关乱收费的

    D. 申请行政机关履行保护人身权利、财产权利、受教育权利的法定职责，行政机关没有依法履行的

5. 行政机关审理行政复议案件，应以（   ）为依据。

    A. 上级行政机关对案件处理的意见

    B. 地方性法规

    C. 法律、行政法规

    D. 上级行政机关依法制定和发布的具有普遍约束力的决定、命令

三、判断题

1. 公开原则，只要求行政复议案件的材料公开，即行政复议机关收集的所有材料都允许当事人自由查阅。（　　）

2. 在行政复议过程中，被申请人不得自行收集证据，但并不排除行政复议机关要求被申请人提供补充证据的情况。（　　）

3. 对不作为行为，一般不能撤销、变更，有的责令履行也无任何意义，只能确认该不作为行为违法。（　　）

4. 公民作为行政复议申请人，必须具备民事权利能力和民事行为能力才能以自己的名义独立参加行政复议活动。（　　）

5. 对不符合《中华人民共和国行政复议法》规定的行政复议申请，行政复议机关决定不予受理的，行政复议机关应当以书面或口头方式通知复议申请人。（　　）

四、简答题

1. 试述交通行政复议的特征。

2. 我国交通行政复议的受案范围包括哪些？

3. 不能申请交通行政复议的事项有哪些？

4. 我国交通行政复议的程序有哪些？

五、案例分析

何某下班回家时，突然被几个彪形大汉拦住，何某不明白为什么，便下了车。为首的一人上前告诉何某，何某骑车违反有关规定，应罚款 100 元，但未告知到底做错了什么。何某请对方出示证件，对方则扯出一本盖有县城管局、县建设局公章的"行政处罚决定书"，指着上面的公章让何某仔细看。何某对此处罚不服，予以争辩，对方即以态度不好为由加罚了 50 元，并当场收缴了何某 150 元钱，但未交付处罚决定书及收据。现知处罚何某的为县城管局、县建设局联合组成的执法大队。因该县领导深感本县公民素质太低，遂在政府办公会上作出决定，自行车一律靠右行驶，转弯时须下车，并规定对违反此规定者可处以没收自行车、300 元以下罚款或 3 日以下"劳动教育"（将被教育人送到市郊的某河防工地上强制劳动）。对何某的处罚便是依据此决定作出的。

请问：

（1）本案行政处罚依据是否合法？请具体说明。

（2）本案执法程序有何不当之处？

（3）何某若申请复议，复议机关是哪一个？

课堂集训答案

一、单项选择题

1. C　2. C　3. A　4. C　5. A

二、多项选择题

1. ABCD　2. ABCD　3. ABCD　4. ABCD　5. BCD

三、判断题

1. ×　2. √　3. √　4. √　5. ×

四、简答题（略）

五、案例分析

答案要点:

（1）该依据不合法，依《中华人民共和国行政处罚法》的规定，县政府无权设定任何种类的行政处罚。

（2）没有告知对何某作出处罚决定的理由及依据，没有向何某出示执法身份证件，没有向何某交付行政处罚决定书，以何某申辩为由加重处罚。

（3）复议机关是该县政府。

第 13 章　交通行政诉讼规定

【职业能力目标与学习要求】

　　通过学习本章内容，学生了解行政诉讼的基本知识、交通行政诉讼的基本原则，熟悉交通行政诉讼的受案范围、交通行政诉讼的管辖，掌握交通行政诉讼证据、交通行政诉讼证据的法律适用，掌握起诉和受理交通行政诉讼的第一审程序、交通行政诉讼的第二审程序、交通行政诉讼的审判监督程序、交通行政诉讼的执行程序，使之具备正确分析处理交通行政诉讼案件的能力。

思政目标

　　通过学习本章内容，对交通争议的各种解决途径及应用有深刻的理解，提升法律职业素养、自身修养，以及逐渐养成依法依规从业的职业操守，具备正确维权的意识。

思政小课堂

　　党的二十大报告指出："全面依法治国是国家治理的一场深刻革命，关系党执政兴国，关系人民幸福安康，关系党和国家长治久安。必须更好发挥法治固根本、稳预期、利长远的保障作用，在法治轨道上全面建设社会主义现代化国家。"

　　深入推进全面依法治国，既是中国式现代化的题中应有之义，也是中国式现代化的重要特征。党的二十大报告对中国式现代化进行深刻阐述，明确了坚持以人民为中心的发展思想是推进中国式现代化的重大原则之一。在中国式现代化进程中推动全面依法治国向纵深发展，必须坚持以人民为中心。

　　过去，在国人传统的理念中，对簿公堂总是万不得已的下策。诉讼终究是撕破了脸，表明双方的矛盾已激化到了一定程度。而一场诉讼打完，耗时、耗财不说，一打数年的煎熬也往往令当事人望而却步。近年来，随着国民法律意识的不断觉醒，诉讼案件逐年攀升，法院的案件堆积如山，法官每年的结案数量逐年上涨，法官和书记员的工作量大幅度增加，致使一些法官和书记员不堪重负，叫苦连天。其实，当遇到交通行政争议时并不只有对簿公堂一种选择，还可以选择相对柔和的行政复议来解决。并且只要能够有事实依据、有法律依据，大部分能得到解决。这就要求当事人熟悉交通行政争议的法律解决途径，增强法律职业素养，注意留存证据，加强自身能力，在遇到交通行政争议时能够选择最合适的解决途径，维护自身的合法权益。

导入案例

2023 年 5 月 25 日，天津市某区的王女士发现自家的私家车上居然有 3 张违停的罚款单在风中迎风飘扬。由于小区车位紧张，王女士将车停在了小区外的马路边，而王女士近日身体不适，3 天未下楼，忘记将车开走，没想到 3 天后下楼就发现自己的爱车被贴上 3 张罚款单。王女士不解，贴了 1 次罚款单以后还可以再继续处罚吗？交警部门可以查到自己的电话，为何不事先告知一下，难道我 1 个月或者更长时间后未开走车，交警部门可以无限次罚款吗？最终王女士以交警队违反法定程序为由将交警队告上法庭，请求法院依法判定撤销交警队的后 2 次处罚。

请问法院能支持王女士的诉讼请求吗？

案例解析：

法院认为交警大队对王女士作出的行政处罚违反了《中华人民共和国行政处罚法》的规定，其处罚程序违法，并且违反了一事不再罚的规定，该具体行政行为应予以撤销。

13.1　交通行政诉讼的基本知识

13.1.1　行政诉讼的基本知识

1. 行政诉讼及交通行政诉讼的概念

诉讼是指司法机关、当事人及其他诉讼参加人参加的，依照法定程序和方式解决争讼的活动。诉讼分为刑事诉讼、民事诉讼和行政诉讼。

行政诉讼是指人民法院运用司法程序审理和解决行政机关同行政管理相对人因具体行政行为引起的争讼活动。

交通行政诉讼是指交通行政相对人认为交通行政主体作出的具体交通行政行为侵犯其合法权益，依法向人民法院提起诉讼，请求人民法院对被诉的具体交通行政行为进行审查，法院在诉讼当事人和其他诉讼参与人的参加下，对案件进行审理和裁判的活动。

2. 交通行政诉讼的特点

1）交通行政诉讼所解决的是交通行政争议

交通行政诉讼是一种诉讼活动，有三方主体，是典型的司法活动。行政诉讼是解决一定范围内的行政争议的活动。人民法院主持交通行政诉讼，其目的在于处理交通行政争议，即处理交通行政机关及其工作人员在行使交通行政职权过程中所发生的争议案件。非因行使职权所发生的争议，不属于交通行政诉讼的受案范围。

2）交通行政诉讼的核心是审查交通行政机关作出的具体行政行为的合法性

人民法院以审查具体行政行为的合法性为原则，以审查具体行政行为的合理性为例外。《中华人民共和国行政诉讼法》规定，人民法院审理行政案件，对具体行政行为是否合法进行审查。与刑事诉讼和民事诉讼相比，审查具体行政行为的合法性是行政诉讼最有特色的基本原则。

3）交通行政诉讼的原告

原告只能是行政相对人及与具体行政行为有法律上的利害关系的公民、法人或者其他组织。交通行政诉讼只能由交通行政相对人提起，交通行政相对人作为交通行政诉讼的原告具有恒定性，在任何情况下都不能以交通行政诉讼被告的身份出现。

4）交通行政诉讼的被告

交通行政主体主要是指各级交通行政机关，以及法律、法规和规章授权的组织。当交通行政主体作出的具体交通行政行为被交通行政相对人一方认为侵犯了其合法权益，交通行为相对人有权以该交通行政机关为被告向人民法院依法提起行政诉讼，请求人民法院依法作出裁判。

13.1.2　交通行政诉讼法律制度的意义

交通行政诉讼法律制度对于加强交通行政管理和坚持依法行政具有重要意义。

1）有效保护公民、法人或者其他组织的合法权益

在交通行政管理过程中，作为相对人的公民、法人或者其他组织处于被管理的地位，面对强大的具有强制力保障的交通行政机关的违法侵害，常常是被动无奈的。所以有必要对受损害的交通行政相对人设立事后救济制度，以保障受损害一方的合法权益及时得到补救。

2）有效保证交通行政机关严格执法

对于交通行政行为，只要符合法定条件，行政相对人可以自由提起行政诉讼。交通行政机关则随时有可能处于司法监督之下，所以交通行政机关就会不断地改善交通行政活动，提高交通行政执法水平，保证对法律、法规的正确实施，尽量避免在行使职权过程中损害行政相对人的合法权益。

3）维护交通行政机关依法行使交通行政职权

交通行政诉讼法律制度，既要保护交通行政相对人的合法权益，也要维护和支持交通行政机关依法行使职权，提高交通行政机关的执法效率。人民法院经过审理，维持对证据确凿，适用法律、法规正确，符合法定程序的具体交通行政行为的判决，也是对交通行政机关依法行使职权的维护和支持。

13.1.3　交通行政诉讼的基本原则

交通行政诉讼的基本原则，是指贯穿交通行政诉讼活动的全过程，对交通行政诉讼具有普遍指导意义的基本规则。

1. 人民法院依法独立审判原则

首先，行政审判权只能由人民法院统一行使，任何行政机关、社会团体和个人都不得进行干涉。其次，人民法院独立行使审判权，每个案件在审理时都是独立的。上级法院不能要求下级法院按照自己的意志进行审理和裁判，即使下级人民法院的裁判有错误，也只能通过法律程序纠正。

2. 以事实为依据，以法律为准绳原则

以事实为依据要求人民法院作出裁判之前应当将相关的事实调查清楚，然后在事实清楚的基础上才能适用法律、法规进行裁判。以法律为准绳要求人民法院审理交通行政案件时，不管是对被诉具体交通行政行为的合法性进行审查、判断，还是作出裁定、决定，都应依法进行。

3. 当事人法律地位平等原则

交通行政诉讼双方当事人都是交通行政诉讼法律关系的主体，当事人双方的诉讼地位是平等的，共同受法院裁判的约束，没有管理和服从的关系。同时，诉讼地位的平等并不意味着权利和义务完全相同。交通行政诉讼中当事人的法律地位平等意味着当事人平等地享有法律规定的权利和承担法律规定的义务，不允许任何一方有法律之外的特权。但是，当事人法律地位平等并不要求当事人的诉讼权利和义务完全对等或者相同。如在交通行政诉讼中，只有原告有起诉权、撤诉权，被告则不享有。

4. 合议、回避、公开审判原则

合议原则是指人民法院对交通行政案件的审理，由审判员或者陪审员依照法定人数和组织形式组成合议庭进行。合议庭的成员，应当是单数。回避原则是指审判人员和其他有关人员遇有法律规定应当回避的情形，应当经过法定程序退出诉讼活动。回避适用于审判人员、书记员、勘验人、鉴定人和翻译人员等。公开审判原则是指人民法院审理交通行政案件，除法律规定的特殊情形外，一律公开进行。《中华人民共和国行政诉讼法》规定，人民法院公开审理行政案件，但涉及国家秘密、个人隐私和法律另有规定的除外。

13.2 交通行政诉讼的受案范围、管辖和诉讼参与人

13.2.1 交通行政诉讼的受案范围

交通行政诉讼的受案范围，也称为人民法院的主管范围，是指人民法院受理交通行政案件的范围，即法律规定的人民法院受理交通行政案件的权限。

1. 人民法院受理案件的范围

1）对交通行政处罚不服的案件

交通行政处罚是交通行政主体依照行政处罚法的规定，对交通行政相对人违反法律、法规和规章的行为所给予的一种法律制裁。交通行政处罚的种类有：警告、罚款、暂扣或者吊销机动车驾驶证等。

交通行政处罚作为交通行政主体的一种具体交通行政行为，对交通行政相对人的合法权益会产生较大的影响，因此，将其列入交通行政诉讼的受案范围。

2）对交通行政强制措施不服的案件

交通行政强制措施是指交通行政主体为了查明或有效控制违法、危害状态，对有关对象的人身、财产进行暂时性限制的强制措施。交通行政强制措施包括强制隔离、强制拆除、强制打捞清除、滞留或扣留车辆、中止车辆运行等。

交通行政强制措施的实施，可以有效地实现交通行政管理的目的。但是，违法侵权的现象往往容易产生。因此，法律规定，只要公民、法人或者其他组织认为行政机关实施强制措施违法，侵害其合法权益，就有权向人民法院提起行政诉讼，人民法院必须依法受理。

3）认为交通行政机关侵犯法律规定的经营自主权的案件

经营自主权是指公民、法人或者其他组织在遵守国家法律和计划的基础上，对自己的人、财、物和产、供、销等拥有独立的支配权。经营自主权包括：生产经营自主权、产品与

劳务定价权、产品销售权、物资采购权、进出口权、投资决策权、资产处置权、劳动用工权和拒绝摊派权等。

4）认为符合法定条件申请国家行政机关颁发许可证和执照，国家行政机关拒绝颁发或不予答复的案件

交通行政许可是指交通行政机关根据公民、法人或者其他组织的申请，经审查认为其符合法定条件而依法赋予其从事某种活动的权利和资格能力的行为。交通行政许可行为既是交通行政机关的职权，也是其应尽的一项职责。对于符合法定条件的公民、法人或者其他组织的申请，如果交通行政机关拒绝许可或者不予答复，实际上就剥夺、限制了公民、法人或者其他组织应当享有的合法权益，因为许可证、执照与人身权、财产权具有密切的联系。因此，公民、法人或者其他组织认为符合法定条件申请交通行政机关颁发许可证和执照等，交通行政机关拒绝或者不予答复的就可以依法提起交通行政诉讼。

5）申请国家行政机关履行保护人身权、财产权的法定职责，国家行政机关拒绝履行或不予答复的案件

保护公民、法人或者其他组织的人身权和财产权是许多行政机关的法定职责，交通行政机关也不例外。交通行政机关不履行保护人身权和财产权职责的行为方式有两种：拒绝履行和不予答复。交通行政机关不履行保护人身权和财产权的法定职责一会侵犯公民、法人或者其他组织的合法权益，二会给公民、法人或者其他组织造成损害。如果交通行政机关不履行法定职责，公民、法人或者其他组织认为继续履行职责仍有必要的，可以提起行政诉讼。如果实际损害已经造成，交通行政机关继续履行职责已无实际意义，公民、法人或者其他组织可以提起交通行政赔偿请求。

6）认为国家行政机关没有依法发给抚恤金的案件

抚恤金是军人、国家机关工作人员、参战民兵、民工等因公牺牲或者因病伤残、死亡后，国家为死者家属或者伤残者本人设立的一项基金，用以维持其本人或者家属日常生活的有关款项。抚恤金由各级人民政府的民政部门发放。如果由于没有发放抚恤金而引起行政争议，被告是各级政府的民政部门。因此，根据《中华人民共和国行政诉讼法》的规定，交通行政相对人认为行政机关没有依法发放抚恤金的，有权提起行政诉讼。

7）认为国家行政机关违法要求履行义务的案件

公民、法人或者其他组织在交通行政法上的义务由法律、法规设定，如缴纳养路费等。除法定义务外，交通行政机关不得违法要求公民、法人或者其他组织履行法外义务，否则就有侵犯合法权益之嫌，公民、法人或者其他组织依法有权提起行政诉讼。

8）认为国家行政机关侵犯其人身权、财产权的案件

《中华人民共和国行政诉讼法》规定，人民法院还受理公民、法人或者其他组织认为行政机关侵犯其他人身权、财产权的具体行政行为而提起的行政诉讼。

9）其他法律、法规规定的交通行政案件

这一条实质上是为拓宽交通行政诉讼受案范围提供法律依据，是兜底性条款。由于法律、法规及规章不能穷尽生活中的所有情形，国家可以根据具体情况通过法律、法规规定，将公民、法人或者其他组织需要保护的合法权益纳入行政诉讼的受案范围。

2. 人民法院不受理案件的范围

根据《中华人民共和国行政诉讼法》的规定，人民法院不受理公民、法人或者其他组

织对下列事项提起的行政诉讼：① 国防、外交等国家行为；② 行政法规、规章或者行政机关制定、发布的具有普遍约束力的决定、命令；③ 行政机关对内部工作人员的奖惩、任命等决定；④ 法律规定由行政机关最终裁决的具体行政行为；⑤ 公安、国家安全等机关依照刑事诉讼法的明确授权实施的行为；⑥ 调解行为及法律规定的仲裁行为；⑦ 不具有强制力的行政指导行为；⑧ 驳回当事人对行政行为提起申诉的重复处理行为；⑨ 对公民、法人或者其他组织权利义务不产生实际影响的行为。

13.2.2　交通行政诉讼的管辖

交通行政诉讼的管辖是指上下级法院之间和同级法院之间受理第一审行政案件的分工和权限。管辖所要解决的是人民法院和行政机关系统内部在受理第一审案件方面的分工。管辖分为级别管辖、地域管辖和裁定管辖。

1. 级别管辖

级别管辖是指人民法院上下级之间受理第一审交通行政案件的分工和权限。我国行政诉讼法将级别管辖分为 4 级：最高人民法院管辖、高级人民法院管辖、中级人民法院管辖和基层人民法院管辖。根据法律规定，各级人民法院都有权管辖一定范围内的第一审交通行政案件。

1）最高人民法院管辖

根据《中华人民共和国行政诉讼法》的规定，最高人民法院管辖全国范围内重大、复杂的第一审行政案件。

最高人民法院是国家最高审判机关，其主要任务是：对地方各级人民法院和专门人民法院的审判工作进行指导和监督；根据审判的需要制作如何具体适用法律、法规的司法解释；运用司法解释权对审判工作中涉及的法律具体应用问题进行司法解释；审理不服高级人民法院一审裁判而提起的上诉案件。最高人民法院审理的交通行政案件：① 在全国有重大影响的交通行政案件；② 认为应当由本院审理的案件。最高人民法院认为某个交通行政案件应当由自己审理，就可以将其划归本院管辖。

2）高级人民法院管辖

根据《中华人民共和国行政诉讼法》的规定，高级人民法院管辖本辖区内重大、复杂的第一审行政案件。根据这一规定，只有在本辖区内有重大影响的交通行政案件，才能由高级人民法院管辖。

高级人民法院管辖的交通行政案件比较少，大多数交通行政案件都被放在基层人民法院和中级人民法院。高级人民法院主要是对不服一审裁判的上诉案件进行审理，并对基层人民法院和中级人民法院的审判工作进行监督和指导。

3）中级人民法院管辖

根据《中华人民共和国行政诉讼法》的规定，中级人民法院管辖下列第一审行政案件。

① 对国务院部门或者县级以上地方人民政府所作的行政行为提起诉讼的案件。

② 海关处理的案件。

③ 本辖区内重大、复杂的案件。

④ 其他法律规定由中级人民法院管辖的案件。

在交通行政诉讼中，中级人民法院主要管辖两类案件：一是对中华人民共和国交通部所作出的具体行政行为提起诉讼的案件；二是本辖区重大、复杂的交通行政案件。

4）基层人民法院管辖

《中华人民共和国行政诉讼法》规定，基层人民法院管辖第一审行政案件。根据这一规定，基层人民法院管辖中级、高级和最高人民法院管辖交通行政案件以外所有的交通行政案件。基层人民法院管辖为法律的概括规定，除非属于法律明确划归其他法院管辖的，都属于基层人民法院管辖。

由基层人民法院管辖第一审交通行政案件，既便于当事人进行诉讼活动，也有利于中级以上人民法院集中精力搞好审判监督，以及对重大、复杂的交通行政案件的审理和对二审案件的审理。

2. 地域管辖

地域管辖，是同级人民法院之间审理，第一审交通行政案件的分工。地域管辖又分为一般地域管辖和特殊地域管辖两种。

1）一般地域管辖

一般地域管辖是指由最初作出具体行政行为的行政机关所在地的法院管辖，即按照"原告就被告"原则确定的管辖。《中华人民共和国行政诉讼法》规定，行政案件由最初作出具体行政行为的行政机关所在地的人民法院管辖。经复议的案件，也可以由复议机关所在地人民法院管辖。

在交通行政诉讼中，交通行政案件由最初作出交通行政行为的交通行政机关所在地人民法院管辖。

2）特殊地域管辖

特殊地域管辖是指针对特别案件所规定的地域管辖。特殊地域管辖有两种情况：一是对限制人身自由的行政强制措施不服提起诉讼的，由被告所在地和原告所在地法院管辖；二是因不动产纠纷提起的诉讼，由不动产所在地人民法院管辖。《中华人民共和国公路法》第 56 条规定，除公路防护、养护需要的以外，禁止在公路两侧的建筑控制区内修建建筑物和地面构筑物；需要在建筑控制区内埋设管线、电缆等设施的，应当事先经县级以上地方人民政府交通主管部门批准。《中华人民共和国公路法》第 81 条规定，违反本法第 56 条规定，在公路建筑控制区内修建建筑物、地面构筑物或者擅自埋设管线、电缆等设施的，由交通主管部门责令限期拆除，并可以处 5 万元以下的罚款。逾期不拆除的，由交通主管部门拆除，有关费用由建筑者、构筑者承担。所以，如果建筑者或者构筑者对交通行政主管部门的拆迁行为不服的，就应当向建筑物或者构筑物所在地的人民法院提起交通行政诉讼。

3. 裁定管辖

裁定管辖，是指由人民法院作出裁定或决定来确定交通行政案件的管辖。根据《中华人民共和国行政诉讼法》的规定，裁定管辖分为移送管辖、指定管辖和管辖权转移。

1）移送管辖

移送管辖，是指法院已经受理了行政案件后，发现所受理的行政案件确实不属于自己管辖而应由其他法院管辖，因而将案件移送给有管辖权的法院审理的一种管辖方式。受移送的人民法院不得再次自行移送。这样可以有效防止各法院在受理问题上互相推诿，避免出现交通行政案件没有法院受理的情况。

2）指定管辖

指定管辖，是指上级法院以指定行为将行政案件交由下级法院管辖的制度。其意义在于，上级法院有权在一定情况下变更或者确定某一交通行政案件的管辖法院，保证交通行政案件得到及时的审理。人民法院发现受理的案件不属于本院管辖的，应当移送有管辖权的人民法院，受移送的人民法院应当受理。受移送的人民法院认为受移送的案件按照规定不属于本院管辖的，应当报请上级人民法院指定管辖，不得再自行移送。

3）管辖权转移

管辖权转移，是指基于上级法院的同意与决定，将下级法院有管辖权的案件转交由上级法院审理，或者上级法院将自己有管辖权的行政案件交由下级法院审理的管辖权形式。其意义在于，赋予了人民法院灵活处理特殊问题的权力。

13.2.3 交通行政诉讼的诉讼参与人

1. 被告

经复议的案件，复议机关决定维持原行政行为的，作出原行政行为的行政机关和复议机关是共同被告；复议机关改变原行政行为的，复议机关是被告。

复议机关在法定期限内未作出复议决定，公民、法人或者其他组织起诉原行政行为的，作出原行政行为的行政机关是被告；起诉复议机关不作为的，复议机关是被告。

行政机关委托的组织所作的行政行为，委托的行政机关是被告。行政机关被撤销或者职权变更的，继续行使其职权的行政机关是被告。

2. 共同诉讼参加人

当事人一方或者双方为二人以上，因同一行政行为发生的行政案件，或者因同类行政行为发生的行政案件、人民法院认为可以合并审理并经当事人同意的，为共同诉讼。共同诉讼参加人可以是共同原告，也可以是共同被告。当事人一方人数众多的共同诉讼，可以由当事人推选代表人进行诉讼。代表人的诉讼行为对其所代表的当事人发生效力，但代表人变更、放弃诉讼请求或者承认对方当事人的诉讼请求，应当经被代表的当事人同意。

3. 第三人

第三人是指公民、法人或者其他组织同被诉行政行为有利害关系但没有提起诉讼，或者同案件处理结果有利害关系的，可以作为第三人申请参加诉讼，或者由人民法院通知参加诉讼。人民法院判决第三人承担义务或者减损第三人权益的，第三人有权依法提起上诉。

4. 代理人

当事人、法定代理人可以委托1～2人作为诉讼代理人。下列人员可以被委托为诉讼代理人：① 律师、基层法律服务工作者；② 当事人的近亲属或者工作人员；③ 当事人所在社区、单位及有关社会团体推荐的公民。

代理诉讼的律师有权按照规定查阅、复制本案有关材料，有权向有关组织和公民调查、收集与本案有关的证据。对涉及国家秘密、商业秘密和个人隐私的材料，应当依照法律规定保密。

当事人和其他诉讼代理人有权按照规定查阅、复制本案庭审材料，但涉及国家秘密、商业秘密和个人隐私的内容除外。

13.3　交通行政诉讼的证据与法律适用

13.3.1　交通行政诉讼的证据

证据是指用来证明案件事实的一切材料。交通行政诉讼的证据就是在交通行政诉讼中用来证明案件事实情况的材料。

1. 法律上的分类

1）书证

书证是指用文字、符号或图画所表达的思想内容来证明案件事实的证据，如法律文书、合同、文件等。

2）物证

物证是指以外部特征、物质属性、所处位置，以及状态证明案件情况的实物或痕迹，如在河道内设置的违法拦截设施、非法没收的财务等。物证一般以其存在的外形、性状、质量、特征、规格来证明案件事实。

3）视听资料

视听资料又称声像资料或直感资料，是指以音响、图像等方式记录有知识的载体。视听资料一般可分为 3 种类型：① 视觉资料，也称无声录像资料，包括图片、摄影胶卷、幻灯片、投影片、无声录像带、无声影片、无声机读件等；② 听觉资料，也称录音资料，包括唱片、录音带等；③ 声像资料，也称音像资料或音形资料，包括电影片、电视片、录音录像片、声像光盘等。

4）证人证言

证人证言是证人就其所感知的案件情况向法院所作的陈述。了解案件情况的公民有作证的法律义务。

5）当事人陈述

当事人陈述，是指诉讼中的原告、被告和第三人就他们对案件事实的感知和认识所发表的陈词及叙述，当事人陈述可以反映案件事实的全部或部分面貌。

当事人陈述是诉讼当事人就案件事实向人民法院所作的陈述。在广义上，当事人陈述还包括当事人关于诉讼请求的陈述、关于与案件有关的其他事实的陈述、关于案件性质和法律问题的陈述。

6）鉴定结论

鉴定，是指在诉讼中运用专门知识或技能，对某些专门性问题进行检验、分析后所作出的科学判断。进行这种鉴定活动的人，称为鉴定人。鉴定人对案件中需要解决的专门性问题进行鉴定后作出的结论，称为鉴定结论。

鉴定结论是诉讼证据的一种。鉴定结论不同于证人证言等人证，因为鉴定人没有直接或间接感知案件情况，鉴定结论是表述判断意见而不是陈述事实情况，证据的产生所依据的是科学技术方法，而不是对有关情况的回忆。

7）勘验笔录和现场笔录

勘验笔录是指交通行政机关的工作人员主持对具体行政行为认定的事实所依据的现场进

行勘察、检验所做的记录。现场笔录是指交通行政机关在作出具体行政行为之前或者对相对人的行为现场所作的笔录。在诉讼过程中，现场笔录作为被诉具体行政行为的证据，由被告提供给法院。

8）电子证据

电子证据包括网上聊天记录、博客、微博客、手机短信、电子签名、域名等形成或者存储于电子介质中的信息。

2. 交通行政诉讼证据的提供规则

交通行政诉讼证据的提供规则，是指交通行政诉讼的当事人、参加人、参与人等主动或应人民法院要求，向法院提供证明案件情况的有关事实材料的规则。交通行政诉讼证据的提供规则如下。

1）交通行政诉讼所有当事人均应主动向人民法院提供证据

在交通行政诉讼中，原告、被告、第三人为了证明自己主张的正确，也为了使自己在诉讼中处于有利地位，取得有利于自己的判决结果，有权向人民法院提供证据。此外，掌握案件情况的机关、公民、法人和其他组织都有作证和提供证据的义务。

被告不提供或者无正当理由逾期提供证据，视为没有相应证据。但是，被诉行政行为涉及第三人合法权益，第三人提供证据的除外。在诉讼过程中，被告及其诉讼代理人不得自行向原告、第三人和证人收集证据。被告在作出行政行为时已经收集了证据，但因不可抗力等正当事由不能提供的，经人民法院准许，可以延期提供。原告或者第三人提出了其在行政处理程序中没有提出的理由或者证据的，经人民法院准许，被告可以补充证据。

2）被告对所作出的具体交通行政行为负举证责任

《中华人民共和国行政诉讼法》第 34 条规定，被告对作出的行政行为负有举证责任，应当提供作出该行政行为的证据和所依据的规范性文件。人民法院审理行政案件主要也是根据行政机关提供的各种材料审查其行为是否合法。因此，在行政诉讼中，被告不仅要提供作出具体行政行为的事实根据和法律、法规等规范性文件的依据，而且应对提供的材料加以证明。被告提供的证据如果不足以证明其行政行为合法时，则有败诉的可能。对于原告，法律并未排除其举证责任，但是法律规定，原告只对特定事项负举证责任。《最高人民法院关于执行〈中华人民共和国行政诉讼法〉若干问题的解释》规定被告的举证期限为"被告收到起诉状副本之日起 10 日内"。

3）原告只对特定事项承担举证责任

原告对下列 4 个事项承担举证责任：① 证明起诉符合法定条件；② 在被告不作为的案件中，证明提出申请的事实；③ 在交通行政赔偿诉讼中，证明因受侵害而受损失的事实；④ 其他应当由原告举证的事项。

原告可以提供证明行政行为违法的证据。原告提供的证据不成立的，不免除被告的举证责任。在起诉被告不履行法定职责的案件中，原告应当提供其向被告提出申请的证据。但有下列情形之一的除外：① 被告应当依职权主动履行法定职责的；② 原告因正当理由不能提供证据的。在行政赔偿、补偿的案件中，原告应当对行政行为造成的损害提供证据。因被告的原因导致原告无法举证的，由被告承担举证责任。

3. 交通行政诉讼的收集、认定与保全

1）交通行政诉讼证据的收集

在诉讼过程中，被告交通行政机关对具体交通行政行为承担举证责任，因而决定了交通行政机关向人民法院提供的证据必须是在具体行政行为程序中获得。因此，法律规定，在诉讼过程中，被告不得自行向原告收集证据。但《中华人民共和国行政诉讼法》规定，人民法院有权要求当事人提供或者补充证据，也有权向有关交通行政机关及其他组织、公民调取证据。所以，当人民法院要求被告提供或者补充证据时，被告的取证行为是合法的。同时，人民法院也有权主动调取。

2）交通行政诉讼证据的认定

在交通行政诉讼中，当事人提供的证据纷繁复杂，人民法院必须对其进行仔细的鉴别和审查，从而找到可定案的证据。《中华人民共和国行政诉讼法》规定，证据必须查证属实才能作为定案的证据。

3）交通行政诉讼证据的保全

证据保全是指在证据可能灭失或以后难以取得的情况下，人民法院根据诉讼参加人的请求或依职权采取措施加以确定和保护的制度。人民法院可以依职权、当事人可以申请对证据进行保全，并根据证据的属性采取相应的措施。证据保全是保证当事人提供证据的补救方法，也是人民法院取得证据的一种手段，有利于保护当事人的合法权益，保障诉讼程序的顺利进行。

4. 法院的调查取证

《中华人民共和国行政诉讼法》规定，与本案有关的下列证据，原告或者第三人不能自行收集的，可以申请人民法院调取：① 由国家机关保存而须由人民法院调取的证据；② 涉及国家秘密、商业秘密和个人隐私的证据；③ 确因客观原因不能自行收集的其他证据。人民法院有权向有关行政机关及其他组织、公民调取证据。但是，不得为证明行政行为的合法性调取被告作出行政行为时未收集的证据。

5. 质证

质证，即证据的辨认和核实，是指在法官的主持下，当事人就有关证据进行辨认和对质，围绕证据的真实性、关联性、合法性及证据的证明力和证明力的大小进行辩论的活动。

证据应当在法庭上出示，并由当事人互相质证。对涉及国家秘密、商业秘密和个人隐私的证据，不得在公开开庭时出示。人民法院应当按照法定程序，全面、客观地审查和核实证据。对未采纳的证据应当在裁判文书中说明理由。以非法手段取得的证据，不得作为认定案件事实的根据。但当事人在庭前交换过程中没有争议并记录在卷的证据经审判人员在庭审中说明后，可以作为认定案件事实的依据。证人应当陈述其亲历的具体事实，证人根据其经历所作的判断、推测或者评论，不能作为定案的依据。

6. 人民法院对证据的审核认定

《最高人民法院关于行政诉讼证据若干问题的规定》规定，法庭应当对经过庭审质证的证据和无须质证的证据进行逐一审查和对全部证据进行综合审查，遵循法官职业道德，运用逻辑推理和生活经验，进行全面、客观和公正的分析和判断，确定证据材料与案件事实之间的证明关系，排除不具有关联性的证据材料，准确认定案件事实。

13.3.2　交通行政诉讼的法律适用

法律适用是指国家的专门机关，通过一定程序实施法律，即通过运用法律规范来设立、变更或解除一定法律关系的活动。

交通行政诉讼的法律适用，是指人民法院按照法定程序，将法律、法规和规章具体适用于各种交通行政案件，从而对交通行政机关的具体交通行政行为的合法性进行审查的专门活动。

《中华人民共和国行政诉讼法》规定，人民法院审理行政案件，以法律和行政法规、地方性法规为依据。地方性法规适用于本行政区域内发生的行政案件。人民法院审理民族自治地方的行政案件，以该民族自治地方的自治条例和单行条例为依据。人民法院审理行政案件，参照规章。公民、法人或者其他组织认为行政行为所依据的国务院部门和地方人民政府及其部门制定的规范性文件不合法，在对行政行为提起诉讼时，可以一并请求对该规范性文件进行审查。前款规定的规范性文件不含规章。人民法院认为地方人民政府制定、发布的规章与国务院部委制定、发布的规章不一致的，以及国务院部委制定、发布的规章之间不一致的，由最高人民法院送请国务院作出解释或者裁决。

13.4 交通行政诉讼的程序

交通行政诉讼的程序，是指人民法院审理交通行政案件的步骤、方法、形式、时限等综合过程。交通行政诉讼的程序包括案件的起诉和受理、第一审程序、第二审程序、审判监督程序和执行程序。

13.4.1 起诉和受理

1. 起诉

起诉是指公民、法人或者其他组织认为交通行政行为侵犯其合法权益，要求人民法院对具体交通行政行为进行审查从而保护自己的合法权益的诉讼行为。交通行政诉讼的起诉有两种情况：一是直接向人民法院起诉；二是经复议后向人民法院起诉，即对交通行政复议决定不服，再向人民法院起诉。但是当法律、法规规定应当向交通行政复议机关申请复议的，必须先经过交通行政复议。具体起诉的条件包括以下几个。

1）原告是认为具体交通行政行为侵犯其合法权益的公民、法人或者其他组织

原告提起诉讼所要保护的是自己的合法权益，也就是与该具体交通行政行为有法律上的直接或者间接利害关系的人，而且其必须以自己的名义提起诉讼。

2）应当有明确的被告

原告提起交通行政诉讼时，需要明确指出自己认为的具体交通行政行为的交通行政机关或者作出具体交通行政行为的工作人员所属的交通行政机关，即有明确的被告，至于其所指的交通行政机关是否正确，则要由人民法院进行审查后才能确定。人民法院经审查认为被告不合格，人民法院有权通知原告变更。交通行政相对人受资讯的影响，有时未必能够准确找到被告。这样规定可以保护交通行政相对人的合法权益。

3）有具体的诉讼请求和事实根据

原告如果在起诉书上没有提出诉讼请求或者提出的诉讼请求模糊不清，人民法院将无法审理，所以，要求原告在起诉时必须明确提出自己的诉讼请求。

4）属于人民法院受案范围和受诉人民法院管辖

受案范围决定了公民、法人或者其他组织的合法权益受司法补救的范围，不属于人民法院受案范围的，人民法院不能受理，所以，当事人只能在受案范围内起诉。但是，案件是否属于受诉人民法院的受案范围，需要经过人民法院的实体审查，不能仅依据案件的表象轻率作出不予受理的决定。

属于人民法院的受案范围是人民法院管辖的前提，如果不属于人民法院的受案范围，该案就不属于人民法院管辖。

2. 受理

受理是指人民法院对公民、法人或者其他组织的起诉进行审查，对符合法律规定的起诉条件的案件决定立案受理的诉讼行为。

《中华人民共和国行政诉讼法》规定，人民法院在接到起诉状时对符合本法规定的起诉条件的，应当登记立案。对当场不能判定是否符合本法规定的起诉条件的，应当接收起诉状，出具注明收到日期的书面凭证，并在 7 日内决定是否立案。不符合起诉条件的，作出不予立案的裁定。裁定书应当载明不予立案的理由。原告对裁定不服的，可以提起上诉。

起诉状内容欠缺或者有其他错误的，应当给予指导和释明，并一次性告知当事人需要补正的内容。不得未经指导和释明即以起诉不符合条件为由不接收起诉状。

对于不接收起诉状、接收起诉状后不出具书面凭证，以及不一次性告知当事人需要补正的起诉状内容的，当事人可以向上级人民法院投诉，上级人民法院应当责令改正，并对直接负责的主管人员和其他直接责任人员依法给予处分。

人民法院通过审查，应当根据不同情况作出处理。

（1）对于符合起诉条件的，受诉人民法院应当在收到起诉状之日起 7 日内立案。

（2）不符合起诉条件的，受诉人民法院应当自收到起诉状之日起 7 日内作出不予受理的裁定；当事人对不予受理的裁定不服，可以在接到裁定书之日起 10 日内向上一级法院提起上诉，上一级人民法院的裁定为终局裁定。

（3）对起诉条件需要补正或者更正的，人民法院应当责令当事人在指定期间补正或者更正；在指定期间完成补正或者更正的，应当依法受理。

（4）受诉人民法院自收到起诉状副本之日起 7 日内不能决定是否受理的，应当先予受理；受理后发现不符合受理条件的，裁定驳回起诉。

（5）受诉人民法院自收到起诉状之日起 7 日内既不立案，也不作裁定的，起诉人可以向上一级人民法院申诉或者起诉；上一级人民法院认为符合受理条件的，应当予以受理，受理后可以移交或者指定下一级人民法院审理，也可以自行审理。

13.4.2　第一审程序

交通行政诉讼的第一审程序是指从人民法院裁定受理到作出第一审判决、裁定的诉讼程序。

1. 审理前的准备

1）组成合议庭

合议庭是人民法院行使行政审判权、审理行政案件的基本组织形式。人民法院审理交通行政案件，由审判员或者审判员、陪审员共同组成合议庭。合议庭人员应当是 3 人以上的单数，合议庭在审判长的主持下进行活动，合议庭全体成员集体审理、共同评议，按少数服从多数的原则表决案件。

2）交换诉状

人民法院应当在立案之日起 5 日内，将起诉状副本发送被告。被告应当在收到起诉状副本之日起 15 日内向人民法院提交作出行政行为的证据和所依据的规范性文件，并提出答辩状。人民法院应当在收到答辩状之日起 5 日内，将答辩状副本发送原告。

3）处理管辖权异议

在行政诉讼中，管辖权异议是指人民法院受理行政案件后，当事人认为并提出该人民法院对该行政案件没有管辖权，受案人民法院应对此进行审查，并分别作出移送或驳回的裁定。当事人提出管辖权异议，应当在接到人民法院应诉通知之日起 10 日内以书面形式提出。

提起管辖权异议，应当具备以下条件。① 提出管辖权异议的主体只能是诉讼当事人，一般为被告，第三人也有权提出。其他诉讼主体或诉讼外主体即使有不同意见，仍不构成法律上的管辖权异议主体。② 管辖权异议只能对第一审法院提出，对第二审法院不得提出。③ 管辖权异议必须在法定期限内以法定方式提出，即在人民法院受理相应案件之后，管辖权异议主体应当在接到人民法院应诉通知之日起 10 日内以书面形式提出。逾期不提出异议的，视为承认和接受受诉人民法院管辖，以书面方式以外，如口头方式提出无效。

对当事人提出的管辖权异议，人民法院应当进行审查。异议成立的，裁定驳回。如果当事人对裁定驳回不服，可在 10 日内向上一级人民法院提起上诉。逾期不提起上诉的，人民法院第一审裁定即发生法律效力。

4）合议庭阅卷及补充调查、取证

合议庭阅卷的目的是使合议庭的组成人员全面了解案情，为开庭审理做好准备。补充调查、取证则是在合议庭的组成人员认为行政机关提供的证据不够确凿、充分时，为了提高行政审判质量而自行组织的调查、取证工作。

5）审查、调整诉讼参加人

合议庭在诉讼文书及其他材料比较充足、对案情的了解比较全面的基础上，可以根据案件的实际情况对原告、被告、共同当事人、第三人的资格进行全面审查，对应当追加的当事人通知其参加诉讼，让不符合条件的当事人退出诉讼或予以变更。原告资格不合格、令其退出诉讼而不同意退出的，则裁定驳回起诉。

6）其他准备

其他准备包括决定诉的合并与分离、确定审理的形式、决定开庭审理的时间和地点、决定是否采取诉讼保全措施等。

2. 庭审程序

1）庭审方式

行政诉讼第一审的审理方式主要是开庭审理与书面审理。开庭审理，是指对所有的当事人开放的审理方式，是合议庭的全体成员、当事人及诉讼参与人等行政诉讼主体汇集法庭，共同参与案件审理的活动。开庭审理是行政诉讼的基本方式，它以言词审理为主，可以对案件进行全面审查，既有事实审，又有法律审。在开庭审理过程中，一般以公开为原则，以不公开为例外，即除涉及国家秘密、个人隐私和法律规定之外，一律公开审理。

2）庭审程序

庭审程序是人民法院在当事人、诉讼参加人及其他诉讼参与人的参加下，依法定程序审理行政案件的过程。庭审程序是狭义上的诉讼程序，是行政诉讼第一审程序，乃至整个行政诉讼程序的核心。

完整的庭审程序一般由以下步骤组成。

（1）正式开庭

正式开庭 3 日前，人民法院应当通知当事人及其他参加人开庭的时间、地点；对于公开审理的案件，还要张贴公告，将拟审理案件的案由、案情、诉讼当事人及公开审理的时间、地点等向社会公开，公众届时可以到法院旁听。

开庭的当日，书记员应于开庭前查明当事人及必须到庭的诉讼参加人的到庭情况，宣读法庭纪律，宣布审判长入庭。如果书记员经核对发现本案当事人或必须到庭的诉讼参加人未到庭的，经审判长裁定，可以延期审理。

（2）宣布开庭

开庭由审判长宣布，随后再核对一遍诉讼参加人，经人民法院两次合法传唤，原告无正当理由拒不到庭的，视为申请撤诉；被告无正当理由拒不到庭的，可以缺席判决。在宣布开庭的同时，还要告知当事人诉讼权利，其中主要是要求回避的权利。当事人请求合议庭的组成人员回避的，开庭审理应当中止；待重新组成合议庭后继续进行。

（3）介绍案情

先由被告宣读被诉具体行政行为决定书，并提出作出该决定的事实根据及法律依据；随后由原告宣读起诉书，提出自己的诉讼请求及事实根据。

（4）法庭调查

在审判长的主持下，根据所了解的案件事实，对已经清楚的事实当庭核查、落实，对合议庭成员不甚清楚的事实及证据向当事人、证人、鉴定人进行询问和调查。法庭调查阶段是行政诉讼程序中进行事实审的主要形式，所有与本案有关的证据必须向法庭出示，并经当事人验明、确认后方可作为本案的定案证据。

（5）法庭辩论

法庭辩论，是指各方当事人及其诉讼代理人之间就案件的事实问题、证据问题及法律问题展开的辩驳、论证、质证。法庭辩论的大致顺序是，先由原告及其诉讼代理人发表辩论意见，再由被告及其代理人、第三人及其代理人发表辩论意见，接着是各方相互辩论。在辩论结束后，由审判长征询各方的最后意见，其顺序也是原告—被告—第三人。各方发表完最后意见后，审判长宣告法庭辩论结束。法庭辩论并不是各方当事人的自由辩论，而是在审判长的指挥下进行，由审判长控制整个过程，各方当事人在辩论中不得有具有人身攻击性或有伤风化的言辞，与本案无关的内容及在法庭调查阶段已经发表过的意见不宜再在法庭辩论中提出。

（6）合议庭评议

法庭辩论结束后，审判长宣布休庭，由合议庭的全体成员对本案进行评议。评议秘密进行，经全体成员民主表决，形成合议庭对本案的判决意见。

（7）裁判

裁判可以在合议庭评议后当庭宣布，也可以择定日期另行开庭宣布。但判决书通常在判决宣布后送达当事人，或者在定期宣判时当场交给当事人。人民法院经一审程序作出的判决为一审判决，根据我国二审终审的诉讼制度，一审判决不是终审判决，因此，在一审判决书中应当明确告知当事人上诉权，并明确说明上诉权行使的期限和方式。

人民法院应当公开发生法律效力的判决书、裁定书，供公众查阅，但涉及国家秘密、商业秘密和个人隐私的内容除外。行政行为证据确凿，适用法律、法规正确，符合法定程序的，或者原告申请被告履行法定职责或者给付义务理由不成立的，人民法院判决驳回原告的诉讼请求。

行政行为有下列情形之一的，人民法院判决撤销或者部分撤销，并可以判决被告重新作出行政行为：① 主要证据不足的；② 适用法律、法规错误的；③ 违反法定程序的；④ 超越职权的；⑤ 滥用职权的；⑥ 明显不当的。

人民法院经过审理，查明被告不履行法定职责的，判决被告在一定期限内履行。

行政处罚明显不当，或者其他行政行为涉及对款额的确定、认定确有错误的，人民法院可以判决变更。

人民法院判决变更，不得加重原告的义务或者减损原告的权益。但利害关系人同为原告，且诉讼请求相反的除外。

人民法院经过审理，查明被告依法负有给付义务的，判决被告履行给付义务。

行政行为有下列情形之一的，人民法院判决确认违法，但不撤销行政行为：行政行为依法应当撤销，但撤销会给国家利益、社会公共利益造成重大损害的；行政行为程序轻微违法，但对原告权利不产生实际影响的。

行政行为有下列情形之一，不需要撤销或者判决履行的，人民法院判决确认违法：行政行为违法，但不具有可撤销内容的；被告改变原违法行政行为，原告仍要求确认原行政行为违法的；被告不履行或者拖延履行法定职责，判决履行没有意义的。

行政行为有实施主体不具有行政主体资格或者没有依据等重大且明显违法情形，原告申请确认行政行为无效的，人民法院判决确认无效。

人民法院判决确认违法或者无效的，可以同时判决责令被告采取补救措施；给原告造成损失的，依法判决被告承担赔偿责任。

被告不依法履行、未按照约定履行或者违法变更、解除法律规定的协议的，人民法院判决被告承担继续履行、采取补救措施或者赔偿损失等责任。

被告变更、解除法律规定的协议合法，但未依法给予补偿的，人民法院判决给予补偿。

复议机关与作出原行政行为的行政机关为共同被告的案件，人民法院应当对复议决定和原行政行为一并作出裁判。

3）妨害诉讼行为的排除

在交通行政诉讼中，妨害诉讼的行为有以下几种：① 有义务协助执行的人，对人民法院的协助执行通知书，无故推托、拒绝或者妨碍执行的；② 伪造、隐藏、毁灭证据的；③ 指使、贿买、毁灭证据的；④ 隐藏、转移、变卖、毁损已被查封、扣押、冻结财产的；⑤ 以暴力、威胁或者其他方法阻碍人民法院工作人员执行职务或者扰乱人民法院工作秩序的；⑥ 对人民法院工作人员、诉讼参与人、协助执行人侮辱、诽谤、诬陷、殴打或者打击报复的。

对上述妨害行政诉讼的行为，人民法院可以采取强制措施予以排除。排除妨害行政诉讼的强制措施有训诫、责令具结悔过、罚款和拘留。

① 训诫，是人民法院对妨害行政诉讼行为情节较轻者，予以批评、教育并警告其不得再犯的措施，属较轻的强制措施。

② 责令具结悔过，是人民法院对有妨害行政诉讼行为的人，责令其承认错误，写出悔过书，保证不再重犯的措施，也属较轻的强制措施。

③ 罚款，是人民法院对有妨害行政诉讼行为的人，强制其缴纳一定数额款项的强制措施。罚款金额为 1 000 元以下。

④ 拘留，是人民法院对有妨害行政诉讼行为的人，短期内限制其人身自由的一种强制措施，是最严厉的强制措施。拘留期限为 15 日以下。

按照行政诉讼法的规定，罚款、拘留须经人民法院院长批准。当事人对决定不服的，可以申请复议。

4）案件的移送

案件的移送，是指人民法院在审理行政案件时，发现行政机关工作人员有违纪或者犯罪行为，或被处罚人的行为构成犯罪，应追究刑事责任，将案件全部或部分移送有关部门处理的措施。

13.4.3　第二审程序

第二审程序又称上诉审程序，是指上级人民法院对下级人民法院，就第一审交通行政案件所作的判决、裁定，在上诉期限内，基于当事人的上诉，依据事实和法律，对案件进行审理的程序。一审是二审的前提和基础，二审是一审的继续和发展。我国采用两审终审制，二审的意义在于，通过二审人民法院的审理，纠正一审法院的错误，起到对一审人民法院的监督和检查的作用，从而有效保护当事人的合法权益。

1. 提起上诉

诉讼当事人对法院的判决和裁定不服，在法定期间内向原审人民法院递交诉状，写明上诉的请求和事由，交纳上诉费，可以提起上诉。当事人不服人民法院第一审判决的，有权在判决书送达之日起 15 日内向上一级人民法院提起上诉。当事人不服人民法院第一审裁定的，有权在裁定书送达之日起 10 日内向上一级人民法院提起上诉。逾期不提起上诉的，人民法院的第一审判决或者裁定发生法律效力。当事人提出上诉，应当按照其他当事人的人数和诉讼代表人的人数提交上诉状副本。

二审人民法院收到上诉状之后，经审查认为符合上诉条件，应当予以受理，并在 5 日内将上诉状副本送达被上诉人，被上诉人应当在 10 日内提交答辩状。被上诉人不提交答辩状的，不影响案件的审理。

2. 二审的审理

人民法院对上诉案件，应当组成合议庭，开庭审理。经过阅卷、调查和询问当事人，对没有提出新的事实、证据或者理由，合议庭认为不需要开庭审理的，也可以不开庭审理。人民法院审理上诉案件，应当对原审人民法院的判决、裁定和被诉行政行为进行全面审查。

3. 二审的裁判

人民法院审理上诉案件，应当在收到上诉状之日起 3 个月内作出终审判决。有特殊情况需要延长的，由高级人民法院批准，高级人民法院审理上诉案件需要延长的，由最高人民法院批准。

人民法院审理上诉案件，按照下列情形，分别处理。

① 原判决、裁定认定事实清楚，适用法律、法规正确的，判决或者裁定驳回上诉，维持原判决、裁定。

② 原判决、裁定认定事实错误或者适用法律、法规错误的，依法改判、撤销或者变更。

③ 原判决认定基本事实不清、证据不足的，发回原审人民法院重审，或者查清事实后改判。

④ 原判决遗漏当事人或者违法缺席判决等严重违反法定程序的，裁定撤销原判决，发回原审人民法院重审。

⑤ 原审判决遗漏交通行政赔偿，第二审人民法院经审查认为依法不予以赔偿的，应当判决驳回交通行政赔偿请求；经审理认为依法应当予以赔偿的，在确认被诉具体交通行政行为违法的同时，可以就交通行政赔偿问题进行调解，调解不成的，应当就交通行政赔偿部分发回重审。

原审人民法院对发回重审的案件作出判决后，当事人提起上诉的，第二审人民法院不得再次发回重审。人民法院审理上诉案件，需要改变原审判决的，应当同时对被诉行政行为作出判决。

13.4.4　审判监督程序

审判监督程序，又称再审程序，是指人民法院对已经发生法律效力的判决、裁定，发现违反法律、法规的规定，依法再次审理的程序，即当事人对已经发生法律效力的判决、裁定，认为确有错误的，可以向上一级人民法院申请再审，但判决、裁定不停止执行。人民法院按照审判监督程序决定再审的案件，应当裁定中止原判决的执行；裁定由院长署名，加盖人民法院印章。上级人民法院决定提审或者指令下级人民法院再审的，应当作出裁定，裁定中应写明中止原判决的执行；情况紧急的，可以将中止执行的裁定口头通知负责执行的人民法院或者作出生效判决的人民法院。

1. 审判监督程序的提起

《中华人民共和国行政诉讼法》规定，当事人的申请符合下列情形之一的，人民法院应当再审。

① 不予立案或者驳回起诉确有错误的。

② 有新的证据，足以推翻原判决、裁定的。

③ 原判决、裁定认定事实的主要证据不足、未经质证或者系伪造的。

④ 原判决、裁定适用法律、法规确有错误的。

⑤ 违反法律规定的诉讼程序，可能影响公正审判的。

⑥ 原判决、裁定遗漏诉讼请求的。

⑦ 据以作出原判决、裁定的法律文书被撤销或者变更的。

⑧ 审判人员在审理该案件时有贪污受贿、徇私舞弊、枉法裁判行为的。

各级人民法院院长对本院已经发生法律效力的判决、裁定，发现有上述情形之一，或者发现调解违反自愿原则或者调解书内容违法，认为需要再审的，应当提交审判委员会讨论决定。

最高人民法院对地方各级人民法院已经发生法律效力的判决、裁定，上级人民法院对下级人民法院已经发生法律效力的判决、裁定，发现有上述情形之一，或者发现调解违反自愿原则或者调解书内容违法的，有权提审或者指令下级人民法院再审。

最高人民检察院对各级人民法院已经发生法律效力的判决、裁定，上级人民检察院对人民法院已经发生法律效力的判决、裁定，发现有上述情形之一，或者发现调解书损害国家利益、社会公共利益的，应当提出抗诉。

地方各级人民检察院对同级人民法院已经发生法律效力的判决、裁定，发现有上述情形之一，或者发现调解书损害国家利益、社会公共利益的，可以向同级人民法院提出检察建议，并报上级人民检察院备案；也可以提请上级人民检察院向同级人民法院提出抗诉。

各级人民检察院对审判监督程序以外的其他审判程序中审判人员的违法行为，有权向同级人民法院提出检察建议。

2. 再审案件的审理

人民法院按照审判监督程序再审的案件，发生法律效力的判决、裁定是第一审人民法院作出的，按照第一审程序审理，所作的判决、裁定，当事人可以上诉；发生法律效力的判决、裁定是由第二审人民法院作出的，按照第二审程序审理，所作的判决、裁定是发生法律效力的判决、裁定；上级人民法院按照审判监督程序提审的，按照第二审程序审理，所作的判决和裁定是发生法律效力的判决和裁定。人民法院审理再审案件，应当另行组成合议庭。

13.4.5　执行程序

交通行政诉讼执行，是指人民法院或者有权交通行政机关对已经生效的判决、裁定等在义务人逾期不履行时，依法采取强制措施，从而使判决、裁定、决定得到实现的活动。

当事人必须履行人民法院发生法律效力的判决、裁定、调解书。公民、法人或者其他组织拒绝履行判决、裁定、调解书的，行政机关或者第三人可以向第一审人民法院申请强制执行，或者由行政机关依法强制执行。

1. 申请执行的条件

交通行政诉讼执行的条件包括：被执行人在法定期限内有能力履行义务，但拒不履行；必须是已经发生法律效力的判决、裁定和决定。申请人是公民的，申请执行生效的行政判决书、行政裁定书、行政赔偿判决书和行政赔偿调解书的期限为 1 年；申请人是行政机关、法人或者其他组织的为 180 日。申请执行的期限从法律文书规定的履行期间最后 1 日起计算；法律文书中没有规定履行期限的，从该法律文书送达当事人之日起计算。逾期申请的，除有正当理由外，人民法院不予受理。

2. 执行过程

交通行政诉讼执行程序由一系列独立的环节组成，包括提起、审查、财产保全、先予执行、完毕、补救等。行政诉讼法未作详尽规定的，一般参照《中华人民共和国民事诉讼法》的有关规定。

1）审查

被申请执行的具体行政行为有下列情形之一的，人民法院应当裁定不准予执行：① 明显缺乏事实根据的；② 明显缺乏法律依据的；③ 其他明显违法并损害被执行人合法权益的。

2）执行

根据《中华人民共和国行政诉讼法》的规定，行政机关拒绝履行判决、裁定、调解书的，第一审人民法院可以采取下列措施：① 对应当归还的罚款或者应当给付的款额，通知银行从该行政机关的账户内划拨；② 在规定期限内不履行的，从期满之日起，对该行政机关负责人按日处 50~100 元的罚款；③ 将行政机关拒绝履行的情况予以公告；④ 向监察机关或者该行政机关的上一级行政机关提出司法建议，接受司法建议的机关，根据有关规定进行处理，并将处理情况告知人民法院；⑤ 拒不履行判决、裁定、调解书，社会影响恶劣的，可以对该行政机关直接负责的主管人员和其他直接责任人员予以拘留；情节严重，构成犯罪的，依法追究刑事责任。

3）财产保全

行政机关或者具体行政行为确定的权利人申请人民法院强制执行前，有充分理由认为被执行人可能逃避执行的，可以申请人民法院采取财产保全措施。后者申请强制执行的，应当提供相应的财产担保。

申请人民法院采取财产保全的，应当具备以下条件：① 申请人应当在申请人民法院强制执行前提出财产保全申请；② 申请人必须有充分理由认为被执行人有逃避执行的可能；③ 权利人提出申请财产保全的，应当提供相应的担保。

4）先予执行

交通行政诉讼中的先予执行是指对判决的先予执行和对被诉具体交通行政行为的先予执行。对于判决的先予执行而言，先予执行的裁定必须由人民法院依原告的申请作出，不能依职权主动作出。对被诉具体行政行为的先予执行，是指在诉讼过程中，为避免可能给国家利益、公共利益或者他人合法权益造成不可弥补的损失，根据相关权利人的申请，对被诉具体行政行为的先予执行。

在诉讼过程中，被告或者具体行政行为确定的权利人申请人民法院强制执行被诉具体行政行为，人民法院不予执行，但不及时执行可能给国家利益、公共利益或者他人合法权益造成不可弥补的损失的，人民法院可以先予执行。后者申请强制执行的，应当提供相应的财产担保。

本章小结

表 13-1　交通行政诉讼规定小结

名称	主要内容	重点
交通行政诉讼的 基本知识	行政诉讼的基本知识、交通行政诉讼的基本原则	交通行政诉讼的基本原则
交通行政诉讼的 受案范围和管辖	交通行政诉讼的受案范围、交通行政诉讼的管辖	交通行政诉讼的受案范围
交通行政诉讼的 证据与法律适用	交通行政诉讼的证据、交通行政诉讼证据的法律适用	交通行政诉讼证据的法律适用
交通行政 诉讼的程序	起诉和受理、第一审程序、第二审程序、审判监督程序、执行程序	第一审程序、第二审程序

思考题

张某因为驾驶货运机动车超过核定载质量，交警依据《中华人民共和国道路交通安全法》扣留了张某的货运机动车至违法状态消除，张某不服，将交警大队告上法庭，请问张某能胜诉吗？为什么？

课堂集训

一、单项选择题

1. 行政法的最基本原则是（　　）。
   A. 合法性原则　　　B. 行政法治原则　　C. 合理性原则　　　D. 应急性原则

2. 受行政机关委托的组织或个人超越了委托权限，违法滥用委托权力，给公民、法人、其他组织合法权益带来损害的，应由（　　）承担赔偿义务。
   A. 委托的行政机关　　　　　　　B. 受托的组织或个人
   C. 受托的组织或个人的主管机关　　D. 受害人自己

3. 某市政府作出在市区内禁止燃放烟花爆竹的决定，此行为属于（　　）。
   A. 内部行政行为　　　　　　　　B. 具体行政行为
   C. 行政强制行为　　　　　　　　D. 抽象行政行为

4. 公民、法人或其他组织单独就损害赔偿向行政机关提出请求，（　　）。
   A. 只能由行政机关解决
   B. 可以直接向人民法院起诉
   C. 可以先由行政机关解决，也可以直接向法院起诉
   D. 应先由行政机关解决，对行政机关处理不服的，再向人民法院起诉

5. 行政复议与行政诉讼在审查具体行政行为时最大的不同在于（　　）。
   A. 行政复议不可以对具体行政行为的适当性作一般审查
   B. 行政诉讼可以对具体行政行为的适当性作一般审查
   C. 行政复议可以对具体行政行为的合法性与适当性进行全面审查
   D. 行政诉讼可以对具体行政行为的合法性与适当性进行全面审查

二、名词解释

1. 交通行政诉讼　2. 级别管辖　3. 交通行政诉讼程序　4. 管辖权异议　5. 审判监督程序

三、简答题

1. 什么是行政诉讼？什么是交通行政诉讼？行政诉讼的特点是什么？
2. 人民法院审理行政案件如何适用法律？
3. 当事人在行政诉讼中有哪些权利和义务？
4. 行政机关如何做好行政应诉工作？

四、案例分析

隶属于某市交通局的机动车执法大队认为张某的行为违法，并向张某出具了加盖某市交

通局公章的行政处罚决定书，罚款数额为 5 000 元。张某不服，决定向人民法院起诉。在起诉前，该机动车执法大队整体划归某市城市管理执法局。

请问：

（1）该行政处罚在正式作出前，是否应告知张某有要求举行听证的权利？为什么？

（2）本案的被告应是谁？为什么？

课堂集训答案

一、单项选择题

1. B　2. A　3. D　4. D　5. C

二、名词解释（略）

三、简答题（略）

四、案例分析

答案要点：

（1）应该告知。因为根据《中华人民共和国行政处罚法》的规定，行政机关作出较大数额罚款的处罚决定之前，应告知当事人有要求举行听证的权利。

（2）本案的被告是某市交通局。因为该具体行政行为是某市交通局作出的，而不是某市城市管理执法局。

参 考 文 献

[1] 聂红梅，陈承美．新编经济法教程．北京：北京交通大学出版社，2011.

[2] 道路旅客运输及客运站管理规定解读编写组．道路旅客运输及客运站管理规定解读．北京：人民交通出版社，2005.

[3] 张穹，冯正霖．中华人民共和国道路运输条例释义．北京：人民交通出版社，2004.

[4] 曾宪培．道路交通法规．北京：机械工业出版社，2014.

[5] 李敏．汽车保险法律法规．北京：人民交通出版社，2005.

[6] 孟雷林．运输合同法总论．北京：人民交通出版社，2006.

[7] 梁军，焦新龙．汽车保险与理赔．北京：人民交通出版社，2009.

[8] 当晓旭，袁华智．机动车辆保险与理赔实务．北京：电子工业出版社，2014.

[9] 王云鹏，鹿应荣．车辆保险与理赔．北京：机械工业出版社，2010.

[10] 金加龙．机动车辆保险与理赔．北京：电子工业出版社，2012.

[11] 付荣辉，李丞北．保险原理与实务．北京：清华大学出版社，2014.

[12] 刘平．保险学原理与应用．北京：清华大学出版社，2009.

[13] 张忠晔，张昕．交通行政执法基本法律知识教程．北京：人民交通出版社，2005.

[14] 张炳达，王晓静．保险实务与案例．上海：上海财经大学出版社，2012.

[15] 林洪潮，王小龙，汪海燕．行政法·商经法·司法制度53讲．9版．北京：人民法院出版社，2011.

[16] 交通运输部政策法规司．交通运输行政执法程序与文书实务．北京：人民交通出版社，2012.

[17] 国家司法考试辅导用书编辑委员会．国家司法考试辅导用书．北京：法律出版社，2010.

[18] 法律出版社专业出版委员会．案例导读道路交通安全法及配套规定适用与解析．北京：法律出版社，2013.